U0507960

名家名译书系

WORLD CLASSIC
MASTERPIECES SERIES

法国大革命史

[法] 马德林/著　伍光建/译

時代文藝出版社

图书在版编目（CIP）数据

法国大革命史 / （法）马德林 著；伍光建 译. —长春：时代文艺出版社，2013.5（2021.5重印）

ISBN 978-7-5387-4179-7

I. ①法... Ⅱ. ①马... ②伍... Ⅲ. ①法国大革命（1789～1794） Ⅳ. ①K565.41

中国版本图书馆CIP数据核字（2013）第071073号

出品人 陈 琛
责任编辑 付 娜
装帧设计 孙 俪
排版制作 隋淑凤

本书著作权、版式和装帧设计受国际版权公约和中华人民共和国著作权法保护
本书所有文字、图片和示意图等专用使用权为时代文艺出版社所有
未事先获得时代文艺出版社许可
本书的任何部分不得以图表、电子、影印、缩拍、录音和其他任何手段
进行复制和转载，违者必究

法国大革命史

[法] 马德林 著　伍光建 译

出版发行 / 时代文艺出版社
地址 / 长春市福祉大路5788号　龙腾国际大厦A座15层　邮编 / 130118
总编办 / 0431-81629751　发行部 / 0431-81629755
官方微博 / weibo.com / tlapress　天猫旗舰店 / sdwycbsgf.tmall.com
印刷 / 保定市铭泰达印刷有限公司
开本 / 710 × 1000毫米　1 / 16　字数 / 492千字　印张 / 36.5
版次 / 2014年1月第1版　印次 / 2021年5月第2次印刷　定价 / 88.00元

图书如有印装错误　请寄回印厂调换

出版前言

如果说文艺复兴是“黑暗时代”的中世纪和近代的分水岭，是使欧洲摆脱腐朽的封建宗教束缚，建立新的社会制度体系的前奏曲；那么，“五四”运动和新文化运动则堪称是“中国的文艺复兴”，因为它同样使中国摆脱了腐朽的封建统治束缚，引起了思想和社会变革。人文主义哺育的这个时代，巨人辈出。

欧洲文艺复兴时期的巨人，他们为多种学科作出杰出贡献，是当时的博学家；中国文艺复兴时期的学者，也多少存留西方文艺复兴时期巨人的遗风。本社选辑的这套“名家名译书系”，就是为纪念在这个理性的萌芽时期，在文学、历史、心理学等方面作出卓越贡献的先辈们。

书系的译者大多是在英、法、美、日等国留学深造过的，他们有的是国内外闻名的作家、教授、文学评论家、文学史家、思想家、语言学家、翻译家、教育家、出版家，有的甚至还是著名的考古学家、收藏家、社会活动家、革命家等，这既使他们的翻译充满人文色彩，又使他们的创作闪烁理性光彩，比起其他译本，他们的译本有大量的注释，涉及神话传说、政治、社会风俗、地理、典籍引用等，显示了译者渊博的知识，可以增加读者的见闻和阅读趣味，非常值得一看。

而且，本次出版选辑的书籍，多是外国文学（包括诗歌、散文、小说、戏剧、文学评论、童话故事等）、历史、心理学名著等最初引进国门时的译本，多是开先河的中文译本，所以在编选的过程中，编者不但选择不同时代、不同国别的名家名著，还注重选择体现不同学科领域的经典译著，具有非常重要的人文阅读、研究和史料价值。

原稿中存在大量民国时期的英译、法译或其他译本转译的人名、书名和地名等，为了更加符合现代读者的阅读习惯，本书都尽最大努力予以注释。另外，这套丛书多是民国时期翻译的作品，所以文字叙述多是半白文，标点、编排体例等也不同于现在的阅读习惯，本次出版，在尽量保证原书的原汁原味的同时，也做了大量的修订工作，以使其更契合21世纪读者的阅读口味！

源远流长的世界文化长廊堪称是一个典藏丰富、精彩纷呈的文明与智慧之海。绵延千载的沉淀，逾越百年的积累，筑就了取之不竭、美不胜收的传世名著宝库。有熠熠生辉的思想明珠，也有不朽的传世之作；有刀光剑影的世界战争史实，也有皆大欢喜的民族融合赞歌。为此，“名家名译书系”的编选萃取世界文化史绵延数世纪、丰富积淀之宝藏，从古代的希腊、罗马到近代的印度、意大利；从日本文学的起步，到欧美文化的滥觞……沿着时光的隧道，让读者跟随美丽的文字从远古一步步走到今天，尽阅世界各国数千年的文化风貌，勾画出人类文化发展的演进脉络，并从中获得视觉的美感以及精神的愉悦，从而开始一段愉快的读书之旅。

作者原序

在这个时候（1911年）敢毅然刊行一本《法国大革命史》，作者何尝不知其未免果于自命；唯是作者却不敢自居是个通才，故此自定界限。

此作并非作为课本，亦不敢作为专家的著作，因为既不能适合于何教育程度，更不能作为汗牛充栋的档案。

作者因为著这本书，才晓得近五十年来所刊行以供学者研究的著作及公文，是非常多的。

专为研究法国大革命的问题，发起极多的杂志及学会，而同时无论何种杂志，无不研究这个问题。刊行的历史专著、列传，有以若干大厚册作为一种的，亦有篇幅甚短也作为一种的。关于大革命的著作，可谓丰富至极。此外还有革命时代的记载、日记、书信、偶录等，都是当日亲眼看见的人，执笔记载的。其中什么样人都有，什么党派的人都有，有外国驻使所记的，也有穷乡僻壤乡下种地人所记的；有恐怖时代当所谓地方长官所记的，也有后来被戮的贵族所记的。至于当时的公文，有此时正在刊行，也有不久可以刊竣的。例如奥拉尔所监刊搜辑的公安委员会公文，及采自各方的国人陈情书，此外还有督政府时代的公文，及便于比较公文与私人记载的制作。作者却最注意私人书信，故采用书信比采用记载为多。

已经刊布的文件虽多，不过只能供学者做初级的研究，也只到了门槛，并未能升堂入室。作者对于个人的话，却不能否认，若将已经刊布的文件与未经刊布的文件两相比较，诚然不过是初到门槛，但是只据已经刊布的文件做资料，也未为不可以先制暂时适用的历史。

作者自命不过如此，这就是个界限。有许多读者是不欲深入汗牛充栋的迷楼的，作者就著这一本书供给这种读者，以便他们晓得近数十年来我的先生同我的同学所得的结论。洛林先生著了一本罗马史，他写的介绍说道："我采用许多人苦心孤诣的著作，此是不必隐讳的。"作者这一本大革命史，也曾采用许多人的著作，读者若是觉得有趣味，可以读作者所引的原作（可惜所引的名作尚不算多），读者应归功于原作。

近二十年来，历史学家做了许多深远的研究，我所从受业的阿尔伯特·索雷尔曾著一部大革命时的外交史。亚瑟·许凯著了一部当时的军事史。皮埃尔·德·拉格尔斯先生正在著宗教史，奥拉尔著了一部政史（应称革命时代的政见史）。以上数种不同的大著作，都是很有价值的。

读者将晓得作者特别注意政治，但是自限于唯一方面，是做得到的。修史家把所有互相牵掣的事强行分开，是件危险的事，若把外交史、战史、政史、财政史、宗教史、经济史、社会史、文学史分作绝对的题目，是不妥当的。对于革命史尤其要兼顾各方，研究同时所发生的事实；因为此一事与彼一事都有重要关系，不能撇开彼一事专论此一事的。今试举一端：例如大历史学家泰纳是作者所钦佩的人，假使他读过索雷尔的著作，是不会对于某事说他太过火，与事实不符的。例如索雷尔描写的是一个被围的城，泰纳所写的往往不过是被围的人民的情形，写他们有时颓丧，有时发怒如狂。唯是历史学家的天职，是要站在城墙上，四面八方都要看到的，不单要留意被围的人，还要注意围攻的人。索雷尔很明白这个道理，故此写得面面俱到，不偏不漏的。

作者著此书原已先定了一个界限，除了有必要，是不能详论外交及作战方略的详细情形的，亦不能详论财政、经济、社会的种种危机。至于解事实的因果，及为论事论人持平起见，则讨论及之。

作者是要极力持平论人论事，无不出于公允。此一节为最难，原是无人能做到的事；但是作者深信在此著作中，并无不公允的褒贬。

法国大革命史原是一个极为难的题目，作者一下手却并不存成见，当研究这个问题的时候，对于革命的见解，往往十有九变，对于某人、某事，往往表露个人的情感，有时是愤激，有时是怜悯，有时是赞美，主持公道，却不能不如此。但是作者对于当时的人物，自信有持平的褒贬。作者曾经苦心研究过他们的列传，作为最后的分析，晓得某人是无意为恶，或为恶而不自知其为恶，某人则是处心积虑地要为恶。

至于大革命总问题，作者觉得不难保留个人的观察及个人的意见。大革命原是一件极其复杂的事，自问无力可以下一句决绝的断语。此时更觉为难，当时的事实及原因，仍然是不能解决的问题，只有才识远过鄙人的，才能下断语。

世人无有能免于错误的，当时的各党、各派，也逃不出这个范围，都免不了错误。某人犯错，某人犯了大罪恶，曾经作者指出。革命时代无时无刻不是危机，所有一国的罪大恶极的人，都一齐浮在表面上。汪达尔说过："白沫也浮在上面，红沫也浮在上面，所有深藏于内的穷凶极恶的性情，一齐发露，是以做了许多罪大恶极的坏事。"

另一方面，亦有极英雄、极高贵的性情发现。作者亦一一指出。作者是崇拜本国至于极点的，无论本国处于何等制度之下，原拟多铺叙本国的战功，不愿铺叙国里内乱的残杀。但是为此做的规划所限，不能尽如我意，心虽不愿，不能不照原定的规划布置，大约总不能免于为此一派人及彼一派人所指责，作者却已决计忍受。

在1910年1月，我的已享大名的朋友汪达尔发起法国大革命的演讲，作者也闻此事，作者且引他当日所说的话。

汪达尔说道："我们的演讲，不要越出两端之外；一端是教人革命，一端是不教人革命。演讲家只能自处于历史学家的地位，讨论历史，不要存什么成见，也不要预存结论，更不要发表什么融通的议论。

"有人把大革命比作一块死木头；这个名称，是很不入听的。无论当政的人，或是平常人，若把革命当作一块简单的'死木头'看，就是大错。

"革命绝不是一件简单如一块'死木头'的事，是一件极其繁复的事。其中的原因、元素、举动、效果等等，都是繁复的，有数不尽的各个方面需综合考虑。有人说过，'人心是无限的'，我也说，革命也是无限的。

“我们演讲家务必将种种繁复情形、各个方面都要说给在座诸君听，还要深印听者心中，要说明大革命带给法国及天下的高贵情感，有意义的忠诚，及一切进步，及公道之增加；同时又要说明当时的不良的学说，破坏的意图，及所有过火的举动，一切罪恶，一切高贵的作为。其中有许多英雄、豪杰，置内乱于不顾，而注意边界；边界被外国所蹂躏，我国的豪杰出以英雄气概，以抵御外侮，竟能大获成功，为法国增加荣耀。”

当时作者常常称赞汪达尔这几句话，作者著这本书，受过老友大历史学家汪达尔的勉励，不幸老友已死，尤不能不恪守他的指教，恪守他的精神做这本书。

路易 · 马德林

译者序

路易·马德林为法国大历史学家索雷尔入室弟子，而与汪达尔齐名，有良史才，善属文，他人以千言叙一事，写一人，路易·马德林能以百言了之，尤能深印于读者心中，通篇无不警策之句，法国学会列为第一，得戈伯特奖赏。英国译行之，附以介绍文，是博德利所著，自第一卷起皆原作也。今所译者，为1925年4月第五版，法国大革命之人物及其事迹，法国读者已知其大概，原作往往不复详叙。中国读者或患其太略，译者今搜采梯也尔（曾著《法国大革命史》，其事实议论，有可采）、卡莱尔（大文学家、哲学家、历史学家，观事论人，有其特见，其著《法国大革命史》是在1837年，议论往往与路易暗合）、柏克（文学家及历史学家）等诸家之作，及《大英百科全书》作为附注，亦有未及加注者，则限于行箧书籍不多，无从取材作此。著此书之宗旨，具见原序，不复赘。

民国十六年五月

伍光建序

目　录

引言
1789年法国之
基本情况

第一章 乱象

召集三级会议——宪法——国王有专制权——特权及重税——教产之道具多——最招怨之什一宗教税——特别税——盐税

财政大臣内克尔说："我要拿一份大礼送给法国。"这句话是他在1788年12月27日说的，离新年刚好还有四天，到1789年1月1日，这句话就传出来了。原来路易十六召开国事会议，决议召集三级会议，代表分为三级，第一二两级是享受特权的，第三级就是老百姓。他们代表的数目却是说好了要比第一二级的加倍。当时便把决定的议案，印刷了几千份发送。国人晓得了有这件好事，自然是很歌功颂德的。

路易十六

从前原有过召集三级会议商讨国事的，但是已经有一百七十五年没举行了。因为政府有这样非常的举动，居然肯叫第三等级选举倍数的代表，国人普遍相信这一次三级会议非同小可，与从前大不相同。1750年的时候，有一位侯爵名叫达尔冈松的说过："假使不召集三级会议就罢了；若是一召集，就不是马马虎虎的会议，一定是很认真的。"国人得知开会的消息，哪个人心里不是很受震动。个个都称赞这位内克尔，说他是"国人的至爱"；说他这个决议案，简直是"天降的德音"；有许多人读了，欢喜到流眼泪。据说，有一处小乡村的小牧师，在一个小教堂里的讲经台，对听经的人读这个议决案。那些乡下的老百姓听了，简直感激大恩，欢喜到如痴如狂。作者所引证的，都是当时人们的来往书信。据说在法国巴黎，人人的梳洗桌上，都有一张决议案，上自侯爷，下至老妈子，看见了都是心里很激动，个个欢喜若狂。

读者自然要问：为什么这样欢喜?

因为这时候法国人很穷苦，自不必说，即使许多享受特权的人，都认为自己太受压制了，都想得到一线自由曙光。又因为法国的政治制度等等都是腐败不堪了，无人不受痛苦。以为这次的决议案是改良的起点。若论大概情形，则因为这些年来法国的社会接受了许多哲学的培养，却忍受一个专制无法度的政府所逼压又无法挣扎得开。现在听到喜讯，以为是法国从此可就有了宪法了！读者要晓得：这"宪法"两字，并无一定的意思，你喜欢做什么解说就做什么解说，自然就发生无限的想象。那些好出主意的人，得了"宪法"两个字，就有许多猜想，暂时可以满意了。

法国这时候没有宪法。有一些人说："从前原是有过的，已不知抛弃在哪里了。"作者要说句实话：从前"宪法"两个字，有当时的理解，与现在的意思不同；从前的人看"宪法"两个字，并不做"设立议院"解。当时法王克洛维在位的时候，"宪法"两字，并不说是这位克洛维王要有两个立法院帮他来治理法国。但是这班人的思想，七八十年来，都是被哲学家的议论所动，被他们迷住了，所以无论什么事，都要诘问理由。就是上帝也要诘问："为什么他就该统治人类的灵魂？"自然对于住在凡尔赛宫的君主，也要诘问："为什么就该任凭他的尊意管辖法国的国民呢？"卢梭已经发过有关"民约"的议论，这种议论最时髦。法国人也就想到当初总有一种条约，是君主同百姓们立过的。事隔多年，这种条约大约是失去了，现在要重新再立起来。

在老百姓们这方面，他们的思想很简单，不甚晓得什么叫作专制，只晓得这个时候简直是乱七八糟，是个无政府的时代，只知道有个办法，有种组织叫作“宪法”。他们以为有了“宪法”这个东西，总比现在没有组织好得多。

从前卡佩王朝原是有过约定的，还不止一个，大约都是默许的；不然，就是未曾白纸黑字写得分明的。

从前卡佩王朝的君主同法国许多小邦有过条约，法国百姓愿意服从他的管辖，一连好几代。这一朝的国王，不只能征善战，还帮助各乡村把那些小诸侯们都服住了，不许他们欺负乡下的百姓，又把各行省的大诸侯也压服住了。他们这几代的国王，征服大小诸侯之后，还要管理断案，替百姓们申冤，替他们料理一切官司。这几代的国王不只是作法国的地主，还要作他们的法官。历代相传下来，有一段故事说：圣路易王有一次走到万塞讷的一个地方，就坐在一棵大橡树下，替百姓们审判官司，替孤儿寡妇申冤。后来法国的小邦结合起来，成了一个大国，那时候的国王除了审判官司之外，还要替国人打外国，不许外国人来侵犯，这都是从前的旧话。到了现在就大不相同了。现在的国王有多少年并未到过战场，不单未到过战场，连官司也不理，连乡村的老百姓们也不保护。现在的国王究竟算是个什么东西呢？大约从前立过的条约不算数了！古人曾经作过几句诗，专讲国王的地位，这几句诗的意思说的是：

国王戴了法国的金冕，要有勇气，要小心谨慎，不然的话，法国的荣耀就让他丢光了，历史上就要说他不配加冕做法国的国王。

不单是这个条约不算数，还有两个默许的约定也不算数，视同空文了。两个什么约定呢？一个就是大贵族同国民立的；一个是教士同国民立的。第一个是贵族要用他们的剑来保护国民；第二个是教士们要替百姓们祈祷上帝。贵族同教士并不是白干的，他们因为这两件事得了许多权利，得了许多豁免税捐的利益。自从贵族们没有打仗的本事，因为平民比贵族会打仗，贵族自然就不应该还要享受权利；教士现在既不能在上帝面前替百姓们说话，不能称他教士的职，教士也不该还要享受权利了，这个约定，也应该作废了。

人们普遍认为，从前默许的未经写出来的旧的约定，已经失效了。

这时候法国人以为国王是专制的。凡是考究旧制度的学者，听见这句话，总禁不住发笑。他们哪里晓得国王也是被这种制度束缚住了，做了制度的奴隶；他对于这种制度若说一句不以为然的话，是可以的，若是要更改，连他也做不来。

国王是一国的元首，但也只不过是个奴隶首领罢了。国王不过是朝廷里头的一个奴隶，是政府的奴隶；最可怜的，他也是风气及习惯的奴隶，他想要自由比老百姓还要厉害得多。倘若国王是一个喜欢改良的，他一下手改良，就觉得改良比什么都难。若是国王好省俭，但当时风气同习惯却要他乱花钱，甚至有人伸手来讨钱，他就得给他；有贵妇来要，也得给他。叫他从哪里省俭起呢？

这时候法国之所以这样混乱，还有别的缘故。此时不只是凡尔赛宫管不好，连各行省也管不好，比离宫还要乱得多。读者请勿要求我把各省官上加官、架床叠屋的制度说个清楚，因为这一个问题，就要写一本书才能说得明白。总而言之，就是乱到一团糟。

乡下的老百姓们，或许能够忍受这种无政府的苦，但是有两件事情却是绝不能再忍受的了：就是贵族们所享受的特权和当时的财政情形。

据说，法国共有二十七万法国人享受特权。

贵族们所享的不是物件就是钱财。因为从前他们对于公家建过功业，就特别享受免税的利益，另外还有特别的好处。作者把贵族所享的利益，分列如下：

一、卖酒权：贵族地主在他的领地内，每年有若干时期可以酿酒出卖，不许他人卖。

二、租用权：贵族地主在他领地内，建立许多东西，强逼乡下人租用。例如建造许多制面包的炉房，凡是领地内的人，不许在家里或别处制面包，一定要在地主的面包炉房制，每年出租收钱若干。

三、过路税：凡有牲畜货物在地主的领地上经过的，都要纳捐，作为修路之用，凡经过桥梁津渡的，也要纳捐。

四、养鸽专利：唯地主可以养鸽，不许他人养鸽。

五、果捐：凡有种果园的，必要分若干份与地主。

六、界捐：凡有划分田园领地的，都要纳捐。

七、粮食捐：秋收的时候，地主要收获粮食的十分之一。

八、特捐：此外还有种种特别捐项。

以上所说的种种租捐，从前原有用意的。因为从前的地主对于种地的人有许多安排，有许多管理，种地的人原可以得着许多好处。现在却并没有这种事了，地主早已不住在领地，并无人管理；不管也还罢了，若是有人来管，愈管愈坏。所有的贵族们都跑到凡尔赛宫去享福，愈闹愈穷，愈穷愈要剥削乡下的老百姓，他们派到乡下的总管，自然更要虐待乡下人。

还有一层，这时候的国人，对于纳税不平等同享受特权两件事非常注意。在他们眼中看来，更看重的还是不平等的税负，特权还在其次。拉罗谢尔地方的“陈情书”（未开会议之前，路易十六曾令民间分区各诉疾苦，具呈上闻），有一条最突出的诘问，就是诘问既是人皆平等，为什么某人犯罪，就应该问斩，某人犯罪，就应该问绞呢？这未免太不平等了。

教士们所处的地方与贵族不同，也是一样地招国人的怨恨。作者且先说说他们财产的地位。全国的教士大约总人数在十二万至十四万人之间，其中有二万至二万五千人是修道士，牧师人数在六万至七万人之间，修女有三万七千人。

管辖法国宗教事务的有一百三十位主教，他们所管辖的教区，面积大小不等。（例如某区有一千三百八十八处小教区，某区只有十九处。）

他们的进项，更是参差不等；有一处大教区一年有四十万里弗赫的进项，有些不过七千旧里弗赫。

修道院的收入亦是不等。有一处每年有五十万里弗赫的收入，小修道院的收入，不过六千里弗赫。

有许多历史学家对于教产收入，未免言过其实。拉格尔斯所算的数目，是每年总收入有二十九亿九千二百五十三万八千一百四十里弗赫。作者看这个数目，还差不多。他们每年正项收入是八千五十万，但是他们抽收教徒的款项还有八千万。

这都是数百年前善士们捐的，或是遗留给他们的产业，却不是白捐白送的，都有用处。原要他们替死者念经祈祷，赈济穷苦的活人。到了宗教堕落的时候，教士们也还多多少少做了点赈济祈祷的事，花去不少教产的进款。近来有好些年，教士们把这些该做的事，都全忘记了。把从前善士们捐助钱财产业的用意，一概都不管，都当是自己的私财，任意乱花。

既是这样，他们自然是不该享受。

小教区最恨的是什一教税。（革命时代，教士们最受痛苦，小教区反出力援助之，此事见于下文。）因为这件事情，不知老百姓们同教士们打过多少官司。1788年有一次开贵族会议，有一位教长做一个什一教税的概说，说是诚心奉教的人所甘心情愿乐助的款。有一位公爵驳他，说道：“什么愿意乐助？假使是愿意乐助，为什么这时候，因为教税，国内有四十万起官司还未了结？”

还有一层，教士们享受免税的权利，原是1710年他们曾经花过一笔大款，才能豁免捐税的。他们时不时送一笔款给国王，就免了纳税。教产的分配又极不公道，也是一件痛苦的事。主教进款极多，简直用钱同泥沙一样；但是有六万多小教士都是过挨饿的日子，然而在宗教里头这班穷教士，都算得是最好的人，故此老百姓们心里更不服。大约一个小教区的牧师，每年有七百里弗赫教俸，副牧师大约有三百五十里弗赫，主教每年却有十万二十万或多至四十万里弗赫的进款。若论起行为道德，主教却远不如一个小牧师。故此这群挨饿的教士，自然也有许多痛苦要申诉的。无论如何，诚心奉天主教的教士，也免不了许多怨言；奉耶稣教的教士，因新近才受过许多窘逼，自然更不以主教们为然了。

有一种特别的税，是老百姓们一定要纳的，贵族教士们却是免纳的。若是无论什么阶级人等，同样的纳税也还罢了；偏偏这种重税，要百姓们纳，百姓们自然是更恨贵族、教士了。这时候贵族虽然也纳人头税，还有一种叫作五厘税，算最重的了，可算作是活剥老百姓的皮。这特别的税简直是扼住百姓的咽喉，叫他活不了。这种特别税就是所得税。若所得是一百里弗赫，国家就要征收五十三个里弗赫。这还不算，政府还可以随时任意加抽。从前有一位财政大臣叫作柯尔贝尔真是善管财政，那时候国用很节省。自从他死之后，就没这样的财政大臣了。所以在1789年1月1日，百姓们还是要纳所得税的。更有一层，收税的机关还要上下其手，任意抽取。有一位游历家走到法国，看见这种情形，十分诧异。平常百姓一亩（英亩）地，要纳十四个里弗赫的地税，贵族有十二亩地，只纳九个里弗赫。

此外还有间接税，再加上这些间接税，简直把百姓们压垮了。读者也许知道，政府卖盐专利的事就是法国革命的一个极大原因。盐税激发革命比所得税的力量更大。此外还有各种捐项，这就同盐税差不多，政府所用的不肖官吏可以任意挨家搜查骚扰，他们跑进人家家里，什么地方都搜查遍了。对此，百姓们的痛恨是深入骨髓的。

百姓承受了层层剥削，哪里能够担负得起呢？故此从外面看来，百姓是穷极了。然而细加考察，骨子里还不见得穷。作者也不晓得当时的老百姓究竟用什么法子，居然能够省俭积蓄余财？又不知他们用什么法子，把钱蓄积藏起来，拿去置买田地？因为曾经有人确实考查出来，自从18世纪以来，乡下人陆续置买田地。此时法国的土地，大约有三分之一是在乡下种田人手上。可见得他们很有节省的本事，很有要自己做地主的志气。此是向来无人想到的，近来有人研究出来，才知道有这个事实。他们既然有这种志气，自然更盼望一旦得以免了这些担负，便可以多置田产了。故此他们要求平等相待，就是以能多置田产为目的。

市镇的贫民常常挨饿，自然是要国王及宫廷负责，如同在1791年要当时的立法议会负责，在1795年是要当时的国会负责。

无论在城市抑或在乡村，百姓是没有一个不咒骂政府的。到了一天，请他们说话的时候，自然狂叫狂喊，发泄他们的愁苦。

有一位大臣名叫杜尔哥，曾经对路易十六说："这正是因为法国没有宪法的缘故。"他的意思（并非有意要仿英国的制度）亦不过要有一种合情理的机构。因为1789年并非是制度好不好的问题，当时简直就没有什么制度。

有一位大臣当王室快倒的时候曾递过一份报告。这份报告值得一引，给读者晓得。

他的报告里头有一段最要紧的话，说道："法兰西原是好几个分邦凑成的，各有各的治法，各行省不相闻问。有几个地区是完全自由，并无担负的；所有的负担，却都推在别的地区身上。最富的人纳税最轻，贵人所享受的权利，就形成不稳固的形势，不能施行一定的法制，又不能有舆论。总而言之，是个最不完善的王国，害民的事数不胜数。按着现在的情形而论，简直无法管理。"

这几句话是谁说的呢？是一个做到大臣的中产阶级说的吗？是一位改良家说的吗？是杜尔哥说的吗？是内克尔说的吗？全不是的！是一位享受特权的贵族卡隆伯爵说的。他当了两年大臣，得了许多阅历之后，说出来的！

此时的人心，因为有了知识的进步，所有陈腐旧说都逐渐地脱离了，觉得这样无政府的扰乱情形，不能再忍受了。

第二章 知识进步

不信旧学——罗兰夫人——哲学家的潜力——人道主义

法国的制度全靠旧学古风扶持，新学新风气同旧学旧风气，是绝对不能共存的。乡下老百姓的情形真是困苦，但是并不见得比从前困苦（还比从前稍好些）。此时做手艺的人，往往挨饿，但是并不见得比一百年前做手艺的人挨饿的日子多。享受特权的人，这时候诚然很苛暴，但是也不见得比从前更苛暴。若是从某方面看来，现在的政府好像比从前还要有实力得多。为什么单独到了这个时候，国人就要蠢动呢？因为这时候什么旧学古风都无维持的力量了。有许多哲学家把墙的基础都彻底挖通了，不久这四面的墙就要坍塌了。法国的制度，原是建设得不牢固，况且不单是间架结构不好，连灵魂精神都早已没有了。好比一个人，骨骼不仅坏了，灵魂也失了，还能够活吗？

有许多人说："这是卢梭的不好！"也有许多人说："是伏尔泰的不好！"有许多明白人听了这两句话，就未免要发笑，因为把责任都推在这两个人身上。其实是许多人的不好，许多事的不好，不能只怪这两个人。话虽是这样说，但是革命的时候，对于这两个人是特别尊崇的，可见普遍认为这两个人有助革命的成功。

当时不单有卢梭所作的自白书，此外还有他人所作的自白，我们打开罗兰夫人所作的自白。这位夫人原是一个中等人家的女子，她的父亲是一个怀疑派平民[①]；她的母亲是一个诚心奉教的女人。这个女人为什么一生专提倡革命呢？这个女人原有她的伟大不可及的地方，也有很错误的地方。她生于1754年，那时候孟德斯鸠快要死了，伏尔泰正是最得意的时候，同达朗贝联盟，攻击宫廷。罗兰夫人出世的那年，杜克洛即在黎塞留家里介绍哲学；不久，达朗贝也来聚会。1754年，就有一个哲学家狄德罗著一本书叫作《对自然的解释》，就变作一个无宗教的人。这一年也是第三本《百科全书》问世，居然得到审查图书人的认可。这一年又是卢梭提出不平等论。以后十年里头，无一年不是哲学得意的时候，后来所有的革命伟人都是这十年里头出世的。（只有两个不是的，一个是西哀士，他是1748年出世；一个是米拉波，他是1749年出世的。）布里索是1754年出世；拉法耶特是1757年出世；穆尼埃、罗伯斯庇尔是1758年出世；维尼奥、丹东，都是1759年出世的；德穆兰是1760年出世；巴纳夫是1761年出世。作者所说的都是革命伟人，其余的就不详细说了。作者特别在这一段书，提出罗兰夫人，她未出嫁时是姓菲力普名玛侬，在革命时代，大家都称她作罗兰女国民。因为其后她专喜欢看书，看高乃依著的书，就要学作罗马英雄；看普卢塔克著的书，她就要学作希腊英雄。最后看的就是达朗贝、伏尔泰、霍尔巴赫、爱尔维修、狄德罗诸家的著作，就要作革命党。她最喜欢读的

布里索

① 又译作中等人家、小康人家，阶级在富贵人家和劳工人家之间，以后所用“平民”两字即是此意。——译者注

是卢梭的著作。据罗兰夫人自己说道："可惜我读卢梭的书读得太迟了。但幸亏我读得太迟，若是读得太早的话，我就会变疯狂了，别人的著作我是不要读了！"

读者要晓得，凡是这个年轻女子那时候所读的书，同时的男子们也是要读的；从罗伯斯庇尔至德穆兰都是要读的；从教士格雷古瓦至贵族拉法耶特，也是要读的。总而言之，贵族们的儿子、女儿，小市民们的儿子、女儿，喝进肚里的都是同源的水。

作者到这里，又要讨论极有趣的先生及学生问题。既然有孟德斯鸠、伏尔泰、卢梭这班人当先生，就有罗伯斯庇尔、丹东、布里索这班人当学生。这个问题，就很引人入胜。研究了陈言旧意，作者是绝不相信的，只好另走新路来研究。作者曾经研究这一百年内情形，把从1789年至1799年，这十年以来二十个革命大家的道德和知识状况又都研究过，才晓得他们都饱装了一种共同的哲学，一种纯粹破坏性的哲学。

这种哲学的潜力，产生不止一种效果，法国的大革命就是这些有知识的人，同一些自以为是思想家的人引发出来的。他们的思想就是这五十年间的思想，就是理想化的教条主义、古典主义、世界主义、人道主义、反基督教以及推翻一切权威的哲学思想。

既然革命是件理想的事，是件武断的事，我们试听一位当过两次革命议会议员，又是最后的一位哲学家所说的话，这个人就是孔多塞。他在距1789年许久之前，就说过一句话，他说："一条好法律，应该施于无论什么人都是好的；如同一个算学命题，对所有人都是确的。"法国大革命的全部错误，就在孔多塞这一句断言里头。这位大算学家，简直不知所谓，他与他的同宗教的人，全不晓得以心理学作基础的真实的社会学。说出这种话来，证明他们全不了解历史。

若是有人苦心去告诉他们，也是枉然！他们就要拿古时代的雅典、斯巴达、罗马来反驳。古时历史学家普卢塔克，拿他的作伪的希腊人，作伪的罗马人，供我们来消遣有千百年了。所有这些哲学家及其门徒们醉心于古时代的人物，就要借这班古时代的伟人的名字如哈尔摩狄奥斯、莱奥尼达斯、格拉古、布鲁图斯、加图等等来号召他们的革命，高呼他们的名字，何止千遍。

他们号召革命，还要借重外国的法律。罗兰夫人自己觉得有种“博爱的灵魂”，喜欢外国东西。那时候的哲学家从四面八方带回来许多新鲜思想，有从柏林带的，有从圣彼得堡带的，有从日内瓦带的，有从海牙引进的。从伦敦引进的更多，从美国费城带来的尤其多。他们恭维华盛顿及富兰克林，称呼他们为布鲁图斯及加图。这就够了，很能扰动人心，播下扰乱世界的种子了。这班喜新厌旧的人，拿这些东西来号召，自以为有无上的好处，因为全是舶来品，全不是法国的。

这班人拿人道主义做起点，先登台的是“人”，第二登台的是个“好人”。这时候人人都醉心于善行，一见好人出现，自然是人人心动的。既然有人，就有同胞的思想，说出来好像并无什么要紧，但是既兴了人道主义，这“同胞”两个字，就产生极过火的革命事业了；既拿人道主义做了个好题目，自然是脱不了“慈爱”两个字。譬如说：1789年1月时候，布伊莱侯爵看见乱象已成，把那时候万分危险的情形告诉内克尔，内克尔却并不承认有这种情形，而是说道：“我们要倚赖人道主义。”所有当时的政客，都是倚赖这种道理。他们的结果，就是从议会登上断头台。

倘若人都是好的，似乎可以自治了，于是就产生广义的共和了。他们都很羡慕古代希腊、罗马的共和，听见“共和”两个字，是欢迎的不得了。但是1789年，却并无什么人当真要建立共和。丹东说过：“未宣布共和成立之前二十年，人人心里都有共和思想。”这句话说得是不错的。在18世纪一百年间，初时不过是一种反对独裁专制思想的萌芽，随后慢慢生长，最后便传遍全国了。

若是说法国的普通群众，他们何尝读过什么卢梭的书，什么伏尔泰著的书，什么《百科全书》呢？但是虽然未曾读过这些书，却是一样抱怨，有时还造反。（在路易十五的时代，有过好几次的大暴动。）但是有了造反或是大暴动的事，还靠君主的权利去镇压。那时候君权还没有一点的摇动，况且那时候并没有那些新式的平民们当群众的头目。如果大革命的时代，没有这种头目帮助暴动，是变不成革命的。除了哲学家之外，还有什么人能够动摇政府的权威，能够夺了贵族们的武器，能够把少年平民们的头脑装满了革命的精神呢？无论哲学家是被反对革命的人所痛骂，还是被以革命为荣耀的人所称赞，总而言之，哲学家要担负这个责任，是无可辩驳的了。

革命原是由多种事实酝酿成功的，然而若是没有知识界来帮忙，却是发动不起来的，这是无疑的了。

第三章　阶级与危机

贵族无力——庸劣的教士——下级教士的民主思想——因反对不平等而起事——农民之怨嗟——平民与农民联合——国王之懦弱——军队之不安分——革命分子——上流社会之精神萎靡

法国大革命不只是政治上的革命，所有阶级都受到它的影响：贵族、公民、教士、农民、工人，都要面对的。为什么有些就失败了，有些胜利了，有些是大上其当被人骗了，有些变为奴隶了？在1789年的时候，后来的结果，都在他们各阶级的手上，在全国的国人手上。

按历史来说，法国的国王若是到危难的时候，要仰仗贵族扶持的。这一次简直是既无军队，又无军官来维持，因为贵族不能号召群众，自己贵族里头，又不能组成军队。

但是读者不要把贵族看得太不中用了。贵族里头知识分子还是有的，其中有几位在未来的议会里很有势力。还有后来从维塞所搜集的贵族书信、日记来看，有好几位很有天分，妙语连珠，信写得很漂亮的。

然而作者还是要说他们整体不行，既不能抱团儿保护自己的阶级，又不善观时变，碰着有机会的时候，又不晓得讲和调解。法国的国王几百年来专做削夺贵族权柄、降黜贵族人格的事。于是来了一位红衣大主教黎塞留，用尽机谋，把他们收拾一番。路易十四在位，也是用同样的政策。这些贵族原是极有可为的人，被他们变作不能振作无用的人了。他又不让贵族多得政治阅历，简直是把贵族挫败到极点，于是大多数的贵族，都变成唯命是听、卑污低贱的人了。受挫折的日子既然过得久了，遇着大风潮，自然是再也挺不直腰了。

况且路易十四简直是把贵族的根基都拔起了。一棵大树，既然没有根，怎么样能够抵得住大风呢？当初法国的贵族，原是致力于农业的，他们原是境内的大地主，是农夫们的领袖，专一振兴农业的。到了路易十四的时候，不要他们在意什么农业，让他们到凡尔赛宫住。乡下的农人许久见不着地主的面，自然就对他们没有什么感情，一遇着有大风潮的时候，贵族回去号召农民，农民不但不帮他们，还要掉过头来反对他们、攻击他们、驱逐他们。故此当大革命的时候，贵族们什么事都做不成。读者不要怪他们，只好原谅他们，他们并不是不想振作，只是振作不起来。

贵族既受了多年的挫折、根本上的毁伤，同时又被当时的思想潮流所侵袭，与大多数的人们一样。作者上文已经说过，贵族们从前是能征好战的粗野豪杰，后来就慢慢变斯文了。再后来遇着那一阵哲学的潮流，他们变得更斯文了，两只手连刀枪都不能抓。有好些最著名能征善战立过奇功的贵族的后人，都变作读书人了，变作伏尔泰、狄德罗、达朗贝、卢梭这班哲学家的朋友了，附和他们的议论。

这些新舆论深入贵族的心里，比对别人的影响更深。有许多人失去了宗教思想，却也不隐讳，公开承认不信宗教；有许多不知不觉地丢失了君主立国的思想。所有的贵族也不相信他们有享受特别利益的权利。有一位历史学家特为此写一本书，专论贵族中最有新思想的人，如利昂库尔、拉罗什富科、维里厄、卡斯特兰、拉利-托伦达尔、克莱蒙-托内尔，等等。一看这本著作，就晓得这班贵族的无知，同他们思想的空虚。他们以为革命是反对君主专制，反对教士的狂妄。等到1791年，这大革命革到他们头上来，他们觉得很诧异，只好举头问天。克莱蒙-托内尔只有痛哭，维里厄只是咒骂，利昂库尔只是想法替路易十六招兵，但是都来不及了。

贵族那时候分为两派：一派是太好商量，太多让步；一派是太不好商量，简直是不肯多让一步。从前所相信的道理，现在被时势的潮流都推翻了，群众又不附和他们，因为待在宫廷日久，人格又变卑劣了。从前法国最慷慨、最好修饰的贵族，唯有光明磊落一死。但是他们一死，是否算得光明磊落，还不好说呢。

这一群提不起精神颓唐堕落的贵族，是不可靠的了。教士们可靠不可靠呢？恐怕还不及贵族！因为在教士队里，就有仇敌在炮台里，况且这座炮台快要坍塌了。

18世纪初，就有人说过，宗教里并不要有什么大名望的人，要的是有大道德的人。教士们哪里肯听这句话，到了争名夺利的时候，他们什么道德都牺牲了。

1789年的时候，也未尝没有好的教士，但是居高位的多是声名狼藉的，其余的道德知识都是庸劣不堪的。据说当日总有一百三十位居高位的教士，只有十五个是称为有道德的，还指明罗翰、布里埃纳、雅朗特、塔列朗等等的声名，最为恶劣。

下级教士对待那些声名恶劣的上官，只有妒忿。这些小教区的牧师都是来自民间，信教很虔笃，也多少沾了些当时哲学的思想，很想提倡民主的精神。

凡是下级教士，个个都是提倡维新的，这是极有关系的要点。因为有了他们的助力才能够打倒享受特权的上面两级国民，使第三等级国民（即平民）大获全胜。

当时有一件极不相干的事实，很有价值：有一位对当日时事有相当研究的人说过，他在某处找出一张单子，是购买《百科全书》的人的名单，总共有四十人，其中有二十四个都是小牧师，为什么单单这个地方的小牧师，比别处的肯舍得花钱买《百科全书》呢？其中自然是有道理的，而且，他们也不觉得读卢梭的著作是不可接受的。

因为看见当日的时局，他们是极不高兴的。主教同僧众富得太过，他们小牧师穷得太过，几乎所入不够生活。而那些大主教们，在应酬场合挥金如土，对待小牧师们却是非常吝啬。故此到了1789年，这些穷牧师，准备同平民同走一条路。

到了这年选举的时候，他们极端反对主教们。有位主教气极了，5月间说道："都是这班穷鬼把我们毁了。"从事实来看，的确有了这班穷教士，才能够把革命闹成功的。主教们原不敢相信他们有什么特别的权利，又碍于地位，真不晓得应该怎样斗争。穷牧师们就不然了，卷起两只袖子，就挥拳斗争，攻击那些有特权的人，比平民们还要激烈得多。多亏是有了穷牧师帮助，故此平民才能够打胜仗。现在要说到平民了。

有一天，拿破仑说道："到底是为什么要革命的？实际都为的是争名争利！有许多人说为的是'自由'，这不过是托词罢了！"拿破仑这两句话，说得太残酷，也不公道，然而却不能说他的话完全无理。有一位历史学家曾证明1789年的革命，与其说是要推倒专制，倒不如说是要推倒不平等。故此还是社会革命的比例多，政治革命的比例少。在平民里头何尝没有几位志气高远的人，因为崇拜自由，然后努力去做革命的事。例如穆尼埃就是一个极好的法国中产阶级的代表，他不久就明白是上了当了。崇拜自由的平民很少，对于不平等怀恨的却是很多。有些胸怀大志的平民跑出来当领袖，登高疾呼"自由万岁"！但是他们还是法国人，凡是法国人都晓得只有拥有权利的人能够有自由。每一个人心里都因为自私自利起见，而要平等。当时有两个不同的党派，但是他们所说的话，却是能证明拿破仑所说的那两句话是不错的。一个说道："并不是专制激发国人革命的，实在是因为憎恨贵族。"另一个说的话，也差不多是同样意思。

还有一层：青年平民读的好书也不少，似乎还比贵族读得多。作者已经说过罗兰夫人少时所读的书，也就是罗伯斯庇尔、布里索、丹东、巴纳夫、德穆兰所读的书。他们崇拜这些作者，于是激起他们的愤恨。同时又鼓吹自由，助长他们的傲性。作者还可以举两件事实证明他们的愤恨：有一次有一位贵夫人宴请罗兰夫人，她们母女两人于是到了贵夫人家，贵夫人把她们请到仆人屋里；而有一次巴纳夫陪母亲去剧场看演出，他的母亲被一个无礼的贵族推到一边。这一位少女同这一位少年心里只是敢怒而不敢言，能够不心怀愤恨吗？此外还有许多时常同贵族接近的人，不知受了他们多少侮辱，受了他们多少故意显露出来的贬抑的态度，这却比轻侮还要难受得多，心里更是按捺不住的愤恨怨毒。又如卡里埃是当贵族家的总管的，不知受过多少侮辱。1789年的时候，这些人哪个不是怨恨的。西哀士称贵族作纸卷。总而言之，1789年所有的平民，大约个个希望平等，盼望到了平等，就有权利。在1789年至1799年，这十年之间，有一件更应注意的要紧事，就是这些人心里并无丝毫民主思想，他们对于大多数的群众，又是极看不起，又是怕。梅尼埃·德·拉雷维耶说得最好，他说："1789年的平民，一方面是恨极了贵族，一方面是极不相信群众。"读者不久就要看他们的举动，作者此时不必细说了。

1789年冬天，选举的那几个星期内，平民们不能不去争取更下层阶级的国民，尤其要争取的是农民。于是分到各乡去，发动他们，叫他们诉说他们的痛苦。

乡下老百姓的确有极大的痛苦，作者前文已经说过。乡下人不管什么自由，不管什么英国宪制，什么两院制，也不管什么美国费城的共和制，他们只想废除了封建贵族们的权利，以及各种重税苛税，此外也要政治改良。这时候有什么东西能束缚住他们呢？是不是公侯束缚下属、家臣的制度呢？但是贵族都不住在本乡，还有什么制度可说呢？是不是宗教束缚他们呢？老百姓们原是信奉天主教的，将来有一天他们还可以证明他们是笃信天主教的人。但是这个时候，那种什一教捐，实在是受不了。我们很晓得1789年1月间，老百姓们要动手毁坏贵族们的城堡府邸，小牧师们并不拦阻他们。

乡下人所要求的是田地自由，倘若国王帮助他们办到这件事，他们就说这是一位好国王。1789年8月间，果然办成田地自由了，老百姓们就没什么要求的了。后来他们看见革命闹得太不成样了，恐怖时代杀人杀得太多了；又看见每处乡村，都是恶人得志；纸币印得太多，害人也实在害得太狠了；又看见革命政府专门同乡下的小牧师作对。乡下人就立刻掉过头来看看，在哪里有什么有权利的人可以让国家太平，能够维持革命得来的社会上、政治上好处的。至于什么政治自由他们都甘心牺牲，只要可以重见太平日子就十分满意了。

但在1789年1月至4月之间，平民们向来是看不起乡下的农民的，但这时候不能不暂时放下架子，卑躬屈膝地拉拢农民，以实现他们的私欲。1789年所发生的事，就是这种联合的结果。

平民更善于利用下等的穷可怜虫市民（其实并不穷苦）。这些市民大约都是做手工的人，这种人容易知足，不想积蓄，得闲就高唱。但是1789年，如格雷古瓦他们是要挨饿的，自然是怪政府不良。若是来了一位平民，如丹东律师，或是马拉医生，或是德穆兰记者，走来发动他们，带了他们去攻打巴士底监狱，或是去攻打王宫，那是很容易的事。若有必要，还可以召集曼德兰带领的许多底层的无赖帮助工人，立刻就召集成军。假使在1789年，只靠巴纳夫的辞令；以及1792年，只靠维尼奥的一张嘴演说是绝不能召集成军的。从前的工人及底层的无赖们，何尝没起过事呢！但是一起事就被军队镇压下来了，他们挨了一百年的饿，仍不敢起事。到了1788年至1789年冬天，实在是非常冷，这帮可怜虫挨饿受冻而死的，不知有多少。当时有一位记者说得好，说是国王手执的刀剑丢在地下了。穷苦百姓们看见有权利的人没有武器了，就让炮台、要塞都落在他们手里。

平民们得了农民的帮助，故此1789年的选举大获全胜，又利用工人打开巴士底监狱的牢门。

贵族及高级的教士都不能自保，自然是盼望国王保护他们，国王能够保护他们吗？一百年以来，国王无所谓宗旨，自然就无所谓政策。法国虽为绝对的独裁专制，然而往往大权旁落，入于各议会之手，但也不考究议会究竟应该有些什么权利！就是召集议会时，也不晓得国内各阶级的公民，该享什么权利。

政府既无行政宗旨，又无财政宗旨，更无政治宗旨，在国内是有物质上的困扰，在政府里是有道德上的困扰。

国王既无任何的宗旨，究竟依靠哪一阶级的国民呢？作者曾经说过，有许多是依靠各自治会。1789年各自治会，也想重新同国王联盟。自从路易十四以来，原是依赖贵族的。但是他的政策，又是不让他们发达，既是不能发达，自然是日见衰弱了。政府用人，全是私见。从柯尔贝尔至内克尔，政府的好位置，用的皆是中等阶级的人，却又看不起他们。总而言之，国王所依靠的，是已经衰弱无力的贵族；政府所用的，是他看不起的平民。

1789年凡尔赛政府简直对于社会问题、政治问题毫无解决的办法，一天天走到危险的边缘，还不觉得。

国王果然召集议会了，也答应第三等级的国民有加倍增加议员的机会。这是怎样讲呢？假使是按着等级来表决，加倍数目，是毫无可能；难道是按人数表决吗？这一个问题，路易十六还不晓得，他的大臣们也不晓得。议会是召集了，让他们办什么事呢？有什么事是不能让他们办的呢？问谁谁也不晓得。特权是不是还要保留，抑或是一概全废呢？也是没人晓得。必要的时候，是不是要压制议员呢？也没有人知道。作者却要加一句话，那时政府若是想要压制，也办不到的了。

因为一个无舵的政府，就是拿了武器在手，那只手是要发抖，拿不牢的。这个政府，遭遇紧急情况的时候，要用军队，军队却不为它所用了。

1789年7月8日，有一个平民代表的议员说道："国王既无心力，又无兵力。"

自从18世纪以来，士兵们拿刺刀的手，是摆来摆去的；将官们拿军刀的手，也是摇来摆去的。总而言之，是靠不住。1788年的冬天，路易十六有一次要派兵镇压某地方，有一位贵族曾奏明国王，说是军队是绝对不能依靠的。等过了六个月之后，正要开议会的时候，内克尔说道："我们不能信赖军队。"政府之所以失败的原因就在此。

军官们是管不了士兵的，这个理由是显而易见的。大多数军官能力不够，他们原不配带兵；不过他们的运气好，从呱呱生下地来，起码就是个上校。下级军官自1781年明诏之后，是永远不能升官的，自然怨恨那些可以升官的。下级军官有几个如乌迪诺、马塞纳等，只好弃官而去。有几位如缪拉等，弃官的时候，还说了许多不平的话才走的。[①]其余的虽然不走，却是终日口出怨言。

军官手下的队伍勇气是诚然有的，不过很危险，内部什么人都有。有一位曾经带过兵，后来当过议员的杜布瓦·克朗赛说："他们简直都是强盗。"

这样的军队，自然是要有极严的纪律才能驾驭得了的。但是当时的军官，也是被当日的思想潮流卷去了，好谈人道主义。

还有，法国军队好入秘密会，这是从英国的爱尔兰军队带入法国的。1789年军队的秘密会场，共有二十五处。读者且不必问这种秘密会，是否有革命的思想，平等精神却是有的。一个军队如何容得平等思想呢？最能为军纪所害者，就是在秘密会里头。有时一位上校，不只够不上同下级小军官平坐，还要坐在他之下；秘密会里头的实际情形，即是如此。例如某处的一个秘密会场，是一个小军曹当会长，一个上将不过是个会友，他还是一位侯爵。我想不出这位上将，怎么样号令这个小兵曹开枪射杀平民？况且平民当时所高呼的原是"平等"两个字，同他们所高呼的一样。

从此就慢慢引得军队解散，先从1789年法国卫队叛乱，一直到1790年8月有南锡兵变。故此路易十六变得无兵可用，无人保护。

享受特权的贵族不能保护自己的权利，既无力又开始分离；教士们也分为两派；平民们虎视眈眈，日夜要争权夺利，要先下手抢得自由，抢得平等。这班平民却很有精神、很有知识、很有大志，又是极贪财的人，得了乡下的农民来帮助。农民的意思不过要推翻特权，倘若路易十六要保护特权，他们就要攻击专制。平民还有市民帮助，这些人忍痛受苦，已经有许久了，一有人号召是极容易起事的。此时大局变作两方面：一方面是

① 此数人其后皆为拿破仑部下名将。——译者注

国王、贵族等等，一方面是平民、农民、市民等。夹在中间的是一个政府，无政策，无调解方法，又无实力，要想做主人翁，也做不起来。

此时的大局实在是令人可怕。凡是革命，内中总有许多分子。除了上文说过的之外，还有别的分子；有在上级的暴乱分子，有在下级的暴乱分子。在上头督政的，自然是用发动党徒的法子。图富贵的，动之以富贵；想报仇的，发动他们去报仇；想泄愤的，发动他们去泄愤；失望的，还他们希望；想发财的，给他发财机会。1789年有一议员就说过："将来写革命史的人，一定不晓得当时有许多过眼云烟的事，有许多极不相干的事。然而此种事，与革命却有极重要的关系。"作者今日执笔作这本历史，并不是不晓得有这许多事。最有趣味的，无非把革命的首领，开列一张单子上，从拉法耶特起，下至桑台尔止；又从米拉波起，下至德穆兰止；再从巴纳夫起，下至科洛·德布瓦为止（除此之外，作者还可以再举出五十多个名字），这些人却卷入革命漩涡中，不是因为身受个人屈辱，就是因为嗜欲太多。受利用供牺牲的，流品更杂，更是不堪的人物，城市有，乡下也有，原是沉在社会最下层的；一有人来号召，立刻都浮在面上了。有人说过："这些人不是欠了重债的，就是犯过极重的刑事的，是绝不能再翻身的；除非把一切都破坏了，推倒了，他们才能够翻身。"我们再去做详尽的研究，对于当时的秘密党是要说两句的。此外还有外国政府派来的秘密机关，这些人的行踪，更是诡秘。我们只能看见他们的东鳞西爪，总也捉不住他们。总而言之：这个大革命酝酿了有五十年，其中的因由极多，都不能一一说得出来。

按事势而论，革命是绝不能免的了。读者慢慢就晓得这次革命逐渐退化，同初时的性质大不相同。虽然，非革命不可，是万不能幸免的。这一次的爆发，实在是替人道主义报仇，即是替精神雪耻。

1798年2月马莱·杜潘说过："我们就城市来说，所有的富人、贵人、地主、文人，个个都是只会吃，只会喝，只会懒惰，没一个是能够提起精神来振作的。"

从前他们是个个都有精神，并且还精神很好。国王是建立法国的，诸侯是替国王出力打仗的，教士们是教化全国的百姓的。现在他们的后人，都没有精神了，又享受许多特权，埋没民间很多真材。英国有一位大名流，曾经到过凡尔赛宫，说道："这些人都犯了贫血病。"

但是凡尔赛宫还是凡尔赛宫，法国还是法国。法国人还是很有精神的，其中有五十万公民是极有精神的，并不颓唐，并且因为受了压制更激发许多精神出来。这五十万战士，第一步是费了大力，替这初生的共和国争来许多荣耀，其后就归入拿破仑的部下。1768年，拿破仑部下名将奥什、莫蒂埃、贝西埃尔出生；1769年，马尔索、内伊、苏尔特、拉纳、儒贝尔、拿破仑出生。那些富家出身庸劣无能的教士，虽然也很想出力救国，但是到底都隐退了事。但教士里头，也有有毅力的人，他们第一步先出力恢复自由，第二步就用全力保全宗教。此外在这种无能政府之下，却有一班少年出来，无论他们是律师，或是当医士，或是操别的行业的，都是极激烈的人。

那时候有一个五十多岁的将领杜戈米埃说道："我心里原有一个极活跃的东西，被压抑久了；一到革命，这个东西又活跃起来了。我甘为国牺牲，做个爱国人。"这个五十多岁的人尚且有这样思想，何况少年？所有这班少年的活泼激烈精神，也有靠个人的力量做事的，也有合作共做，因为被一个陈旧机器逼压得久了，就索性把这机器打碎了，所余的精神四处横溢，做了许多世界向来未曾见过的事。所有少年人同有气概的人，都投入潮流里。1789年，有一个投营当兵的说道："一个十八岁的人，无论哪一党，只要是进攻的，我就投身进去。"

第四章　1789年之政府

国王的晚景——国王的嗜好——路易十六——王后玛丽·安托瓦内特——王弟普罗旺斯伯爵——王弟阿图瓦伯爵——财政大臣内克尔

国王的政府受了逼迫，只好召集三级会议，当日因为种种错误，种种失败，故有此举，上文已经说过了。有人说："这是一人专制的日落西山。"有人说："这是革命出世的如日初升。"在作者看来，1787同1788两年，是国王的桑榆晚景了。人人都是这样想，都说是路易十四的太阳，要坠入西山了，后来，几代的国王，是掩着两眼看不见。

然而解放国人的，就是1789年的政府！作者已经说过当时国中情形及政府的情形，以及当时的风气，现在要说当政的人物了。法国在向革命的路上走，这是无疑的了。但是这次革命是长时期的，还是短时期的呢？是安静的革命，还是暴烈的革命呢？是稍有改革，抑或是全盘推翻呢？这是要看什么人当政，又要看当政的人的才能了。

当政的人，就是国王、王后、亲贵、大臣们。

路易十六完全不是他这一种族的后裔。他奉教虔笃，变得入迷，爱慕贞洁，到了不理自己妻室的程度。他不是波旁王朝的后裔，而是斯坦尼斯洛斯族的后裔①。路易十六的血管里头流的是斯坦尼斯洛斯族的血，

---

① 波旁王朝是指父系而言，斯坦尼斯洛斯是指母系而言。——译者注

不是亨利四世①的血。路易十六这个人不喜欢劳力、不喜欢恋爱，不好打仗、不好政事，他生平只有一样嗜好，就是专好打猎。除了打猎之外，只好做锁匠的手艺。他有本日记记的都是打猎的事。说起打猎，他就有了精神，就有胃口，只有这一种，还算是乃祖乃父的诸般嗜好中之一，他只要有了这一门嗜好，对于无论什么都是乐观的。1790年，有一位美国的名人莫里斯说过："路易十六身处这种环境，还是极能吃，极能饮，又能安睡，又能大笑，世界上再没他这样欢乐的人。这样一个人，还有什么希望呢？"

路易十六当锁匠

① 亨利四世是波旁王朝第一代国王。——译者注

路易十六给穷人钱

他非常快乐，却快乐得很粗俗，故此大祸临头的时候他还是能支持得许久。

路易十六虽然生得身材蠢笨，面貌粗俗，却并不是个傻子。著作家形容他时，未免说得太过火。有时他是极其机灵的，弄得大臣们很诧异，有几次大臣们还斗不过他。有时候他的眼光是很好的，但是他脾气太好。太容易说话，故此办不成事。他性情很慷慨大方，又是个奉教笃诚的人，有人伤害过他，他也不计较，这是很可惜的一件事。他也受了当代思潮的影响，他也读过卢梭所著的书，很相信人性本善的话。他心地是慈善的。上一个国王死的时候，国人很盼望新君可以替百姓做点事，有人期望甚切，在新桥亨利四世的像上，刻了“复生”两个字，可惜他太令国人大失所望了。

天理良心，路易十六因要挽回当时局势起见，心里是很有想法的，要从自由及人道主义上做几件改革的事。读者不要忘记了他在1789年以前，也曾做过几件好事，还是甘心情愿做的，并不是因为有什么压力来逼他做的。法国奉耶稣教的人，很信他这个奉天主教的人，他也晓得他的好百姓在受痛苦，在这十五年里头，很想做点事拯救他们。他还叫好的医士们替病人看病，他还改正自己，他虽让别人乱花钱，但他自己却是省俭的。因为他作一国的表率，故不能不省俭，这是以身作则的意思。若是别人不学他的榜样，我们能够怪他吗？他的意思，原是要他人效仿他的。

他有一明显特点，就是无主意。他很容易受人影响，但是有时候却又固执到了不得，主意打得很牢。大概而论，若是有人对他说什么话，劝他做什么事，他是满脸笑容、细心聆听的，但是打不定主意。他身边有一位谋臣常对人说道：“无论对他提什么建议，他第一句话总是‘不’。”若是不强逼他，他是不会做的。大臣们没有法责备他，只有王后责骂他，他才肯动一动。但是因为这样，这一方面的人责备他，那一方面的人也责备他，他就东摇西摆，不知如何是好。故此他自己的王后，他的亲兄弟，他的大臣们，他的百姓们，都不敢绝对相信他。1789年有一位议员说过：“路易十六自己简直没有主意。”反而言之，那时候宫廷里头，彼此倾轧，议会做种种冒险的事及民间发动暴乱，丝毫都不理会国王。因为他们都晓得他的话，是可以不必算数的。无论在朝在野，都是一样的话，说的是非强逼国王不可，强逼他原是不难做到的，为难的是他不再改变。他的亲兄弟普罗旺斯伯爵曾对人说过："强逼国王做事，如同一手抓了好几个油泡象牙球，能够捉得牢吗？"

原来路易十六有一个最大的毛病，还是最不好的毛病，说骨子里的话，他是怠于政事。读者试看他后来被囚的情形，就可以明白了。这时候他过得是很简单、很有条理、很清闲的家庭的日子，他还教他的小儿子读书，同家里的人一桌吃饭，他觉得欢乐到了不得。这个可怜的国王一向不晓得什么叫作欢乐，等到被囚的时候，才算是享受欢乐。天生他这个人，是只好做个闲人，享受清闲之福的。据说他行加冕礼的时候，就说这件王冕太重，害他头痛，果然是令他头痛。1776年有一个大臣当面呈递辞职表，路易十六叹一口气说道："你的运气真好！为什么我就不能辞职？"这个路易十六真是个可怜人，他这句话真是由衷之言。1790年，莫里斯致书华盛顿说："路易十六是个厚道人，在一个平和的时代，他能够是一个绝好的太平首相。"有一位历史学家接得好，说道："可惜他的乃祖乃父，遗下一个革命给他。"这种势不可当、锋不可撄的革命，假使路易十四看见了，也会望而却步的。路易十六懦弱无能是有的，但是我要说句公道话，要可怜他，到了他在位的时候，劫运都一齐来逼压他，他也无计可施。我们还要替他说句好话，他始终不肯令百姓流血，宁可从容就死，流他自己一个人的血。读者后面会看到他死，他是能牺牲自己的，有可以称赞之处。我们固然是该可怜他，但是事实却不能隐瞒。

在作者的眼光看来：我们要一个国王，不是要他死得高尚，是要他管理国事，王后常常称他为可怜人。1789年，人人都说国王是个慈爱人。拿破仑有一次写信给他的兄弟约瑟夫说道："百姓们若说一个国王是个慈爱人，这个国王，一定未曾把国治好。"

1789年法国的确是未治好，路易十六自己也不晓得他自己要什么。

有一个议员马鲁埃说道："路易十六见了人，就要问有什么好法子？有什么办法？我该怎样办？"他曾经转托马勒谢尔伯问从前的一位大臣里瓦罗尔应该怎么办？那位大臣答道："你既然登场做国王，就该演好国王的角色。"但是路易十六是绝对做不到的，因为天生他不是个国王材料。

若是路易十六不是个国王材料，那么王后玛丽·安托瓦内特，她就可以唱国王的戏了。米拉波说过："路易十六左右只有一个人，就是王后。"这位王后相貌长得很美丽，性情又是很骄傲的，原是可以做点大事的，可惜她却帮忙把路易十六毁了。批评她的议论很多，有说好的，有说坏的；但是说她好的，说得太过，说她不好的，也说得太过。可惜她这个人欠的是谨慎，不会打算，更有一个短处，是记仇。凡是一国的国王若是有人得罪过她，她终身都不会忘记的，这个国王，就不能治国。但是也不要像路易十六那种过于宽纵，容易忘记，要有条理、有规则地忘记。王后这个人，既不能忘记她的仇敌，又不能忘记她的朋友，是一个恩怨太分明的人。在平常女人，原可以算作优点，若是一个王后，有了这种性情，就太危险了。况且她的朋友，还恃着这点交情，去做坏事呢。

廷臣们、王族们攻击她、毁谤她，她被他们中伤。她天生是个骄傲人，本来是能相信人的，因为受了许多攻击，就变作很阴郁、很失意，待人骄横到不得了，这就把她毁了。拉法耶特说："她能够抵抗危险，却不推倒危险。"她对于路易十六不能说没有影响力，但是有时行得通，有时却行不通。她只能强逼他动，王后自己以为能使路易十六出大力，但是可惜无毅力做到底，就不免变成一种无意识的暴躁举动。

路易十六的兄弟们又不能帮他的忙：王弟普罗旺斯伯爵，将来是要做一个非凡的国王。这时候不过还是一个好说俏皮话、好耍小聪明的人，多少有些哲学思想，相信王室有无上权威，比相信上帝更甚。18世纪的思潮，他也沾上一些。后来有一天，内克尔把他的薪俸裁减了好些，他就立刻变了腔调，主张反抗，却是一种阴谋诡秘的反抗。他的心地远不如乃兄，但是乃兄的聪明却远不及他。路易十六并不十分喜欢他，也不相信他，觉得他的贵弟有点看不起他。

还有一位王弟阿图瓦伯爵，比普罗旺斯可爱得多。这一位相貌既好看，人又活泼，也有勇气，遇有大事，很肯拔剑向前的，可以算作一位勇士。他与两位哥哥不同，是一个好钻脂粉堆里的人，又自名英雄，动不动就要讲打讲杀。但是他头顶白鸟羽的军冠，只在凡尔赛宫的御花园里摇摇摆摆罢了，在别的地方，却看不见他。当革命的时候，他嘴里不离说拔刀护国，却向来未见过他的刀子出过刀鞘。他既是有这种性情，故此只听见他常说反对革命的话。对于王室只是有害而无利，他当时口出大言，偶然也还能够多少鼓舞路易十六的精神，但是左右的人听见了，都觉得有点难为情，很讨厌他。他的态度是很激烈的，他的脑海里却没有多少东西，若是同他筹划国家大事，是有极大危险的，若是听了他的话，不晓得要闹到什么地步。若是不听他的话，请远远地走开，他要是乱说话，会出危险的。

这几位都是亲贵，路易十六有时偶然也同他们商量，至于一班大臣，也是这样，不过也是偶然碰巧有个商量。在1789年的时候，大臣们总劝路易十六不要听亲贵们的话，他自己却永远拿不定主意，究竟是听亲贵的话好，还是听大臣的话好？这就是路易十六最吃亏的地方。

1789年5月间有一位议员说道：“内阁就是内克尔，什么事都在内克尔一人身上。”

内克尔原是日内瓦一个银行家，他的祖先是勃兰登堡人，此人以银钱量可观及经营得法起家，因其管理银行有效，以为亦必能救法国，使不至于破产。

他却是凭舆论得入政府的，1781年他退位，国人都为他可惜。1788年，他又入政府，国人自然是很欢迎的。其中另外还有缘故，因为他从前在他的银行楼上开了一所沙龙，专欢迎、讨好一班哲学家，哲学家有时很感谢他这番美意，故此在1781年把他弄入内阁，1788年又再次推他入阁。

但是他并不是个政治家，一年之后，穆尼埃就说道：“以他的知识及他的人道主义，同他办事极有条理而论，在太平时候，是一个好管理者；但是这时候是争斗最激烈的当口，他就缺少应付的本事。”他所差的，同路易十六一样，就是无决断力。又有人说他既不晓得他自己能做什么，又不晓得他自己要做什么，更不晓得应该做什么。这是米拉波批评他的话。米拉波原是内克尔的仇敌，所说的话有点不公道。内克尔何尝没做过一件事，但是只这一件事，如何能够支持当日的危局呢？他所做的就是先要整顿财政，既要整顿财政，就不能不召集国人帮忙，连第三等级的国人也要请来商量。其意是要整顿一切免税免课的利益，要全国的人一样捐纳，一旦改良，使国库里的钱财有着落，不必再事更张。有一个人说道：“他的意思的确是建成一个为民父母的政府，所有国家收入，归一个头等财政专门名家管理，听命于一位最圣明君主。”

米拉波说他是只“走得太慢的钟表”。即使在1788年而论，这钟表已经走在时间的后面了。

他有一样大毛病就是太过审慎，遇事不能撒手，这原是银行家的习惯。他的女儿斯塔尔夫人是最崇拜她父亲的，有时崇拜过火，未免为人所笑。他的女儿也不能不说他父亲优柔寡断。他的提议何尝不是很好的，但是遇着突如其来的事变，或是从旁袭击的事变，他就对付不了。国王同议会都晓得他有这种弱点，故此马鲁埃说他道：“他若是被人激恼了，就手足无措，不能办事。”他又有胃病，凡是一个要当领袖的人有了胃病，是不成功的。

1788年，他再入阁，以为是不过要对付财政，其实不然，他要对付的是革命。他请路易十六召集三级会议，还当是银行开临时会议，请股东来商议的办法。

1788年12月27日召开御前会议，议他的政策，结果是赞成的。有两位反对的，有两位不在场，有五位赞成。这一赞成，就算是路易十六摔他的王冕了。

这总算是主意确定了，办法却未定；路易十六同内克尔都不是对付眼前危局的人。据事实来说，这个政府的确是一个操守最好的政府，是法国向来所未曾有过的。怎么不能对付危局呢？

第五章　选举及陈情书

国王是国人之良友——要国人递正式的诉词——选举代表——诉呈——布列塔尼地方的会员——米拉波之被选——陈情书——大众的要求是改良——代表齐集凡尔赛

这个政府的确很诚信、很大方。1789年1月24日，政府颁发给各长官全部章程，章程之前，有一篇文诰，其中有云：“国王决定召集全国三级会议，以宫廷为会所，并非有阻碍议会进行之意，不过表示国王之对国人友善之意。”这一句话很能够感动国人，故此民间所递之陈情书（即申诉书），有许多都引用了这一句话的。

我们试看这部章程里头说些什么要紧话？里面说的是纳税要先得国人许可，三级会议按一定时期召集，规定预算，政府诸部长无任意动用国库之权，废除诏狱，国人都想个人自由，三级会议规定言论自由章程，创设永立之省议会。还有最要紧的两条：一条是定宪法，一条是纳税平等。只要行得通，这是极好的章程。

但是关于如何投票议决，却未说到。内克尔的提议上，是请享受特权的那一阶级的人，承认计算人数的办法。国王也说过，盼望他们为爱国起见提出解决这一条的办法。国王的意思很清楚。

还有一层，王国所有的国人递正式诉词，分阶级投票议决，贵族自有贵族的办法，教士们的人数已经增加了，凡是教区的牧师，都在其内。

御前会议议决案内还说道："你们牧师终日同穷民们接近，赈济他们，你们是深知他们的情状的。"

平民们好像是得了通选权，凡是到了二十五岁的人，只要税册上有名的，就有投票权。历史学家奥拉尔说道："这不过是阴谋诡计。"当时的用意，不过要大多数的愚民来压制有知识的中等国民。但是这句话是不甚确切的，因为这些年来凡尔赛宫所好读的书，不是阴谋家的书，是卢梭的著作。路易十六及内克尔既然要国人个个都有投票权，我们晓得他们的意思，以为人人都是好人。我们只晓得当时中等国民，是极不愿意有这样泛滥的投票权，穆尼埃并不同意这条办法。

若要把这次选举说清楚了，要另外写一本大书。因为这件事不单是一件极大的举动，其中的情形又实在是太过纷乱。这是第一次选举，哪里像是我们现在选举那样有规则呢？大多数的最终投票都是在执行官的辖区内进行，也有复选的，也有做三次选的。

一办选举，才晓得国内处处都有乱状；同在一区里头，行政区与教区相同，办事人个个都要争做会长。

那位管御玺的大臣巴朗坦曾经说过："叫办选举的人员，不要影响有选举权的人，也不要干预他们的选举权。"但是这一次的选举很危及政府。

政府如何施以压力，却是找不着凭据，若是有使用压力的话，大抵都是地方上贵族们的官吏用的；因为他们自己很想当选，他们更有维新的意思。有人说过："这些官吏们，平常对于社会上的事，虽是很慎重的，当了会长的时候，却发表维新思想，反对专制。"

从事实上论，政府对于此次选举，确是并无竞争，但是竞争者则大有人在。（向来都无人知有此种情形，新近数年始查出当时实有此事实。）我们若是读从前所著的革命历史，那些陈旧历史学家以为这几百万有选举权的百姓，是暗中有鬼使神驱，叫他们去会场投票的，并未受到什么政客的鼓动；以为乡下的老百姓，同中等国民及小牧师等，暗中若有神助，定叫他们发表一致的愿望，同用一样的文字达意的。

有许多考据家，研究过当时的陈情书。此等历史学家都说："即使当日无集中的大机关组织选举，当地是一定有组织的。"莱索特和西都向我们说明在布列塔尼行省确有半官式的机构，他地亦有。当时有人分派所谓格式，全国都分派到了。此外奥尔良行省，还有所谓十要则等等，到处派送。

分送这种格式，是很要花许多钱的。到底是谁花的钱办这种宣传的呢？又是谁做的呢？这种问话，作者实在是答不出来，简直是无从查考。有人说："政府虽不干预选举，却间接地叫他人干预。"到底是谁办的呢？

自从1789年1月起，民情就异常的激动。作者就在这里推测当时会议的情形，各分区的会议场，有在圣器房的，也有在教堂里的，还有在坟地上的，好像是要请死者也发发议论。他们所议决的陈情书，有些是很有理由的，有些是很不相干的，有些是很可笑的，也有许多是极其凄惨动人的。他们议好了，就送交小官吏们，经他们办好了，再送到政府。

布列塔尼教区的各分区，总共有八百个代表。这八百位代表，似乎是很尽忠于路易十六的，因为他们恭祝国王的健康，喝了许多酒，喝得太多了，明白人见了，都很讨厌他们。这些酒同那里贵族的举动所产生的效果，就发生布列塔尼代表团的暴烈举动。故此他们一到了凡尔赛宫，就发起一个政党会，就叫作布列塔尼俱乐部，后来的雅各宾派就是这个俱乐部的产物。

这八百个代表有三个为首的：一个名叫朗瑞内，一个叫德腓门，一个叫勒霞不列。这三个从雷恩起程的时候，满肚子里是对享受特权的贵族们的愤恨，但是，第一位其后在路易十八的时期封了伯爵，入了贵族院；第二位其后在拿破仑时代入阁，亦受封为伯爵；只有那第三位太可惜了，不到几时，就登上断头台。

教士们的会议所发的议论，是极激烈的，恐吓的话很多。在勒芒的会场，他们不许主教开口；在亚仁的会场，他们把总会堂的牧师赶出会

米拉波伯爵

场；在普瓦捷的会场，备受羞辱的主教只能坐在最后面；在昂热的会场，大教士们看见情形不妥，都退了会。从这种会场要选出二百零八个教士的代表。

最要紧的是米拉波伯爵被选这件事。这个米拉波魄力是有的，性情是有的，曾经游说政府要当贵族议员，内克尔不答应，当地的贵族又把他赶走了。他自然是满肚子的不高兴，只好跑开，争取当第三等级国人的代表；他所发的议论是动听的，他要人家都晓得他是政府及贵族所最反对的人。他对众人演说，常说道："他们都喊我作疯狗，我也许是个疯狗，但是你们只管选举我，自然能够把什么专制、什么特权都咬死了。"故此有好几处地方都争着要选他。

他到了许多地方去活动，去演说，无处不得胜利，结果有两处都选举他。于是在1789年4月，就跑到凡尔赛宫，他因为民众都非常喜欢他，装满一肚子气。其愤恨内克尔，愤恨贵族的程度，是可怕的。他十分得意，以为这一去，可以把一切妒忌他的心，同政府的威权，一齐推倒。

那时候被选的，有穆尼埃、巴纳夫、朗瑞内、拉法耶特、拉博、西哀士、米拉波等等。其中也有相信可以有为的；也有是趾高气扬，要做大官的；也有有实在本事的；也有不过是徒有虚名的。选举了这班人，自然是件要紧的事，但是尤其要紧的，是他们都有舆论做后盾，有许多民众做后盾。这班民众要同这班代表闯进凡尔赛宫。

作者要说说这些陈情书了，据说贵族、教士、平民所递的陈情书，总共有五六十万件。现在还有一班很能吃辛苦的人，在那里研究这几十万件的陈情书。现在已经刊布者不过几百件。作者提及陈情书，不能当作一切都研究过的结果。

有一位很有知识的人马鲁埃说："这些陈情书的确表达了无以答复的法国全国人的意思，同他们的欲望。"有些历史学家看着是很不相干的，有几位很不以革命为然的，看作是一派乱嚷。

这句话却是说得过去的：我们要晓得，凡是个人对于其所受管辖之下的政府，是永远不能满意的；假使是一个天下最良的政府，若是叫他们诉苦，他们一定是有苦可诉的，并且还是大声诉的。即使以现在而论，若是叫人民诉苦，他们自然还是说不好的。

但是我们试看百姓们选举他们做代表，要代表替他们说些什么话呢？看看乡下的种田的人，他们满肚子委屈都是要说，说他们的鸽子、兔子同苛捐杂税的话。又看看作小买卖的人同小牧师们要说什么话？他们这几种人除了诉苦之外，还加上要求设立代议院，还要求立宪。虽说是有些种地的人，都是自己做的陈情书，但是文章做得又好，各处的陈情书又大概一致，同说那几种话。作者实在是难以相信他们会引古罗马的大政治家的话，放在他们陈情书的第一页上，做个大题目。

况且对于几个要点，不单平民的思想一致，连贵族、教士同他们也是一致的。作者且把他这种意思说个大概。

所有三个等级的国民，都是国王的忠仆，但是他们对国王说的话，是愿意国王成为一个由政府管理的法兰西的国王，就如同他们是由对国王的爱所管理一样。

他们愿意立宪，却并未说明是要立哪一种，不过规定：（一）要确保个人自由。（二）不许再有诏狱。（读者宜留意此两件只与贵族们有相干，与其他两阶级之国民不相干。）对于言论自由则不甚能一致；对于设立议院，亦无一定办法。

要求纳税平等是一致的，有些教士还要求行省平等，第三等级以及有些享受特权的都要求个人平等，有贵族要求清理国债的，有人要求废除盐税，有人要求废其他苛税，若是不能废的话，要求纳税平等，无论贵贱一律缴纳。

三个等级制度

他们还要求改良司法，尽除一切恶习。教士们的陈情书说的是：“司法不良，即使是极有理的事，也不敢去打官司。”又要重定司法区域，更要废除贿买司法差缺；因为有钱就可买司法官做，国里就有几千个无知无识的司法官，只会损害百姓财产、名誉。

这三种等级的国民（连教士在内），有时还很反对君主同教皇所缔结的条约，有许多要求主教选举。教士们最反对的是教皇干预教事。贵族们还说三级国民尽能遵守宗教纪律，贵族同平民又一致（教士除外）提议，提清教产办公益。又有些人要求废除僧制。由此可观18世纪哲学家对于当时的贵族之影响。

但是各等级有各等级的苦，因为这个缘故，故此往往不能一致。至于通过投票议决这一件事，贵族中就不能十分一致。有人研究过二百件的陈情书的，只见有三十九件是正式请愿分等级投票的，十九件则坚持特别议案不在其内，有二十四件是主张三等级共同投票。

下级教士则注重限制主教的权利。读者要记得这一问题，是在主教面前辩驳过的，就可以明白这时候反对主教的人很有势。

最要紧的还是第三等级国民的陈情书，最紧要，又最为繁杂，因为无论什么富人、贫人、平民、乡下的地主，或是农民、穷苦的乡民都可以说话。作者只能概要说说。作者曾经说过，他们的陈情书，有引古时罗马大政治家西塞罗的话，也有不过诉说关于结婚的事及丧葬的事收费太昂贵，也有要求良心自由的，也有要求废除1787年的上谕，因为过于优待非天主教的人。有大多数的人要求普选权的；而安培尔的人说是倘若议会不能自由行动，就不要普选权；埃当普的人是简直就不要普选权，有的是要一个有宪法的君主制，有的是只要修通道路，有的要从根本上修改宗教制度。还有的说："教员实在是太少，要接生婆入学校受教育，以便可以教孩子们读书。"

对于要紧问题，如同废除享受特权，改良税法，废除封建主的利益，田地自由，免收教捐等等，却各处都是一致的。埃当普的陈情书的结论说的是："倘是毁灭了封建制度，我们都可过欢乐日子了。"

对于实业上，城市的意见不同。历史学家勒瓦舍尔曾经讨论过六十件的陈情书，其中有四十四件是要求自由的，有七件要求改良的，有十六件要求保存工人团体的。所有大城市都要求这一层，却毫无社会主义的主张。大家还承认财产神圣不可侵犯，只有对于享受特权得来的财产，他们当作是霸占得来的。

大众普通的要求，都是众口一词要政治改良。唯是政治已到了陈腐的极点，一说到改良，就是引入革命的路上，有许多人却是不愿意的。当日只要能改废了封建专制的特享利益，废了苛税，至少有四分之三的人也就能够满意的了。有多数的平民们就说道："我们一定要立宪，若不立宪，无论什么重税，什么特权，都废不了的！"他们于是打定了主意要立宪。

于是立宪就成为1789年的目的。

是年4月底，代表们坐了马车到凡尔赛的时候，人人的皮包里头，都有一件立宪的提议。于是在法国的大路上，就有一千六百个代表都向凡尔赛走。其中有大贵族，有面目粗俗的小乡绅，有阔教士，有穷教士。这班穷教士却打定主意，不要上大主教的当。还有各处来的律师、医士，外表非常骄横，内心却是非常害怕，打算要改良国制。还有农民打算要争得田地自由。

4月底他们到齐了，他们还未到的时候，宫廷里的人哪个不笑这班代表。

谁晓得这就是山上的一条大冰河，要压在国王身上，把他打倒了。

这时候有许多人还是发笑！内克尔心里就有点不安，觉得这种大举动很可怕。他在马鲁埃面前就流露出恐慌的样子，赶快去调军队。4月15日就有一万兵向巴黎而来。试看当日的情形，军队是不能不调的，因为27日那一天，巴黎的圣安托万（工人所居之区）地方就有聚众起事、流血的情形，就要调骑兵来镇压。平民代表听了就有些害怕，在凡尔赛大街上走来走去，三五成群地私议。

因为这群可怜虫（指工人），杀死一个开小铺子的，平民们就很生气，这时候他们并不看不起内克尔，更觉得在这个当口，非内克尔不可。

但是并非人人有这种意思。路易十六看见有这种的闹事举动，也害怕起来，又受了贵族们的责备，就传谕一位老臣马肖入朝，请他作首相。那个老头子以为太迟了，来不及，力劝路易十六留住内克尔。

这正是危急存亡的时候，国人所要求的原是一种革命，可怜这个凡尔赛政府，一点办法都没有，听见“改良”两个字，就吓作一团，能够不失败吗？

圣安托万区郊外的第一次暴乱

第一卷

制宪会议

第一章　三级会议

（1789年5月—6月）

凡尔赛之代表——5月4日之宗教式游行——第一次开会在休息厅——5月6日之会议——第三等级的代表不肯成立代表团——调停——巴伊及西哀士——宗教代表团与第三等级代表团的联合——网球场改做会场——6月24日的御前会议——第三等级代表团不肯走——君主让步——三个等级代表团之联合形成制宪议会——革命是过去了

5月1日是个星期五，凡尔赛就热闹起来。人人都要看国王宣谕。有许多骑兵护卫着四名宣谕官，到有广场的地方就停住。宣谕官就宣读上谕，定于5月4日开三级会议。

有许多代表是无事可做，已经很有点不满意。因为原先是定于4月26日开会的，等得已经很不耐烦，三五成群地去拜谒亲贵，拜谒大臣，亲贵大臣们并不怎样欢迎他们。

5月2日，路易十六在宫里召见国民代表：那平民的代表们在一间大厅里头，挤在一个栅栏中间，足足等了有三个钟头之久，被那班廷臣们冷眼看了许久。后来好容易一个接一个地鱼贯而入，算是到了国王的面前。那时候路易十六是站在两个兄弟中间，对着那些平民代表，无论哪一个都不说一句话，每个代表对他行过鞠躬礼都向右转弯。只有一个名叫钱拉的神父，穿了一件乡下种田的衣服，算是特别邀宠，蒙路易十六说了一句

"好人，你早！"能够得国王这样谦恭屈节，这位神父自然以为是不胜荣幸之至，有许多人都向他贺喜。所有的代表出宫的时候，都有点不安，他们就如同冷水浇背一样。

5月4日的大游行所留的印象，较为好点。这一天是一种宗教式的大游行，宫廷里的人及三个等级的代表都在其列。这引动了巴黎城里的人，都跑来凡尔赛看热闹，居民的楼窗出租给看热闹的人，每间楼窗要租三个金钱。宫廷里的人打扮得异常的好看。路易十六穿上宗教式的大礼服，王后满身珠宝，随从人等非常华丽。贵族代表穿的是通身绣金衣服，戴的是白鸟羽的大礼帽，高等教士穿红袍、紫袍。只有牧师们及平民代表都穿的是黑衣服，只看见一团黑，分不清谁是谁。因为牧师们穿的是黑色教袍，平民代表没有法子，虽然心里很不高兴，也只好一律都穿黑色衣服。代表们在圣路易大教堂足足等了三个钟头，等候国王驾临。有一位代表等得不耐烦，首先口出怨言说道："不应该叫全国的人等他一个。"奥尔良公爵事前在巴黎的王宫商量好的，要惹人注目，不随宫廷成员进来，而是作为代表进来。代表们见了，大声称赞，等到众人欢呼喝彩欢迎王后的时候，有人喊"惭愧"！等到国王及亲贵进来的时候，谁也不声响，毫无欢迎的意思。代表们手中拿了蜡烛，像是送殡的。

于是列队游行，走在华盖的四角的是四位年轻的王侯，我们读这四个人的名字，就拨动起我们对六十年内乱的记忆。一个是贝里，一个是昂基安。这两个人，第一个是被暗杀送命，第二个是被拿破仑枪毙的。还有两个，一个是昂古莱姆，就是后来的路易十九；一个是沙特尔，就是后来的路易·菲利普。

南锡主教拉法尔说教讲经，狠教训了宫廷一顿，代表们喝彩，王后咬了一次牙，路易十六却睡着了；若是他听见了不好，还是睡着听不见的好。路易十六是不该睡着的，若是不睡着，或许当天把这位主教赶回去，让他尝尝教训宫廷的危险的滋味。

好在路易十六睡着了，醒了的时候很高兴，满脸笑容，可以当作很以主教为然的解释。代表们看见路易十六这样高兴，也自然高兴，以为路易十六是要挽回他的地位。主教说了好些百姓困苦的情形，他是能领会的，是无疑的了，到了明天开会的时候，他要指明如何补救的方法，第一步要吩咐三个等级的代表通力合作，使全国共受其益，是无疑的了。5月4日晚上，凡尔赛地方张灯结彩，庆贺一番，人人心里都以为这件事情大有把握了。

第二天早上，代表进到了宫里的休息厅，这就是第一次制造革命的地方！第一件事是先点名，总共是一千七百位代表，点到下午1点钟才算点完。

到了1点钟，路易十六进来，人人都站起来，人人都脱帽。王后随着进来，坐在国王旁边的一把御座上。在他们身后，站立的是大臣们，管御玺的大臣，穿的是紫袍，路易十六坐下并不脱帽，读一篇极长的演说词，他读得很响亮，所说的大抵皆是君权的话，还说他虽然召集三级会议，但是应该议什么问题，一切都归他做主。又说财政是必须治理的。他所说的话，大概是如此。议过之后，是不是议会按期开会呢？是不是按人数投票议决呢？这两个问题，却没有人晓得。路易十六只表示，说他对于国人的感情甚好，可以担保他们，凡事都有希望。这些话都是很空泛的，同从前亨利四世对国人说的话，相差太远了。1593年，亨利四世说："我请你们来，我原是要听你们有什么说的，原是要听你们的话，照着你们所说的话去办。……我亲爱的你们，我只有两个志愿，一个是解放法国的束缚，一个是恢复前状。"假使路易十六也说这样的话，自然国人欢声雷动了。

喝彩的声音不是没有，那位管玺大臣巴朗坦好像是答应些好处，说的是所有一切爵位，都变作国民，纳税平等。所说的原是不错，但是他说话的声音太低，有许多人简直听不见。

内克尔演说了有两点钟，说得不好，代表们大失所望。国人原是很相信他的，故此他一开口众人都喝彩。他初时还说得有点精神，随后就有点疲倦，后来他就交给一个小官吏代读。说得太长了，没有一个人满意。有一位不满意他的代表说道："他并无一字说到立宪，看他的意思，似乎是主张分开代表阶级。他所提的议案夸大其词，令平民误会，现在所说的话，未免同他从前所说的话大相矛盾。”

4点半钟闭会，大众虽然觉得失望，也还能勉强站起来喊一声“国王万岁”。王后有好几个月来没百姓们欢呼，这时他们却还欢呼她。平民代表们虽然见国王尚未放胆解决几个问题，还当作是不过一时拿不定主意，总还希望不难解决。有好些却是非常悲观，有一位说道：“我们从此就开仗了。”

5月5日这一天，路易十六既不能做横蛮的路易十四，又不做收买人心的亨利四世。

当政的人不单对于小事无远见，对于大事也毫无远大见识。他们做错的事是很多，其中有一件就是替第一、第二等级的代表预备好了地方，让他们分等级议事，却不管第三等级的代表，随他们在会场内一间公用的大厅里。他们却很喜欢，因为这才像国民会议。

5月6日早上9点钟，他们都齐集，有一会儿大众都有点心烦意乱。但是大多数的人以为国王既未公然反对按人数投票的办法，他的私意一定是已经默许了，只要稍为加紧强逼，一定肯答应的。既是这样，自然就该用点压力。但是平民代表有五百人，既无领袖，又无善于演说的人，都不能人人彼此意会。只是当时的代表却有一种一致的思想，就是要三个等级的代表合并起来，作为一个议会。故此暂时先不成立第三等级代表团，第一、第二两个等级也许用不着第三等级去强逼他们，就能决定先调查三个等级的代表权，既是这样，不如姑且等等。

过了一会儿，就有人来报告消息说：“第一、第二两个等级的代表中富于维新思想的，曾经有过这样提议的，都被否决了。”但是第三阶级代表并不灰心。当时在贵族团里头赞成此条提议的，在一百八十八个代表中只得四十七个，在宗教团二百四十七人里头却有一百四十四个赞成的，只差十票，就可以打胜仗了。

只是马鲁埃却愿意循守旧章。代表们看见当时的情景，正在十分为难，个个都糊涂了的时候，忽然有一个面貌极其难看、满面怒容的人，挺直牛脖子，两眼冒火，跳上讲坛。有许多认得他的，同时喊道：“米拉波！米拉波！”他是一个倒霉堕落的贵族，平民们不相信他，杜蒙说他是个丢了脸面的人。5月5日，他按他平民代表的资格，坐在第三等级代表席中，平民们还对他发出嘘声表示反对。这一位代表是古时希腊有名的平民代表格拉古兄弟的派头，他是向来最佩服这两位古时的大英雄的。贵族们既然不承认他，他自然是不能容于贵族的。他看得清楚，第一、第二等级代表团里既已分裂，第三等级的代表团只要凭着顽固坚定的信念，自然就可以打倒他们那两团。

穆尼埃晓得米拉波专制的性格，不甚喜欢他。难道第三等级的代表团，就被这个人所利用吗？

穆尼埃于是引诱他们议决，说他们是奉过命令去伺候那两个代表团的，并劝他们只要同那两个团联合，自己就愿做领袖，带领他们。

教士们也欢迎这个提议，牧师们也有几个赞成穆尼埃的，他演说了好几个钟头，大教士之中有六个赞成了的，有一位德高望重当了六十年高等教职的老教士，也在其列。于是指定几位委员，预备把答复的话送去。

贵族们是一味的多礼，有几位陪送穆尼埃及其朋友们出门口说道：“我们的心是跟着你走的。”

第三等级代表团专在那里等，并不指派会长，打定主意，一定等到那两个团到了公用大厅来，他们才算是成立。等到派来的教士们来送回话，说他们不肯来。平民就要请他们坐在他们原有的座位上，同声喊道：“你们的座位全是空的。”第三等级代表团抱守他们的政策，丝毫也不让步，手段又灵敏，更显得第一、第二两个等级的代表们手足无措，毫无办法，亦现出政府的政策太过庸劣了。

据事实而论，政府此时是躲在幕后，大约是因为看见代表们的趋势很可怕。现在看见他们三团不和，正要趁此机会借故解散他们。一连有十日，这三个代表团的使者彼来此往，商量调停，令人看见未免要问一问：当时究竟有无国王，有无大臣，有无行政机关？

这十天很是个极要紧的关键。第三等级代表团是愤恨之极。十天过后，政府提出一个调停办法，由三个代表团派人员互验权限。假使提议早点，也许第三等级代表团还可以答应。这时候已是太迟了，不肯照办。

国王的左右借口第三等级代表团不答应的话，当作他们有意谋乱。路易十六这时候拿不定主意，就任亲贵们摆布。（所谓亲贵指王后及王弟阿图瓦伯爵，他们两个人向来是不和的，这一次总算是能够一致。）6月9日太子死了，国王很忧愁，不在宫里，到了别的离宫。但是还有人常常地教训他。有一个对他说："第三等级代表团反对宪法，一定要把他们压服下来才好。"6月14日那一天，平民代表中有一位老资格的，名叫巴伊的去见国王，亲送一张解说书。路易接待这位代表很无礼，声色俱厉地（他一激动的时候，是向来如此的）说道："我要看看这张第三等级的说明书，我将来自有话答复你们这种无礼的办法。"平民们听了，很不高兴。

他们很相信，若是行政官不来干预，他们一定可以得胜的。其实那个时候，另外两个代表团已日见不和，其所谓的四十七人，得到贵族们的附和，他们大多数本来日日都在那里说"拔剑决胜负"的，自然是很生气。那些守旧的教士们，更鼓励他们这种思想。教士代表团的首领红衣主教拉罗什富科于5月30日接见贵族代表团的成员时候，就对他们说道："当日建设教堂及保护教堂，原是你们的乃祖乃宗，现在你们该要保护那个国了。"但是这时候有些高等教士们，原本是反对组合的，现在要找个调停的办法，小牧师们此时只是一味地大发其怒。有一次，有一位神父在那里骂平民代表，就有一位小牧师要拦阻他，不许他开口。有一天，有一个小牧师对一位神父名叫摩里教士的（他是巴黎学会四十个会员中之一）说道："若论到学问，我们乡下里的小牧师，或许比不上学会的会员；但是小牧师们却还有乡下人的常识。"牧师中有一个名叫查勒的，他是领袖之一，当面挖苦主教们一番，说道："贵主教们要知道在这个地方，我们都是平等的。"那位最粗野的格雷古瓦每天晚上，总要召集六十多个有民治思想的教士们，在那里想法把宗教代表团分作两派，第三等级代表团很

巴伊

晓得他们内部的分裂，故此胆子一天比一天大。

5月25日，巴黎代表（个个都是坚定的维新派）都到了，第三等级代表团从此势力增加。为首的是一位老学者名叫巴伊，他是三个学会的会员，又是个有名的天文学家，可惜他不久就要跌落井里去了[1]。但是他却不及西哀士神父那样有动人的好奇心。这位西哀士原是宗教团里头的，他却同米拉波一样，不当教士代表，当了平民代表。有许多平民代表当他是个先知，当他是个神人，头上有光圈的。他曾说道："你们问第三等级是什么吗？无论什么，都是第三等级！"一切都是第三等级做主。他就是不说这样抬举第三等级的话，人家已是很欢迎他的了。他现在说这句话，自然更加欢迎他。这次到来，自是很有把握的，把自己看作是教王，又是个哲学家。作者这本历史，自始至终都常说到他。他总不离这两种派头，把自己看得重要到了不得，很有威望兼带些神秘、不可测度的神气。他这是第一次来到，好像就要揭开天幕。

当时原是米拉波告诉议会，说是6月12日，有"一位巴黎代表"要来发表一个极重大的提议。西哀士来到时是很严肃、很镇静的，宣读他的提议，就是修书给那享受特权的两个代表团，作最后的宣召。他们前来与第三等级代表团联合，因为那两团无代表到来，第三团就可以不必理会，只管自行决议，审查所有代表的权限。

① 引用伊索寓言。——译者注

贵族代表团接了通知之后，即开会议。反对的是一百七十三票，赞成的只有七十九票；宗教代表团滑头，并不即时答复。到了6月13这一天早上，平民代表团看见那两个享受特权的代表们，还是完全缺席，未免有点着急。

忽然听见门外有大声喝彩声，原来有三个小牧师都是从普瓦图来的：一位叫勒色夫，一位叫巴拉德，一位叫查勒，投到平民代表团来。查勒首先说道："我们为真理的烛光引导，我们热心于国事，我们又为良心所激动，特地到来与同胞们联合一致！"于是欢声雷动，居然有感动到流眼泪的，许多人就同这三位小牧师拥抱。这三位不过是乡下里的小牧师，原算不了什么，然而这次的举动，却有极大的影响，随后一定还有仿照他们自来投到。总算是享受特权者的炮台被攻破了一个角，并且还可以证明国民代表是在这里，而不是在他处。果然到了第二天，又来了九位宗教代表，平民代表自然是非常欢迎他们，这就是革命的第一步，总算是革命由牧师们发起，可惜后来这个革命，却把牧师们全毁了！

塔列朗

自从这天起，平民代表们的胆子就大起来，什么事都敢作敢为。15日那一天点名，有十二个教士应名，因此，平民就自视为国民的唯一代表，却要行正式礼节，证明这实在是国民会议。17日那一天，有一位代表就提议称为国民议会，根据历史发明一绝好理由，说是："不必听候国王批准，难道当日美国独立，还等候英王批准吗？"读者看这两句话，就晓得此时叛乱的进步是很猛烈的了。这原是一句反叛的话！西哀士这个人很明白水到渠成的道理，他第一个先赞成这个名词，于是大众拍掌欢呼，就用“国民议会”四个字。他们却还有点慎重的意思，同时还高呼“国王万岁”。但是同时发生一个问题，国民既肯让国王活到一万岁，国王肯不肯让国民议会存活呢？塔列朗自始至终都是个蛇鼠两端的，他曾经说道：“我当天晚上就劝路易十六惩办这种大不敬僭越权限的事。”但是路易十六心里想，若是解散他们，他们不肯解散，又无法强逼他们解散。其中尽有许多代表以为一定解散的，有一位代表曾写信告诉亲友说道：“我们不久都要回家了。”

谁知并没有什么事情发生，他们倒觉得诧异，自然胆子更大。17日那一天，他们宣布，“所有一切苛税虽说是违法的，但是仍准其照常征收，直至议会解散之日为止”。但是“从这一天之后，所有各种捐税未经议会议决，正式宣布准其征收者，将立刻停止。”他们又派定四个委员会，分别处置民食问题，以及管理验权和布告会章起草等事。可见得此时离革命不远了。

贵族代表团此时大为扰动，有一位贵族代表说道：“贵族们盼望同他们争斗。”很相信有一个妙法，把他们杀得干干净净。其中的维新派同那绝无调停余地的陈旧派，有决裂的争辩。少数派有一次派克莱蒙-托内尔再同守旧派提议同平民代表联合的事，有一位名卡扎莱斯的喊少数派作“逃兵溃卒”，凯尤斯立刻跳起来拔剑在手，所有小教派的人也拔出剑来，会长看见不妥，立刻散会。

原来同在那一天，教士代表团也在他们那里开会，正在会议的时候，忽然有位沙特尔主教演讲了一篇激烈的话，主张联合。19日那一天又开会议，要达成正式解决办法。忽然他们会议地方楼窗大开，有一个教士伸出头来大喊道：“打胜了！打胜了！”这时候正是6点钟，街上早已人山人海的，听见这句话，欢声雷动，连宫里都听见。街上的人欢喜若狂，彼此搂抱称庆。这次决议是投票多得一百四十九票，主张联合，散会的时候，是更为热闹。有几位主张联合的教士们，简直都被街上的群众高抬起来，抬送回家，以示得胜的意思。被他们高抬起来的，总共有六位，都是主教、大主教同神甫，跟随他们后面的，还有一百四十六位牧师、僧侣。群众都大喊“主教万岁”，欢喜到流泪，手巾全都湿了。谁也料不到后来先夺他们的教产，三年之后，简直是大杀教士。此外那些反对革命的教士们被人侮辱，只好跑去找国王，要求他保护教士及贵族。

当时有一位外国的大使说道：“18日那一天，国王、王后的左右，是无一个人不主张保护教士、贵族的。”他们定下很严厉的办法，开御前会议，请三个等级的代表们都到来，国王当面吩咐要他们分等级，各自开会。假使5月5日那一天行他们这种办法，也许还多少行得通，办得动，到了6月20日这一天是太迟了，来不及了。虽然相隔不过是六个星期，就好像过了一年的。

御前会议定在23日，但是还晓得立刻还有骇人听闻、不合法则的事情发生，先要把会场关闭了，等到23日再说。于是20日早上，平民代表们跑到会议场一看，确是大门紧闭。有人告诉他们说是有人在里头装修铺排，预备23日开会。这种孩子气的办法，激发代表们举行示威运动。

军队关闭议会并守卫在门口

众人看见这个情景，迷惑了一会儿，忽然有几个代表喊道："我们都到网球场去吧！"这一所网球场原是亲贵有时打网球的地方，离会场不远。果然平民代表团到网球场来，不到几小时，这个空旷地方就塞满了人。众人把巴伊举高放在一张桌子上当主席，这位天文学家的左右前后都被代表们包围住，预备任何一种极端大举的事。西哀士的意思是请他们先赴巴黎。穆尼埃首先提议要代表发誓，不等到定好宪法立有稳固根底的时候不得分散，倘若为环境所逼要迁移会场，大众仍然是要聚在一处参加会议。这一个提议是人人欢迎的，人人都喝彩的，把这个提议写出来之后，不到一会儿工夫，代表的名字都签满了。后来穆尼埃对人解说，是因为受过刺激，故此有这个提议。不料三个月后，他入了反动派，此前他是不明白他做的是什么事。他原是一个深信维新的人，6月20日这一天，他恐怕政府方面有不测的大举动，故此提出这个办法。这一星期内预议的教士们有十九位，当日签字的有七位，会场中并无一个贵族，亦无一个修道士。当日有一位画师大卫作了一幅画，为的是配景好看起见，画了一个白衣修道士热勒站在前排，其实是并无其事。在场的代表们个个都签字，只有一个不签。过了几个钟头之后，这些代表们走向凡尔赛各处宣布他们的宣誓词，这时候代表们个个都自命为古时打倒专制的英雄布鲁图斯。

阿图瓦伯爵这位亲贵吩咐下来，说是明天就要用网球场打球，自己以为聪明到了不得。这是亲贵向平民代表宣战，先挥一拳头，平民代表团自然有招架的手法。于是圣路易教堂的牧师，说他要开教堂会，请国民代表进去。于是21日这一天，平民代表团就在这教堂里开会，这一次却是第一次有两位贵族维里厄伯爵和布拉孔侯爵到会。平民代表正在高声喝彩的时候，有一位年老的维埃纳大主教带领一百四十八位教士也参加进来。正在快要开御前会议的时候，忽然有这样的事变发生，可见得宫廷也是没什么希望的了。

路易十六决意要开御前会议，内克尔是没法，只好听命。开会的时候，他却并不在场，亲贵们觉得是一定要得胜的。所有三个代表团到来的时候，这个地方，四面都被军队围住。一天晚上布列塔尼俱乐部有一番很热烈的争论，结果是决定取消反对的策略。

路易十六进了会场，是满脸的忧闷，阿图瓦伯爵却是满脸的得意。路易十六说话初时的声音，有点抖颤，其后说得很粗暴。他所说的话，完全都是跟着享受特权的两个等级代表的意思走，历史上向来未有过的国王同贵族结合，这时候当着平民的面却成为事实了。他的意思是要分开三个等级代表团，分开地方讨论，各团议各团的，他们可以议税捐的问题。至于三个等级的从古以来所享受权利及宪法上的权利，还有下次开国民议会的宪章、封建制度及地主制度的产业、第一第二等级的应享的权利等等问题，是禁止讨论的。这个当口，正是平民要革贵族的命的时候。自从波旁王朝第一代的君主一直到最后的君主，都是始终反对封建制度的，到了这个时候，路易十六却同贵族们拉拢起来，自然是要同贵族一齐同归于尽的了。第三等级代表团的一些成员这个时候又是忧愁，又是生气，不知怎样是好。

路易十六说道："这就是我的主意，这个会议只好散会了。"向来都说君主意思即是法律，果然实行了。有许多人晓得要有变卦，于是路易十六起来就走，上车的时候，只听得吹角的声音。贵族们得意极了，却有点觉得很不放心，全体跟着路易十六走了；因为国王已开口说了，贵族里头亦有不以为然的，也只好走了。教士代表们也全体走开。唯有不声不语的第三等级代表团不走。

忽然间路易十六的宫内大臣德勒-布雷泽全身披挂，走进来对平民代表团说道："国王有旨，令第三等级代表团退出。"这时老天文学家巴伊脸无血色，答道："第三等级代表团还要斟酌这个问题。"宫内大臣背后是有军队的，有一队法兰西卫兵，有一队瑞士卫兵，分布会场大门左右。米拉波一眼就看见他的机会来了，他跑上前怒气填胸，两眼冒火，对着宫廷大臣说道："你回去告诉你的主人说：'若无白刃相临，我们是不走的！'"有人说米拉波当时所说的话，比这几句激烈得多，也有人说他所说的不过是一句很简单的话。

宫内大臣德勒-布雷泽把米拉波这句答话回报路易十六，这句话很有火药气味。众人都看路易十六，路易十六只露出怠惰的神色，说道："他们愿意停留在那里吗！既是这样，就让他们停留罢了！"可见得路易十六骨子里很害怕，莫里斯的记载说道："路易十六同王后都很恐慌，我看他们只有再让步。"但是国王和王后所害怕的，是军队不肯听指挥。

当下西哀士绝不能放弃这个好机会出出风头，说说他的辞令，于是对代表团说道："你们今天还是同昨天一样，我们还是议我们的事吧！"有八十个教士走回来。于是开议，议决的是议会所决议施行的条例，是要保守实行的。代表的身体自由是不能侵犯的。国王却并无侵犯他们身体自由的意思。内克尔本来就拿辞职来恐吓，到了这时候，是更有话可说了。

23日晚上，内克尔还算是财政大臣。24日这一天，平民代表仍旧开会，大多数的教士都加入他们了；25日，四十七个贵族也来了，众人自然是欢迎他们，有好些欢喜到流泪。点名的时候，喊到奥尔良公爵，他答了一声"有"，大众简直是欢喜到发狂。

朝廷这时候还是犹豫不决，不听命令的事到处都有；有许多人听说要调军队，但是当时有一个人的书信说过："军队激变是必然的事。法国卫兵早已声明是归附于第三等级的了，他们只肯放枪打贵族、打教士。长官管辖不住他们。有一个长官还被他们打了一个耳光。"路易十六很是颓丧，现在降谕，愿意三个等级联合在一起。6月27日那一天，教士们同贵族们（是奉国王手谕）就都加入了第三等级代表团的会议。众人此时，如释重负，他们接待贵族们是很尽礼的。

这时候人人心里都有一番感动，当时有一个法国人写道："革命是过去了！好了！完了！一滴血也未流过。"

路易十六觉得他自己还是国王。但是他不再算是国王了。现在国法和权柄都不在他手里，这两样东西不知不觉地到了国民手上了！

第二章　7月14日

国王听命于国民——调兵到凡尔赛宫——内克尔之免职——1789年夏天的巴黎——盗匪——德穆兰——选民公会——法国卫队的态度——国民自卫军之成立——7月12日之巴黎的王宫——路易十五大街的冲突 ——强盗来了——7月13日的事——7月14日——攻破巴士底狱——德·洛内被杀——流血惨剧——弗莱塞尔被杀——7月14日、15日之凡尔赛——制宪议会赞成巴黎暴动——国王与议员在市政厅

有一位神甫奉国王的命令，向会议场去的时候喊道："犹太人的上帝，你是打胜了！"可见得他是并不甚愿意去的。有多数的贵族们盼望不久就要报复，路易十六表面上好像也还高兴，他在宫里召见国民代表，这一次并无栅栏，所有的门都一齐开放。有人说道："路易十六是满脸高兴，好像是个小婴孩！"其实他是觉得手上无武器。7月1日有一个人说道："那把刀剑从他手上溜下去了，他还不觉得。"

他很想取回这把刀剑执在手中，军队是纷纷齐集到巴黎的四面，凡尔赛也来了不少的军队。

代表们觉得有了危险，好比古罗马时代贵族所处的环境。他们正在忙于议决宪法的最开始那几条，其实这个时候最要紧的问题，还是食物的供给。这个问题人人都觉得可怕，代表们更觉得可怕，因为粮荒的情状是日甚一日，不久街上有很多人喊道："从前国里只有一个君主的时候，我们至少还有饭吃；现在我们国里有了一千三百个君主，反而没饭吃。"有

人来报告，说是巴黎城里的人开始有点不安，恐怕要滋事。议会的会员却并不是民主主义者，最怕的是有人滋事，却是夹在两种害怕中间：一方面是怕乱民，一方面是怕军队。因为自从7月1日以来，军队来的愈见其多，凡尔赛好像恶氛弥漫，人人都是愁闷心乱，又时时刻刻听了许多恐吓人的假消息，人人都易于犯疑，易于发怒。7月8日，代表们就要求把调集的军队撤去。

那时候只有一件事还可以安代表们的心。他们晓得只要内克尔在位一天，是没一人敢动代表们一手指的。从前内克尔失去的民心，现在是完全恢复了。到了7月11日那一天，议会得了消息，说是内克尔免职了。内克尔的女婿斯塔尔男爵说是阿图瓦伯爵同他的从党还有王后鼓动免他职的。新任的内阁大臣们，据说都是反革命的。其实殊不尽然，有一位是布洛利，这是一个心地很明白的人。还有一位是布勒特依，是位大贵族，看他从前所做的事，是可以令国民们欢迎他的。又一位是富隆，但有人糟蹋他，据说他对人说过一句话："人民若是无面包吃，就让他们吃马草吧！"内克尔的女婿说道："这几位大臣都是声名极其恶劣的人。"议员们得了内克尔免职的消息，如同半空中的霹雳。7月13日有一个奥尔良伯爵派的人说过："国王左右的小人，居然操控到免内克尔的职了。"这一句话可以代表当时众人的意思。12日那一天是个星期日，不开会议，到13日那一天，代表们开始反对内克尔免职的事。格雷古瓦的演说很激烈，他说议会一定得惩罚发起免职的人。于是派了一个代表团去见路易十六。维埃纳大主教当着新任的大臣们，对国王说道："我用代表团的名义来宣布议会永远不忘惋惜前大臣，永远不能相信新任的几位大臣。"路易十六只答了一句很短促的话。于是代表们在会场发生辩论，议决："所有一切事情，皆要国王的谋臣负责，不问其位分之大小。"这一句话是恐吓阿图瓦伯爵的。又议决："议会永远开会，注意巴黎送来的报告。"这时候巴黎却是极其骚动，议会原是毫无实力的，故此大家都注意在巴黎快要上演的大惨剧。

正在人心骚动的时候，巴黎忽然得了内克尔免职的消息，城里本来就有许多人要乘机为他们的私欲起见，鼓动城里大感恐怖的市民，激发他们同政府作对。

自从4月以来，住在巴黎城内城外的人，无时无刻不是处在恐怖时代，却又不晓得到底是恐怖什么，故此反而更加恐慌，但又不是因为宫廷有什么惊人举动。总而言之，不单是巴黎一处，整个法国都是在恐慌时代，好像是得了一种普通的疯狂病，历史学家是永远解说不出来的。

巴黎的恐慌，的确不是从6月起的，是从4月就发生了。自从4月起，居民就晓得相离不远的某处，有了许多强盗。自从1月起，这帮强盗就渐渐地向巴黎来，因此四郊常有放火打劫的事报告到城里来。他们常常截断供给，有时还闯进城来同市里的游民联合。那位警察长也是受了恐慌的，没法驱逐他们。那些饱受惊慌的市民们，正当旧政府坍塌，新政府未成立的时候，见得毫无保护，更是惊慌。

巴黎居民虽然讨厌这帮暴徒，但他们也会很容易成为暴徒的牺牲品。那时候贫民的困苦情形已是可怕，更有无政府的纷乱，那困苦的情形，只有日见增加的。挨饿是容易扰乱头脑的，况且1789年7月的天气异常酷热，众人的头脑也很发热，不会十分清爽的。巴黎的王宫常常都是塞满闲人的，有一个叫作德穆兰的原是个少年演说家，在那里演说，鼓动人民，叫他们攻击社会。他说道：“那只野兽已经跌落陷坑，我们还不打倒他，更待何时！我们这时候打胜了，是大有所得的。只怕你们没胆子，倘若是有胆子的话，四万所宫殿，同富人们各处城里的大宅、城外的别墅，都是你们的！”

平民们听见这“胆子”两个字，更为恐慌。这时候中央的官吏并无保护，市民们只好发起一种非法的公会，称为选民公会。自治会的执事人员忘其所以，就请这个公会在市政厅办事。这个公会毫无法律上的权利，每天晚上开会。这就是一种乱象，但是从上至下处处都是乱象。这个不合法律的公会，相比较而言，似乎觉得较为合于法律。因为这个公会的目的，是保护巴黎，反对德穆兰这班人，故此选举巴伊、西哀士两位议员的人，就溜到办公事的地方，得了地方官的位分。这班平民虽是维新派，最怕的还是巴黎王宫的国民大会，不甚怕阿图瓦伯爵的举动。

这时候还有一件极可怕的事，就是法国卫队的态度。巴黎的王宫开会，他们是必到的，对群众说道："诸位不要怕我们军队，我们原是国有的军队，是全国的百姓们养活我们的，我们不是国王的，国王是自命号令我们。"群众散会出苑的时候，卫队们大喊说道："一切都说好了！你们喜欢做什么只管做什么！"

这就不能怪暴徒横行了。6月24日有两个营的兵不听号令。军队的督政官夏特勒公爵原是个世家，满肚都装满了哲学，遇着这件事，却不能尽职，他不敢十分严办他的手下士兵，只好禁止他们不许离营。后来别的营里头也不听号令，他只好禁止全团都不许外出。6月28日这一天，因为风声不好，恐怕盗匪起事，这位督政官不知轻重地分给各营一些子弹，并预先警告他们："一旦有事，就要出发镇压。"他们听了这两句话，把枪扔了闯出兵房，跑到巴黎的王宫去报警，大声喊道："我们是国有的军队！第三等级平民万岁！"当天晚上，他们回到兵房，被群众恭维的话及烧酒灌醉了，督政官只好把他们拿送阿培监狱，监禁起来。6月30这一天，另外一个领袖名路斯塔洛的，鼓动游民们攻打阿培监狱，把被禁的兵抢出来，安置在巴黎的王宫里头，好让百姓们保护他们。等到有一天开代表议会，走去同路易十六求情，居然把这几位当时所谓的英雄放了。这种士兵从此以后，以为无论什么事都可以干的了。

政府处这样环境，自然是要调集别的军队，这是可想而知的事。无论什么当局的人，都不得不这样做的了。4日那一天，有一位议员，是个极端派的，在凡尔赛简直不否认法国卫队的非法行为。巴黎的人觉得此种异乎寻常的军队，保护力实在是不足。25日那一天，有选举权的人在市政厅决定募集民兵，这就是将来的国民自卫军，有许多历史学家说是对抗宫廷为自卫之计的。近百年来，读者都相信这句说话，其实专为防盗匪的，有选民的记载可证，他们最害怕的还是盗匪。据事实而论，盗匪们是定于7月13日晚入巴黎，巴黎的人个个害怕。

这时候正是政治风潮闹得最热闹的时候，盗匪们自然是趁势起事，才能够达目的。

7月12日这一天，内克尔免职的消息是人人都知道了。内克尔免职同调集军队布满王宫和战神广场，自然是有关系，有许多人都相信是要解散议会，宣布破产。

这一天巴黎的王宫是人山人海，若是布洛利上将真要扫除城里的土匪，巴黎的王宫内是要没一个人的！忽然间有人高喊众人所最喜欢的名字，就是德穆兰！他立刻就跳到一张桌子上，他本是个瘦高个，却很有筋力，满脸却是暴躁的神色。这时候他激动到了发狂程度，大喊道："你们去拿军械，一刻都不可以错过的！我才打凡尔赛回来，内克尔已经免职了！这就是圣巴塞罗缪之夜乱杀的暗号！今天晚上，所有城里战神广场兵房的瑞士兵、德国兵都要出来杀我们，我们所有唯一的机会，就是执械自卫！"答话如同一阵雷响。

卡米尔·德穆兰在巴黎王宫

一时间，就有上万的人，什么盗匪、恶棍都有，围住巴黎的王宫。人人都要有个徽章，于是每人取一块栗子树的叶子，有插在帽上的，也有插在衣扣上的，二十四钟头之内，就拿这个绿色徽章做记号，这上万的人就冲进全城。

这班滋事的人，就在一间蜡人院，把内克尔同奥尔良公爵两个人的蜡像搬倒前行，跟在后头的就是这一群上万的土匪，走到旺多姆街，他们就掷石子打德国兵；到了路易十五大街就遇见一队骑兵，兰贝斯克皇家亲王一马当先。

这时候广场正在修桥，大空地上堆了许多石头，这些人晓得骑兵要冲过来，就有许多躲在石头后面，有些躲在杜伊勒里宫的草坪。有人说："兰贝斯克王子是个火气最猛的人，他的骑兵最凶暴。"其实不然，他是很文雅的，作者有二十多家的记载为证。有许多躲在工人棚里的，掷石子打骑兵，骑兵还是缓步从容往前走，毫无回击的举动。后来石子来得太多了，他们才快马向前走。有一个被打得跌下来，被土匪捉住，大加作践。在杜伊勒里宫，他们是用花园里的椅子打骑兵，骑兵只好把土匪们打回头。有一个老头子不知是不肯闪开，抑或是来不及躲开，被人打倒了，受了些伤。群众就夸大其词，就说："老头子被骑兵打死了！"据事实看来，既然是只有一个老头子打倒了，就足以证明平常骑兵镇压，实在是极其从容的。有一位外交家在他日记里头说，他看见这样示弱，禁不住耸肩。伯桑瓦尔虽然有五千人扎在战神广场营房，却并未援助兰贝斯克王子。因为法国卫队又出风头，他恐怕把事情闹得太大了。法国卫队如痴如狂地从营房跑出来，先同骑兵冲突，大声叫喊问他们道："你们是附第三等级的吗？"骑兵答道："我们是服从号令我们的人！"这一天不晓得死了几个骑兵，把其余的追退了。不到一会儿工夫，卫队就赶到路易十五大街，夹在乱民同骑兵中间，放枪攻击骑兵，兰贝斯克王子一看见这是内乱的开端，很害怕，把他的队伍退到香榭丽舍大街内。不久，骑兵都退回战神广场营房，乱民跟在后面乱喊乱嚷，还拾石子打他们。他们这一退，就是把巴黎交给乱民。

天色将晚的时候，本来是7月天气极闷热，街上忽大喊说道："我们已经犯了大事，索性做到底，不是打个胜仗，就是失败了，上绞架送死。"

到了晚上，忽然市政厅的大钟报警。从前的革命历史学家说："这是警告市民同时起事，攻击凡尔赛政府。"后来才研究清楚不全是的，原来这三个月以来市民所最恐惧的强盗，果真来了。闯进城来，逢店抢店，逢人抢人，市政厅鸣警钟，是求救之意，并不是要起事，这班平民，昨天晚上还是维新党，并不是要打破巴士底狱，这时候恨不得再盖二十个大牢，把盗匪们一齐都监禁在牢里。这就是报警的意思。

7月13日那一天，自天亮时候起，巴黎城里是骚乱到了不得。市政厅前后左右不知有多少人包围住，群众里头什么路数的人都有。有一位神甫，也是一个很有维新见解的，据他说来，这一堆人里头，有些简直是野兽。有许多乡下人，拿了镶铁的木棍，是害怕强盗跑来的，其实还不晓得是真强盗，还是假强盗，他们想不到走来做帮凶的事。许多人还是戴上绿色徽章，若是不戴的，人家就要侮辱他，他也只好戴上一个。已经遣散的法国卫队同滋事的乱民，手拉手地走来走去。有他们在人堆里，还好像在无秩序中出现点秩序。

此外还有几种事可以证明，是强盗进了城：因为面包店都被他们抢了，卫兵库、修道院及警察长的住宅也都抢了，又有一队人跑去打毁了拉弗尔斯监狱，放出犯人来，立刻就跟随乱民去闹事。

这件事深印市民心中，眼见得这种举动不过是借政治为名的。商人的会长算是巴黎市的行政长官，非常迷惑、莫名其妙，虽然胆子小，却是正派人，他名叫弗莱塞尔。有人曾经请他把军械发给民团，他恐怕军械落在坏人手里，只好请示宫廷。一直等到13日这一天才得着宫廷的回话，奉命部署一万二千人成为一军。不料第二天会长同宫廷来往的公文，落在他人手，众人知道了，就是极温和的人都说会长同宫廷有诡秘的阴谋，故此后来乱民把会长杀了。有许多都说是应该杀的，在明白人看过去，会长的举动原是一件极应该做的事，众人不明白，可怜这会长就做了冤鬼，可见得当时人心之可怕了。

其实巴黎尚未接到凡尔赛回话之先，那班选民已经先动手组织军队了。他们看见土匪、游民及犯人们是十二分恐怖，有一个人说：“选民的举动，说是他们害怕盗匪比害怕宫廷的计划厉害得多，故此要部署民团，抵御盗匪。”又说是：“假使国民自卫军组织得较为坚固，7月14日那一天巴士底狱，万不至于被乱民攻破的。”

但是组织是来不及的了。7月14日早上，民团还未有军械。伯桑瓦尔亦未奉到宫廷命令，只好把他所带的垂头丧气的军队关在战神广场营房里。

这一方面是毫无预备，乱民方面却是预备好了，他们从军械库里什么都抢来。14日早上乱民先抢卫兵库，抢了二十七尊炮，一门迫击炮，三万二千支枪。当时又有谣言说：“长官们要把法国卫队炸死，卫队们渴

劫掠皇家兵工厂

望报仇。”那时候无论什么谣言，都有人相信。未攻打巴士底狱之先，原就有了谣言，盗匪们已是扰动到发狂，总要找题目闹事。他们要的是军火，有人说：“所有的火药已经搬进巴士底狱了。”于是有几个匪类就喊道：“我们去攻巴士底狱！”

他们于是涌到巴士底狱，这座大监牢不过是个有名无实的大炮台。墙垛上有几尊炮，不过是助兴的东西，照例遇着庆贺节日放的，有多少年来未曾放过一炮了。来往的人哪一天走过不看见这座炮呢！不过今天忽然觉得这些炮是危险东西，于是派了几个人跑去要求市政厅把炮挪去，市政厅的有选举权的人派代表去同管监的长官名叫德 · 洛内说。德 · 洛内这个人是个有仁心的人，付之一笑，说是无理的要求，却把大炮挪开，并留代表吃早饭，以为是太平无事了。

这群特为借故滋事的匪类如何肯答应？他们不过是借口，于是派了一位律师杜里奥去见德 · 洛内，德 · 洛内很客气地对待他，把部下所有的人喊出来，请他看了，总共是九十五个退伍兵、三十个瑞士卫兵，监狱长吩咐把炮洞都用木板遮盖起来，算是最后的让步。杜里奥很满意地出了大牢走了，乱民们却不肯走开，一心只要毁了这所大牢。

德 · 洛内并不派人守护前院大门，把所有的人都安置在围墙内，把吊桥拽起来。攻击者当他是预备动手，于是就要示威，派两个人，其中一个是法国卫兵，用斧子砍吊桥的链子，这吊桥忽然落下来，前院立刻就堆满人，大约都是攻击者。看见几个守兵，就对守兵放枪。

监狱长恪尽职守，于是号令守兵放枪。当天晚上就造出谣言，夸大其词，为美化他们这种可耻的举动，说是监狱长派人同群众讲和，请他们进去。他们相信监狱长的话，果然前进。监狱长忽然发令开枪，把前进的人都打死了。历史学家无人相信这种话。

初时乱民们很害怕，掉过头就跑，随后又回过头来进攻，攻了许久，没进展。盗匪们只有抢乡下人的本事，攻破炮台是要军队的。

军队果然来了，就是法国卫队的叛兵。守监的兵看见他们来了，不由得不变了心肠，德 · 洛内见了也灰心，只好议降。叛兵里头有一个小头目爱利，据他后来对人供认，就是他同守监的谈条件，凭他的信用，议明不伤害一人的。谁知不到几分钟，乱民们便把德·洛内的性命取了。小头目爱利很卖力救护他，也救护不来。德·洛内是个勇敢的男子，同乱民打斗，遍体受了重伤才死的。乱民简直是把他剁成碎块。乱民里头有一个是厨子的徒弟，很晓得切肉，一刀就把德·洛内的头切下来，这个厨子的徒

攻占巴士底狱

弟自鸣得意，想要居功，逢人便说，夸了十年的嘴，到后居然得了一个赏功的徽章，酬他的功。乱民还杀了三个守监的军官，杀了一个退伍的兵，吊死两个。

此后就是野兽食人世界，把守兵都拖了出来，乱打乱杀，却放了好几个犯人。其中有四个是犯私铸的，两个疯子，一个淫棍。乱民用长枪尖子高举人头，在街上游行。

有选举权的人们这时候还是糊里糊涂的，不晓得闹了这样的大事。弗莱塞尔还在那里同他们开会议事，到七点钟的时候，大队的乱民快到了，远远就听见他们大喊“打胜仗了！打胜仗了！”。不久就看见他们抢来的巴士底狱的旗，同长枪上插着的流血人头。这时候要拦也拦不住。不知有多少乱民闯进会议厅，大骂弗莱塞尔，说他是个叛徒，同德·洛内同谋，不配坐在市政厅，若不立刻走开，他们就要赶他走！弗莱塞尔脸无人色，只好走了。不料还没走三步，即被乱民杀死，剁作好多块，取下首级，又插在长枪上。随后把所有的首级都摆列在巴黎的王宫示众。有亲眼看见当时的情景的人说道：“有许多妇女和小孩看见流血人头，居然不害怕，还在人头之下跳舞，一面大声喊道：‘可惜杀的不多，最好杀他一千个！’”这就是大流血的起点。乱民还把第一个攻入巴士底狱的法国卫兵的肩抬起来游行，表示他立了奇功。又把德·洛内身上戴的圣路易大勋章除下来，挂在这个兵的身上。

这个时候巴黎城尽是奇怪谣言。士兵们及地方官恪尽职守的都叫作反叛，闹事的人都叫作英雄。他们还从巴士底狱里释放重罪的犯人。又说在监狱里头发现骸骨，又说找出多少残酷刑具，在案卷里头还寻出令人可怕的诡秘谋害案子。还说因为这个不名誉的监狱长欺诈人民，故此他们才受了许多枪炮。这种谣言一播传之后，人人都愤恨。米拉波说道：“巴黎居民心里其实慌乱之极，他们很晓得这些得胜的英雄，都是一群土匪。”

殊不知到了第二天早上，巴黎的平民们听说国民代表们在凡尔赛很以7月14日这天为极有荣耀的一天，平民们于是就开始想到要居功。13日晚上，这群平民正在那里联合抵御土匪扰乱地方，以为14日的闹事是土匪横行的事。到了15日这一天就变了调，要作为巴黎市反抗专制的举动。事实上实在是他们太失败，却要掉过头来，反以为是他们的荣耀。他们因为贪功，故此把土匪所做的事当作英雄事业。国民自卫军原本是要预备镇压造反的，这时候却有了为自由而革命的大功了。是以革命初时，这极宝贵的自由一落地时，就被玷污了。这种误会是永远洗刷不清的了。于是从一个大谎话，就生出一个新纪元来了。

代表议会就是这一传奇的第一个发明者。

自从7月13日这一天起，议会就终日害怕宫廷有什么举动。到了14日晚上，有选举权的人就派了代表到凡尔赛，报告目睹巴黎所演的惨剧。这几个有选举权的人很怕，他们归咎于巴黎，却不为市民解说，专归罪到德·洛内身上，说是德·洛内的举动引起市民聚众，于是用枪炮击杀市民，代表议会很痛恨。宫廷相信这种解说，并不怪市民有这种暴动。

议员们见了报告大生其气，却并不对碎剐监狱长的乱匪们生气，而是对监狱长生气。16日这一天，有十多个议员们所写的信，是人人都很容易看得见的，无不称赞巴黎市民攻破巴士底狱的。所用的都是极其夸张的字眼，最平淡的，也说他们办得有秩序，有见识。有一个议员写的是德·洛内是判受死刑。读者不晓得的，或许误以为是一个法庭判他的罪。他们所写的信，都有市民办得不错、监狱长死当其罪的话。有一个还加一句话，说是市民虽未闻正式法庭，却是办得很从容的。

议员们得了这报告，心里却宽慰些；因为巴士底狱既落在民众手里，就绝不能再有把议员监禁在这大监牢的事了。有一个议员写道："这原是个幸运的大错，因为免使我们受许多残酷的待遇。"他这一句话，实在是能够表达出当时的民意。

14日晚上是开了一整夜的会，一位有自由思想的贵族利昂库尔公爵想到报告国王。路易十六这一天是终日在猎场，得了报告，觉得很诧异，说道："这不是造反吗？"贵族答道："陛下！这不是造反，这是革命！"路易十六也觉得德·洛内的欺骗不对，答应撤退兵队，还说天亮就驾临议会。7月15日早上，有一位议员写道："我们从此享受自由了！我们的手永远不戴手镣了！"写这两句话的人就是杜格诺瓦，终身确实未戴过手镣，不过到了共和二年，他就晓得另外有特种的手镣。

路易十六大为震动。议员们以为正是好机会，派代表去见他，劝他同意让步。米拉波就预备好了极堂皇的演说词，我们现在拿来一读，不过付之一笑，但是一百二十年前，是很能激动人心的。

路易十六到了，"不带护卫，只有随身的道德，就是他的护卫"。他的神色是很好的，议员们很欢迎他。他说："明天去往巴黎。"议员决定选派代表，明天也去巴黎看看。代表们看见整个巴黎闹做一团糟，心里也很触动。原来14日那一天就用红蓝两色的徽章，还看见一个牧师戴了四方帽，穿上教袍，统带一队兵，牧师的帽子上也戴了这两色的徽章。巴黎的大主教，在一个礼拜之前，是极力反对三个等级联合的，这时候提议到巴黎圣母院唱祷谢上帝歌，拉利-托伦达尔讲了一篇经论，教堂里听讲的人无不下泪，翌日众人还要他登讲台再讲一番。于是利昂库尔提议宽待法国卫队的叛兵，克莱蒙-托内尔责备利昂库尔不应用"叛兵"两字，极力赞美他们办得不错。还有一个议员说："他们不是抛弃军旗不顾（即逃叛之意），不过是带军旗走开。"

平民所练的国民自卫军，请拉法耶特当统领，有选举权的人们请巴伊做巴黎市长。于是排列游行，又到巴黎圣母院祷谢，教堂有两千人同时唱祷谢歌，人人都戴红蓝两色徽章。有个在场的人说道："这群人简直是发疯了。"

他们请路易十六驾临，表达言归于好的意思。17日那一天，他果然驾乘他的车驾来到巴黎，随从的议员占总数三分之二，都是两个人一排，公爵旁边是位小教士，大主教旁边是个平凡工人。在他们前头的是一群卖鱼的婆子，她们手上拿的是树枝，树枝上挂的是各色带子，手舞足蹈，真像一班酒疯子。

拉法耶特检阅国民自卫军

到了巴黎城门，就有“市长”来接。这个“市长”并不是什么法律规定的人，路易十六原可以不承认的。这时候送城门的钥匙，“市长”还说了两句俏皮话，说道：“从前市民送给亨利四世的就是这把城门的钥匙，那时候他是征服了他的人民，现在人民征服了国王！”这两句是极大胆的话，路易十六斜着身子对一位亲王说道：“我不该听这两句话。”

但是路易十六已决意要看看什么情形？要听了他们说的是什么话？这位路易十四的孙子，盗匪乱民们把他的炮台上的军旗拿了下来。他走到市政厅看见这军旗，却毫无感动。大众因为表示恭敬国王之意，加一道白色在红蓝两色之间，做个徽章，请路易十六戴上，路易十六果然戴上。群众于是欢喜极了大声喊道：“国王加入第三等级了！”德斯坦伯爵看见这种情形大为激动，说道：“陛下有了！百姓有了！这三色徽章将来可以一统欧洲了！”伯爵这一句话可算作有先见之明。

巴伊在市政厅预先布置一切：请国王戴三色徽章，请他登殿，请好几位大演说家对路易十六演说。名为恭维路易十六，其实是教训他，都是巴伊事前的布置。路易十六很镇静地恭听他们的教训，毫无难色。拉利-

托伦达尔的演说用了好几次“请你们看，这就是国王他……”。路易十六的处境，真是种种为难。有一位兰代教士向来是反对宫廷的，这时候也禁不住说道：“我看见这种情形，我都觉得难为情。”路易十六坐下，丝毫也不动，两唇间露出似笑非笑的神色。他立起来要走的时候，大众又欢呼恭维他，说他很出力调和。但是普通民众是向来不识体统、不识礼仪的，大声问议员道：“国王曾否签押让位书？”

1789年7月17日国王抵达巴黎市政厅

第三章　法国之瓦解

无政府状态——巴黎是反乱的中心——杀富隆及贝蒂埃——各行省之乱——大恐慌——大蹂躏——大杀官吏——自治会之产生——自治会无能无法维持治安

历史学家泰纳用“自然发生的祸乱”来描述当时的法国情形。这一句话说得很得当，但是用于7月14日后的法国，却并不对。这种叛乱情形是由两件事生出来的：一件就是攻破巴士底狱，一件就是8月4日的事。这种叛乱是有人鼓动、有人主使的。

攻破巴士底狱，原是一件造反的事。假使当作是造反的事看，或者还可以免去后来的结果。不料许多人还以这种举动为然，还要称赞这种举动，自然而然就越闹越大，闹到不可收拾。当时所谓执政阶层不晓得因为什么缘故，一时昏聩糊涂，手足无措，办了几件坏事。有一位贵族议员向来绝不肯通融，16日那一天写道：“这是给大臣们一个好教训。”有一个保皇分子向来也是极力反对革命的，18日那一天写道：“巴黎打破一切政治的束缚，恢复自然应享的权利，是不错的。”又有一位美国人莫里斯事前事后都是反对革命的，说道：“7月14日攻破监牢，是一个办事勇决的好榜样，还要饮一杯美酒，庆贺法国国民恢复自由。”这是15日说的话。到了18日那一天还说道：“我把这件事仔细想过，攻破那座魔鬼炮台，是件可喜的事。”

这位美国人原是富有常识的人，是路易十六引起他说是魔鬼炮台的话，因为路易十六还答应人民在巴士底狱的废址，建造他自己的塑像，15日那一天，就把这座大监牢拆毁得干干净净。最奇怪的是有许多人都要买拆毁下来的砖石，不单是激进的民主派们要买，还有许多时髦的阔家妇女们也争着买，同买精肉一样，按磅出卖。他们买回去，在家里当陈列品。

在凡尔赛地方就有许多人反对“达多亚派”，他们是7月14日的党派人士，是住在宫里的人！阿图瓦伯爵17日那一天离开凡尔赛，就有人说：“这间堆积马粪的臭气熏天的马号，是该洗刷洁净了。”这两句话是谁说的呢？是不是革命党说的呢？不是的，这是当时一个作家说的，凡是反对革命的历史学家，都相信这个人所说的话。

闹完了这场反叛大事之后，居然并无人说是巴黎的大不是，外省也就明白了，以为巴黎城内既可以这样办，城外自然也可以仿办，就以为是官兵是可以逃亡的，可以反叛的。旧派的地方长官若是反对的话，是可以违抗的，可以杀死的。所有的贵族堡邸就是四万座大巴士底狱，是可以攻破的，可以焚毁的；若至必要的时候，连邸堡的主人都可以一并烧死的。有一位议员实在是太过单简老实了，7月18日那一天，他写道：“激动的情形慢慢可以沉静下来，不久什么事都可以回复旧貌，军纪不久也都遵守了，国民的精神是可以补救一切的！”

7月14日那一天，有一位左派的议员叹气说道：“国王没有了，议会也没有了，连军队警察都没有了！”不久，穆尼埃就要写7月14日以后法国可怕之乱象，过百年就有一位历史学家泰纳采集许多事实及数字，证实了穆尼埃所说的话。

巴黎就是个无政府状态的中心。巴伊说过：“这时候人人都晓得发号令，却并无一人晓得遵守号令。”巴黎总共是分做六十个区，每区都以为有自专的君权。有一区居然任意拆看执政的公文，要看里头有没有什么反对国民的事。有一区擅自停使一辆运银子到利摩日造币厂的大车，因为巴黎也可以造币，何必远运他处呢？这时候的国民自卫军如虎生翼，是绝不能守纪律的。不过偶然碰见他们高兴，拉法耶特还可以调动他们。有一位维新的议员说道："若是在城里设计杀人，就在城里稠人广众之中杀人，还要巴黎的民团做什么呢？"

他所说的话是指杀富隆及贝蒂埃，当日关于这件事，各家说法不同，颇值得一引。富隆是在维里拘捕的，7月22日押到巴黎。拉法耶特想尽方法，要救他一命，但是群众的意愿，是一定要流血。因为见惯了流血，就喜欢流血。他们把市政厅的大门攻破，把富隆捉住，用尽种种的酷刑，就是铁石心肠的人见了他也难过。随后就轮到富隆的女婿贝蒂埃，他是巴黎的一个行政长官，因为7月14日晚上他发火药给兵官。这原是他的职守，他们却以为有罪，被剁成六十块，把剁下的手脚高举游行示众，用长枪刺穿他的心脏，献给市长看。那时候把富隆的首级割下来，用干草塞满他的嘴，也用一根长枪穿起来，各处游行。刚好这两个首级在某处相遇，于是将两颗首级紧靠，挑着首级的人还说道："你同你的丈人接吻吧！"

拉法耶特只好辞职，随后又撤回辞职书。代表们惋惜有这种事发生。巴纳夫安慰他们说诚然是流血，但是所流的血并非什么清洁的血。有一位查勒牧师很称赞巴纳夫这句话，说是真罗马人的话。巴纳夫对国人说：法国人的血管里有些不清洁的血，是应该流的。不幸三年后之事，巴纳夫的血也变不清洁了，这位"真罗马人"也要流血，与富隆同走一路。

巴黎先做个榜样，外省自然效尤。历史学家泰纳说："1789年的夏天很燥热，西部、南部及中部的行省，相比较无甚混乱；东面数个行省则不然，周围若干里地方，混乱到如同一片大火焚烧一样。"焚烧堡邸的人，其中有曼德兰的追随者，先时召集他们到巴黎，后来又打发他们回到各行省。有一个住在外省的人早已见此，14日那一天，他还是抱有希望说在这大城市中，应该不会那么早把他们哄走了。但是军队有什么能力呢？若是他们忠于所事，人家是看不起他们。三个月前，群众看见了军队是肃然生畏的；现在不然了，群众谈论要攻击军队。官吏自己当自己微不足道，因为群众杀了弗莱塞尔、德·洛内、贝蒂埃、富隆，官吏们十分恐怖。国王是懦弱、无能力保护维持君权的人，官吏恐怕也无人做他们的后盾，也就个个都变成了胆怯的懦夫了。

贝蒂埃被刺杀

然而这时候最紧要的自然是手握大权的人，穷民们是挨饿，凡是造反，骨子里的原因总是饥荒。有一位学问家勒瓦舍尔解说得很透彻的，说是法国大革命的原因是经济问题，不是政治问题。他所著的书，内中有一章题目，就叫作《粮食与造反》。但是饥荒有大多数时候是由于混乱，种

迫害玉米经销商

粮食的人囤藏起来，是因为怕被抢。埃当普的粮食市场，平常交易都是一千五六百袋，混乱之后，不到一百六十袋。

人民不单是挨饿，心里简直是混乱无主。经常的谣言说是外面八方都是强盗。“强盗”这两个字，从巴黎城传到极僻远的乡村。只要这两个字传到，就埋下恐怖的种子。事隔一百二十年后，读当时的记载，看见他们那种大恐怖的情形，亦免不了惊心。读者试看一个种葡萄人家的日记，就可以晓得了。他的日记说道：“7月底就有许多谣言，说是强盗快来了！大约都是外国人蹂躏乡村，焚烧粮食。说是贵族们花钱叫他们焚抢的，无论什么东西都要毁了；后来又说是议会办的，说是党派人士做的事，要试试看可以利用群众到什么程度。”读者看到这种话，就可以晓得谣言扰乱舆论了。盗匪是有的，都是下流社会沸腾浮在上面的匪类，但是并非处处都有强盗土匪。这种使群众恐怖的事是免不了的，这都是群众立在悬崖边上，既不能上，又不能落，自然发生的恐慌；每个人心里都有个前途可怖的预想，眼见得内乱外侮，乱杀仇杀的事，就在眼前，焉能不恐怖呢？数百年来的政府方面的权利，一旦都消灭了，既无指导的人，又无保护的人，怎么能够不恐慌呢？凡是乡村人人都预备军械，为自保之计，若果有盗匪来，是要打杀盗匪们，为保全地方秩序。但是亦有许多因为受了鼓动，就自己先做了扰乱治安的武器。这种人一有军械在手，就先结合成群，其中自然有败类，这就是真实盗匪，就怂恿他们去攻打邻近大宅舍。当时又传播一种谣言说："只要把贵族们所收藏的文据毁了，就可以不再纳捐。"有一位历史学家收集五十封小行省贵族们受过攻打者的信，一看就能明白当时的情形了。当时的人往往说道："把他们的橱柜都烧了，若是有文据在里头，自然是同归于尽的了。"于是就放一把火把房子烧了，连橱柜都烧了，有时还烧死人。

森林也烧毁了，无处可打鸟和猎兽了。8月4日议会有异常的、极欠斟酌的举动，将所有制度建设都扫除净尽，国人就晓得可以为所欲为了。从前他们好偷猎，这时候这种本性更加发达了，人人都可以杀供猎的野兽。有两位阿尔萨斯议员说道："甚至在凡尔赛宫的墙下，他们都有权利，可以随便杀供猎的野兽了。"有一个本地人说道："他们不单杀野兽，连猎围都糟蹋完了。"初时群众执械是预防盗匪，其后自己却变作盗匪了。

在城市里则大流其血。8月1日，就听说有好几处地方有暴动。在阿格德，有一位主教被群众拖到街上，用武力逼他签押一张字据，放弃他自己的磨粮食的磨房，假使他不肯签字，就立刻送命。维尔琴纳8月5日写道："在巴黎城门口，妇女们杀死圣但尼的市长，因为妇女要定面包的价，不许多过若干铜钱。"在特鲁瓦也有虐杀市长之事。又有卡昂瑞士卫兵的少校，被人撕成几块。有好几起的暴动，诚是盗匪当魁首的，因为有许多人都晓得他们原是放出来的大罪犯。这时候道德简直是消失殆尽了！只说在凡尔赛地方，群众居然从刽子手中劫放一个弑父母的逆子，就是革命派的代表报告这件事情的时候，也禁不住发怒，法律完全扫地了！

当时群众所做的事，无非都是焚毁森林，偷抢粮食，抢盐。不纳税捐自不必说的了。文武官吏们、收税官等等，人人自危，人人恐怖，都不敢露面。

此时官吏既无能为力，人民自然要设法组织新机关治事，或辅助官吏所不及，或取其权而代之。平民们或者愿意改良，却又恐怕群众造反，目前都是时时刻刻可以造乱的情景，此时但求自己的平安，于是照着1789年7月巴黎的办法。某某等所谓有选举权的人，因现时选举已是过去之事，并无特别事权，只好自立为自治会，又叫作公社。这就是1789年夏天的自治举动，这也是从无政府、官吏无权的扰乱产生出来的，却不是从法律上产生出来的，是非法成立的。从事实上看，却是上等人的组织，防御第三阶级的扰乱。此种自治会的成员，大多数都是守旧派，然而事因则发于革命，因为这一层原因，故此他们的权利就不足，他们可以问几处暴动的首领道："是谁封你做公爵的？"那首领可以答道："谁派你做国王的？你们的权利是从什么地方得来的？"是从国王得来的吗？国王并未任命他们，是人民选举他的吗？也不是的，人民并未选举他们。故此一有叛乱，就把这些自治会如摧枯拉朽地扫除干净。当时有一件文牍说道："我们很少能看见自治会胆敢令人守秩序的。"无论群众怎么样暴动横行，都不敢过问，宁可不过问，不愿意，倘或闹出大事来，人民要他们负责，是以自治会无论什么事都不敢不答应。

若论大概，自治会是偏向革命的。国民自卫军亦有相同的趋向。他们喜欢如现在快要成为事实的和平革命，但是又恐怕革命再起。因为有这种感觉，故此产生永远不相信宫廷及贵族的思想，不久连教士们也不相信了。又怕压制太过会生反叛，取得事权之自治会及国民自卫军，只好采取放任主义，任第二起革命党自由行动。

从此以后，穆尼埃所力斥之普通扰乱发起，焚烧乡下里的大宅第，毁坏森林，任意驱逐地方官。最可怕的是这时候发生一种新学说，说是国家有一种败类，新近得了特别利益，他们是应该惩处这败类的。当时有一个人于7月27日写道："这时候人人都要拘拿他所疑心的人。"

这时候内克尔已经复职了，他同议会看见这种情景，心里都很难过。8月5日这一天有一位议员写道："若不是赶快议定宪法，我怕我们法国原来都是慈善、都是忠诚的人，都要变做食人的野人了，其势不至尽为奴隶不止。"写这几句话的维新派的人，瞥见此时已经有了专制的人了。

国王手上所执的利剑已经丢落在地下了，议会是不是会把这把利剑握在手中？

第四章 8月4日晚及《人权宣言》

（1789年7月—10月）

制宪议会有两种恐慌——无土地之约翰——放弃特权——享受特权者之祷谢——民权之宣布——《人权宣言书》与宪法相矛盾——宫廷的举动令人生畏——王后的态度——否决权——巴黎人要往凡尔赛

此时制宪议会有两种恐慌：一怕宫廷，二怕群众。宫廷这时候是奄奄待毙，路易十六被一群口称追逐1789年思潮的执政大臣所包围。路易十六昨天还是专制君主，他的大臣们这时候从彼极端变作此极端，告诉议会说："议会所未决议施行的事，大臣们是绝不施行的。"因为有过这样的声明，这班好说话的行政官，就无论什么事都不理，只好交给议会同民众去办。

国民制宪议会一个月以来随匪类们横行，喜欢做什么，就做什么。这个匪类的称呼是民主派的议员用的字眼，可见得第三等级的代表们，是怕极这群盗匪的了。但是匪类们只要不高兴，是无论什么人，无论什么东西，遇着就要毁的。代表们原有先下手毁坏之可能，不过代表们都是中等人家出身，有许多顾忌，有许多斟酌，不敢放肆破坏。其中有许多还是法律界中人，寻不出路子去把数百年以来贵族及教士们所享受的特权都破坏了。但是若不废除破坏，又怎样能够叫群众满意呢？他们心里实在是有种种的疑难。

8月4日晚上，大约是8点钟左右，正在快要散会的时候，诺阿耶子爵忽然站起来，开始要说话。这时候正在宣读一篇抚慰各行省的公告，子爵站起来说道："群众所以被逼不得不焚毁乡间贵族的大宅，就是地主勒缴的繁重捐税。这原是封建制度的遗臭，一定要扫除的！"第三等级代表们乍听这句话，先是诧异到了不得，说不出话来，随即拍掌喝彩。这位子爵竟能为全体贵族做榜样，情愿伸出脖子请斧子来劈。这是一个解决的法子。此时无人愿意记得这位子爵，他不过是一族的旁支，又是一个身败名裂的人，他所说的这句话，是不能算数的，并无任何人授权于他，叫他说的。在他自己的知交中，他的绰号叫作"无土地的约翰[①]。"可巧这时候又有一位戴吉永公爵，原是自命为提倡革命的贵族，看见"无土地的约翰"得了先着，赶快赞成子爵的提议，于是第三等级代表们又拍掌喝彩。随后又有一位夏特勒公爵，也反对封建制度。

立刻就有许多贵族都慷慨激昂地纷纷甘愿放弃权利，如一阵狂风骤雨一般，这就可以证实法国人的特质，是不能坐下从容谈论议事的，都是最容易受激，就忘其所以了。也许诺阿耶子爵真诚相信自己有权可以慷他人之慨，牺牲全体贵族的利益。第二天就有一位贵族出身当代表的在日记上写道："代表们都无抛弃利益的权利。"又有一位在场眼见当时情景的说道："他们不管有权无权，人人都是慷他人之慨，牺牲他自己所无的权利。"据事实来说，选举子爵的人，并未授权于他，叫他毁了他们。洛林的教士们，并不打发南锡的主教去凡尔赛声明抛弃他们第二等级的一切利益，但是这时候这位拉法尔主教却声明抛弃，自然大众都拍掌喝彩。这一千七百个议员简直都变了疯子，在那里洒泪，互相搂抱，人人都争先恐后，要博大众欢呼喝彩。还有一位沙特尔的主教和一位艾克斯的大主教，代表教士们赞成那位代众抛弃利益的拉法尔主教的议案。沙特尔的主教抛弃了打猎的利益，只有对于这件事，贵族有点觉得心痛舍不得。有人听见

① 即穷光蛋的意思。——译者注

夏特勒公爵低声喃喃地说道："好呀！主教把我们围猎权利送丢了，我也要回敬送丢他的利益！"公爵于是替主教送丢了什一的教捐。但是那地方的贵族，还是一位法庭的庭长，勒佩蒂埃·德·圣法戈已经登上了讲台，要求废除财产上的特权，于是欢声雷动。当下即有某某处几位小牧师，自愿抛弃某某种临时捐项。于是会议场中，个个称赞喝彩。到了8日那一天，才晓得一位只抛弃二十个里弗赫（法币名），一个只抛弃了十五个里弗赫，随后养兔的特权及葡萄税也废除了。

谋杀勒佩蒂埃·德·圣法戈

有人说："这班代表简直真是醉了，糊涂到不省人事了！"布拉孔侯爵提议各行省也该抛弃特别权利：于是有布列塔尼、朗格多克、亚多瓦、勃艮第、洛林几行省，果然依议抛弃了。

既抛弃各种特权之后，巴黎大主教提议大众应该到宫里的教堂行赞谢上帝的礼。同时有利昂库尔及拉利叫众人颂扬路易十六，称为"恢复法国人民自由之人”。

作者书案摆着有六七位平民议员的记载，人人都激动到忘其所以了。有一个说道：“我们觉得欢喜到狂了，因为看见当时情景，是从好变做更好，所有一切大阻碍都推翻了，消灭了！”又有一位说道：“我求上帝授我以合宜之发言！”第三个说道：“我们欢乐到哭，我们互相搂抱，我们法国人是个多么好的民族！有何等的光荣！做了法国人，就是有了极大的荣耀！”

翌日早上8点钟，就颁发三十多条的命令，定为法律。无论哪一国都未曾有这样的社会大革命，将所有抛弃特权的事，永定为律。当天有一位议员写道：“拖了几个月办不通的事，我们不过十个钟头之内都办完了。”过了几个星期之后，这位议员才承认那一个不幸的晚上所做的事，反令议会处于办不到的地位。读者可想见不知要经过几个月的工夫，才能将所有议决颁行的纷乱复杂议案，理出头绪来。

中等人家出身的议员们，心里安慰到了不得，深信群众必为这样慷慨的举动所感动，自然是喜欢的，天下从此可以太平了。这些议员们果然走去教堂行祷谢礼。谁知他们是大错而特错了。因为群众在此之外，还有要求，等到议员们详细审查事实，才晓得他们所抛弃的利益，其中还有许多分别：例如有些利益是可以抛弃，不必给赔偿的，有些还是要花钱买的。这些特别利益原是很复杂的，群众都是脑筋简单，哪里晓得其中有许多分别呢？他们只晓得8月5日有议会颁行的布告，说是封建制度是完全废除了。有一位阿尔萨斯议员勒贝尔说道：“群众能体会议会答应他们的好处，对于其他封建利益的委员会所加的各种限制，群众是绝不能答应的。他们以为这种限制不过是失信，是食言，无论哪一位委员会里头的慎重议员，倘若减轻一丝一毫主教们所抛弃的特别的利益，是要惹祸的。”

第三等级的国民并不想去唱祷谢歌。而贵族和主教们则在8月的早晨用最大的音量唱祷谢歌，因为他们心中颇为自己所做的事感动，自以为是殉难，可入圣贤之域了。

就这样算是把封建制度废除了，现在凡是法国国民都是平等的。众人以为似乎有必要发表一个宣言来宣布民权。米拉波曾经说过："按现在时局而论，各行省无不骚动杀人、放火、抢劫、拒不纳税，军队变乱每省都有，与其宣布民权，不如宣布民职。"但是这时候许多人，是急于要宣布民权。

议会是自从7月底以来，就在那里忙这篇大文章。民权的原则，是由拉法耶特从美国的费城带回来的，只要承认了这些原则，其余的思想，就由日内瓦哲学家卢梭的观点供给材料。

据理而论，此份人权宣言书应该以各处的陈情书做根据。克莱蒙-托内尔却从这个来源做出十一个条文来，既不是从费城来，又不是从日内瓦来的，是纯粹土产，纯粹国货，众人反说他不对。有一位说："难道我们这个议会，只专为一国设想吗？我们要做出一篇民权宣言书，无论什么人，无论什么时候，无论哪一国，都可以用得着的，要替全世界做一个榜样。"这样妄自为大的议论未免令从费城来的莫里斯议员听了，付之一笑。又有一位从日内瓦来的杜蒙说："这种议论是幼稚的话，假使日内瓦大哲学家卢梭听见了，也要惊诧的。"

若是根据卢梭的思想，这篇宣言书是必定有许多民主派的话，平民们大约是不甚喜欢。但是寡不敌众，敌不过那时候维新贵族及民主派的教士人数那么多。8月1日，有一位贵族提议，又有一位贵族赞成，要投票议决宣言书的全文，不得枝枝节节议决。有两三位平民议员听了这种话，大为恐慌。米拉波也觉得揭幕揭得太早，不合算。米拉波说道："若揭得太早，群众一定是滥用民权。民权原是一种秘密，绝不能先揭露的，要到有了好宪法，使群众到了听见这个秘密不会发生危险的时候，才可以揭露的。"马鲁埃也有中肯的话，说道："我们为什么把群众抬高到了山顶，叫他们一眼看见他们所应有的种种民权，明知道我们不得不请他们下山，同他们立界限，还要安置他们在现时的世界上。他们一到了现时的世界，每一举步，都要碰着界限的。"但是既经一位贵族提议，一位贵族赞成之后，就有许多贵族、主教还有大主教等等，各人都有提倡民主派的条文，自然很受大众欢迎。他们心里不知不觉许有轻视第三等级国民的意思，故此促进他们走极端，然而却是出于至诚。穆尼埃原是授意此项提议者之一，但是穆尼埃也颇受维新贵族的影响。

于是在公开会议上进行《宣言》的起草。当时有两个外国人在场，一个是德国人，名坎普，一个是日内瓦人，名杜蒙，都说他们讨论草案是杂乱无章的，有许多在字句上发许多无谓的辩驳，有的是乱谈理想。杜蒙说道："这个会场变做理想学校的课堂。"8月12日，坎普写道："会场里纷乱嘈杂万分，这种情形简直是女巫的安息日。"

由屡次修正而成的《宣言》，几乎全是共和性质，无甚道理，若是卢梭见了，一定是要禁止的。有一位萨瓦教士帮维里厄伯爵的忙，要这篇《宣言》加上上帝的印章。

著名历史学家奥拉尔，证明《宣言》与宪法相矛盾。据事实而论，中产阶级国民在《宣言》中先立将来取偿的基础，一经投票议决之后，议员就说这是国民的问答书。但是这本问答书是要秘密藏起来的，用帷幕严严谨谨地遮掩起来，他们用的是帷幕政策。1789年的人先开幕，后闭幕；1793年的人要撕破这张幕；1795年的人，要缝补这张幕；至今还未完全开幕，宪法的制定才是闭幕。《宣言》中说道："凡人生来既是平等，应享受平等权利。"但是按照宪法却不能平等，当初还不如听马鲁埃的话，既不能叫群众享极乐世界的福，何必领他们登高山顶，看见那极乐世界呢？

有一个原因，逼迫国民议会于8月9日走革命的路，就是宫廷的举动令人感到恐怖。王后已投入阿多瓦伯爵党里，因为那时候王后受了许多攻击，又见御营已有不安的景象，不能不四处找帮助。不幸她又不能用巧妙政策去遏乱势，压倒快来的风潮。俗话说得好，"解铃还是系铃人"。这时革命所到的程度，只有能发者能收。拉法耶特看见这时候的景象，也有点迷惑，还自告奋勇试试看要收拾这个危局。米拉波一个月以来，就试着探听宫廷里有什么办法。当时原该把他们两个人中之一拉入内阁的，可惜这位王后无忘记仇恨的本事，不要这两个人。米拉波一晓得宫廷疏远他，他只好回头采用他的激烈政策，说道："国王及王后两个人都要消灭的，群众还要踏他们的尸身。"

议会这时候很被人讨厌，王后以为反击的时候到了，就想到同他们算账，群众诚然很不满意，很愤怒。有一个人在17日说道："余烬慢慢又烧着了！或是在麦面底下烧上来了！"这时候闹饥荒群众，都要议会负责。

王后是很想解散议会，最要紧的自然是先买好军队，同他们拉拢。她的计划却被议会猜着了。有许多温和的自由派疑心到王后有这样的计划，就投入左派去了。《宣言》既经投票议决之后，就开始讨论宪法。穆尼埃是委员会的报告人，要宪法有保守的趋势。1789年8月，穆尼埃曾经对维里厄伯爵说道："我们当初要一个有大力的人的大锤，打碎一切害国害民的制度；现在却要一个有神力的人，肩负这个君主国。"他的意思是要英国式的宪法，设上下两议院及有强力的政府。但是他失败了，他的那一党也失败了，他们有穆尼埃做领袖，然后他们都退出委员会了。9月15日，左派得了胜利。等到提议要给君主绝对否决权的时候，发生很激烈的辩驳。

这"否决权"的问题一发生，群众就有了题目了。好滋事的人早已在那里等机会，借题发挥。有人写道："借饥荒的问题就可以发生二次革命。"但是要激起无知乱民暴动，不如还是播传他们所不懂的名词。于是发动乱民的名家，立刻就抓住"否决权"名词做题目。街上一个某甲问某乙道："你晓得'否决权'这个名词是怎么讲吗？"某乙答道："不晓得。"某甲就说道："等我来解说给你听吧！譬如你此时走回家去，你的太太已经替你把晚饭都煮好了，国王只要说一声'否决'，你就没晚饭吃，这就是'否决权'。"议会要投票议决，给君主一种延缓"否决权"，群众听了，大为发怒。10月初，有人听见一个在街上演讲的喊道："我们现在是没面包吃，你们晓得是什么缘故吗？我来告说你们吧！三天前国王用他的延缓否决权，于是他把所有的粮食都运到国外去了！"听他演说的人大声喝彩，说道："原来如此，他说得很不错。"

他们喊道："议会里头叛徒不少！"路斯塔洛说道："我们非把这些叛徒拖出去不可！"马拉写道："一定得要解散这个议会，议会所做最不名誉的事，就是选穆尼埃做会长，这个人是个叛徒，又是个贵族。"群众那时候所攻击的，不只是议会。8月4日的议会所议决的条文，即是《人权宣言》同宪法的条文，路易十六不肯批准，他说得却有理，他道："所有一切的事情，要先理出个秩序来。"10月4日，路斯塔洛说道："革命就不进行了吗？我们一定要第二次革命。"罗兰夫人很不耐烦，希望法国清醒过来。

这时候的时局是很急迫的。群众攻击宫廷，议会责怪拉法耶特及巴伊，说他们不起劲。又由于是饥荒，助成暴动党的计策。最重要的原因是挨饿，群众喊道："我们都到凡尔赛去把面包师同他的女儿、儿子都弄到巴黎来吧！"他们又诬赖巴黎大主教，说是他花了许多钱收买磨坊不磨面，倒不如当着议会把大主教杀了。奥尔良公爵以为时机成熟了，立即发动群众是无疑的了。这时候最激烈的，就是布列塔尼俱乐部的人走去巴黎，在黑幕里暗中行使他们的计策。当下有米拉波煽动群众，盼望将来他可以乘机出来，做一个救世的大人物。我们其实不必搜讨什么深藏不露的理由，在下级的革命党是决意要造出二次革命。10月4日，两个激进派路斯塔洛同德穆兰，他们原是闹翻了的，这时候又和好了，以后要做的就是预备好一通申诉书，把所有的匪类都送到凡尔赛去。有了否决权的问题，又有穆尼埃当选的问题，还有国王不肯批准宣言书的问题，这还不够借口吗？还有宫廷这时候迟疑不决的反对革命举动，更可以是借口。况且骨子里还有一件最要紧的原因，就是许多人挨饿。

王后正在那里梦想要解散这个众人所恶的议会；议会正在要把王后的势力化为乌有；群众正是要到凡尔赛，把宫廷同这议会都一切扫除净尽，把穆尼埃推翻，把王后拖下殿来。

第五章　1789年10月

佛兰德军队驻扎凡尔赛——10月1日的情形——妇女们冲击凡尔赛——议会之混乱情形——穆尼埃进宫——10月5日王宫被妇女包围——拉法耶特到王宫——10月5日之袭击——王后之危险——国王、王后回巴黎

9月底佛兰德军队调到凡尔赛，议会就起了疑心。据说这些军队是很效忠于路易十六的，国王是不是要翻案呢？是不是有非常的举动呢？这时候谣言虽然很多，却都不能证明路易十六有这种举动。马迪厄指明，说是队长吕西尼昂在议会是坐在左翼党团堆里的，这军队的来意，大约还是保护议会的意思居多。实在原因是凡尔赛自治会恐怕巴黎的匪类来犯，要求政府派军队来助长声势的。

虽是这样说，但是10月1日发生了一件显然反对革命的事。照那个情景看来，怪不得主张革命的人见了发生恐慌。有几个星期以来，宫廷里的贵妇们不晓得发什么傻气，出出入入，都带白百合花，穿白色长衣。这原是无害的事，不过未免太不审慎了。10月1日这一天的情景，更欠谨慎。那一天侍卫们，在王宫剧院大厅请佛兰德军队及其他军队吃饭，吃得太高兴，就恭祝王室万岁。路易十六刚好打猎回来，还有王后及太子陪他。忽然在王宫内发现佛兰德军队中有六七个吃醉了把红蓝色徽章撕下来（作者是从可靠的记载得来的事实），维尔琴纳侯爵大声喊道：“请议会让吧！我们是国王的人，我们都预备为国王而死！我们还是穿国王的制服吧！挂

国王的白色徽章吧！”等到王族要出去的时候，这些军队们简直激动得如疯似狂的，都走到院外的园子。有两个爬上路易十六所站的骑楼喊道：“陛下！我们攻打敌人，就是如此，我们是专诚一心保护王室！”

当时真实情形，不过就是这样，但是已经闹得太过火了。假使那时当真是有非常的举动，要出其不意忽然推翻现状，这样的举动岂不是事前都流露出来了吗？若是并无此意，则是此种举动授报告以根据。这不过是轻狂无知的人的无意识的大言夸张，然而会发生危险的。

1789年10月1日在凡尔赛宫庆祝节日

2日那一天，整个巴黎都晓得了这件事。暴徒们听见高兴极了，他们正要找一个好借口，找了一个月，都找不出来，这时候忽然间却有了借口了。他们这一天的布置却是很巧的，因为妇女们因粮食稀少，价钱太贵，叫苦连天的，比男人们叫得凶得多。这一次要妇女们出头成群结队去造反，谁敢对妇女们开火呢？况且都是挨饥喊饿的妇女们。妇女队伍中，自然是可以混进许多男人。早上5点钟就聚集了一万名妇女，乱喊乱动，这群妇女同一心态，是可以不必问的了。其中有一位叫作德·马考特的姑娘，是初次露面，她原不是个卢克丽霞。又有一位叫作马德琳·夏布立是在巴黎的王宫前卖花的（并卖接吻），她是被选为对路易十六说话的。其余大多数的女人都是从各市场上（如菜市、果市之类）来的。这群妇女却是很可怕的，有的赞成国王，有的是反对，但是个个都是极端凶暴的妇女。那时候还唯恐妇女们不多，就添上许多男人，剃了胡子，擦上粉，穿起裙子来，改做女人。还有法国卫队的兵，穿上女人的褂子。这一群人真是不伦不类。

巴黎妇女到凡尔赛游行

有一个不相干的地方官名叫马雅尔，拿了一面鼓当鼓手。不消一个钟头的时间，就有了七八千妇女（他们所谓妇女），就如同军队一样向凡尔赛出发。

这群可怜虫才出发了一会儿，国民自卫军就宣布必要跟她们同走。拉法耶特起初是不许他们去，他部下的兵大喊道："你也要同我们一齐去！"拉法耶特还在那里犹疑不决，他们又喊道："要么同我们一道去凡尔赛，要么把你吊死在街边灯杆上！"有一个人说道："我们要把所有王室的人都带到巴黎来！"众人听了大声喝彩。拉法耶特无法，只好向自治会要一个正式出发的命令。这位侯爵当时的情形也真是可怜。4点钟时候，国民自卫军出发，从外面看去，好像是拉法耶特带领他们去的。

这天早上5点钟，议员们都觉得不安。自从用秘密投票法把穆尼埃选作议长之后，极端左派就非常生气，预备报复。议员中最激进的都是布列塔尼俱乐部的会员（西哀士说他们向来是提倡暴动，当作正经救急的良法），常常同巴黎的王宫通消息。王宫是奥尔良公爵及米拉波的随从们忙的地方。近来有好几个星期，米拉波都在拉拢德穆兰。

10月5日那一天，议会等候路易十六批答。他们请他批准《宣言》，批答居然来了。路易十六对于《宣言》是从缓批准，暂时却批准已经议决的宪法条文。左翼党团听了大喊，米拉波所说的话是向来无人说过的，也宣称反对御前侍卫的举动。他事先声明，唯有国王一个人的身体是神圣不可侵犯的！他还要指出当晚那种举动的罪魁，他唯恐众人还不明白他的意思，他当走下讲坛的时候，还很清楚地说道：若是必要的话，他还要排斥王后。于是整个会场喧闹成一片，穆尼埃此时窘极了，正要闭会免得发生难堪不名誉的举动。刚好从巴黎来的妇女们到了，风起潮涌似地，包围会议厅的四面。马雅尔为首，带领二十个人进了会场。马雅尔首先大骂囤粮食的人，妇女们大喊，说是巴黎大主教买通磨坊，叫他们不要磨粮食。这种无知的话，是常常有人说的，当下有几位议员，居然离座走去同妇女们说话。当时有一位议员还说这种举动太过，不成体统。渐渐地走进来的女人更多了，她们总不离粮食问题。有许多议员还在那里对她们大发议论，妇女却答得很好，说道："你们只管说得好听，也说不出面包来，你们还是同我们说面包吧！"因为他们嘴里只管说答应去见路易十六，强逼他批准。穆尼埃只好发起供给粮食的提议，请众人表决，宣读一遍（其实是毫无用处），居然东拉西扯，算是把粮食问题弄好了。至于批准的话，议员们强逼穆尼埃去见路易，要求他批准。穆尼埃虽是满肚子不愿意，只好先答应下来，他请了一位朗格勒主教，当了临时代理主席，就进宫见路易去了。

穆尼埃走了之后，会场更是喧闹。所有从巴黎走来的妇女们，此时都进了会场，做主席的主教只管请她们遵守秩序。妇女们答道："秩序只算得是个……（语过粗俗只好不说明了），我们要的是面包。"米拉波子爵以为这是叫同事们惊愕的绝好机会，把一个面貌最好看的女人抱置在膝上。妇女们有些是跑上讲坛乱跑乱喊，对主教说道："请你同我们接吻。"主教叹气一声，只好同她们接吻。有几个妇人还说要把摩里教士的头当球玩耍。可怜那位当临时主席的主教，等穆尼埃回来，等到晚上10点钟。

穆尼埃看见王宫已经被围。下午4点钟，妇女们转入某大街，看见一个偶然在那里的一个侍卫，就对他说道："你走进王宫去报告他们听，我们快到了，要取王后的脑袋！"执政大臣恐慌到要害热病，正在那里开会，总不能从路易十六口中讨得一个确定的办法。王后说道："一定得要有个办法。"路易十六答道："何必着急！"又说道："绝不能对妇女们开火的。"

当时正是秋天多雾的夜晚，各种军队都齐集王宫，来的就是著名佛兰德军队、柏瑟内军队，还有三个主教区的军队。妇女们走到军队面前说："卫队先生，请你让我们过去。"小军官答道："不能，你们要过去做什么？"妇女们答道："我们要见国王。"军官问道："你们要见国王做什么？"妇女们答道："我们要他退位，什么为难都可以免了！"她们说到王后，就没有这样客气了，人人都想吃王后一块肉。有些说吃王后大腿的肉，有些要吃王后的五脏，说完就在那里跳舞。

多数大臣主张把妇女们轰退；但是陆军大臣拉都尔·杜班听见这种主张，只是发抖，哪怕是和平的号令也不敢发。管武器库的，不肯发子弹给佛兰德军队（库里的子弹原是很充足的）。士兵附和国民的，把通条插入枪膛里，表示枪膛是空的。

1789年10月5日王宫卫队英勇抗敌

末后路易十六吩咐让几个妇女走过，于是接待两起代表，答应他们会快发命令，从科贝耳、埃当普两仓发放粮食。正在此时，穆尼埃跑进来。

所有这些事情都得出军队是绝不可靠的，聚众滋事的人们越闹越胆大了。虽是有一颗枪子把一位军官打死了，但士兵们还是不动。凡尔赛的国民自卫军赶快开到，其实意在帮助滋事的人，并不是来镇压的。军队屡次受滋事的人侮辱，仍然是不理。末后路易十六发出命令：一切军队都退去，只留国民自卫军守护王宫。军队退入宫门里头，不到几分钟，就晓得难守宫门。

路易十六打不定主意，不晓得到底做什么好。穆尼埃要求批准的时候，他起先是不答应，打算从特里亚农逃去到鲁昂；后来又答应批准。穆尼埃回去议场报告好消息，一路走，一路就宣布。那些匪类们听见了说道："哈！我们强逼这个坏种批准了！"他们其实并不晓得批准的是什么事。

这时候却又生出枝节来了，巴黎的国民自卫军快走到了。拉法耶特到了赛夫勒桥边，迟疑了一会儿，居然决计过了桥。晚上10点钟，他来到了，戴的是三色徽章。

他走进会场看见那混乱的情景，实在是可怕，穆尼埃是回来了，读路易十六的声明。忽然从堆中有人喊道："这篇声明能够给我们面包吃吗？"于是接二连三喊的，都是"面包"！"面包"！会长受了感动，就吩咐拿面包来，还送来了酒，不到一个钟头时间，这群乱民都喝醉了，那时候的情景真是令人望而生畏。正在这个时候，拉法耶特走进来，穆尼埃声色俱厉地问他道："你跑来干什么？"拉法耶特答道："我来保护君主。"随即走近会长身边说道："还要劝国王撤退佛兰德军队。"于是走入王宫，他们是冷冷地接待他。还有人说道："克伦威尔来了！"拉法耶特答道："克伦威尔才不肯一个人来！"等到他见了路易十六，他就痛哭流涕地指天誓日的说是来保护王宫。路易却听他的话，自去安歇（已是半夜两点钟了）。拉法耶特原把旧时法国卫队同国民自卫军一齐领来的，就替代卫兵守护王宫。王室们都进去安睡，这时候穆尼埃也困倦了，只好劝议员们散会。议员们散了之后，只有巴黎的妇女们还在会场里脱了沾满污泥的裙子，在那里晾。有一位眼见当时情景的说道："当时情形，实在是不堪入目。"作者很相信他这句话。

凡尔赛的一场热闹这时候暂时安静下来了。群众就在大街上露宿，王宫各门都是法国卫兵把守，只有一门仍然是王宫的卫队把守。早上5点钟，拉法耶特才躺下睡觉。

1789年10月6日拉法耶特援救王宫卫队

有一个人说了一句极重的话，责难拉法耶特。说他睡觉是反对路易十六！作者知道这句话不公道，拉法耶特已经有两个月的经验，他以为放任群众滋事，就可以止住滋事，故此他才去睡的。读者不要奇怪这样的思想，要晓得我们有过四十三年经验之后，到了1832年，还是照着这种意思办，先后如出一辙。

王宫这时候无人护卫，早上3点钟将卫队带往他处，只余数人同守一处。

到6点钟时候，乱民们成群成队聚在各宫门，当时不知是因为什么误会，宫院门既不加锁，又不派人看守，乱民们拿了斧子火枪，从院门进去。

卫队们赶快走来，他们的长官就同闯进来的人说话。一群人把他包围住，赶他回到石梯最下的一级。他手下的人见寡不敌众，慢慢地退后，对军官大喊，请他先到国王的寝室，还叫他快跑。但是已经来不及了，乱民们把他打倒，割下首级，就蜂拥登楼。有一个卫队问他们要什么？其中一个暴徒答道："我们要国王、王后的心脏同脏腑做徽章！"他们上楼，卫队先走入国王的大厅，其后又入王后的大厅，最后跑进另一大厅，就在这里头做临时栅栏，阻止乱民们前进。那时候有一位宫里的官员已经被群众打倒，斩作几块，取下头来，插在长矛上。禁卫森严的地方染上了血污！有些法国卫兵走上来帮助，对他们说道："你们戴上我们的徽章吧！"那时候各人还是为这种徽章或是那种徽章作战。

卫队先去王后那里报警，王后只好半裸地跑进去国王的寝室。群众这时候要求国王立刻答应起程回巴黎，住在卢浮宫。他们还说："百姓要的是我们的国王！"路易十六也就答应去，这个消息一传播，群众大呼欢迎，这时候乱民们已侵入宫。他们提到路易十六还是欢呼的，对待王后还是要撕作几块的。王后此时不得不在窗口对群众露面，却有拉法耶特在身边，群众见了，只是大喊。那时候只见暴徒丛中高举两颗流血的人头，他们走到大道上的时候，不知该怎样就把这两颗人头抛弃了。他们就在大道上等候领国王、王后大排仪仗回巴黎。车驾已经预备好了，国王不能跑到别的地方设法恢复王权了！国王、王后是要回去巴黎，不料其后当真把王权都失去了。

这一天议会是午前11点钟开会，穆尼埃主持，那时候不知有多少种革命的提议，穆尼埃只管反对，都不相干。最应记得的提议，就是巴纳夫的提议：要议会随同国王回巴黎。昨天乱民们那样闯进会场滋扰，那种强逼议会的宣言，还有神圣不可侵犯的会场被那一群不顾羞耻的妇女们污辱了，议员都不记得了。还以为离专横霸道的人还远呢，谁知就在眼前。

再过几个钟头，仪仗都排好了，乱民们高兴到发狂，向巴黎走去。一路走，一路跳，一路唱，一路骂贵族、骂教士，还说一到了巴黎就要把贵族、教士们悬在灯杆上，把他们吊死；还摇摇树枝作势，又摇晃他们杀死取下来的两个士兵的首级，这群众里头还有国民自卫军、法国卫兵、王宫卫队的人。有两个被他们在街上拖走，一面走，一面辱骂。他们原先还要露刃在大路左右，押送君主到巴黎，后来有人强逼他们藏了刀。随同群众回去巴黎的，是国王、王后、太子、拉法耶特等，妇女们喊道："面包师同他的女人、儿子都来了！"又有一个大喊道："凡尔赛宫此时出租了！"群众听了，大喊大笑。

晚上7点半钟到巴黎，巴伊出来迎接，还说了些话。到了市政厅就把车驾停住了。无论走过哪一条街，王后总是挨他们骂的，还有人对王后说："有灯杆伺候你呢。"还有些人对王后说不堪入耳的淫秽话。等到当执政大臣的主教露面的时候，群众又喊道："凡是主教，都是要吊在灯杆上吊死的。"

他们用火把照路，9点半钟到了杜伊勒里宫。路易十六精神焕发，王后只穿黑衣服，戴小帽，不施脂粉，向来的骄横态度都看不见了。到了10点钟开晚餐，路易十六的胃口是非常之强，吃得很多，旁人看见了，都觉得诧异。

于是宫门同丹普尔堡监房前面的大厅，就关锁起来，把王族都关在里头。

当天晚上有一个人写的记载，说是杀了六个王宫卫兵，却是并未死一个国民。

1789年10月6日皇室贵族起程回巴黎

第六章　议会、俱乐部及宪法

议员在骑术学校开会——国民议会——米拉波——雅各宾俱乐部——米拉波之阴谋——宪法之辩论——议准君主否决权——君主是国家的第一长官——中产阶级国民及无政府的宪法——自治会——割分各行省为省——取消省议会——政府之飘摇

10月10日莫里斯的记载说道："这个地方是最讲秩序同庄严的，但是在讲坛上却很自由。"他是一位极有智慧的美国人，不久就要把美国的议院从太热闹的地方搬到华盛顿去，因为在那里的议员们可以自己做主人翁。

法国的议员却不然，没头没脑地要跳到深坑里。他们议决先在大主教宫邸开会，等到王宫的骑术学校装修好了，再搬过去。有一位好挖苦的议员说道："议员们是在骑术学校，但是骑马的[①]都在巴黎的王宫。"穆尼埃很晓得处这种环境，是无自由讨论之可能，设法劝温和派议员全体辞职，他们不听，他只好个人辞职，回到他的本省。劝人起事又劝不成，最后只好跑到国外了。现在革命的潮流已经风起云涌，淘汰1789年的真革命家，准备吞噬了他们。这一位维济耶代表就是第一个牺牲品。

议会这时候的党派，可以划清界限了。左右两党分坐两边，都是要

① 指土匪流氓也。——译者注

争夺那骑墙派不确定的五六百票。左翼党团、中间党、右翼党团都有好手，我们却不能凭他们的事迹去裁判他们。但是十年后那位建造者拿破仑从这班议员里头选出好几个大人物出来，都是政治的好手。上自勒布伦是后来当外交领事的，下至穆尼埃是当县长的，又有特雷拉是当参政官的，塔列朗是当部长的。还有马鲁埃说是议员堆里很会办事的能手。

我们试先从右翼党团说起，内中就有摩里教士，他是个暴烈的人，很粗俗，有时候同人相处很亲密，有时却很可怕，眼光是透亮的，可惜没什么人相信他。他出身是很寒微，不过是个工匠人家的儿子，是个天生的下级国民，始终反对革命的。他这个人是毫无宗旨，几乎死在下级国民手里。有一个名叫孟德斯鸠的也是个教士，很机灵的，是个极端贵族派，很有见识，很能令人同他亲密，米拉波说他是一条毒蛇。有一位叫作卡扎莱斯，很会说话，有一位同事称赞他，说他说话如同神人。他原是个官员，信教很笃，是个始终不变的保皇派，每逢他一演说，连左翼党团的人都要喝彩的，因为他们都很尊敬他，这个人有种种的美德。右翼党团里头有一个马鲁埃，大约在第三级国民里头只有他是个极显著的保皇派；未被选举之先，他原是个官员，是个实事求是的人，当时是很难得的。他对着议会总是劝他们效忠于国，对待宫廷要大度，对待诸事都要和平。

这几位都是右翼党团的特色，其余的人也就不过尔尔的了，都是一班庸才。米拉波子爵绰号叫作“大木桶米拉波”（并不是那一位极有才干的米拉波），虽然也是个有知识的人，但是他一定要显出他乖僻的举动，同他古怪相貌一样。他好做暴烈的事，也不晓得他是真的，抑或是造作出来的，人家却都不理会他。总而言之，右翼党团里头都是些好发怒的贵族及不得意的乡绅，同些好好先生的教士，没能在讲坛上出色的，不过靠几个大受恐慌的平民们做后盾，在议场上算不了数的，不久就要被人推翻了。1789年夏天的时候，穆尼埃就觉得他们不甚肯到会，兰代看见自下午5点钟以后，他们的座位都是空的，却很高兴，总在6、7点钟之间，通过许多革命的议案。穆尼埃说道：“他们到了时候，一定要吃饭的，把吃饭的钟点推后些，是绝不能的。”他们于是很感谢右翼党团，这个大革命，都是当右翼党团走回去张灯吃饭的时候办成的。右翼党团有许多是太不在意，有许多简直是害怕。若是有敢反对的，左翼党团的人就恐吓他们，说是要告诉他们的选举区，他们也就不敢反对了。

左翼党团同右翼党团中间（这时候很不容易划清界限）也有另一种贵族，就是维新派贵族。有些大贵族却是真维新派，真民主主义者，有几位是莫名其妙的慷慨大度。其中如拉利-托伦达尔，人都称他是个会演说的；如克莱蒙-托内尔是个极激烈的哲学家；如拉罗什富科是个博爱主义者，怪不得无人不称赞，他始终都相信性本善。在民主派的教士群里最能演说的，就是格雷古瓦。他是个热心奉教的人，最厌恶的是奉教不笃，最讨厌的是崇信教王同君主。他却是个诚实的人，品行极端正，也还有过人的高贵美德。塔列朗主教却同他正相反，算是教士群里的一个败类。在10月的时候，他还是首鼠两端，探风之后，他却拿定主意了，他晓得革命要得胜了，他坐在左翼党团里头就打定主意，要卖教士，要卖宗教，卖君主，还要卖他自己的灵魂，满脸堆笑，预备脱下他的教士袍。他只管做卖友的事，还不叫被卖的人生气，他善诱善骗，反复无信，是唯一一个卖友的好手。还有一位教士叫西哀士，读者已经晓得他是个什么路数的人了。这个人不久又要出风头，作者到那个时候，再细写他一番。现在他已经做到无论有什么事都先要请教他了，人家都以为他有整顿乾坤的手段。

还有一个从贵族里头投入左翼党团的，就是米拉波。这个人满脸麻子，面貌是极可憎的，终日皱眉，两个大圆胖肩膀，又有点驼背，又是个大胖子，行动缓慢，有两只眼常常冒火，两片嘴唇就露出他的激烈性格，态度很令人惧怕的。他却善用他的丑恶面貌、态度，他还对人说道："丑恶就是权利。"他却最会说话，他的演说无人能抵抗得住的。他却真有本事，有时说得很和平，有时说得极激烈，能操纵自如。但是他已往的历史是极不光彩的，他的习惯是荒乱无度的，颇有贪贿的名声，同他接近的人，都看不起他。故此他只在讲坛上有大势，一离开讲坛则无势力了。他偶然也能慷慨，但是性情懒惰，太好酒色，无一件事不是他极其注意的，但是永远不肯研究到底。人家做好的演说交给他，他演说出来，简直像是自己写的。然而对于政治，他却有极好的思想。在这个议会里头，只有他是个大人物，可惜在这个混乱不成体统的议会中，他虽有本事，也变为无用，有时且变做有害，又可惜他不永其年，不久就死了。

左翼党团里头还有一个人物，就是罗伯斯庇尔。当时有的人说："米拉波是个大火把，罗伯斯庇尔是一根小蜡烛。"他是一个惨淡无起色的律师，将来有一天是要大放光的。他这个人是个骄傲自大、偏好摆架子的律师，他这时候的演说还带些油味醋味，极其难闻，议场中的人听了，都觉得肉麻，只有嘲笑他的。他被人这样侮辱，心里是恨极了，只好心里忍着痛，不说出来，却是时时刻刻在那里想法子，等将来报仇雪恨。

左翼党团里头有一位叫罗埃德累，是个最善取巧的政客，将来还要投入别的局面里头的，这时候他却主张极端的见解。党里头还有一位叫作蒲佐，他是个小说里头的英雄跑到会场来的，是读卢梭的书及普卢塔克的名人传变成的。那里还有一位佩蒂翁，相貌是长得很好的，若论到才能，也是不过尔尔罢了。他全凭机会，常出风头，后来有一天机会不作美，他也就不成了。说到党里的罗伯斯庇尔，当时称他是"清中之清"。这四位议员就是议会里头的极端左翼党团。在这个极端左翼党团里头，还可以列出三个人：一个是巴纳夫，他这个人体魄冷如冰，他的灵魂却热如火，作者要留到后来再说他。此外还有一个叫杜波尔， 一个叫拉默。这三个人就是很有名的雅各宾俱乐部的三大英雄。

佩蒂翁

以上所说的几位，再凑上拉法耶特及巴伊，就是当时最著名的人物，但是却不能算是领袖。议会很怕会里的民党魁首，见了俱乐部就要发抖，见了聚众滋事的更害怕，常常都是被时势领到哪里，就到哪里，傲然自大，觉得不受纪律，不受人统领，自鸣得意，却是被一群杂乱无章的律师们拉到哪里，就到哪里。这班律师终日是抬头望天，要从云雾中找他们的法律。殊不知法律原是土产，就在他们的脚下，他们却不晓得，当日就是这群律师做首领，领着一群不相干的人。

在这个杂乱无章的人数过多的议会之外，真正有影响的就是雅各宾俱乐部，这时候它慢慢成形了。这个雅各宾俱乐部才算是真议会，决定将来的事还是靠这个团体。

最早的俱乐部名叫布列塔尼。当初不过是一些议员聚会的地方。发起人是三位律师，朗瑞内、德腓门、勒霞不列，还有几位布列塔尼地方的民主派教士；随后就有米拉波、西哀士、巴纳夫、佩蒂翁、伏尔内、格雷古瓦、罗伯斯庇尔、拉默两兄弟及戴吉永公爵，也被允许入会预议。

皇室贵族正要向平民演讲

等到议会搬到巴黎时，这个俱乐部也跟着搬到巴黎得胜街第七号。但是此时还有一个比它更大的团体，快要把它吞并了。这一个就是宪友会，这个团体最初首开会就在雅各宾修道院，所有布列塔尼俱乐部的人都加入到这个会里。这个会里头的会友，原来都是士兵们同巴黎的做小买卖的人家，及作手艺的。他们名为跟着议员的路走，其实是操纵议员。等到1790年底，这个雅各宾会就变成舆论的源头。再过几时，这个团体里的一千一百个会员不单要督政巴黎，还要设分会。这时候就布置好大会基础，将来就助成革命。1791年头，就有二百二十七个分会散布各省。再过三个月，就有三百四十五个分会。等到制宪议会解散的时候，就有了四百零六处分会。那时候整个法国，就是被这四百零六处分会管辖；故此议员们都不看重选举区，只看重这个雅各宾修道院，因为那里就是制造舆论的地方。是以自从1790年以后，雅各宾俱乐部就是议会的主人翁。

这时议会完全在俱乐部的掌握中，还在那里做梦，以为君主在他们手里。路易十六这时候完全退让，处于木头国王的地步，希望放任他们革命，就可以拦阻革命，就是在他左右的人好像也变得麻木不仁了。普罗旺斯伯爵也不阴谋反对革命了，即或有之，亦是做得非常诡秘。况且这时候已经恢复秩序了，这件事有拉法耶特担保，只有米拉波一个人劝王室不要相信这表面上的安静。

米拉波却并不能入阁，他因为这个缘故很生气。他在议会里是要博得群众的欢喜，故此总是主张极端蛊惑人心的平民政策，一面常常同宫廷通信，有时候还恭维王后，说她是国王左右第一能人。米拉波往往用危词恐吓宫廷，他却是很有先见之明，他能预料此时若不设法阻住潮流，将来就一定有什么事情发生。后来果然不出所料，读者现在也要诧异的。他非常热衷独揽大权，但是当时路易十六同议会都不能打定主意，让他这样独断专行的人独揽大权。议会后来通过一条例，凡是议员都不能入阁。这却把米拉波所有的希望都打断了。右翼党团提这一条议案时，完全为的是痛恨米拉波，只有里维斯公爵很清楚这次举动是大错。米拉波自然是觉得这一打击很厉害，就说道："你们何妨索性提议表决，不许我米拉波入阁罢了。"从此以后，他恨极右翼党团，自己咬牙切齿地打定主意，必报此仇。他这时候虽然仍免不了帮助宫廷，但是对政府是尽力攻击。塔列朗也是一个要揽政权的人，同受这条议案的痛苦，自然也是极不高兴的态度。他虽然比米拉波较为和平，但是心里也是一样的痛恨，从此以后，他的议论逐渐变做偏向平民这一边了。米拉波、拉法耶特、塔列朗这三个人都是很想入阁的，都为这一条议案所阻，不得行其志。当时只有这三个人还可以阻遏革命潮流，既然都不能入阁，慢慢就走入歧路，反去帮助革命潮流，增加许多势力。

当他们暗中进行他们的阴谋时候，辩驳宪法还是一样进行。到了1790年2月，讨论宪法算是告终了，所有一切行政司法、政治改良，都包括在1791年的宪法中。1790年及1791年间，虽又重新讨论、重新组织，然而一直等到1791年9月才得路易十六批准，变为法律。

当议会迁到巴黎的时候，宪法已有告成之势了；设立第二议院的办法，也总算是有头绪了；国王的否决权也议准了。

议会的让步，自然心里是很不舒服的，国王虽然是几乎无事不迁就议会，但是议会总当执行机构是仇敌，不久就设法剥夺了执行机构许多事权。这种举动未免太过不近情理，这种错误举动，原有解说，因为1789年的议员先生们，全不晓得群众专制，往往会很过火的，也不晓得议院制有许多流弊。这许多议员中，除了米拉波同穆尼埃两个人之外，都是无眼光的，全看不见将来的种种的流弊，他们只晓得君主专制的害处。路易十六这个人，原无什么令人可怕的地方，议员们很晓得路易十四是很可怕的。读者记得这次革命，原是反对路易十四1791年的宪法，原是反对专制，并不是争民权的革命。米拉波说道："议员们是要节制君主，不受君主节制。"

当讨论君主否决权的时候，米拉波以为自己不久将要入阁揽大权，故此费了许多气力，才把这一条议准。他曾经说过："假使议会不同意这一条，我宁愿住在君士坦丁堡，不愿意住在法国。天下最可怕的事无过于主权在六百个人手里！”当日有一位议员认同米拉波，说君主不可一日同议会对立，因为君主同国人各负其责，是一件极有荣耀的事。

所谓君主否决权是个什么东西呢？就是说在三任立法机构存在期间（即是六年），路易十六可以不必同国人分任其咎。这就是他的权利。我们还要看看，这是到底是什么样一件事？

这个问题讨论完了的时候，这位新君主变做什么呢？为什么要称呼他是新君主呢？因为他们要重新行加冕礼。他们为什么还要保留君主呢？因为古时希腊的斯巴达是个民主国，同时拥有两个君主；但是现在虽保留君主，却要改变称呼，要称为法国的国主。还有许多人提议要改称路易十六为路易第一，法国人的皇帝。这班人的意思发生得太早，这时候还是做梦，要等到十五年后，才有皇帝出现。这个皇帝却与路易第一是很不同的！

这时候君主变了，不过是国里的最高的政务官，是第一公仆。一切的公文都印有一行字：第一是“国”，第二是“法律”，第三是“君”。

在陆军里头他是首领，行政方面也是他居首，最高级的官是用他的名义派定，其余行政、司法、陆军的事，他一概不能管。

君主有铸币、督政陆军、签署条约的权利，若是议会批准的话，也能有权宣战。君主又可以任用、任免阁员，他还有一种否决权，就是议会议准的条例，他可以施用他的否决权，使这种条例六年之内不得施行。

表面上看，君主似乎也还多少有点权，实际简直是无权。这一位路易十四的孙子所有的君权，还不及现在爱丽舍宫总统的四分之一实权。

对君主的否决权，议员们还要取消；他任免阁员的权，他们还要同他争。每逢君主要实行他的职权，国人就要反对，说他妄用其权。

即使君主能行使他的职权，若是同议会对立，还是自觉不如，因为君主无解散议会的权利，遇有同议会冲突的时候，总是议会占优势的。他们若是讨厌君主的否决权，觉得不甚恰当，他们还有法子可以报复，可以不批准预算，直击内阁。但是君主却不能奈何议会。是以自从此时起，君主真是变成国民的首席长官了。

首席长官也还罢了！只要能够实行他的职权！但是要实行职权，必须有必不可少的两件事，才能做到：第一是要有议员（或政党）内阁，君主才能够常常同议会通气；第二件，君主应该有实在把握，可以操纵手下的官吏，使国人尊重法律。

议会的大错而特错的事，就是1789年11月7日议决议员不能入阁的这一条例。这一条例简直是同他们想象中的宪法规模太相左了，第一步棋就走差了，这是自作自受。他们这条例原为的是反对想要揽权的议员而设的，不久就变成一种无意识无理的武断条例。立法与行政有隔阂，往往闹误会，越闹越僵。1789年7月宣布的条例（这是宪法的第一条），就够把整个政治局面闹僵了。

因为政府组织得特别，君主简直是一步动不得。按照宪法条文，君主原是行政的元首；阁员及大官吏有大多数都是国民选举的，君主不能免他们的职，又不能停他们的职，怎么样能够节制他们呢？当宪法未议决之先，原有人提问过。拉法耶特也曾对人说过："各省行政长官若是不奉君主的号令，该怎么办呢？他们虽然是该奉君主命令的，但是他们是被国民选举的，可以不尊重君主命令。"议会为的是要保护自己，是以不许君主解散国会，又不许他从议员中选任行政官，许多重要公事，都不许君主过问。米拉波也说过："议会并未创造什么行政职权，因为既无办事人又无机关，如何能行使职权呢？"议会既然把君主改变作公仆，又不给他事权，叫他有把公事办好的机会吗？

这时候什么叫作立法的权利呢？这个权利是交给一个单独议会，叫作立法议会。这个议会是畏首畏尾的，一方面怕国民，一方面又怕军队，都不敢请教；君主是不能让会员同有选举权的国民们见面，军队是不能走近立法议会，是要离开议会六万码。

立法议会的议员是一任两年。这种办法是尊重民权所做的牺牲，因为有这种牺牲，若是可以实行宪法，就未免太过束缚议院的工作了；因为在每两年间考虑所及的议案，等到后来又要重新提议，所有上一任曾经议决的案到了后任的手上，因为从前未曾与闻，这个时候对于前任议决的议案，不免加上许多新解释。到了1791年更觉得加倍为难，因为定了一个极不好的办法，凡是上一届当过议员的，都不能在下一届被选。作者将于下文再详细讨论这一要点。

那个时候的办法，是每两年重新由国民公举代表。什么叫作国民呢？这时候议会里头的平民们，才把他们的黑幕揭开。按着宪法来说，是人皆平等，按照《人权宣言》自然是人人都有选举权。按孔多塞的意思，是不单全国男子都有选举权，全国的女人亦该有选举权。

但是议会似乎并无这种意思，虽说是人与人平等，但是他们的意思，还要有许多分别。

当日人人嘴里都说人都是平等的；当日议决这一条的时候，人人都是很热心的；议决的时候，全国欢呼雷动。这一句“人人都是平等”的话，原是卢梭说出的，但是议决之后，议员先生们打开孟德斯鸠所著的那本《论法的精神》一看，原来这本书曾说道：“因为民主（或国民）制腐败了，然后做工的小民，才能够设法得到公民或选民的资格。”哪里晓得这种办法，一直等到后来的1830年才算办到。这时候议会里头有一位自由派的议员说道：“什么叫作公民或选民？只有有产业的人才够得上做公民。”这一句话就可以解说当时所谓的“银圆主义”。

这“银圆主义”就能够把当日的选举制度都包括了。按宪法的意思，凡是国人都是公民。但是有个分别，有的是消极公民，有的是积极公民；消极公民是无选举权的，积极公民是有选举权的。在积极公民里头，因为1789年12月29日的议决条例，又另外还有别的规定。凡是纳税等于三天的工值的叫作头等选民，按当时的计算全国有四百二十多万人是有选民资格的。根据法律，这四百多万人才算是国民，可以代表这个国家。但是读者自然立刻就要诘问：“这四百多万人都有选举议员的权吗？”作者赶快做答说道：“他们并无选举议员的权，他们只能够选举代表，再由代表选举议员。”读者又要问：“代表要有什么资格呢？”作者立刻答道：

“代表无被选资格，若非纳税等于一个大银圆（值五十个里弗赫）而有田地房产者，不能当议员。”

当日就是这样提案，就是这样议决的，当时有人反对得很激烈，随后也还在反对，极端左翼党团是始终要反对的。1790年1月25日，中间党还有一位议员在表决这条议案一个月之后，又重新提议这条“银圆主义”的案子，足足有八次之多。随后常常重新提议，一直等到取消这个条例才肯罢手。但是改变选举制，能够比从前的较为合于民主或国民制度吗？例如绝对的地主或终身地主，其价值等于一百五十日或二百日工值者，或租田耕作及田户有地产等于四百日工值者，都能有议员的资格。难道这个制度比从前的好吗？

根据孟德斯鸠的意思，凡是当工匠的都不该有公民资格。1791年4月28日，罗兰夫人写过一封信，发了许多愤恨不平的议论。若是其自居于民主派或国民派，她的议论是很对的；若是自居于革命党，却很不对。国里原有一种人特别，因为某种宪制有利于己，才肯依附于某宪制的。这时候大多数的中等人，不单是银行家，连暴发户及乡下小地主都包括在中等人之内，这时候他们就是革命的保障。因为这次革命并无所利于他人，只因有平等的提倡，故此他们才能够牺牲了贵族，得了许多利益，只有无论或大或小的平民们得了革命的利益，故此他们是很感激革命的。某议员的话说得不错：“无产业的就无真正公民的资格。”

当时就是这若干享受特别利益的人，选举那七百五十个议员，但确实有一件极奇怪、极矛盾的事。有一类人既无资本，又无田地房产的，却可以被选作议员（详见此后1791年9月的事）。

但是地球的面目是要改变的，法国的面目首先要变换。忽然来一打击，把一切什么旧的组织、官吏、行政区域、司法区域，一举而扫除净尽。这时候的新精神是从头至脚都要改变了。新样子由革命同时生出一种新制度，这就是新创的自治会。革命初起，这种自治会就组织起来，成立起来；因为革命之成功很依赖自治会的帮助，故此自治会也就得了许多势力，打散中央集权却很赖有立法议会的助力。每个自治会简直是一个小民主国，自己选举地方法官、行政官、立法机关、市长和市政当局、董事会、检察官且督政陆军（即是国民自卫军），定税则，收税捐，此外还有警察权。一个自治会的检察官，不久就变成一个小专制的官吏。

自治会里头的人都有极端的新思想。从革命方面观之，无怪乎自治会得了许多的事权。

割分各行省为省之后，每省的事权却是很小的。

颁行分行省为省的条例，是在1789年11月11日、12日两日，及1790年2月15日、26日两日，从议会方面看来，是得意之作；因为一经破分各行省，所有各行省反抗国都所颁行限制他们的律例，都无从下手了。这种办法原是把法国变弱了，手足都不能动了；因此法国得了贫血的病，变成长病不起，于是头大过屁股，在1789年及1790年的冬天，所谓旧时的法国，算是改变净尽不存在了。

1790年2月15日颁行的条例，破分原有各行省为八十三个省，每省再分为区和县。2月26日替新立的各个省命名，选择各个省的名称，由于过于草率，很不得当，有的简直是毫无道理。因为选择每省某市镇某乡村为重要分区，往往发生许多争论，参观当时议员来往书信可见。

每个省都自选行政督政官吏及委员会，每个省皆有所谓总检察长，是事权所归。但是他的权利，远不及极小的自治会的检察长的权利。拿一省同一自治会比较，一省的权利是弱得多，这也是发生无政府状态之一种原因。

司法组织是仿行政组织，凡有司法官都是要选举的，议员们以为这是恢复古来草昧时代的特别权利。当时有一位议员曾经说过：“法国向来是自选裁判官的，到1697年（这时候教士们始能入省议会），才开始丧失这项权利。”这位议员，如是之果有自信，发明这种议论，还有什么话好答他呢？有一位很有知识的人兰代说道：“现时快要把君主所剥夺我们的权利恢复了。”

议员们最讨厌的是省议会，这时候都一笔勾销，这却是很有利益的事。因为这六个月以来，这些省议会很反对议员的议会，有时是明反对，有时是偷偷反对。议员们很不耐烦，与路易十六待他们不同，不要开什么御前会，把省议会的会员都驱逐了。

另外由国人选举其他行政官补他们的缺。君主对于这种举动，简直是无话可说。这件事情是很令君主面子上不好看，因为君主是省议会的总主，又是总法官。但是这是革命时代，是样样都要从根本上推翻的。每县每区的法官，每省的刑事法庭的法官连同陪审员，都是要选举的。中央政府对各个地区法庭的管制权，并不是尽在君主手中，中央派出的巡查委员，虽然是君主所派，向君主报告情形，但是检察官是被国人选举的。上控院的法官，也是被选的，每省都有一个上控院。最高法庭是在奥尔良地方，这个法庭是审理对于君主有大逆不道重案的，但是现时，还是审理反对革命的案子多。

这一次在历史中是唯一的大革命，虽是在历史中算是一座纪念碑，可惜建筑得太过脆弱。作者已经说过中央政府过弱，事权虽属于政府，政府却行不通。政府只管发号施令，无奈国人总是不奉命令的，既不奉命令，也没人来诘责惩罚他们，因为政府无权管辖国人。政府官员的天职是应该管那班公民的，应该裁判公民的，却反为那些公民操纵。这种情形未免太丢脸了。

假使这些公民们真实行他们的选举权，也许还可以得有好政府的效果。可惜这班公民各人都有各人的职业，实在是忙碌得了不得，原都是头等最好的公民，因为看见选举的流弊太多了，实在是看不惯，只好放弃权利不去选举了。于是本地的政客，或是本地的政党，当时叫作某某会、某某社的，就趁了机会，把持选举。于是有雅各宾党苦逼这些政党、社团联络起来，于是有多数联络好的社团变了无名而有实力的政府，取那有名无实的政府而代之。假使当日有个强有力的政府，是绝不能够让这大组织的政党社团，操纵全国的。

1789年及1790年冬间，立法议会所建立的政府，实在脆弱无力。作者已经说过：法国的骨骼被人抢夺了，等到再造架子的时候，再把骨头取来做架子，布置得外面很好看，却毫无筋肉。等到特别国会成立（仍是按着1791年的宪法而来），替代君主地位时，才显然见得当时议会的大错特错。议会因为要筹款，要募兵，要国人遵守法令，不能不派政府代表。谁知这班代表看见全国的情形如同散沙，如同空骨头无筋肉，就大弄其权。这时候议会才后悔，也就来不及了。共和二年，那种不合宪法的特派员四出，就是证明他们1789年及1790年铸成的大错，他们要靠这种非常的支柱，然后能站立得稳，一经有了支柱之后，就少不得它了。

自从1791年有了这种宪法之后，读者就晓得立脚是极其不稳的，时时要动摇的。1790年11月20日，莫里斯的日记说道："这样的宪法，就是上帝也办不动，除非是另外创造一种人出来，或许可以行得通。"拉法耶特也疑心行不通，米拉波说得更痛快，说道："若是要肢解法国最妙无过于这种宪法的了。"1792年已经有裂缝出现，一直要等到1800年才能重新改造。未改造之前，那非常国会，只好时时刻刻和些石灰修补宪法的裂缝。

第七章　没收教产为国产

君主正式批准革命——贵族之漠视——省议会之反对——工匠们不满意——教士们反对——教产充公——塔列朗的议案——内克尔之为难——教士们之痛恨——议会之无结果讨论——宫廷之无用——国家无政府的情形日渐严重

1790年2月4日，议会会长宣告，说是君主要光临议会，众议员听了，自然拍掌欢呼。路易十六果然到了会场，发表他同议会一致的意思，又宣布他答应所有已经议决的议案，又特别声明极不以阻止革命的人为然，于是整个议会无不感动，很热心地谢君主。

他们这样的感动，是由于他们的着急忧虑。因为革命的事业越办得完备，不满意的人却越多。1789年春夏间的大举动，诚然是为全国所欢迎，后来就渐渐地改了方向。而改方向的时候，未免有许多人吃了大亏。

最奇怪的是贵族，他们吃的亏最大，他们却好像是并不觉得有什么，他们简直把革命看作不算什么一回事。封建的利益是全取消了，在各省里头，民众是很窘辱他们，在巴黎被人耻笑，无论到什么地方都被人恐吓。然而大多数的贵族，还是当作等闲看待，不过付之一笑。左翼党团中有一个人说道："不过拉下几个风向轮，不过烧了几所别墅。"可见议会对于这种事是很冷淡的。最不可解的是贵族们，就好好地忍受，让国人窘辱。他们这样的表示让步，却并不相干，有些发表爱国热心的也都无用。

国人当他们是仇敌，国人越压制他们，越疑心他们。贵族们既受了许多虐待，若是不阴谋报复，是没人相信的。假使把贵族们驱逐出国，他们到了外国，是要阴谋报复的。于是只好加倍地压制他们，压制到他们付之一笑。

国人恨贵族是恨极的了，当时有许多人唱灯杆歌（拿街上的灯杆作绞人架），说的是要灯杆替国人报仇雪恨，要把贵族们拖来吊死在灯杆上。

贵族们听了，好像并不为所动。1789年及1790年间的冬天，贵族好像比平时还要热闹高兴得多。有一位贵族写道："新近数天，我们有许多供娱乐的茶会，我们有乐事可以消遣。"1789年除夕那天晚上，他们辞岁是比往常热闹，到了半夜，男人们很高兴地同妇女们接吻，个个都摇头，简直当革命是一场大笑话！有一位贵妇人在剧院看剧，楼上看剧的下等人极多，有一个拿一个苹果打这位贵妇人，这位贵妇人把苹果送给他的亲戚拉法耶特，加上一封信，说道："大将军，这是革命最早的结果，到了我手上来了！"赶市集的粗俗女人走去同议会贺新年，对着议员们说道："我们的儿女们看见诸位议员先生，是都要称父亲的。"贵族们得了这句话，就传为笑谈。他们对待拉法耶特同他统带的国民自卫军是常常耻笑，是不必说的了。他们只有这个法子报复，当3月4日议场散会之后，有一个鞋匠对一位贵妇人说道："我很盼望我的儿子将来有一天做到现在法国的上将，你看我现在不就是我队里的军官吗？"那位贵妇人听了自然是好笑，其实这位贵妇人是错了，她不晓得这个鞋匠表露出来一种确保革命成功的大力量，就在这一句话里。

贵族社会中是不能晓得的，作者要问贵族们能够明白革命的日子吗？他们不把革命当作笑话的时候，却要把革命当作儿戏。他们穿的、戴的，都改了"爱国"称呼，例如首饰叫作"宪法首饰"、"三色国旗的鼻烟壶"、"宪法式的衣裙"、"革命式的帽子"等等。1789年及1790年的冬天，议员们正是忙着肢解法国、推倒议会、废除行省、推翻教士、废除陆军的时候，正是卖首饰零碎的人买卖最好的时候。

贵族虽然是安于所遇，没什么话说，省议会却不然，过了好些时候才算是降伏下来。省议会发了许多公文来反对，措辞都不甚相同。有说的很激烈的。但是最后他们都是被迫来巴黎赔不是，有许多贵族向来有些势力的，也只好降伏下来。这又使得许多平民心里很不高兴，因为他们还是心向宫廷。

有几行省因为他们要废行省制，很想同中央离异。南锡仍想做公爵采地的都会；科西嘉岛简直是要同法国分离独立；议会没法，只好请这个海岛领头反对的帕奥利做了这一省的长官。各行省这时候都很妒忌巴黎，痛责巴黎，不该把持一切。有许多大市镇，从前都算是都会，这时候都降低了，自然是很不高兴。

各处的工匠们都不满意。议会把许多行会团体都废了，也有许多人不高兴。马拉是极力反对议会，又严禁劳工及工匠们结会，或同盟罢工，遇有这种事是要严办的。最可怕的是当时是到了极端民穷财尽的时候，对于这一层，当时眼见的人都是这样说的，粮食日见其少，面包也很少，价钱自然是极贵。里昂待赈的饥民，有二万八千人。有一位大游历家，看见许多纺织厂都闭门停工。享受特权的贵族们的财产，既然受了剥夺，工业、商业，自然也要跟着吃大亏，工人自然也吃亏。议会不得不设立赈贫的工厂。1790年5月这种工厂养着一万一千多的工匠，到了十月就增加到一万八千多。1790年一年总共花了一千五百万里弗赫，养着这班人。但是食于国家的工人，总觉得吃不饱的。

当下制造家同商家觉得一天不如一天，就反对议会。1789年他们原是很欢迎革命的，这时候才晓得这革命的价钱，未免太贵了。

教士们当1789年末后那几个月，原是维持主张革命的。议会忽然定了条例，要变卖教产，毫不留情，自然教士们是要反对的。这一件事在革命历史中很是一件极要紧的事，吃了亏的是极力反对，得了好处的是极力维持。作者不能不较为详细讨论这一件事。

他们当日想出变卖教产的主意来，无非为的是筹款。米拉波因为筹款的事，曾经对议会说过，说的是“你们只管坐在这里商量讨论，你们晓得吗？破产是到了眼前了！”米拉波说的是不错，当时的确破产就在眼前。内克尔管财政的时候，原是出过两个主意：一个是要借三千万的款子，一个是要借八千万的款子。这两条计划都不成功。抽收新税是办不到，议员们曾经苦劝什么爱国捐，有许多当下就立刻解下银制的鞋扣当捐款，有许多人见了很感动，禁不住滴下眼泪。但是这样的爱国捐，总共凑不上七百万。已经欠某银行有一万五千五百万，不能再借了。内克尔想要开国立银行，因基金无着，不能成功。那时候天天有新提议，却无一条行得通的。有几位议员异想天开，发了许多荒谬议论。有一位以为有了妙计，曾在议会说道：“请诸君静听我言，不到二十分钟，我确保可以筹得六亿。”议员们果然听他说，他说了二十分钟，一个铜钱也筹不出来。

爱国义捐

议会简直是束手无策，如何进行呢？只好乱掳乱抓。无论哪里有钱，只好抓来用，那时候只有教堂里有财产。

从前路易十四曾经说过：“国王是所有一切财产的主人，无论是教产，或是非教产，只要国家要用钱的时候，都可以拿来使用，不过要用得得法，合乎经济。”这时候议会为环境所迫，只好借重路易十四这几句话。

那时候教堂的财产诚然不菲，一百多年来，执政大臣个个都想动用教产。有几位理想家恐怕大臣们不好意思，觉得难为情，于是发了许多议论，好叫大臣们安心挪用，说是：“教堂产业都是许多善男信女濒死时遗嘱，交付教堂的，不过是存款性质，归教堂保管存储而已。”又有一位理想家说：“教产是大善士们及教士们所共有的，不是专属于教士的。什么叫作大善士呢？大善士即是国民。”这种道理，诚然有些勉强，因为要钱用，不得不说出多少理由。

有一班议员原是同国库空虚无甚相干的，也很主张这种办法。这一班就是反对宗教派，他们很想宗教同革命冲突，要一网打尽宗教。有一位耶稣教的牧师拉博，那一天通过议案的时候，非常高兴，说道：“从此以后，教士不能成为三民之一了！不算是议会里头一大部分了！从此以后，不是帝国里的一个共和国了！现在只有叫教士去还俗结婚，这班人将来对于定官制是很有力量的，很能利用。”其他议员对于教产充公，说不出什么理由，只能说一句话，就是“若不动用教产，叫我们拿什么还债呢？”

那时候已经同教士派说好，先行禁止什一教捐。议员们原盼望教士们以后亦能如此让步，假使当时教士们有远见肯牺牲的，毅然出头担保借一笔大款与国家，或者可以使议员们不至于乱动教产，可惜他们见不及此，或是不肯做些微牺牲。其后有人提议及此，内中有一位最有远见的教士，名布瓦日兰说道：“可惜太迟了，假使早两个月献此提议，又当别论，可惜教士们的眼光见不及此。”那时候只要借出四亿，就可保全一切了。但是作者已经说过，享受特权的人，既无自卫能力，又不善策划。

还有一层，教士们有许多是同情革命的。他们不能预料有什么仇恨他们的举动，并不相信有仇恨存在，终日只晓得唱祈祷歌。

塔列朗是宗教中人，是个主教，他首先放一把火。10月10日那一天，他不动声色偷偷地走上演说台，他说话是很从容的，并不喊叫。他把他的提议悄悄地放在末后，快散会的时候，他宣布他的提议，是很简单的，并不多说话，只说是把教产交国家处置。翌日米拉波首先赞成，于是发生许多激烈的辩驳，作者试述其大概。

教士们自然是力争，说是已经牺牲了什一教捐，只这一项，每年至少也有八千万，不肯抛弃教产，若一旦抛弃教产，即是自取灭亡，诸事仰人鼻息，况且又对不起诸大善士，欧坦主教塔列朗既有这项提案，随他抛弃死者遗产。摩里教士、西哀士也都是坚决反对。布瓦日兰则认为这一提议很有道理，他说，所谓教产，并非给教会的，是给福利院、修道院、寺院、乡村医院、学校等等的，原有指定的用处。31日那一天，他竭力提供了一笔四亿的大借款。假使议会当日能应允此事作为了结，原可彼此相安。但是此时议会的脚步错了。有一位主教拉法尔指出，议会的责任太大，若是将教产充公，就要维持国内一切教育及慈善事业。有一位议员勒霞不列反驳他这两句话，说是教产在教士们手中，不过是做害人的慈善事业，不过奖励懒惰，不过使人迷教发狂而已；若在国人手中，则建立工厂，贫民不至于失业，此则大有利益于国家，从此以后，国内无贫民，其甘于自暴自弃者，则当别论。读者要记得这几句话，是一百二十年前说的。

看这位勒霞不列议员的议论，可以窥见当日大多数议员的心理。他们心理第一件着急的自然是国用不足，第二件却是以为不应该有大多数人结成团体，把持财产。但是强迫通过这个议案的，原是米拉波之势力。

教士派中有格雷古瓦等二十多人是赞成此条议案的。然而议会中对于此条议案都不甚放心，故此投票表决的时候，细数票数，赞成者三百六十八票，反对者三百四十六票，有四十个议员临时回避，并不投票。中间党有三百人，则并不入场。

议决之后，国家骤得三兆进款。内克尔反觉得为难起来，他对于这件事，良心上实在是过不去，并且变卖教产（有大多数是田地），是一件极其为难的事。那时候信用正在失落，忽然将许多田地房产发交市上变卖，自然是卖不出好价钱。这位大财政家因为要用缓兵之计，只好推病在床不出面。

教士们却并未绝望，还妄想财政部够用之后，还把产业交还他们掌管。

到了1790年4月10日，教士们才完全失望。有一位议员提议请先宣布凡是教产皆是国产。布瓦日兰为最后的出力调停，于是请将教产作为借款的担保。但是这时候议会中反对教士们的人数增多了，怨恨教士们比从前较深。教士们因为切己的关系对于革命不能如从前之深表同情，立刻就要决裂。有一位民主派的神甫已经赞成教产充公，此时又提议规定以天主教为国教，在他左右四围的议员，听了大哗，正在这个时候，米拉波述及从前法王查理九世枪击耶稣教徒的事。于是投票反对国教的得四百九十五票，赞成的得四百票。到了4月16日这一天，议会议决没收教产为国产之案，同时又议决教务预算案。这是宗教最后所受的一个大打击。这一个议案，宗教由此失其尊贵，不啻一落千丈。从此以后，宗教要仰政府鼻息，政府有操纵教士之权，其所谓不良者，政府可以惩罚。

这时候只有一个问题未能解决，这就是教产如何变卖。变卖是极不容易的事，一来是银根奇紧，二来是有许多人自问良心上过不去，不甚愿意买教产。此时就想到市政厅，首先出来帮忙的是巴黎市政厅。巴伊愿出二亿买二十七处宗教团体所有的产业，于是照价成交。这个办法，推广到各自治会。出市政厅的期票，就用买进的产业作保。但是这些期票，都转给政府的债主，反不如出一种纸币便当，于是拿估价共值十兆的教产，作为纸币的担保。这就是很出名的产业纸币。当初票面即是值若干的国产，原是一种强行逼用的纸币；凡执有产业纸票者，可以取偿于国产。自古以来，变卖极大价值之产业，向无如是之轻而易举者。然而有一种特别效果发现得很早。1月10日，就有人晓得其中诸多不妥。兰代的著作说道："不久这种产业纸票要流通全国，凡是执有此种票的人，无不是维持革命者。"当日办理教产充公条例的主席说道："这样一来，凡是国民都无不关心大局了。"

辩驳发行纸币议案，是在4月10日及15日、16日、17日等。右翼党团是反对最厉害，摩里教士是怒极了，因怒而发出后来灵验的预言。他说："这种纸币将来必发生许多困难，到后来是一定破产。"佩蒂翁也有先见之明，说的是这种纸币有极大利益，即是其能确保维持革命。这两个人的意思，极不相同，皆幸（或不幸）而言中后来的结果。果然是这种纸币几乎毁了法国，然而革命则赖以维持。

到了4月17日议定条规，每张纸币皆定有面值。

全国起而反对者极多，教士们在教堂里大发雷霆诘问众人，谁敢买教堂的产业？于是从发行纸币第一天起，就没多少人肯信肯用。

变卖教产，诚然是能产生许多新发财的人，这些人诚然是竭力维持革命。但是政府不能发给教士们薪俸，因此立法院不能不受此事的束缚。所谓政教分离的事，是历时许久都办不到的。读者不久就要读到因此发生极荒谬无理的官制。

这个条例的直接效果，就是因此有许多教士们从前是主张革命的，这时候却不主张了。乡村的牧师们，从前很是心向新政府的，这时候都变了面目。从前他们是很热心附和革命的，现在议会反剥夺他们的权利，打破他们的饭碗，以作酬谢，这还罢了，还要添上许多侮辱他们的话。有一个女人是很偏袒得胜党的，还要说几句很过火的话，说的是"除非我们毁了他们的洞穴，不然是永远不能驱逐这群野兽的"。孔多塞这个人总算是不会偏袒天主教士的，事过一年之后，却也还禁不住说两句公道话，说是教产充公，是一件极不公道的事，况且也不是善策。又说牺牲了教士们，是丧失了许多维持革命的力量。

过了几个星期，破坏宗教一切旧制，更令教士们痛恨革命。这原不足为怪，因为教士们已经吃了许多亏，还要毁谤侮辱他们，也怪不得有许多很正经的主教，极力说革命不好，盼望全国的人清醒，睁眼折回头恢复旧制，保存秩序。

有许多人听了教士们这种话，是能入耳的，于是全国上下都是怨言。议会于是不得已于1790年2月发表一种宣言书，表白他们教产充公的理由。又有许多议员们，于是从君主入手，请他也提起精神，振作有为，反对教士们。又强迫路易十六于2月4日亲临议会，议员们加倍地热诚欢迎他。因为路易既称为革命首领，很要言行相顾，要国人服从革命的。

议会只好不顾一切，做他们的事。有一位议员说道："这时候议员的步伐，比较上似乎日见其近于情理。"他们此时很像是得了一种运动不调的病。这六个月里头他们也很忙碌，很纷乱。他们既要讨论宪法，又要讨论行政，改良市政，规制预算不足，处置教产，科西嘉岛问题、军队问题、殖民地问题，解放黑奴，处置报馆，税务之新组织，供给粮食等种种问题。此外还要讨论许多意外发生都要临时处理的各问题。兰代说得好，说议员们讨论各种问题，就如同瞎子走路，是盲摸乱碰，事未讨论完，便要讨论别事；讨论陆军问题的时候，忽然又撇开转入讨论宗教问题、黑奴问题。

此时政府的执政，无论关于什么政务都要送达议会取决。议员们对于行政更是外行，无从下手，如同入了迷宫，东冲西撞，也寻不出路径走出这座迷宫。议员们最怕的就是政府咨送取决的公事，却又不甘心牺牲，一定要干预到底。也不晓得这些议员先生们，究竟是凭什么处决的。米拉波说道："议会就好像是一个赌场，所有的牌都是乱的，要赌也赌不来，终日糟蹋精神气力，好容易才过了一天，临到散会的时候，还是毫无进步，仍然在纷乱之中。"当时有一个外国的驻使说道："全国无政府的情形，是日见加增。"到了夏天，议会仍然还是在旋风里过日子。有一位议员说道："议会场里的议论，热度是很高的，要多摆许多冰块，才能消灭热气。"

法夫拉斯侯爵宣读他的死刑执行令

议员们所做的事，还往往闹笑话。例如有一次议会很郑重地接待天下万国的代表，于是来了几个印度人、阿拉伯人、亚美尼亚人、埃及人及他国的人。这些大使及代表都是无国书的，有一位贵族认得这班大使之中有一个黑人，是他朋友的一个黑奴，不晓得他得了多少钱，跑到议会当非洲大使。有人说议会既为宇宙定法律，自然是很喜欢的，欢迎宇宙的大使来朝贺谢恩。至于这种不伦不类的大使，只好不过问的了。

议会虽然这样被潮流所卷，宫廷不是不管，而是无法过问。普罗旺斯伯爵起先叫法夫拉斯阴谋起事，后来忽然抛弃他，让他受绞刑而死，以后就难得再有人阴谋起事了。原有许多政客献策阻遏革命潮流，幸而路易十六并不相信他们。路易十六很花钱给米拉波上提议，但是也并不听他的话。宫廷是毫无作为，无人策划，无人督政，凡是左右的人，有反对革命的，宫廷都不承认，并不帮助他们。内克尔是被抛弃了，对于拉法耶特是敬而远之，米拉波原是很热心要帮助路易十六的，要替他们出力的，可惜他们又怕米拉波，不敢请教他。无论大小诸事，他们都忍受，他们唯一的报复，只是叫议会每天去对付革命。

议会一面在巴黎产生宪法，国里的人却不理会什么叫作法律。在巴黎而论，分区设法制止自治会，自治会却要制止议会。法国的南部是扰乱骚动，从里昂至图卢兹，土匪是时时刻刻滋事。1789年12月，土伦地方群起反对那里的海军长官，强逼市政厅把他监禁。1790年3月，马赛地方船坞工匠反起来了，连同国民自卫军攻击当地的正规军兵，把他们的军长杀了。因为这一次闹事，拉法耶特请议会注意全国无政府的情状。

议会却绝不敢用镇压手段，也不许君主用镇压手段。随后要想镇压也镇压不来了，因为军队全体都变了。

第八章　兵变及同盟

军队之骚动——士兵反对军官——议会之懦弱——大同盟——大同盟的庆祝——欢迎国王及王后——大同盟对军队所产生之危险效果——南锡兵变——军队不服从命令产生出征意向

1790年2月20日，议会提出一个问题，自己诘问自己，这个问题深印于人心者，足足有一百年。这问题就是处什么样的环境，到什么程度，军队方可以开火打国民？当时法国的军队却有一个直接痛快的答复，就说："军队永远不打国民。"军队这时候的思想，还是想同滋事的人商量调停的成分多，镇压的成分少。

有一位阅历丰富的老将军凯莱尔曼说得很对，他说："革命是全靠军队。"他的意思是要说军队，原可以遏止革命；但是军队，并不愿意遏止。

作者已经说过，军队是什么人，大约都是无名誉的人，犯过刑事的人，大多数原是土匪，原是强盗；小军官是永远不升官的，因怀愤恨而煽动军人；上级军官又各分党派，不能一致，又有许多是要急于升官，故此采用政客计策，不然也是同政客要好；有些军官是痛恨革命，因为势力不足，无所施其技。为首的就是路易十六，毫无作为。军官们原想要振作的，然而都不能实现，却并非是完全由于部下不听号令，实由于军官群中，人各一心。

况且他们还晓得倘若振作起事，是无帮助，无人做后盾的。那时候的陆军大臣拉都尔·杜班，是一位坦白诚笃、身经百战的老将军。但是有人说："可惜他老拿不定主意，又好听儿子的话，这个儿子又是个激烈的民主派。"8月13日，有一位议员诺阿耶，小心谨慎地告诉议会当日军纪废除的情形，议会只好指派若干人，成立一个组织新军的会。旧军队听见了，更想借口解散。

自1789年10月起之后，煽乱逐渐成功，等到1790年6月，军队的横暴举动，是很显著的了。今天是这里兵变，明天是那里兵变，几乎无处不兵变。

最特别的兵变，是发现埃丹这个地方。有一位年纪很轻，不过十九岁的军官名达武（后来成为名将），带领手下的小军官同部下的兵去见队长，请他交账，任由部下的人侮辱他。随后有命令来，叫这军队离开埃丹。当地的国民自卫军，帮助军队反对军长（1790年5月15日的事），不奉命令，不肯离开，居然还有极厚的脸皮，还要向议会诉苦，议会居然也敢说一句闻之诧异的话。但是这军队始终不听军长命令，不肯离开埃丹，议会也无法，只好让步。从此以后，一连有几个月，埃丹的军队是横行无忌，军长常被他们侮弄，谁的命令都不听，只听那位少年军官达武命令。于是全国的军队都效仿。

自从1790年7月起，我们可以跟踪全国军队的举动，就晓得是军纪扫地了。有一处地方的骑兵是抢劫军需，把长官驱逐了。有好几处是闹兵变。有一处士兵们说长官要毒害他们，强逼军官等同他们吃一样的饭菜。驱逐长官的还有几处。有几处的军队奉命开拔，走到半路就哗变起来。还有好几处的军队，说是长官欠他们多少钱，若是不给就抢劫，从长官手上抢钱的也有，恐吓长官的也有，侮辱长官的也有。南锡有三队人把长官监禁起来，几乎酿成大乱。

议会晓得这种事，怎么样呢？陆军大臣是常常有文件报告兵变及军纪扫地的事，议会听了只说是诧异。作者今日见当时议会说诧异，也觉得诧异。6月4日，陆军大臣指明给议会晓得，说道："此种民主式的军队，是一种政治怪物。凡是产生这种怪物的母亲，将来是要被它们吃的。”议会得了这种警报，很称赞他，但是毫无办法。他们虽然恳求君主重办违反军纪的人，作者并不能叫这种恳求是个办法。这个制宪议会太过取巧，很愿意行政官去压制军队，好过归过于行政官。这是有明证的，因为行政官对于某件违反军律的事，拟定办法，请议会议决，议会束诸高阁，不敢过问。

我们要诘问这种目无军纪的事，是不是长官的错呢？在瓦朗斯，士兵们把督政官交于群众，群众竟把督政官杀了。他处也有同样的事发生。有一位很有名的著作家说道：“行政官也有很不对的地方，他们明晓得某某军官是反对革命的，偏要把他们派在军队里。”6月4日罗伯斯庇尔却完全归过于军官，说他们反对革命。这时就勒令所有反对革命的军官辞职。6月14日兰代写道：“只要旧派军官在军队里一日，则一日不能维持军纪，最好是请他们辞职。”

若是议会还是要用他们首鼠两端的政策，这个办法很是显而易见的。米拉波写道：“最好是解散君主的军队，另用革命宗旨，重造新军，这个办法至少也能叫军队再无借口。”当下议会仍然是不敢降伏这个怪物，又不能驯它，却也还有点举措，就是请军队派代表，同在巴黎的战神广场做一种大聚会，大联盟。议员们希望以好言相劝，军队们就能明白他们不该那样无礼地对待长官，并且希望如同母亲教训儿子一般，儿子们自然是不好意思叫老母忧心。

大同盟这个话很令人注意！当1790年6月无人口中不是说这句话！因为这时候国内各处有许多自由的结合，成为团体。乡村有乡村的联合会，市镇及省，亦有他们的公共机构。议会故此请他们派代表来巴黎做一种全国的联合或同盟。各处的联合会原为的是国内无政府，形势扰乱不堪，不能不互相联合，互相帮助。从前是君主维系全国，现在这种维系的力量很薄弱，恐怕维系不来。可怜这国里的人，没法子好想，只好自己维系起来。这个时候众人都还慷慨激昂，有相视如同胞的情感。这种情景的出现，有许多人不能理解，视同儿戏，当作笑话。其实1789年，国人的情感却是出于至诚，众人伸出手来，原是因为胆怯害怕，而彼此拉手，都有感情。这种举动最初发起于西部。1789年10月26日，布列塔尼有十五个自治会首先联盟，结成团体。11月29日，东部又有十四个市镇联合起来。到了冬天，大乡村都联合起来。立法议会废行省制，把所有一切公共机关，都毁灭了，法国几乎瓦解，幸而国人立刻重新组织起来，又打成一片。自治会互相联络，各行省效之，亦相结合。1790年2月15日（读者勿忘此要紧日期，因为这一天是一个大举动的初发日），安茹及布列塔尼各派代表会于蓬蒂维，郑重宣言，彼非安茹地方人，此非布列塔尼地方人，同是法国人。这就是打破省界、区县等界，一视同仁的大举动。议会看见这种举动，颇有戒心，只好想法督政这些团体，不使有什么歧趋。各团体派国民自卫军里的人做代表赴巴黎，议会很热心招待。7月初，代表陆续来到。这些团体，原有很可嘉的义气，向来被政党俱乐部所掩，到了这个时候，却一一都展现出来。

最奇异的是代表们到了巴黎，对于君主却产生很好的感情。从都兰地方来的代表，觐见路易十六的时候，把一只从前法王亨利四世戴过的戒指，献与路易。当时的人都说布列塔尼地方的人是最热心，革命的代表们见了路易十六跪下，痛哭流涕，代表的领袖，把剑送与君主说道："请陛下善用此剑，只染仇敌的血。"路易十六搂抱代表答道："朕向来不疑布列塔尼人效忠于君主，请你转告众人，朕是国人之父，国人之兄弟，国人之友。"

这时候各地方各机关无不欢迎招待代表，路易十六大为感动，有时又未免过于用情。

于是在最宽敞的地方，设立社稷神座，所有巴黎的人，上自极阔的贵妇人、教士僧侣、公民，下至渔婆，无不亲自动手，在草地上摆设座位，人山人海地观同盟大礼。塔列朗主教全身披教服，立在神座前诵祈祷文。相助行礼的有四百位教士，都是披白袍，围了三色腰带，主教冠礼冠，执法杖，祭过国民自卫军的红色王旗及八十三省的旗，个个赐福。

路易十六和布列塔尼人的代表

早一天晚上，拉法耶特受准统筹一切（这是他的喜庆日），这时候走向神座将剑放在神座上，庄重宣誓："效忠于国，效忠于法律，效忠于君主。"在场的人无不感动至极点，如痴如狂。有许多人把国民自卫军的督政官举起来，放在肩膀上游行一周。

轮到议会会长宣誓，随后就是议员们宣誓。但是群众对于议员们是很冷淡的，并不欢迎，有许多人讥笑他们，有许多人简直大笑。

路易十六到场的时候，群众热烈欢迎，欢呼雷动，高叫"君主万岁"，比叫"法国万岁"还响得多。路易十六并未走向神座，只立在御座之前说道："朕今宣誓所有宪法授朕之权，予誓用以维持议会所定朕所批准之宪法。"这时候群众大声欢呼，王后看见群众如此之热诚欢呼，把太子（将来的路易十七）举起来说道："此是我子，我母子二人与国王的意思一致。”群众欢呼若狂，于是拜旗放炮。有一个在场的人说道：“当时群众非常高兴，如同上天御空而行。”有一个代表指天誓日地说他亲耳听见路易十六说：“若遇必要时，朕甘心流血以维持革命。”

主教为旗帜赐福

到了晚上处处都悬灯庆祝，照耀如同白日，在巴黎圣母院里有六百名乐工奏乐，群众就在巴士底狱的瓦砾场跳舞。有一位亲见当时情景的人写道：“大体上说，众人都极其爱戴君主及其亲属。”这几句话，是7月16日写的。

这一次大举动，不能不令人寻思反省。米拉波当时对于拉法耶特的举动很生气，以为是弄错了，使群众崇拜错了小丑傻瓜。米拉波原意是要路易十六骑马到场，作为大同盟的盟主，要看他离开御座，走到神座前。

如是则必为群众所高举抬在肩上。有许多原要煽动群众恐吓君主，殊不知群众视君主制度，如性命也。

虽然这一次大同盟很有利于君主，这是众人一致的想法，但议会却被群众耻笑。米拉波很惋惜这一层。大同盟的第二天，街上就有许多歌谣耻笑议员。

广场的盛大庆典

按照逻辑来说，宫廷既不能利用这次大同盟的机会，大同盟自然要反对宫廷。大同盟所作所为对于军队代表所产生的效果，尤为危险。巴黎的俱乐部讨好并联络军队代表，很细心地指导他们。什么是他们的天职？例如教他们不要相信长官，说长官们都是贵族；又教他们不必害怕不奉行君主的命令，教他们只管流长官的血，却不要流国民的血。有一位老将说道："这次大同盟，不过是叫军队受毒。"翌日早上，驻在斯特内的王后的军队就哗变，说是军长们要把那地方送给奥地利。这还不过是小事，不及南锡的兵变，是件极大的事。

陆军大臣于8月6日报告议会，说是兵变的风潮很烈，议会于16日不得不议决设法禁遏。君主派特派员马尔塞涅去南锡调查，一到了那里，即被瑞士队伍痛殴捉住，这位特派员不能不拔剑自卫，费了许多气力，才离开营地。兵士们跟随他，围住长官的住处，大声恐吓。这位特派员被逐，只好逃到吕内维尔躲避。军长被士兵们捉住，在地上乱拖，遍体受伤，关禁在牢里，同时还有几位军官被禁。随后特派员马尔塞涅又被吕内维尔军队送交叛兵，士兵欢呼，要绞死他在灯柱上。

拉法耶特此时苦劝议会，不可再用徒劳的空话恐吓，要尽快动手镇压。于是派防守梅斯炮台的将领布伊莱去平乱，他带了若干人马去南锡，而且行军很迅速。谁知议会为罗伯斯庇尔所动，先软下来，议决一种办法（这是巴纳夫提的议案），要阻止布伊莱进行。

但是他已经先到了南锡，同叛兵们大战一场，损失了五六十个人，有一个很英勇的军官阵亡，布伊莱奋勇向前，在枪林弹雨中直捣中央，又损失了四百多人和四十多名军官，居然把叛兵们打下来。

既然得胜，自然就想到如何惩办这群瑞士叛兵，从前有个制定的办法，只好照例交与上级军官处置。杀了三十三个，有四十四个是罚做苦工。谁知这四十四个做苦工的期限未满，不到两年，反在巴黎街市游行受欢迎，被当作英雄好汉看待。别的叛兵，却还不必等这么久就被释放了，因为议会派人来南锡查办，一定要从宽发落。但是议员们早已不快于布伊莱，怪他办理得太神速，不到三个月，把陆军大臣拉都尔·杜班也轰走了。

因为议会这种犹疑无定的举动，镇压不能有效，从大同盟回去的军队代表们，就遍播变乱的种子。在8月、9月两个月间，全国的军队处处都有反对长官的事发生。左右两党的议员们，看得很清楚，军队是要瓦解的了，心里就想到不如派他们去出征打仗，或者还可以挽回士气。有许多议员们（这是大多数）却是很悲观的，以为这种不服从命令、时常哗变、快要瓦解的军队，如何能与欧洲对敌？但是1790年的秋天，这个问题正式突显出来，革命与欧洲这时候是针锋相对，虽然彼此尚未决意攻击，但是都在那里审时度势了。这次大同盟的激烈情景，不能不令人害怕。

第九章　和平或者战争

欧洲与革命——1789年之欧洲——欧洲对于法国革命之误会——欧洲之分裂——东方问题——奥帝利奥波德——日耳曼在阿尔萨斯的权利——法国宣布抛弃一切侵略思想——法国占据阿维尼翁——欧洲之惊惧——利奥波德等待路易十六之请求

7月5日，有一位议员说道："粮食我们是有的，不久我们还可以有宪法。依我的见解，只要打一仗，就能把我们的粮食、我们的宪法，同我们的纸币，一切扫除净尽，点滴无余。"试观当时议员们的书信，就晓得当日他们有许多人心里，都存了这样的意想。时候已经到了，议员们的眼光不要只看会场，还要高瞻远瞩，看到法国边界之外。自革命以来，虽然是已经经历过许多困难，才能到有今日，但是此时不能只顾国内，还要看看国外。当时早已有谣言，说是欧洲要干预法国的内政，国人慢慢也相信这种话。这种报告原是极可怕的，因为稍有知识的人都能明白，若是要同外国打仗，只有两种结果，一种是推倒革命，一种是更促进革命发展。1789年起事的人，想到这两种效果，都是很害怕的。

从前一直有好几年，都有许多人诘问三句话。一、当革命还是胚胎的时候，欧洲为什么不来打倒革命，以免各国受其波及？二、法国内部彼时因无政府，四分五裂，军官匿迹，新政府又是毫无阅历的，竟能单手独拳阻遏欧洲多国同盟之侵犯，这是什么缘故？三、彼此打过仗之后，欧洲并不算败，革命军队亦不算胜，如何各国乖离，居然同法国讲和，因其自行解体，反令新法国得了许多利益，这又是什么缘故?

大历史学家索雷尔曾经研究能窥见当时欧洲全局之内情，得有新揭露，能解决此三个重要问题，以飨读者。作者引用于下。

今试发为问题，问欧洲之干预法国革命，为何如此之迟慢，如此之不善审断，因是而无效果？答："只因并无欧洲之全体存在。"

中古时代之基督教共和国早已成为过去之事，四百年来，举凡一切什么共同的宗教家族的联络、独裁制之根基及所谓最郑重之宣誓同盟友谊，一概都牺牲了，只有自私自利侵略的政策存在。

全是强权用事，公理是扫除净尽了！所谓基督教的帝王公侯等彼此互相打击，所有联络都打断了！例如新近时期的事，如腓特烈二世、叶卡捷琳娜二世，这两位都是号称"哲学家"的帝王，还有号称"使徒"的女王玛丽亚·特蕾西娅，这三位就瓜分了波兰。当时之所谓国家，都是全无肝胆的。是以等到法国革命时候，欧洲诸国议决派兵来打法国，并不是因为什么保存独裁制的根基，为的要在莱茵河之西，再得一个波兰，他们可以瓜分。欧洲的帝王称呼路易十六是好兄弟，因为他们相信好兄弟非倚赖他们诸位好哥哥们来救援蒙救，之后，好兄弟不好意思不送一两个省酬谢好哥哥帮忙。

"什么叫作国王与国王兔死狐悲，同病相怜？什么叫作王室系统的问题？"这两句口头语，原是1792年，欧洲诸国用来骗人的两句假慈悲的话。但1789年及1790年，欧洲并不畏惧，也并不觉得革命是大不了的事，心里另存一种想法，与此正相反。欧洲当国的人，不过当法国的革命是一种叛乱而已（这却是他们看错了）。以为这种反叛的结果，不过使法国变弱些而已。他们当时是既怕法国，又恨法国。欧洲向来的政策，是鼓励人民反对其君主的，故此把法国革命也当作叛乱、反抗看，如同从前在比利时或匈牙利反对皇帝。法国反动之势力渐见增长，原非彼等所能料到的。直等到五十年后，梅特涅才当作笑话似的说道："法国若是得了感冒，欧洲是要打喷嚏的。”

法国革命，欧洲并不震动，亦并无戒心。攻击帝王的事，并不算什么稀奇，并不产生任何效果。在威尼斯，就有五六位退位的王者，即使论到1月21日弑君的事，也有许多前例可援。叶卡捷琳娜二世为什么能够做到俄罗斯女皇呢？还不是因为她设计叫人把她的丈夫彼得三世杀死了吗？第一位登断头台的女王，不是法国的玛丽·安托瓦内特（即路易十六之王后），是玛丽·斯图亚特女王，原是伊丽莎白女王请她登断头台的。虽然伊丽莎白女王有杀玛丽·斯图亚特之事，但是欧洲的帝王，哪个不想娶伊丽莎白为后呢？苏格兰的詹姆士，就是被伊丽莎白所杀的女王的亲生儿子，还想娶伊丽莎白为后！英国克伦威尔不是弑君了吗？法国的国王，却很想同克伦威尔携手，做好朋友，很想仰仗他。弑君的事，真是司空见惯的了。此一国的帝王做了彼一国的帝王，并不算得是什么事。

还有一层，帝王们要实行他们所谓政策阴谋，什么毫无心肝的举动都能看得惯的，只要能够达到他们的目的，什么卑鄙手段都肯用。是以欧洲要对付法国革命，简直无法可想，无计可施。他们又不能借口什么宗旨来干预法国，因为欧洲原无所谓宗旨。只有一样宗旨，就是利于其本国的宗旨。因为有这样的趋势，是以欧洲的帝王，彼此都互相猜忌怀疑，是以有许久，他们都不能联络拉拢。原来根本就是极其薄弱，是以虽能联络起来，为时不久，又会解散了。

假使只因彼此误会，亦不耽搁各国结盟。假使各国帝王，不是深信法国从前是很强、很可怕的，但是近年以来已经弱了，快要瓦解了，则结果自然较早。他们以为法国向来是骄横的，这是无疑的了。他们的错处，就是用法王代表法国人。但也不能说他们全错了，前朝的法王有九百年来政策都是很好的，创造法国原是这九百年间的功业，他们的意思是要法国强盛，日见其强大。欧洲以为这是那个王朝的规模宏大的帝国主义，若是这一朝受了束缚，法国就立刻甘愿低首下心，甘于降格。

这是各国的大错特错，若是哪一朝的法王把法国建得强大，这原是全国上下一致齐心的结果，走法王领的路的结果。

1789年起事的人，大多数都是法律家，同前朝参赞枢密的人同是一个路数。1789年提倡的人道主义，诚然是反对侵略政策者，不过这种想法不久就打消了，本来的大志远略，自然发生作用。在1748年的时候，就有人说过。国人终日梦想，要勤远略；革命原是国人发起的，很容易走上旧路，要行前朝政策；其实前朝的政策，也不过是俯顺舆情。

欧洲各国，既无确实消息，又不知法国内情，窥不见其中奥妙。他们总以为法国之强大，只是国王之功，现在国王无力，法国自然也要变得衰弱了，以为欧洲的极繁复大问题，与法国无相干涉。不知者以为法国闹革命，欧洲各国可以不必互相争竞，互相猜忌了。谁知他们还是一样。

大历史学家索雷尔说道："自从1789年至1795年，欧洲各国之所以互相冲突，其关键在欧洲之东北两方，由于各国争权夺利之相冲突；各国政治之腐败，因互相冲突，而无暇兼顾他事，不能注意于法国，故此不能联络，直至1791年才能结合，不久又彼此牵掣，行动不得，随后只好解散。"

俄罗斯一百年以来常常要闯入欧洲结合的局面，设法使它们解散。俄罗斯要在欧洲据一重要地位，又要扩充海权。俄国有两处临海，一处是黑海，一处是波罗的海。但是北方有瑞典，南方有土耳其，叫它无路可通，西面又有波兰，阻碍它不能与欧洲通往来。自从沙皇彼得大帝以来，无不筹划毁灭这三个国，打通这三处障碍。1789年，是叶卡捷琳娜二世在位，很苦心地要实行这个政策。1789年，俄国已经得了波兰，有半个波兰已经被瓜分。这位女皇还不满足，又注意瑞典，同东方病夫的土耳其。这一位最残酷的女皇，也还情愿同普鲁士、奥地利分享对波兰的第一次瓜分。她日夜梦想，要独吞剩下的半个波兰；然而她最注意的，还是将来轮流把瑞典、土耳其吸收到手之后，就撇开她的同盟普鲁士、奥地利两国，不让他们分肥。因为存了这样的目的，于是设计引诱普奥两国向别处张牙舞爪。这个女皇起初原不晓得该怎么样利用法国革命，到了1791年她才看见有一绝妙的办法，她就想到打倒革命，乘机夺得法国几省的政策。若是如此相劝，普奥两国自然愿意发兵向莱茵河而来，既是这样，所有维斯杜拉河、波罗的海、多瑙河、巴尔干半岛，自然都归了她。叶卡捷琳娜二世这种诡计，早为日耳曼人所疑，许久迟疑不能决，不肯把军队全数调向莱茵河。

1789年，俄国女皇叶卡捷琳娜二世正在同土耳其打仗，奥地利与俄罗斯联盟，但是俄奥都很疑心普鲁士同英国暗中帮助土耳其。这位女皇深晓得法国向来是恨极英国的，曾经向法国提议，要俄法两国同盟。法国不肯，俄国于是恨法王，又因攻打土耳其不能取胜，尤其怨恨法国。普鲁士向来畏惧俄罗斯，现在看见它有种种障碍，不能进步，是高兴极了。普鲁士又恨奥地利，偏要令它难堪，于是设计在波兰国里，使它多事不宁。

是以1789年欧洲这一盘棋，实在繁复，假使革命党一起事，就露出要干预外事的举动，扰乱这一局棋；假使再进而把棋盘都夺过来，欧洲自然是暂时不赌胜负，先把扰乱棋局的人处置好了再说。法国一闹革命，诚然欧洲这一局棋无法国的份，同法国并不相干，法国也表明不预外事。欧洲各国这时候并不把法国看在眼里，还是下它们的棋子，安安稳稳地进行了两年全副武装戒备，在那里暗斗，并不想涉及法国的乱事。

这样看起来，对法国革命，欧洲各国反觉得十分满意。当法国的乱民攻破巴士底狱的时候，欧洲帝王只看见住在凡尔赛宫的路易十六好兄弟能力日见薄弱。有一位外国官说道："法国整个不成为国家了！"俄罗斯女皇叶卡捷琳娜二世说："法国算是完了！没什么希望了！"普鲁士王腓特烈·威廉二世从前见奥法两国同盟，很有戒心，心里极其不舒服，看见路易十六及王后倒了，趁这个机会，解散法国外交大臣所做的同盟的事业，正式同议会的首领们进行谈判。

说到英国，英王乔治三世同他的首相皮特有极其简单的解说，说一个国王既无能力保护都城里的一座炮台，是可以不必畏惧的。这样的国王，令人怜悯，不知要等多少年，法国才能派军队走到比利时的安特卫普，恐吓英国。

1789年10月20日，比利时也有革命，是反抗奥地利在那里横行霸道。欧洲各国对于这个革命，却不能淡然漠视。普鲁士对待比利时的政策，比较法国对待比利时的政策，要清晰明确得多。比利时共和国派大使见法国议会，那时候米拉波是极力主张和平，劝议会不必帮助比利时，路易十六也不接待比利时大使。奥帝约瑟夫二世看得很清楚，普鲁士、荷兰、英国都想在比利时染指尝点滋味，决计首先平乱，再与同盟们算账，不料1790年7月20日他先死了。

继位的奥帝是利奥波德，脾气无前帝那样暴躁，他从前原是意大利托斯卡纳邦的大公，曾经熟读马基雅维里，是一位外交家，他首先答应宽待比利时人，然后用诡计，叫人通知英国政府，宁愿把比利时双手奉送与法国，也不愿承认比利时是一个独立国。英国首相皮特听了大惊，于是苦逼普鲁士。普鲁士起初是帮比利时的，只好袖手旁观，不再助比利时。1790年6月26日，普鲁士王腓特烈在赖兴巴赫，接待奥地利、荷兰、英国使臣。这几位专使，求他不要干预比利时的事，同时又微露其意，数国若能合力攻打法国，普鲁士很有开疆辟土的机会。同时俄国的叶卡捷琳娜二世却同瑞典王进行谈判，这位瑞典王原是法国王后玛丽·安托瓦内特的好朋友。1790年的夏天，欧洲的外交很热闹，他们向来很分离的，到了这个时候是要合力大举。法国革命，此时并不能令各国心生畏惧，不过各国已经看到一旦同盟共同干预法国的事，或者有机会可以解决他们自己的竞争。俄罗斯很相信只有此法，可以使日耳曼忙碌；日耳曼人也见得这是一个可以饱其欲望的方法，从此又可以解决多少争论不休的问题。

要找干预的借口是并不为难。法国议会对待比利时革命的态度是极其正当，无可吹毛求疵的，他们不能拿这事借口，但是有两个彼此不相干的问题，使法国新政府不得不与奥帝和教皇相接触，并继而与他们相冲突。这第一个问题是关于阿尔萨斯，第二个问题是与阿维尼翁有关系。

一废除封建制度，阿尔萨斯地方有许多日耳曼小侯大受其影响，不服从命令，因从前立过条约关系，小侯们上诉于日耳曼之强有力诸国。此是1789年9月间的事，日耳曼诸国无暇顾及此问题，又不能一致，只好形式上行一公文，送与凡尔赛内阁，外交大臣转送与议会。一直等到1790年4月28日，制宪议会才议决，凡该地方失职小侯皆给予赔偿。但是小侯们所要求者更有出乎赔偿之外者，追溯从前路易十四的办法，要求在阿尔萨斯一方免其奉行废除封建制度新例。议会不准，宣称议会不必遵守奉行路易十四所许条件。

议会更进一步声明，此是新时代，国王的话，不能算数，这是有过事实为证的。因为这时候英国同西班牙因为一个问题有所争执，西班牙诉于法国，根据从前所谓家族缔合条约，求助于法国，议会不承认旧时的条约，于是设法要求有一种理由，作为不承认及不肯帮助的根据。罗伯斯庇尔虽然常常不为议会所齿，却屡屡要乘机出风头，于是提出一个理由："我们应该宣告天下，法国抛弃一切侵略思想，法国以为本国的疆界有上天永远规定。"米拉波向来虽是主张和平的，却看出罗伯斯庇尔这个提案极其不妥，他很晓得欧洲各国都是采取准备打仗的策略，法国亦不能不如此，以维持其在欧洲地位，因此则断不能无外交政策。5月20日，米拉波于是发言说道："永远和平，这句话不过是做梦，且是异常危险的梦；欧洲各国无时不预备打仗，唯有我们法国废弛军备，岂不是危险的梦吗？"有一位牧师却反对米拉波，说道："各国若都得了自由的时候，如同我们法国现在一样，世界哪里还有什么战争呢？"此后主持和平的理想家，都变为反对军备派，或武力派。有一位议员叫卡扎莱斯，发表了一长篇冠冕堂皇的爱国议论，反为众人所骂，还要赔不是。多数议员提议，从此以后不必再有外交官，不必再有军队，不必再与各国缔结不合道德的条约。5月22日就提出一个很著名的议案，说的是："法国抛弃用兵力侵略的思想。"大众欢呼通过，因为要为制宪议会立一个纪念碑，于是将这条议案置于显著的地方，作为宪法第六章的题目。

米拉波却是很有先见之明，其后大发议论证明此条议案之荒谬无理。但是他虽然有远见，能够预料到将来拿破仑时代统领三色旗的法国军队四出征讨，经过多少场血战吗？

后来的事实，未免同此时法国抛弃用兵力侵略思想大相违背了。

大历史学家索雷尔说道：“议会相信自己能做一个极端大公无私的好榜样，给天下看看，以为是最得意之笔。欧洲其他国的眼光却不以为然，以为法国露出弱点，听了通过这一条议案，自然是非常之高兴。”法国驻英大使说他在英国到处都听见有人说道：“英国从此不必畏惧法国了，可以在东西两半球称雄称霸，不必有所畏忌了。”英国只有这一次太过相信法国了，在法国虽是出于至诚，在英国则未免有点过于相信。欧洲各国以为法国废除军备，是很容易为人所牺牲的，因为法国主张和平主义，也更刺激各国侵略政策，反令法国急于备战。

刚才说过阿尔萨斯地方诸小侯的问题，还未解决，自然授日耳曼帝国以口实，借题发挥来相干预。孔塔-弗内森小邦问题又生出为难，孔塔-弗内森是附属于教皇的，而教皇则在罗马。1790年6月11日，阿维尼翁居民为四邻的革命风气所激动，也就产生革命思想，把教皇的大代表驱逐了，建立自治会，请归附于法国。1789年时，真革命家很反对与教皇为仇敌的，于是仇视教皇的议员，赞成将阿维尼翁收入版图，却引5月20日禁止侵略的条例。这一条议案之不能实行，及其欺人之处立刻显露。极端左翼党团大叫着说道：“不是曾经宣布不侵略的吗？”罗伯斯庇尔出台指明其中的分别，说是阿维尼翁是自请划归收入版图，而这是应收受的。从此这条议案就裂了一条大缝。1790年11月20日，议会呈请路易十六派兵占据阿维尼翁。

从此时起，5月通过的不侵略的议案变成空文了，于是巴黎忽然来了许多外国人，日耳曼、瑞士、意大利等国的逃亡者，都跑来巴黎，请法国把他们的国家都收入版图。他们自称为人类的大使。法国人如德穆兰之流，又火上加油，鼓励、发动这一群来献地自称外国大使的人，叫他们在法国边界外骚扰起事，只要激起居民闹事，某区某县就可以献地于法国，请归入版图。因是之故，欧洲原是看不起法国的，到了这个时候惊惧起来。

欧洲各国，首先看看奥地利有什么举动，因为奥帝是法国王后的兄弟，并且有两条可以借口干预的事在手中。但是奥帝是一个大脑清醒、善于打算盘的人，说是除非法王有直接的请求，则不能妄加干预。

法王既然承认革命，别人不能越限维持王制。

但是法王的请求，不久却要发出了。路易十六当初承认革命原是出于至诚，到了这个时候，却要第一次做违背革命的事。他之所以有这种举动，却并不是为他自己君主地位之尊严起见，为的是对于宗教、良心上有过不去的地方。刚好在这个当口，议会又做了一件大错特错的事，即是表决《教士公民组织法》议案。从这一个条议，不知发生多少祸害出来。从此教士们永远同革命分离（其中最崇拜自由者亦然），于是因为革命，因为窘辱宗教，因为路易十六忽然良心发现，鼓励各国前来干预。读者却要晓得战事之发生，并不全为的是阿尔萨斯及阿维尼翁两个地方，其实是由于抛弃侵略思想的条例。

第十章 《教士公民组织法》

改变宗教——罗马与革命——宗教改良——马蒂诺的报告——为何不使宗教与政治分离——关于宗教问题之争论——不承认教皇有至高无上之教权——路易十六之烦心——教士们消极抵制——国王批准新例——最好的教士都不肯宣誓——新主教之授职礼——教皇斥责《教士公民组织法》——路易十六与革命冲突

1790年，有一位议员名叫卡缪，发起一种议论，说道："宗教原是国家的一部分，我们既是国会，就有权可以改变宗教。"这一位卡缪原当过教士们的律师，他是个詹森派[①]，因为反对派毁灭了他们的"皇港"，故此变成一个极端国家主义派，有无限的权利可以干预宗教的事。卡缪决计要强逼教皇取消从前的教令，这时候正是好机会，于是詹森派及主张限制教皇权利的法国天主教徒决计要打倒教皇，因为教皇从前想打倒他们的教派。此外还有人亦要反对教皇，有许多不明内情的人，看见议会正要改良宗教，为什么不求教皇帮忙，以为奇怪。卡缪、格雷古瓦等是极恨罗马的，非要设法削夺一切教皇干预法国宗教的权利不可。当时的议会自命维新，反被要报复数百年前宗教问题的旧怨的议员们所利用，又铸一大错。似乎是数百年前的死者，这时候在议会诉冤。议会听了这种话，反把自己

① 指信奉詹森学说的天主教教派，反对耶稣会的道德论学说（或然说），遵从恩宠论学说，认为得救只能靠上帝恩宠，主张虔诚地严守教会法规。——编者注

打倒了。

当初牧师们原不知有后来的举动，随后才晓得受人欺骗。有几位主教，明晓得已经有宪法的恐吓，亦受过教产充公的苦，也还不相信后来还有更甚的举动，故此当大同盟那一天，也还到场帮忙行礼。

教皇庇护六世屡经失败，变成很小心谨慎的一个人，对于议会每次侵犯宗教的权利，不过发惋惜之词，从不说雷厉风行的话。法国革命关于这一层，总算是占了不少便宜的。教士们虽然被议会压迫，还是一样的唱祈祷颂。教廷是最容易挑剔动怒的，也不说什么话，也无什么举动。贵族们并得不着奉天主教各国的帮助，也就安心忍受。欧洲各国虽然对于法国是很留心观察，却还未劝奥帝动手。总而言之，在这个时期，路易十六总算是个好国王，低首下心，强就新法律新民意的范围。

以1790年6月的时期而论，最正当方法是终止进行，只要维持已成的局面，恢复秩序，固守征服所得之自由，号召全国隶于已得胜之宗旨主义麾下。但是有许多要在混水里摸鱼的人，这种人如何肯半路停止不再进行呢？况且还有许多怀恨最深的宗教异派的人，要乘机报复前仇呢？好修旧怨的人，竭力坚持《教士公民组织法》，把它当作报仇雪恨的武器。专在混水里摸鱼的人，自然是要搅扰到底，方能达他们的目的。

从表面上看来，当日的宗教改良，似乎不过是恢复最初使徒时代的古制。由信士们选举牧师，古时是如何选举，非事隔千余年之后所能知。最初时代之基督教信徒，都不得而见了。现在的问题，就是如何重新建立，第一层的为难，就是对待耶稣教人及犹太人。因为革命之后，两派人都承认同是公民，若是要恢复古时基督教制度，是首先要驱逐耶稣教人及犹太人。况且还有极多数之自由思想家，也该在驱逐之列。但是他们号称为实行福音真精神的人，绝不肯用此种根据。

议会同时又号称要改良行政，若是在皮毛上做点和平的改良，那是绝不能享大名的。讨论改良法律委员会的委员长的报告说道：“委员等核查教务分区，有每区不过只有八十、六十、五十、四十、三十、十七小分区的，也有大分区内，有五百、六百、八百且有多至一千四百小分区的。”制宪议会是颇有几何思想的，以为这样的规制，未免太不相匀称了，还有应该同新颁行的分省规制改为一致吗？凡是有思想的人，看见他们把宗教改良的问题，拉扯到行政改良的问题里头，勉强使就范围，未免好笑。

议会还要改良政治，第一件首先要取消的，就是法国政府同教皇所立的条约。米拉波深恨此项条约，说道：“此项侮蔑宗教，不顾名誉的条约，是一个无道德的教皇，同一个专横霸道的君主私立的，以便瓜分法国人的权利及法国人的金钱。”这原是1515年间立的条约，可发的议论尚多，在此时期大约已为众人所厌弃。

1790年5月29日，马蒂诺所提议的官制议案开始讨论，总共费了六个星期的工夫，因为中间又讨论别的议案，7月12日通过。

普通讨论费了三天的时光，众人最注意的就是这三天的讨论。马蒂诺做了一个改良的节略，是废除旧时的分区：每一省设一位主教，每十省做一主教区，设一位大主教，另外设立牧师代表，主教先取决于代表，然后行政上，废教士会小教区的界域，重新规定。主教及牧师代表等皆由每省或每自治会的选民选举，始终并不提及罗马一字。这是议会中宗教事务委员团的办法，马蒂诺报告于议会。

以当时情形而论，即使是极不通融、极古板的奉天主教的人，也见得有改良之必要，议会原可规定某点某点要改良，例如分区之地面太不相等，主教们的住处离得该管区域太远，有些教士会所办的事，原是很有用的，重定小教区疆域是应该办的。当日也还可以给予信徒们多少选举牧师之权，因是修改条约。假使当日以此规定基础，路易十六也可以易于同教皇商量改约。当时的议会却曾屡次表示，要使宗教较为多有罗马教之性质，现在要改良罗马教，却反不同罗马商量。

此外尚有一办法，即是宗教与政治脱离，若照此办法，国家即与宗教无相干涉。宗教只好照罗马的规定，自治其事，变作私立团体，与国家分离，如现时美国之宗教是也。但一提到团体两个字，制宪议会的议员先生们就不愿意听。1789年的自由党骨子里原是专制家，他们不是无自知之明，是全不晓得，他们的思想原是从伏尔泰得来。1768年，伏尔泰致友人书中写道："你们的君主是唯一的帝王，知道怎么样治国。她发给他们薪俸，要他们开口说话，他们就说话，叫他们不说话，他们就不开口，他们很听她的号令，国里却是很安宁的。"马蒂诺的意思原要破坏教皇的条约，算是拿破仑的开路先锋。后来拿破仑重新定约，有操纵教士的意思。当日议会找借口没收教产的时候，原答应过公共的教务经费由政府发给，若是果然办到，宗教同国家分离，所有充公的财产，是否应该全部发还呢？

故此他们不要宗教同国家分离，不如改为国教，脱离罗马关系，不与罗马交涉。

卡缪、特雷拉等宣布国家有改良宗教的权。卡缪的话，作者已经提过。还有特雷拉曾说道："君主判定以为宗教有改良之必要时，是不能反对的；国家原有承受或不承受一种宗教之权。"若是拿破仑对付这件事，说话断不至这样过火的。

教士们对于这个问题，却毫不出色。一方面，宗教的流弊实在是太多，当日的条约，的确是一件腐败不堪的教条；虽说是宗教里也曾产生名人，但是产生的恶人也不少，可以相对抵消。另一方面，教士们也有许多不对之处。有几位主教（也有此时身为议员的），声誉实在是不好。还有一层，教士们都是主张限制教皇权利的法国派，同罗马并无什么感情，不能说保护罗马权利的话。教士们至多不过说一句，说是议员们办得太过火而已。

主教们的代表布瓦日兰，却是处处让步，他有一条反对得很有理，说是现在所谓选举，同古代宗教的选举，是两件事。他还有一层道理，说是既然要有这许多的改良，不能不让教士们参与讨论。他的意思原要法国的教士们集会，设法强逼宗教首领承认某项新规制。

但是卡缪是不承认教皇有无上高等的教权。"什么叫作教皇？他不过是一个主教，是帮耶稣办理教务的，同其他办理教务的人一样。他们的事权，是原有从前罗马教区规定的，我们法国是最看重自由的，现在时候已经到了，法国还不应该脱离罗马教吗？还要做罗马的奴隶吗？”朗瑞内说到教皇，总是称呼教皇是罗马教区的主教。马迪厄研究当日争论的情形，说是委员会同议会都宁愿同教皇商量调停办法。当日的条文原有一句是请君主通盘筹划的话，内里藏有意思，以便路易十六可以同教皇商量，但是议会把这一条勾销。其实这一条的意义，并不清楚。

《教士公民组织法》的条例，是7月12日通过，当天就是请路易十六批准。

路易十六看见这件通过的议案，心里实在难受，御医诊得路易十六是发热，不晓得是什么缘故？君主是预料到这新条例是一定要通过的，已预先警告教皇大使，请其转劝罗马谨慎对付。全案通过之后，路易十六即写信通知教皇，庇护六世回信说：“要讨论。”

当下宗教委员会不由分说地请君主批准。内阁同两位主教，却力劝路易十六不要用他的否决权。路易十六忽然批准了，准其施行。外交大臣蒙穆兰告诉罗马，说是君主为宗教的缘故，不能不如此。梵蒂冈自然大不以为然，暂时先不做举动，到了10月22日，庇护六世坦白地告诉贝尔尼主教不能承认。当下路易十六心里是非常之懊悔难受，仍然发热，不见稍退。

《教士公民组织法》颁行到各省，主教们组织消极反对。首先办的是取消教士会，这种举动发生许多不妙的事，处处都有主教阻碍进行。奉行的人无法可想，宗教委员会决计用法堵教士们的嘴，米拉波说是一定要压制这种反叛教士，迫他们服从命令。雅各宾党的报章主张从严惩办，说是只要拘拿两三位当众裁决，其余的自然会小心。

这时候许多人都存了强迫大小教士正式承认、服从新律的意思，存这样思想的人日见其多。11月26日，有一位议员宣读委员会主张宣誓的报告说道：“民意已经宣布之后，个人不能不服从，若是不服从者，即当作辞职论，若是有暴动反对者，依法惩办。”而法国从此多事矣。

这时候两方面都大动其气。有一位很温和的克莱蒙主教发言要开一个宗教会议讨论，议员们不让他说话，自始至终争论这宣誓的问题，都非常激烈。路易十六心里委实是难过，在宫里听候他们争论出什么结果，若是果然通过强迫宣誓的苛例，宗教竞争，必定在所难免。路易第十六原是个奉教诚笃的人，是否应该批准这一条新例呢？这一条比上一条还要可怕得多，米拉波用变本加厉的手段，提议说或者可以推倒这条议案，免得路易十六为难。谁知右翼党团不明白他的用意，发表无理的反对。米拉波急了大生其气，挑动了摩里教士出头干预，发了许多激烈议论，把教士公民组织条例攻击到体无完肤，预言不久即有宗教战祸。11月27日居然通过《教士宣誓法令》，无论什么调停希望都完了。

12月3日，路易十六恳求教皇允准这两条新例，教皇庇护六世根据九十三位法国主教的辩驳，反驳两条新例。14日答复法国驻使贝尔尼主教说：“若是允准新例，不单要遭罗马教的反对，还要受法国教派的反对。”他只能办到暂缓处置。

但是在法国是刻不容缓地急于施行新例的。《教士公民组织法》新创出几个教区要补缺，于是召集选民。11月23日，公举的是阿登主教补新缺。12月20日，又新选一位马耶讷主教，当时众人相信有大多数的教士，是愿意宣誓的，于是12月20日，议会就请路易十六批准新例。

路易十六有许多时心里极其难过，后来只好请教布瓦日兰。这位大教士自己是决计不宣誓的，却劝路易十六批准，不过要表达是受强迫才批准的意思。路易十六身边有一位老朋友圣普里斯特，在他的内阁里头是向来绝不肯有丝毫通融的，也劝国王隐忍批准。26日这一天，路易十六心里难过到极点，只好批准。当天晚上，议会会长当众宣读路易十六批准新例的命谕，左翼党团高兴极了。

12月30日，拉马克伯爵写信与友人说道：“大多数教士都是服从新例的。”当日的舆论，都是这样说。但是舆论全错了。在议会的教士们，首先做个榜样，1月4日，四十九个主教之中，有四十七个被举当议员的，全数三分之二，这些主教向来都是热忱维持革命的，到了现在，还是有时服从《教士公民组织法》的，对于宣誓新例，都是极其反对。他们说物质的利益，他们已经甘愿牺牲了，至于奉教的信实，非等罗马有什么话说，否则是不能牺牲的。

这种榜样，却很留点深印象于国人心中。1月19日祈祷过之后，要请凡是不在议会的主教、教士们宣誓，大约有一半是答应的。其后因为晓得教皇反对《教士公民组织法》，他们都反悔了，教皇的教令未宣布之前，每一百个教士之中，就有五十五个不肯宣誓的。教士们全体分作两半，从此就发起争斗。

所有主教除了四个之外，都是反对宣誓的。塔列朗是不必说，是不反对的；雅朗特主教，人家都称他作流氓，是不反对的；萨文主教，人家都说他是个疯子，是不反对的；有一位红衣大主教洛梅尼·德·布里纳，从前当过大臣的，这个人原是随风倒的，哪一党有势力就趋附哪一党，也是不反对的。此外还有一位是无上帝的大主教，这位大主教的举动，真是离奇，有一次他当一个俱乐部的主席，居然把他的红衣大主教的帽子，改做时髦的自由帽，在会场戴起来。这几个都是主教群中的败类，若是要恢复古代使徒时代的风气，这样的开端，未免太不对了。还有两个不信教的大教士，也是服从新例的。

当下凡是不服从新例的主教，都正式免了职。在2月至5月之间选举新主教。被选的主教中，有十九个是兼代表的，格雷古瓦就是他们的领袖。这十几个新主教是要行授职礼。塔列朗答应做重新产生的新宗教的神父。1791年2月20日在教堂行授职礼，塔列朗有那两位不信教的大教士当助理，就伸手摸三位新主教的头。这三位行过礼的，就去对其余新被选的行授职礼。1791年5月14日，兰代（快要当厄尔的新主教）写出几句奇怪的话，说道："到后来坐下吃饭的，站起来让站在桌边挨饿的坐下来吃。"这位教士大约是最研究吃食的，故此说出这种话来。据作者看来，他虽然得了座位，坐下来吃，恐怕桌上的饮食，并不见佳。不然的话，为什么到不了三年，他就抛弃教袍、教帽，改了行业，不当教士了。

原来这一桌酒食，果然很不好，味道是很苦的，这一群冒充大教士的饱受反对、羞辱。但是有许多人不是冒充的，与塔列朗及兰代等不同，例如格雷古瓦等，自己是诚实深信要涤除宗教的污秽。1793年及1794年间，他们中有好几位很有胆识，能应付他们旧时的朋友们的窘辱。大概而论，他们本人虽是有热诚，但是部下无人，不能成军。制宪议会所议的法律，以这个宗教问题为最失败。

到了1月底，大约许多人都看得清楚，教皇只是斥责《教士公民组织法》而已。当时有一个左翼党团的议员写道："红衣大主教们，若是承认《教士公民组织法》，则罗马必发生革命，把他们先牺牲了。"教皇一定不能允准，严责《教士公民组织法》之非，此举显然是令宗教分立门户。

路易十六原是笃守天主教的人，从此以后，觉得自己是个罪人。他从前批准《教士公民组织法》，原是逼于不得已，于是觉得从前的举动不当，既失了国王尊严的身份，又抹杀了信徒的良心，于是想翻悔改过的心，日盛一日。革命与国人信教之心不能相通，即从此起。

第十一章　革命危机

（1790年12月－1791年5月）

国王及王后有召外援的想法——求救于奥帝——流亡贵族——阿图瓦伯爵轻举妄动之影响——法国议会授外国以口实——奥地利之迟疑——叶卡捷琳娜二世之阴谋——内忧——革命党之分裂——米拉波及拉法耶特——米拉波之死——王族之被逼——王族之执迷不悟——出奔的计划

当路易十六被逼批准勒令教士宣誓的时候，说道："朕今处此环境，与其做法国的国王，不如当梅斯的王，好在不久就完了。"他说这两句话的时候，已经把1789年及1790年的良心都抹杀了，心里想到求救于欧洲各国，请他们来干预。

王后是早已到了这一层了。读者却不要急于谴责他们两个人。在我们今日看来，求救于外国是极丑的事，但是从前一向都是用这个方法的。从前法国的耶稣教党，不是请英国及日耳曼派兵入法国的吗？孔代亲王不是个贵族吗？投石党他们起事失败之后，他不是要请西班牙兵来干预吗？路易十六除了与外国交际，及例行外交公事外，另外同外国发生别的关系，也不能当作什么非常的举动。因为法国宫廷里，常有国王本人的秘密交往。按着当日情形说话，路易十六求外援，并不令人诧异。其令人诧异者，还是他为何不早日有此举动。

王后玛丽·安托瓦内特早已存着这样的想法，但是1790年夏天以前，却不想实行。王后全是妇人孩子的思想，她并不想请外兵深入重地来反对革命，她心里只想请外兵在边界上耀武扬威，表示不以法国人如此对待国王为然，只要请奥帝发兵装出要入境的样子。于是路易十六即统领法国军队去抵御，于是奥兵就大大方方地撤回，路易十六从此凯旋，自然能令国人爱戴，同时又能使国人得了警告。这样一场把戏，在路易十六一方面，自然是出了风头，却想不到对方奥帝利奥波德岂不是大丢脸吗？奥帝肯不肯这样迁就甘心出丑呢？这不是小孩子的思想吗？王后却也曾探听过她的兄弟奥帝的口气，一直等到1791年6月间才得回话，奥帝说的是先要路易十六离开巴黎，他才能决计。因为外兵一入境而路易十六还在巴黎，恐怕有极大的危险。奥帝所虑原是不错，后来1792年8月的事就能证明。

王后玛丽·安托瓦内特

但是路易十六并未给予以如此办法为然的表示，到了批准勒令教士宣誓这一天，才决计用王后的妙计。于是谕令布勒特依以法国国王之名，请奥帝注意在巴黎所发生的事。

这时候奥帝利奥波德刚把比利时收服了，同普鲁士很亲近。俄女皇在1790年大胜土耳其，很垂涎波兰，因为还有半边波兰未曾到手，她要把第一次同她瓜分波兰的伙伴们踢开，就鼓动他向莱茵河那一方面去发展。1791年2月20日，奥帝在维也纳接见普鲁士的专使，听到向莱茵河方面发展的妙策，听得很入耳。

法国的流亡贵族，自有他们的作用，流亡贵族的数目是一天一天地增多。最先一批的流亡贵族是1789年逃亡出国的，这一群流亡贵族，是过于骄傲，不屑看革命的举动，故此出奔的。第二批流亡贵族出奔的理由较为充分，因为他们的宅第被群众焚毁。但是流亡贵族们出奔，在这个时候，颇当作是一种时髦举动，又可当作是一种自重自爱的举动。读者试听听当时的人议论出奔的事，作者若引与贵族为仇的人所说的话，恐怕不甚可靠，今且引与贵族要好的人所说的话，有一位说道："议会所颁行的新例，原不足以毁贵族，贵族之自毁，实由于出奔，当时纷纷出亡，好像是一种流行疫病，最易传染。"他们都先跑了，路易十六在国里变成了孤立无援。有一个聪明的女人说道："不入赌场赌博，是绝不能赌赢。"最可惜的是贵族们，不入法国的大赌场赌博，反逃往外国才赌，把国里的局面都毁了。

欧洲第一次看见流亡贵族们是非常之诧异，后来就很讨厌他们。第一次招待流亡贵族，也还有点殷勤，以为他们既有钱，态度又令人可亲，流亡贵族们在欧洲各处，虽总不离带着一副笑脸，到后来却令人讨厌，况且他们并不甚富。这一层是最能令人失望的，后来因为他们举动过于轻佻，各国的中等人家，很不以为然，日久更令人讨厌。

流亡贵族们初出逃的时候，原有极强的希望，到了后来，变了毫无主意。阿图瓦伯爵初出逃的时候说道："不过三个月，我们都要回国的。"谁知一直过了二十五年，他才能够回国。这跟他们当初料错，关系很大。这一位是路易十六的手足，在外国只有他是王室代表，他以恢复王室为己任。他住在他的至亲的都城里，不久就得了不好的名声，人家都晓得他最好多事，是个极危险的人。所有法国流亡贵族侨居在法国边界外的大市镇、大都会的，无不得了不好的名声，令人讨厌。他们全是一群大声鼓噪的阴谋家，自以为鼓动欧洲各国干预法国革命为己任，殊不知反激起各国看不起他们、反对他们。外国人一想到被这一群无聊的人所利用，实在是不值得，自然是无人肯伸手援助。

这群流亡贵族逃到外国，还是一样的寻乐，还是一样的好斗牌、好吃、好跳舞，见着日耳曼人及比利时人是要挖苦的，说他们怎样粗俗，怎样偏信宗教；还是一样赶时髦，一样勾引人家的妇女。流亡贵族中有一个女人写道："你看这样的人，配改良国事吗？配做维新党吗？"

流亡贵族们最要紧的计策是反对维新，他们要设法破坏1789年的事，惩办起事的人，他们把革命党中最和平的，当作是尤其要尽力惩办的，例如拉利伯爵是他们所最恨的。他们对待革命党和平派，是无所不用其极，以为闹得愈坏，愈好补救。

他们的确还是法国人的本色，他们要欧洲干预还要摆出大架子，若是有人胆敢对他们提起要法国花钱，或要法国割地才肯派兵干预，他们是要挥拳打那个人，要同他拼命的。他们以为保存独裁制或是帝王制，是欧洲各国应尽之责。

阿图瓦伯爵的宗旨是主张外兵入犯，路易十六所派的专使布勒特依觉得这位贵族是非常之讨厌，只好警告奥帝留心他。1791年1月，奥帝果然请路易十六的贵弟阿图瓦伯爵走开。王后玛丽·安托瓦内特的主意是要自己一手办理，仍然抱住示威的计策不放。

当下议会接二连三地授外国以口实，议会却不敢直攻流亡贵族，而对于小邦诸侯之容留流亡贵族者，常出怨言。然而最易生事、最易惹祸的，还是阿维尼翁问题。议员这时候对付这个问题，手足无措，失其常态。4月13日，教皇批驳《教士公民组织法》，5月4日，巴黎的人怒极了，用纸扎一个教皇，当众缢而焚之，教皇的大使逃走。孔塔-弗内森问题，于4月30日又在议会讨论，主张收入版图的人数比之前增多。这班议员表明了阿维尼翁原隶属于法国的理由，若收入版图，无所谓是用兵力征服。议员克莱蒙-托内尔说：“一收入版图，未免令全欧惊恐。因为难保将来法国不表明比利时亦隶属于法国，因为从前大胆查理曾经管辖过比利时；又难保将来法国不表明亚琛也原属于法国的，因为查理大帝的陵在那里。”得说这几句话的人，当时不过以为是一种诙谐之谈，是反对主张收入版图之人。但是他这几句话，却预料了后来的情形。当下投票表决，反对收入版图者，只得六票，可见得收入版图是万难幸免的事。巴雷尔要欧洲晓得议会这一件议案是有何用意，乃宣言道：“我认为法国为自卫起见，可以采用路易十四及路易十五对于厉害较轻的问题所用的权利。”

幸而奥地利此时迟疑审慎，不能立断可否干预。那时候俄国女皇叶卡捷琳娜二世的手段令人烦心，叶卡捷琳娜二世是决计破坏波兰，因为1791年5月31日波兰胆敢改良其宪法，其目的在于维持剩余有限的独立地位。叶卡捷琳娜二世立即借口做最后的干预。但是她却打定主意，这一次要好好地一个人坐下吃独桌。女皇曾写道：“朕用尽多少脑力，才想出绝妙的计策，引诱奥地利同普鲁士去干预法国的事，以便朕一个人有用武之地。”假使她说以便朕一人安乐自由的饱吃一顿，这才算是实话。

于是立刻演一场小戏，叶卡捷琳娜二世装糊涂装作分别不清楚，把波兰的革命同法国的革命混而为一，大发议论，痛责这两国的雅各宾党，又说道：“我们各人有必要各自发起反对革命的举动，日耳曼要入巴黎，俄国要入华沙。”自此时起自己变做一个发起人，要各国联合，她自己却不想与他们相联合。一面尽力鼓动阿图瓦伯爵，一面又鼓动瑞典，一面又鼓动奥地利。

奥地利却约略晓得这个女阴谋家玩的什么把戏，故此于5月11日在曼图亚遇着阿图瓦伯爵，只好板着面孔，冷如冰霜。不久普鲁士王同奥帝约在皮尔尼茨相会，讨论法国的事。奥帝一面应允约期相见，一面表明先不干预，要等到瓜熟蒂落，法国人自己醒悟过来，要改变的时候，再行讨论。

但是法国觉得有改变之必要，不过有许多人却觉得国内还有人要把这个法国往前拖，不晓得要拖到什么地步？以为先要歇歇，不必再往前拖了。到了这个时候，1790年的人，已经把1789年的起事人排挤走了。1791年的一大部分的革命领袖，要暂时歇息。但是又有一派新人物要推他们向前走，践踏他们的脚后，赶他们前进，恐吓他们，要在他们身上走过去。

国里的人对于政党是已经讨厌了，有许多人抛弃选举权，不去选举，于是选举权都到了政党会手上。国人既然是讨厌政党，很愿意恢复好景象，以便做事。这时候有许多做生意的人无生意好做，在那里闲住挨饿。马拉算过一篇总账，说是自从革命以来，法国的损失，有四千万金镑；有一半的店铺都关了门，有三分之一的工厂停办。一读当时的书信，就晓得当1790年至1791年间，国人都是极不满意，到处都是怨言。

无论什么地方都是怨声载道，工人无工可做，生意人没主顾，有许多人是很赞成二次革命，有许多人对于第一次革命，是非常之冷淡。

是以1789年提倡革命的热心，到了这个时候都消灭了。现在只有两个潮流：一个是要歇歇，要恢复旧日情状；一个是还要前进。因为有这两个相反的潮流，故此革命领袖，也就分开两派，互相反对。从前督政革命或唯唯诺诺跟着革命走的人，此时分作两截了。

在议会之极端左派中，渐渐有共和党出现。这一派是从一位有名的女人，名叫克拉略的客厅榻上产生出来的。据罗兰夫人所说："这一个女人是一个身材短小而极聪明的人，嫁与一个比利时人名叫罗伯特；这个罗伯特是一个身体笨重而头脑不清的报馆记者，他的女人常常鼓动他刊布许多反对保皇党的议论。"在议会里头，同时有大多数人是倾向反对民主派的。极端的左派，很想再造出一群滋事的人来，是以渐渐变成大鼓动家。1791年4月20日，罗伯斯庇尔向来对于社会上的事，是极守旧的，这时候忽然在科德利埃俱乐部（这个俱乐部的势力此时比雅各宾俱乐部大）大放其极激烈的议论，反对王室。因为他有此议论，故此人家称呼他们做"乞儿派"。

有许多代表们以为太过，不成事情。此时有两个人，就是米拉波同拉法耶特，或许还可以把大家拉拢在一起，就可以发生有势力的抵抗。

米拉波是决计要抵抗，却不主张反动。内克尔是已经脱离职务，米拉波明知有许多人反对他，却很盼望取代内克尔的位置出而执政，做个领袖，降伏这班人。米拉波对于革命的举动，很不以为然。他这时候身体已经有病，头脑冒火，血液不清，因为太过放荡，身体很受损害，常常动气，有时大骂议会，说他们是一条"笨驴"；有时大骂王室，说他们是"畜生"。路易十六只管给他钱使用，却并不用他办事。米拉波情愿卖身，这是无可疑的了；但是拉法耶特却原谅他，说他不是卖身，他有他的道理。实在情形是，米拉波一面要保存因革命而得的许多好结果，一面又要恢复国王的权柄。看他写给宫廷的信，就晓得米拉波这个人有头脑，是很有能力的，可惜他往往都是情感用事，终日胡闹，好像是害了大热病。

说到拉法耶特，他也还可以组织一种局面，反对激进民主党。有位名人说过："拉法耶特曾议有办法，呈请国王采用。"在拉法耶特的函信中，也可以看得出他实有这样的规划。当布伊莱带兵，驰往南锡平乱的时候，拉法耶特是很帮布伊莱的。1790年9月2日，乱民在巴黎聚众闹事，也是拉法耶特雷厉风行把乱民打散的，因此之故，很让马拉发怒，自此时起，拉法耶特往往被雅各宾党的报章攻击。然而他的好名誉，并不因此而受损伤。那时候拉法耶特是个很有权利的人，同米拉波合作，是能够做许多大事的。

可惜宫廷对于米拉波及拉法耶特两个人，一样的不相信。米拉波因为这个缘故，反要出力，强迫宫廷相信他。拉法耶特则不然，因为宫廷不相信，常常发怒，终日发愁。他最怕的是米拉波入阁，他以为米拉波是个肆无忌惮的人，一个维新派自由党，以为他是个专制家的胚胎，一旦得权，是横行无忌的。拉法耶特却使些鬼鬼祟祟的机巧，陷害米拉波。米拉波却不管，只知道一味地进行。1791年3月，选民把他选举做巴黎省的领袖。当时有一位贵族写道："我们很盼望他能够恢复秩序，维持法纪，这个人所做的事，已经害我们不浅，现在我们盼望他能够替我们做点好事，这时候人人的希望，人人的眼睛，都在米拉波身上。"

拉法耶特看见米拉波有了大进步，立刻惊恐起来，他要阻止米拉波将来做到会长，自然就渐渐亲近左翼党团，只要有机会就打败米拉波。米拉波写道："这算得什么！不值得一提！"随后因有右翼党团的帮忙，居然被举做会长，米拉波欢喜欲狂。他现在既是一个要紧省区的代表，又是议会的会长，算得是登峰造极了。他还居然得王后召见，见过之后，又很高兴，以为说动了王后，已经赢得一半了。这时候也许不必要拉法耶特帮忙，只手擎天，或者可以挽回狂澜！可惜这时候，他的死期将至。3月27日，米拉波在会场演说的时候，肾病已经很厉害，脸无人色，在场的人看见了，都很害怕。30日就卧床不起，他的病状是毫无希望的了。巴黎听见大惊，国王问病的专使，同雅各宾党派来探病的人，同时都到了他的住宅，宅外聚集了多少人，都是来打听病状的。他睡在病榻，死期逼近的时候，仍然是壮志不衰，一面痛责世人，一面深恨功败垂成。他曾写道："我看得很清楚，我们是在极纷乱无政府的时代愈陷愈深，我想到我费了许多心力所办的事，不过是帮助破坏，我觉得很惊惧……"

米拉波这一死，当日被看作极重大的一件事，出殡的仪式非常之隆重，是送到伟人国葬的地方停棺的，人民都为他举哀。最该惋惜米拉波之死的还是宫廷，大约只有他一个人，或者还可以救国王。

米拉波的葬礼

米拉波曾经对塔列朗说道："君主独裁制的余烬与我之死，同归熄灭了！"他未死的早一天晚上，还劝路易十六千万不要出奔。米拉波的确有先见之明，他心里猜着国王预备逃走，他晓得他们已经决定逃走的计策。

人民也疑心到路易要逃走，故此很严密侦察宫廷的举动。王族晓得了，很发怒。人民愈要君主不要离开巴黎，路易十六及王族愈想逃走。

此后接连发生好几件事。有一天有人报告，说是王弟（即普罗旺斯伯爵）快要出行了，于是就有许多人围住他的府第。这位王弟没法，只好走出来露露面，又坐了大马车，环游巴黎一遍，表示他并未出行。人民见了很欢喜，有许多粗俗的女人走过来同王弟接吻。国王的姑姑们（路易十五的公主）有一次要离开巴黎，又为群众拦阻，于是聚众在王宫之前喧哗，强逼路易十六禁止这些老婆子们（称呼王姑）出城，勒令她们回宫。随后又发生一件事，当时有谣言说是王宫地下有一条地道，暗通万塞讷地方，被人查见了。群众又惊慌起来，一会儿跑到万塞讷地方看看，一会儿又跑回巴黎来看看。拉法耶特费了许多唇舌，发了多少誓，说了多少安心

暴民反对国王的姑姑出城

的话，才把这些意图滋事的人解散了。聚集的人散了之后，拉法耶特进宫看见有许多贵族已经入宫保护路易十六，他大不以为然，闹得很凶，几乎要抓维勒基耶公爵的喉咙，对着君主斥责这一群贵族，骂他们是绑票的群众，很相信贵族们设法要把王族掳走。路易十六因为拉法耶特闯进宫来，又因群众滋事，气极了，病倒在床。

将到复活节那几天，心里更加畏惧，他因为批准两次条例，觉得是得罪于天，自己成了个罪人，现在应该去忏悔，又恐怕难蒙宽待，又决计不去。强迫他批准条例的人，又非常发怒，最奇怪的是这群人鼓噪要行复活节的礼。路易十六原想避免群众注意，原要往圣克罗宫离宫。乱民们又包围王宫，令他无路可出。路易十六试走出来，国民自卫军首先反对，当下就有十多个乱民大喊道："不要让他走出宫。"拉法耶特晓得了，即赶到王宫同乱民们开始谈判，群众耻笑他。王族们只好不往圣克罗宫离宫。王后愤怒到脸无血色，对拉法耶特说道："你此时不能不承认我们不得自由。"拉法耶特立刻辞职，随后又撤回辞职书。4月21日有斯塔尔男爵写道："拉法耶特看见部下不听命令，应该当场把剑折断了。"

当天巴黎省还有公文给国王，措辞极其严厉，严责国王不该有如是举动。路易十六是极其不耐烦，非要走开不可，他是愤怒到极点，不管发生什么效果，是决计要走。于是佯做甘心服从，事事都听他们的督政。议会还强逼他写通告书，告知各国，证明他有十足的自由。20日那一天，他就依着他们果然写了通告书。议会又强迫他当着一个宣过誓的教士面前忏悔，路易十六也依着他们，果然忏悔了。他们又迫他受圣餐，他也受了。有许多人都觉得君王未免太受屈辱，他们的情形，卑下极了，他们待他好像是待三岁孩子。自从4月18日以来，证明拉法耶特并无能力，无论何时，路易十六都可能受突然的打击。

在王宫里面却以为好机会到了，欧洲各国都聚集在奥帝身后，预备来干预法国的事。当下法国人是十分疑惑，无可适从。革命党又分裂，议会这时候又很不洽舆情，一旦法国没国王，这议会能够收拾残局吗？若是请拉法耶特（有人说过他是傻瓜恺撒）当"独裁者"的重要地位，他能够吃得下吗？还有一点最为重要的，是路易十六讨厌极了住在巴黎，因为住在巴黎，他的自由、他的尊严、他的良心，都受打击。他要去梅斯，因为布伊莱在那里统带军队。有人说只有这一支军队，还是效忠于国王的。只要一晓得他在梅斯，国人做了一年的大梦，到了这时候自应醒转过来，一定对君主下跪，哀求大驾回銮。巴黎的议会不是自行解散，就是服从君主。到了这个时候，既用不着奥地利白衣军，也用不着孔代亲王的红靴军保护大驾回銮了，他就自己同布伊莱回京，自己颁行大赦，恢复和平，从此天下太平无事。

路易十六却不晓得布伊莱的军队，也是极不满意，满肚怨恨，同别的军队一样，不见得能十分为布伊莱出力。路易十六不晓得法国是抱牢了革命，绝不肯放松的，因革命得来的许多好处，是要维持到底的。路易十六一旦逃走，国人是要看作危及法国自由的举动。国人很容易猜得到路易十六一旦到了国界上，一定是变做日耳曼的同盟，不然就为日耳曼军队所利用。法国的人民无论是激进派或和平派，上至公民，下至工匠、乡下人，无论为好牧师所诱，或为坏牧师所诱，到了这个时候，是一定能抛弃前嫌、芥蒂，什么都可以忘记了，只不忘记维持革命，不能忘记法国就行。这时候议会既有全国同心一致做后盾，自然就做起“独裁者”来维持治安。这些思想，路易十六是绝不能有的，假使米拉波尚在，一定要警告路易十六的，但是王族，也绝不能听米拉波的话。在王族看来，是已经饱受屈辱忍无可忍的了。

第十二章　路易十六出奔瓦伦

出奔——瓦伦——王族被阻——巴黎躁动——拉法耶特掌舵——主席博阿尔内——罗默弗之在瓦伦——回銮——巴纳夫、佩蒂翁等接驾——入巴黎——王后一夜白发

6月21日早上7点钟，有一内侍入路易十六的寝宫，见床上无人，立即传警，入王后寝宫及王子们宫探视，都是空的。不过一个钟头之内，整个巴黎，鸣钟报警。

原来路易十六同拉法耶特说话之后，晓得身边左右都是监察者，看管得很严密，就乘机改扮成一个侍役模样，溜出宫门，登了一辆极大的马车，同眷属们一车逃走。他们一路向阿尔贡前进，希望从此能够走到蒙梅迪。事前原已约好，一走过了阿尔贡，就有布伊莱带兵来接驾。

21日这一天考尔夫子爵夫人（即是王后假名）带同儿女及总管（即是路易十六）走了一天，路上并无人盘问，又无人拦阻。那天是非常之热，他们到了圣梅内乌德，就有布伊莱派达马斯带龙骑兵来接驾。

达马斯带了龙骑兵果然是到了圣梅内乌德地方，但是部下的骑兵，也是反侧不安，不听号令，同其他军队一样。他们到了这个地方，反而不妙，因为王族们所坐的大马车，非常大，早已令人注意。当地有个邮务长名叫德鲁埃，却还并不十分犯疑，不过嘱咐驾车的要小心，不要使马失蹄

跌倒。于是那辆大马车向前走，刚走过之后，邮务长的儿子却犯了疑心，就同一个同伴名叫纪尧姆的自告奋勇，跑到克莱蒙，盘查这辆大车。他们抄近走入大树林，先一步赶到克莱蒙。

大马车走到克莱蒙的时候，天已黑了，达马斯伯爵果然在那里等候接驾。但是并未带有骑兵，因为达马斯很不相信他的骑兵，先令他们扎住，不敢带他们来。是以这辆大车并无护卫，停了不过几分钟，又向前走。要经过瓦伦地方，才能走到蒙梅迪。大马车才走过之后，克莱蒙的居民起哄，勒令骑兵缴械，鸣钟报警。

当下邮务长的儿子同纪尧姆两个人，骑马拼命向前跑。

到了瓦伦地方，他们一直跑到大马车必要经过的地点，立刻报警，先拉了一辆大车，放在艾尔河桥头拦住去路，立刻报告当地自治会的检察长索西神父。

路易十六在瓦伦被逮捕

大马车走到艾尔河桥头，果然不能前进，索西盘问一番，查验护照，都是正式护照，原想放行，德鲁埃不肯，还要详细盘问。路易十六着急起来，喊道："车夫们只管往前赶！"但是这时候已经聚了好些人，立刻把枪装好，预备放枪，喊道："你们若是前进一步，我们就开枪。"路易十六还盼望不久布伊莱的军队快要赶到当地来保驾，不敢再同当地的群众争论，只好听索西的话，先到他家里稍为歇息。随后果然有军队到来，不料被群众热情招待，反同居民亲热起来。这时有了这种军队，反而不妙，危险更大。

后来瓦伦的人认得路易十六，路易十六只好承认。不晓得因为什么缘故，这时候这一位路易十六忽然降格起来，伸开两臂搂抱认得他的那个人，又搂抱索西，又搂抱自治会的委员们。假使当时路易十六以为这样的举动，就可以赢得他们的欢心，他不难连德鲁埃都要搂抱起来。这时群众已经包围索西的杂货店，假使索西肯答应放行的话，群众也是绝不能让大马车前走一步的。国王于是登车起行，却是回转头向巴黎走。群众先把要路都堵塞住，不让布伊莱过来，因为他们都晓得布伊莱是反对革命的。这时群众大呼："大马车回巴黎去，若是不往巴黎走的话，我们先放枪把他打死在大马车里。"路易十六还想用缓兵之计，索西觉得有许多为难，于是先打发快马报告巴黎。快马在半路上遇着议会打发来追寻路易十六踪迹的人。

巴黎是6月21日早上7点钟，晓得路易十六逃走的消息，到了8点钟，那王宫左右前后人山人海的包围住了。不过在几个钟头之间，群众的感觉，经过不少变化，最先是疑惑，随后是惊惧，再后是发怒，最后是狂怒。最后来是街上无赖小子们，当作是一件笑话。于是群众的狂怒，变做轻侮耻笑。

这时候拉法耶特所处的地位，变做两难。众人不是当他串通私放，就是当他糊涂受骗。他却是很镇静，骑马一直走入人群中，遇见市长巴伊及议会长博阿尔内，一同走入王宫。到了这个当口，谁该签押公文，发号施令，把君主送回来呢？拉法耶特执笔签字，于是有多数副官，分途代发号令。

当下群众闯入王宫，有一个卖樱桃的女贩子，把果子篮扔在王后的床上。当时又有一个邮差失魂落魄地喊道：“我还有几封信，究竟交给谁呢？”有几个流氓答道：“他逃走了，并未留下住址。”当下巴黎的群众，已经把国王逃走的事当作笑话了。还有几个人异想天开在宫门上挂了一张牌子写道“此房出租”，其实骨子里群众因君主逃走，心里很有点害怕，只好借笑话来遮掩。假使不久就看见奥地利军队入占巴黎，是不足为奇的事。

议会也觉得不能十分放心，当日是早上9点钟聚集，博阿尔内当主席。他原是有名的跳舞好手，今天轮到他出风头了。拉法耶特在市政厅出风头，博阿尔内在议会里出风头。这个人原是个庸才，是一个贵族，却坐在议场的极端左翼党团一方，居然摆出领袖的架子来。这位貌美的跳舞好手，因为一个名叫约瑟芬的女子（后来嫁拿破仑）替他生了一个儿子，名叫欧仁，群众当作笑话，称呼这个孩子做“太子”。

当日博阿尔内主席首先发言道：“我们处在如此意料不到又如此重要的环境，本议长的意思，以为国会自然想到因为保全全国的治安，及维持宪法起见，要迅速发号施令，警告全国。”议员们决定开长久会议，不离会场，果然一直等到25日晚上才散会，当天却无什么号令发表。

后来议妥由内政大臣派专差通告各个省区，严令各处防守，无论何人，有出国界一步者，立即拘拿。这一个号令，是议员全体一致通过的，并无一票反对。右翼党团是最守旧的，也不敢反对，左翼党团的争论，也就从此消灭，议会全体通场一致。

拉法耶特的副官名叫罗默弗，带了议会拘捕路易的号令，起程前往追拿。当天半夜里他与在路上相遇的同伴巴戎到了阿尔贡山麓，取道山坡，经过许多极其鼓噪的乡村，灯笼、火把、警钟闹个不休。从一条小路下山，早上5点钟到了克莱蒙地方，看见聚集许多人躁动得很厉害，探知瓦伦情形，立即往前走。到了瓦伦，看见路易十六在索西神父的家里。这两个人满脸愁容，恭恭敬敬地把议会所发的拘捕命令交与国王，路易十六很难堪地答道："这时候还有什么法国的国王？"他说这句话的时候本没多想，却不料不幸而言中。君主独裁的制度，就在当时死于瓦伦地方了！此后一年，巴黎所做的事，不过是掩埋这个君主独裁制而已。

瓦伦场景

这时在瓦伦所发生的事，不过是独裁制临死的呻吟而已。随后就是回銮，那时候并不是那几匹马拉着大马车走，简直好像有许多人抬着走。因为不知有多少人紧紧地围住这辆大马车，越走越是人多，总算是随扈，很不寂寞。不过沿路上随扈的人，都是极下等的流氓匪类，有许多口出丑言，令人难堪。路易十六只有一句答话，指天誓日地说道："我并不想离国。"匪类们羞辱王后的话，更是难听。那时候天气又热，尘土又多，随扈的闲人至少也有六七千。在夏龙，匪类们侮辱的话越来越多，有几个一面耻笑，一面说道："卡佩（路易本姓）长得很胖，够我们宰割的了。"又发誓说道："我们要把国王、王后的五脏掏出来，做小徽章，剥他们的皮来做腰带。"还有几个要煮熟他们的心肝吃。一路走，所听见的全是不堪入耳的恶言。走到舒伊，有人还看见匪类们唾路易十六的脸。路易十六坐在车里不动，王后同王妹伊丽莎白只是忿极痛哭。有时匪类们不辱骂，却又有一班人，一路走，一路教训他们。走到埃佩尔奈的时候，有几位地方官包围住大马车，路易十六擦脸上的汗，其中有一位地方官对路易十六说道："你喜欢远行，故此要流这许多汗。"总而言之，王者的尊严，算是扫地了。

大马车走到埃佩尔奈同夏托-梯叶里之间，就有议会派来的巴纳夫、佩蒂翁、拉图尔蒙伯格三个人来迎接。拘获路易十六的消息是24日才到巴黎的，在未得消息之前两天，巴黎是躁动得不得了，群众心里是很着急，只好拿笑话来勉强遮掩。在外面看来，众人好像打定了主意，不要君主了。他们在街上乱喊道："失去一名国王，失去一名王后，有寻得者，给予重赏。"德穆兰说："卡佩一族的男女，都潜逃了。"议会貌为镇静，模仿古时罗马人，装作无事讨论刑律。

但是外面虽貌为镇静，心里却是很扰动的。看他们当日的来往书信可知。21日那天，他们写的都是求上帝保护的话，22日，也还是说这种话。议员中原是分开党派的，因为路易十六逃走，就消弭党见，结合为一，这是极可喜的事。但是有两天得不着消息，他们的日子很难过，心里焦急到了不得。

到了那天晚上9点半钟，那无精打采的议员们，忽然听见门外大喊，说是国王已经被拘住了！他们才放心。过了一会儿，主席博阿尔内对众宣读快探从瓦伦送来的信，于是才派三个议员去迎接路易十六回来，沿途保护他，翌晨4点钟，巴纳夫等三个人就出发了。

在拉开福小村遇着大马车的，就随扈回来。这三位议员却毫不客气，就挤在那辆大马车里头，同车回来。

下午3点钟正是天气极热的时候，大驾到了庞坦，一入巴黎城，一切恶言笑话，都停止了。但是群众那种严肃不发一言的情状，尤其令人可怕。那时候已经有了命令，见了路易十六，是没一个人脱帽示敬的。路易

皇室贵族从瓦伦归来

十六却还支持得住，动也不动，王后却就不然了，她的头垂得很低，几乎垂到膝上。国民自卫军站在街的两边，却是倒拿枪，同出殡一样。有一位议员罗热6月26日这样叙述当时的情景，说得有声有色。

大马车到了王宫，路易十六下车，走上台阶，一言不发。有许多人看见王后当时的模样，也好像还有点失落。到了晚上7点钟，宫门关闭。

这次议员一连四天都在议场，到了这时候才散会。拉法耶特跑进王宫见路易十六，请问有什么诏谕？路易十六大笑答道："据我看来，还是我要听你的号令，你为什么反过来听我的号令？"当日下午，路易十六得了消息，议会已经议决通过，停止国王行使职权，暂时囚在王宫里，路易十六这一笑，我们听了很难受。26日这一天，有许多议员走来盘问他，同讯问犯人口供一样。路易十六始终都是笑脸对付，一点也不生气。王后对待他们则不然，板下面孔来，对待他们是很冷的，请他们坐在御座上，自己却坐在一个直背椅子上。有人看见她说道："王后此时忽然变老了二十年！"第二天早晨侍女同王后理发，看见王后的头发全白了，好像是七十岁的老妇。

一连好几个星期，宫门是有国民自卫军严守，常常关闭。王室是完了，王位是丢了！

第十三章　战神广场的枪声

国王被停使职权——被拐——俱乐部主张废路易——提议共和制——议会还想维持君主制——巴纳夫——雅各宾俱乐部之分裂——斐扬党——7月17日之战神广场——拉法耶特及巴伊发号令放枪击群众——议会太疲乏不愿有反动的举动

6月24日，有一个人写信给萨尔姆亲王说道："议会所决定的绝妙良策，能使法国最下等无知的小民，都能相信，可以不必有国王，无论在哪条大街上，我们都听见许多人说：'我们用不着君主。'"

这时候好像来了一阵共和大风，把什么宪法，什么波旁王朝都要刮得无影无踪了，却是用不着什么废位的举动。22日，有一位宪法规定的主教说道："路易十六是已经废黜了。"这一位教士相信路易十六逃走即是退位。

无论把路易十六当作私逃的人，或是被人拐跑的人，他这时候是最为众人所不齿，最为众人所藐视。罗兰夫人写道："路易是一个被锁闭的王者木偶。"街上的流氓，称呼路易十六为"无信路易"，还有称为"肥猪"的。更为严重的，就是议会中向来维持君主独裁的议员们，这个时候的演说，都带了许多轻蔑的意味。莫里斯是最反对革命的，他这时候的日记上，也说路易十六是个最可鄙、最残虐的人，是个蛮横易怒的人，随后的结论说道："如此野兽，无怪乎人家把他废了。"这是向来同宫廷最亲善的人，所说的话。

若当路易十六是一个私逃的人看，自然是很令人讨厌的；若当作是被人拐跑的，是很令人看不起；若当他是一个囚犯，又令人可笑。既是一个国王，被国人押解回京，满脸上都是匪类的吐唾，如何不叫人看不起他呢？

国民到了这个时候，声势自然增强了许多，革命的基础是从受了路易十六逃走这一次的大震动之后，更加坚固，不易动摇了。还有一层，国内并不因为他逃走而秩序混乱，于是他们就得了一个结论说道：“国可以无君，君却不能无国。”

当时议会的人，确是存有这种的想法。路易十六是停止行使职权，所有的御玺、信印，都在议会手里。右翼党团亦觉得难以措辞反对左翼党团，左翼党团有一派好像是也不愿乘机再进步。议员们都一致同意，说是：“路易十六是被人拐跑的。”这一句话，全是他们造出来的，却并无一个人能相信路易十六是当真被人拐跑的。布伊莱却写过一封信告诉议会说：是他定计拐跑的，拐到手之后，就逃往外国。议会为此大为责备布伊莱但是并无提议有废黜路易十六的话。

议会虽无人提议，但是各俱乐部却很主张废他。21日科德利埃俱乐部把废路易的问题作为议案，同时并通知雅各宾俱乐部考虑。布里索同孔多塞提出反对君主自由行动的话，佩蒂翁原要同他们一路走，随后又变了卦。原来他是为爱情所迷，因他同王族同乘一辆马车同路回巴黎时，谬托知己，以为王妹伊丽莎白对他表示爱情。罗伯斯庇尔还是照常很小心谨慎的，发出议论反对二次革命。读者要注意这一个罗伯斯庇尔是一个阴谋家，向来是规避直接举动的，他生平最害怕有毅力、有刚断的人，如丹东之类。这时候正好是丹东在科德利埃俱乐部当领袖。马拉的意思，是要把君主摆放一边，另外选派军事委员会。马拉自称国人之友，骨子里却是个专制家。罗兰夫人却晓得自由的绝妙机会，被他们错过了，可惜没人利用这样的好机会。

各省才表示过他们如何爱国，大约骨子里还是专重王权的。有一个不知名的俱乐部会员科迪埃，曾在昂热的俱乐部攻击过，国王的身体是不可侵犯的道理，与说教皇之绝不能做错事的道理是同样荒谬的，同时他却预料将来必有政党大战争，曾提议选举一位皇帝出来，居然把后来的事情都料中了。蒙彼利埃有一个俱乐部，因为有康蓬提议写了一封书信，替几个俱乐部对议会说话，请求把法国改做共和制，但是没赞成的。

其在巴黎主张共和的，对于创造举动，并不绝望。但是反对保皇党的小书流传通城，议会却不为之动。有一个雅各宾党的报馆记者哥尔萨发起许多议论，与其有一只共和的鹤，不如建立一个木头君主制。马拉所提议的军事委员团，众人听了都很有戒心。孔多塞是力主共和制，说得天花乱坠。西哀士却反对共和制，说他是主张君主制，因为君主制的结果是一点，共和制的结果是一块板；君主制是个三角形，颇便于用，比共和的平板好得多；因为君主制可以分权，这是自由制的真保障。他既然分别得如此清楚，如此决绝，听者是不能再怀疑的了。

巴纳夫一出头就把这件事办成了。他现在是完全扶持王室，米拉波早已晓得他这个既富于情感，又慷慨激昂而颇好浮名的人，早要极力拉拢以为己助。巴纳夫看见王室沦落到如此情形，遂发怜悯之心，满腔热忱，要替他们想法。他虽不到处卖弄他扶持王室的至诚，但是反对共和则极其坚决，7月15日和16日，议会议决通过议案很得他的助力。这两天的议案是替路易十六洗刷一切罪名，恢复他的权利（原指原理而言），至于所谓停止君主职权，不过停到宪法成立时为止。这时候因为要堵共和党的嘴，还提议请孔多塞当太子的师傅。

虽然雅各宾俱乐部的人，大多数是主张进行革命的。处置路易十六及改为共和的问题，当日曾交俱乐部讨论。因为这个问题，俱乐部的会员四分五裂。拉默、西哀士、巴纳夫等极端反对共和，于是同时脱离雅各宾党，另外建设一个斐扬俱乐部，骂雅各宾俱乐部下流，还说他们不知要建立什么共和制度？雅各宾党这时既无和平派，于是决计要进行他们的共和提议，并决定于7月17日把这个议案放在祖国祭坛上。

雅各宾俱乐部内景

拉法耶特晓得雅各宾党有这种举动，一定要用武力干涉。新成立的斐扬党员，自然是绝不拦阻拉法耶特这种举动。有一位雅各宾党人富尼埃说道：“巴黎省是个鬼魅省，帮助斐扬党，还有巴伊和拉法耶特两位反叛同谋，要实行杀害国民的阴谋。”这是指随后派出国民自卫军镇压，巴伊预备宣布戒严律的举动。

17日早上，就有许多人走到那祭坛地方搜出有两个人伏在坛内，众人就说道：“两个人躲在祭坛内，要放炸药。”群众狂怒，自然先拿这两个人泄愤，绞死这两个人。这件事发生之后，各党派各添作料编成故事，各人说各人的话。有个党派说：“这两个人是国贼，其意思把呈送议会提议的雅各宾党人，一网打尽，炸死他们。”有个党派说：“这两个人是无辜良民，被冤枉死的，自己也不知是怎么一回事。”只有一件是实在的，他们是把这两个人按照极端革命形式处死的。于是人愈聚愈多，拉法耶特带领几队兵，到了战神广场，群众看见军队不算什么，对他们弹指；这两年来群众是看惯了，军队一看见群众，是立刻把枪放下的。但是这一次平民们是十分害怕，也不能说他们是无理由的害怕。这天是星期日，国民自卫军全身披挂站立在烈日之下许久了，原是已经很不耐烦。拉法耶特强迫了巴伊好几次，非要巴伊在场不可。于是巴伊到场展开红旗，这是实行戒严的记号。那时候国民自卫军及统领国民自卫军的军长拉法耶特，展红旗的市政厅长巴伊，同时受群众抛掷石头的欢迎，国民自卫军只是向天放枪。群众中有一个异常狂热地抛掷石头迎着拉法耶特的脸打过去，国民自卫军这时候真不耐烦了，立刻向群众放枪，打出几条空道。

群众狂奔，骑兵向前直冲。群众从前是看惯的了，故此愈闹愈胆大，不料这一次国民自卫军认真起来，群众大上其当，在混乱中解散了。旁观人害怕到要死，也都跑了。在1789年7月13日，假使兰贝斯克也发号令放一排枪，如同1791年7月17日这位自称民主党的拉法耶特发号令放枪击散群众，当然是不会有攻倒巴士底狱的事。罗兰夫人未免言过其实，说道："这一天的事，是滥杀无辜。"其实并未打死几个人。但是所杀的人虽不算多，然而从此一方面的平民，拉法耶特、市政厅及议会，与另一方面的滋事群众、进步派及极端左翼党团的俱乐部产生大芥蒂，决绝要分离。据兰代的书信说："有几天左翼党团还是很恭维拉法耶特的，说他那一天大度和平。还说那天的举动，居然把布里索、丹东、拉克洛、孔多塞等阻止住了，是非常令人喜欢。"

极端左翼党团预见不久会有苏拉的强横残暴专制（事见《罗马史》）。这句话是恭维议会之始终如一不改初衷，及拉法耶特之振作有为。这一位特别的苏拉（指拉法耶特）头发铺满白粉，很不愿意看见血溅上他的花边衣袖。[①]罗伯斯庇尔是胆怯成性的，一连躲藏了好几天不露

① 头发铺白粉，有花边的衣袖是贵族打扮。——译者注

面，这时候却从躲藏的地方走出来。唯有丹东一个人此时不能不出奔，有人提议查办他，开始查办了许久，拖延了许多日子，其后是毫无结果的，不了了事。后来丹东从英国回来，是扯开殉难旗子回国的。

1791年7月17日在战神广场宣布戒严令

议会这时候已经疲劳过甚，不肯提倡或实行什么压制举动，因为果然要有这种举动，又要重新另起炉灶，再做起来。例如恢复官吏事权，解散俱乐部，重新整顿陆军，还要很细心研究新宪法里暗藏的许多无政府主义。这时候议会实在无力再办此等事了。

还有一层，虽然是放过一排枪，虽然是要惩当日为首滋事的人，但是7月17日议员们所打倒的人，原是将来不久就要承继他们的人。例如罗伯斯庇尔不久得了好几千的票，被选为巴黎省检察长。他的朋友佩蒂翁，已经被选为法庭庭长。孔多塞是共和党的大顾问，无一事不先请教他的，不久又被选举为巴黎代表。

总而言之，议会此时又疲劳，又灰心，只好袖手不管了。他们这时候几乎喘不出气来，不久就要呜呼哀哉了！

第十四章　制宪议会之末日

议会欲修改宪法而不成——巴纳夫亦主张修改宪法可惜太迟了——不许找借口修改宪法——名誉扫地的议会之筋疲力尽——阿维尼翁被并入法国——流亡贵族之骚动——日耳曼帝王诸侯主张宽缓——科布伦茨之宣告书——路易十六承认宪法批准颁行——庆祝宪法颁行——制宪议会解散——风雷将作

9月11日，有一个女人名朱利安，是一个雅各宾党，写道："法国八十三省，都高呼要重新组织立法议院。"

这时候法国已经是很厌恶这个议会，同时议会自己也觉得委顿无力，议员们早已想走开享自由。有好几位简直是因过于劳苦，体力吃不住了。还有许多一向是在那里做梦，到了这个时候，都醒悟过来了。

9月4日有一位外国驻使写道："许多民党魁首变得极厉害，他们现在都晓得所定的宪法是绝对行不通的。"

他们很想修墙弥缝。米拉波当日病危的时候，曾经鼓动议决修改宪法。巴纳夫原先是反对修改的，现在明白过来，反拿修改的问题作为武器。作者从前提过巴纳夫因为护送回銮，所有的见解，忽然都改变了。现在还是如此，他不由自主地改变过来。这一层早已为米拉波所料到。有一天巴纳夫对马鲁埃说道："不过数月之间，我变老了。"1791年的巴纳夫才明白过来，忙了这两年，所做的不过全是破坏的事，这时要着手做恢复的事了。1789年的穆尼埃及1790年的米拉波都是这样想。读者宜留意将来到了

1792年的维尼奥及布里索，1794年的丹东及德穆兰，也是觉得不过几个月之间，都“变老了”，可惜后悔太迟了！

巴纳夫这个人是一个面冷心热的人，与他同时的一个人说他道：“巴纳夫尽有少年人的令人可亲之处，而不露其热，外面并不是热气沸腾的，他心里头却是一把大火，烧得很热；他现在要弥缝修改，心里真如火烧。”王后倚赖他的帮助，俱乐部哗然，说他是个叛徒。巴纳夫这时候是渐渐地转到右翼党团了。

他还要把他的好朋友拉默、勒霞不列、杜波尔等三个人拉在一路走。这三位从前原是雅各宾俱乐部的首领，现在是脱离关系了。他们是很想预备帮助某种反动，不过恐怕一开始反动，自己的能力操纵不了。勒霞不列曾对马鲁埃说道：“我们怎样能够恢复君主的大权呢？一恢复之后，自然是首先反对我们。”他们又害怕，又恐反为俱乐部所噬，便宜了宫廷。议会的右翼党团，又并不欢迎他们投过来。温普芬是在左右翼党团之间来往商量的，他把左翼党团的新提议，拿去同右翼党团商量，说道：“你们要破坏一切，你们果然破坏一切。”右翼党团对于巴纳夫他们的提议，发了许多挖苦他们的议论，里瓦罗尔说：“放火的是他们，这时候又要救火。”但是当日右翼党团应该同这班放火人合作的，因为只有他们晓得是什么地方着了火，可以变做最好的救火人。

因为右翼党团不肯同他们合作，他们只好不主张做彻底的修改。朱利安夫人很反对他们说道：“他们把君主的王冠上的珠宝都拆下来，重新又放上去。”这几句话是不该如此说的。巴巴鲁说道：“他们是议会的败类。”这也未免说得太过。

马鲁埃果然提出一个议案，是替政府增加权利的。有一位议员说道：“这种办法，岂不是反对革命吗？”勒霞不列原是力劝马鲁埃登台演说的，看见风头不好，害怕起来，反请主席禁止人登台演说。议会只限制于讨论修改选举法。在我们今日看过去，当日他们的办法，是不能禁止激烈横暴的政客把持一切，以选举本人。在另一方面，又要使共和党无话可说，议会只好议决，不到十年不能借口修改宪法，这是要等到1801年。到

在市井宣布宪法

了那时候，还是特别议会修改的。我们今日追溯从前对于他们这个议决的议案，不禁付之一笑。到了1801年，还有什么1791年的宪法存在呢？自从1791年之后，已经定过三个宪法了，到了那个时候，巴纳夫、勒霞不列等幸而不为此登断头台，送了性命的议员们，可在首领制度之下做大官了。

那是天气最酷热的时候，这个筋疲力尽的议会，还在那里终日勤苦办事。他们已都知道议会是很不合舆情的。刚好那一年又是个灾年，收获很不好，不及往年四分之一。工匠们无事可做，个个都痛恨议会，遍地都是挖苦辱骂议会的歌谣。议员们自己也取笑自己，有一位议员对他的同仁说道："今日议决通过的议案，还不是同昨日通过的一样糊涂无理吗？"那个人答道："你何必说出今日昨日，无论哪一天通过的议案，不是一样的糊涂无理吗？"议会里头自以为如此，舆论也以为如此。作者有无数多的证据，证明这个奄奄待毙的议会种种不合舆情的地方。

大约议会因为自己也晓得舆情不服（当时的舆论原也不免有不公道之处），故此议会更铸一大错。议会通过一案，是规定此届议员不能当下届的议员，他们以为是表示大公无私到极点了。作者则以为这又是他们大错，提议及通过这个议案的人，简直是完全破坏他们这几年辛苦的事功。因为他们开始办理修改的事，才算是开始同事实相接触，这一群理想家，从此才慢慢得了一点议员办实事的阅历，假使他们能够二次被选当了立法议会的议员，还可以有机会对于他们上届所定的条例加以匀称平衡，不然也可以设法实行他们所定的宪法。可惜右翼党团又不善体会，于是竭力鼓动要通过不能再被选的议案。马鲁埃自己也承认这是大错，说道："现在只剩了一件大错事留给我们办，我们居然办了，又铸成一个大错。"

马鲁埃同时承认当日是劳苦困顿到极点了。此外还有好几位议员的书信、日记，以及许多报章，都承认这句话，说这个议案是劳累及退位的结果。

议会当日规避各种为难问题，不敢提议，《教士公民组织法》是处处失败，凡是关于这个问题的争论，一切都停止。流亡贵族们聚在科布伦茨大发怒火，议会不敢设法反对他们。有一位议员写道：“简直是不晓得议会有什么确定的主意。”那时候奥帝同普王会面于皮尔尼茨。制宪议会向来是最易于犯疑的，到了这个时候，装作不知有皮尔尼茨地方会谈之事，这就是鸵鸟的政策。此时全国的军队都是不服从命令的，全体都哗变了。8月29日议会因为这个问题有所讨论，有一位在场旁观的人说道：“议会当时决定几种毫无道理的办法。”此时是第四次提议阿维尼翁的问题，这算是最后的一次提议。议会规定了一个极可笑的办法，作为解决。教皇的秘密使者萨拉蒙立刻去找巴纳夫，（这位使者以光临巴纳夫住宅为耻，曾说：“我怎么会跑到这种不相干的人家里。”）商量无效。遂于9月12日，议决将阿维尼翁收入法国版图。摩里教士是极力反对的，泣不成声。可见得这一位最有毅力的议员，也疲倦无力了。

然而这一个最后的议会宣谕，是有极重要关系的，因为欧洲各国得有借口。奥帝虽然不见得十分愿意拿这件事借口干预，但是此时奥帝渐渐同普王日见亲密，好像是奥普要议定合作。科尼兹曾在维也纳提议，各国政府会商一个共同办法。但是奥帝的目的不过是要使各国政府为难。有几个政府的答复都引了许多理由，提议种种缓不济急的办法。这原在奥帝意料之中。俄国女皇叶卡捷琳娜二世虽然很恭维日耳曼的办法，却借口时期已迟，不允发兵。她的目的是华沙。普鲁士向来是实事求是的，要求奥地利先给担保，（普王颇疑心奥帝有对法国方面开拓边疆的意思）然后才把军队借与奥地利，一定要先答应有什么赔偿，最好还是先交赔偿才肯借兵。因为有这样种种阻碍，故此法国还可再过六个月安然无事。

当下流亡贵族既失望，又发怒。路易十六的贵弟普罗旺斯伯爵是6月21日逃走的，走到布鲁塞尔，大摆其架子，召见流亡贵族，俨然恢复国王制度，自称摄政。瑞典王有一次驾幸亚琛，这群流亡贵族以为将有大举动了，于是商定如何举兵入犯，却绝不计及各国政府究竟是什么意思？他们又商定入犯之后，如何报复，如何把所有的革命党个个绞死，上起拉法耶特，下至巴纳夫，都要绞死泄愤，一个不得漏网。布伊莱勇将因为过于愤怒，糊涂了，不明事势，贸然自告奋勇担任长官带军队入巴黎，还写了一封说疯话的信给议会。幸而议员们分党不和，不然这封信尽够把王室完全推翻了。

路易十六晓得他的贵弟在外胡闹，苦苦劝谕，他的令弟还是不从，一味地胡为。他骚扰奥帝到极不耐烦，奥帝无法，只好答应他来皮尔尼茨堡。他就得意极了，以为是奥帝请他去同日耳曼的帝王诸侯商议大事。

帝王诸侯们原来并不愿意有战事，不过是要想尽方法，可以把战事延迟。8月25日初开会议，一致赞成从缓。26日流亡贵族的领袖布伊莱、卡龙、波里纳、孔代及阿图瓦等来见，要求颁发分列十款的声罪攻讨的宣言书。其中有一款是在巴黎残杀无辜，及将所有扶助革命的人斩首。帝王诸侯等因为已经一致赞成从缓，决计不好令这班讨厌的流亡贵族们毫无所得而去，于是议定宣言书的草案。其中全是骑墙的话，意思是说先要欧洲各国一致赞成某种办法，然后干预。当时曾有利奥波德的书信证明，奥帝说过，宣言书上的话语，是表明这次的举动，毫无举兵干预之意。

流亡贵族们却善用这个机会，日耳曼帝王诸侯会议的结果，原是大多部分是制止干预，流亡贵族们却利用得很有效果。奥帝同普王正在劝路易十六真诚承认宪法的时候，流亡贵族们却把《皮尔尼茨宣言》送去巴黎，另外自己加了些极不相干的话。这极不相干的话，就是他们向路易说，他们的《科布伦茨宣言》，足以维系全国人心，使其都倾向立法机构。这一件公文，足以断送了路易十六。原来曾经有多人苦劝路易的两个令弟，叫他们不可如此，他们总是不听，像是有心要害路易十六。王后一见这件公文，有路易十六两位令弟的签字，喊道："这两个人简直是该隐[①]。"议会对于这件事却无人发言，他们此时大约都预备回家了，暂时先把这个武器搁在一边，等到有好机会再取来利用。当日发生这些事情，却能证明一件事。总而言之，是尚未到攻击，不过恐吓而已。当时朱利安在8月写道："倘若这些人错过一个月不来攻击我们，春

① 该隐（Cain）手刃其弟，见《旧约·创世纪》。——译者注

天之前决无战事。”

9月25日，路易十六承认宪法，立即批准颁行，制宪议会当即解散。

9月4日将宪法送与路易十六。13日，路易十六写了一封很大方的信，承认宪法，信内还说：“假使我谓宪法所规定之办法，真能有实力，可以对于版图如是之大国维持统一，振兴国势，则预言为不诚实，不过对于此事，意见尚未能有一致，我亦愿意姑且试行，借阅历以判断可也。”信内并说明将于14日亲临议会，宣读其承认宪法之宣言。

这次议会对待路易十六有许多不该之处，只是群众并不知而已。路易十六既已承认宪法，此后国中可以安宁无事了。此时群众对待路易十六，也还有好感。王后此时对议员们也有了笑脸，群众对她也居然表示好感，王后的朋友拉马克伯爵，16日致书于王后说道：“倘若王后撇开私感，肯讨好拉拢这些轻浅无定的国人，就能操纵他们。”试观此时国人之对待王后，足以证明此言之不谬矣。

17日巴黎庆祝一天，无论是反对革命的人，或赞成革命的人，都说17日这一天实在是热闹。路易十六在王宫的花园走来走去，还出了花园一直走到夏约。群众见了无不喝彩欢呼，还有许多人作诗赞美他。剧院演剧，也是恭维他，唱的歌曲，也是恭维王室的。25日，到处都张灯结彩，庆贺革命告竣。午后5点钟放氢气球，气球当作是个地球，代表宪法。气球顶上有一只张翼的鹰，这只鹰跟着气球上升，飞得很快很高，好像是要把宪法送到空中。气球挂了一个小车，有两个胆大的人坐在车里，要从高处看看，看酝酿些什么大雷暴雨。这个人的比喻打得不错，他们所定的宪法，原是空中楼阁，果然不久真有大雷暴雨，把这个宪法打得粉碎。只有那只鹰飞到高处，等有机会再下来。

这同一天是议会解散，路易十六到会场行解散礼。议员们这一次当真是把他当作君主，很欢迎他，喝彩许久。国王走过之后，议会宣布解散。有人说：“全国都喝彩的。”

我们是晓得的，议员们是疲劳极了的。兰代写道：“我们居然可以

路易十六亲临议会

自由了，我们都觉得如释重负。”他们晓得有理由可以自慰，（见于当时议员的书信、日记）他们都相信革命是过去了。路易十六也写道：“革命的尽头是到了，国人恢复从前高兴的态度吧！”在9月1日至10月1日，这一个月里头，有三十个人各人写了一封信，都说当日众人都以为革命告终，从此可以过太平日子了。有许多人有别墅在乡下的，自从1789年7月以来，无时无刻不畏惧，以为日蹈危机的，到了这时候，才呼吸一口气，放了心。佛热勒特到了此时，才敢收拾被褥，预备高枕无忧，过安乐的日子。朗巴勒王妃先已逃到外国，到了此时，才敢回来。从她打外国回到巴黎那一天起，仅仅一年，她就在王后被囚的窗外，为群众所杀。

为了纪念自由庆祝节日

虽说是罗热、拉博当日信上所说的话全是乐观，然而也会有怀疑的意思，信内说道："倘若继起的议员，维持我们所定的宪法，我们就有了救了；倘若他们要另立宪法，我们就算是毁了。"

他们所说的议员，就是新被选的议员。他们个个却是年纪太轻，都是新来到的，自然是喜欢另起炉灶的。有一位新议员说道："工匠们把他们所办的事抛弃不顾就走了，把所定的宪法交给后来人，这后来的人用暴力去摇动宪法，宪法倒下来，把他们葬在一片瓦砾场中。他们之后还有后来人，才把宪法破坏净尽。"制宪议会的议员们是很生气。有一位新选的议员证明说，他们的工作远不是毁掉制宪议会的工作，而是要真正完成他们的工作。他说："你们第一届的议会给我们'一具死尸'，我们走来替你们埋葬这具'死尸'，岂不是替你们办后事吗？"制宪议会的议员走来看见古代的君主制度坍塌了，他们是一番好意，既有大度，又是爱国，又好自由，专心维持君主制度，费了许多事，另外创造一个君主制度，可惜建筑得不坚固，从第一天成立起，已有动摇坍塌之势，自然不久，果然坍下来，把什么君主制度，什么自由，一齐压坏了。1791年8月31日就有人说道："天边已起黑云，大风雷雨不久就要发作了，来势是很可怕的。"其实1789年至1791年间君主制度的建筑，既然是很不牢固，用不着什么狂风骤雨，就可以打倒的。他们当日诚然是定下许多重要原则，后来等到1799年至1801年间，有拿破仑同他的内阁暂时借作建造的基础。但是这种根基，并不是处处都是坚固的。制宪议会所筑的墙都是很薄的，只管外面装饰得好看，自然是要倒的。

第二卷

立法议会

第十五章　罗马议会

新议员——右翼党团——波尔多派——波尔多的罗马人——孔多塞——极端左翼党团——中间党——第一次冲突——科布伦茨宣告书——流亡贵族——奉行新制的教士之可怜——惩办流亡贵族之法律——王族贵胄们被召回国——反对教士之苛例——路易十六不肯批准苛待教士之条例——以宣战恫吓法国

女公民朱利安8月14日写道："人人都盼望从远道而来的议员中总有如古罗马、古希腊时代的英雄豪杰。"兰代却晓得新同事之中，有好几位是极其危险过火的人。这一位宪法规定的主教，说的话很不错。

内克尔带点挖苦地说道："他们向来未出过风头，并且向来未办过事。"议员的总数是七百五十人，其中有十个宪法规定的主教，四位将军，三位上校，还有几位是学会里的会员。这些人都是凭着自己的地位得到议员位置的。此外还有十五个下级教士，三十位军官，二十八个医生，还有一大队好喧闹的律师及文学家。这一大帮文学家，算是初次找着路子出来办公事。他们是习惯了理想，从来未与现实接触过的，有一种自以为是居之不疑的态度，故此在议会中他们另外有的一特色。莫里斯写道："这些人都是书呆子。"有一份报纸上说："他们是危险的议员，原是一群狼。"议员中很少有地主，或商人，或种地的人，所有的议员几乎都是穷极无赖的人。作者今引1791年10月的一封信，信上说："有人计算过，将这七百五十个议员的收入通共计算起来，总数不能超过三十万里弗赫；

舒蒂欧曾亲眼看见一位议员向坐在他旁边的一个议员借三个里弗赫结账，是以当时向内克尔打报告，要给每位议员每天十八个里弗赫的议员薪水，议员们看得很重的。”可见这句话，并不是谣言，是有根据的。还有一层，他们很想做一两件惊世骇俗的、有大影响的事，好出出风头。但是那时候只剩下推翻君主制是件大事，除此之外，没什么大事好做。

拉法耶特

从前在制宪议会左边的斐扬党，到了这个时候，却在右边了。这一党又称立宪党。坐在右方的拉法耶特及巴纳夫的朋友们，个个都是很好的自由派，这时候议员称他们是“科布伦茨的代表。”[①]库东称他们作“催眠派”。有一位还称他们是“此路不通派”或“死胡同派”。人人都称他们“反对革命派”。

但是他们却没这样资格。其中有一位迪马将军如痴如狂地崇拜拉法耶特，坐在他旁边的议员却称他做“自由的长子”。有一位名叫若古，是1789年时代的君子，在1790年间有一次雅各宾党大聚会，他曾登台演说，恭维革命。又有人说他这位有道德的好朋友，从前同卢梭来往。右翼党团共计是四十四位议员，都是同一鼻孔出气的人。他们虽都最为流亡贵族所痛恨，然而这个斐扬党，不久众人相信他们，变成了奥地利党[②]。这种称呼就能令他们损失很多名誉。然而宫廷既疑心他们，又欺骗他们，这一党的人又全无政党的手腕，不久就变做无声无息了，全被他党所掩了。怪不得其中有一个名叫塞舍尔的，不久就脱离他们，溜到波尔多地方的代表们

① 流亡贵族代表。——译者注
② 指王后党。——译者注

队里去了。

这一队波尔多代表，是左翼党团的中心，他们就是将来的吉伦特党。波尔多党派里，有两个是特别显著的人：一个就是布里索，是文学家；一个就是维尼奥，是一个律师。极端的左翼党团是要采取行动的；这队波尔多派却不然，只配说话，只配动笔。

读者要注意，无论何时若是听见有人说起这个吉伦特派，却要加倍小心，不要误听了五六十年前革命历史学家的幼稚的话。从前的历史学家如拉马丁、如米什莱，小说家大仲马，会强迫读者做崇拜偶像的人。他们把吉伦特党看作是神圣不可侵犯的，不让我们对于这一党的人说一个“不”字。比尔等却不然，对于吉伦特党有极严重的贬词。但是我们却要主持公论。在1791年10月间，他们是坐在左边，我们要忘记1793年他们所遇的难堪的事。1791年他们是极热心的雅各宾党。我们要当布里索、维尼奥、格朗日纳夫、葛瓦代、让索内、伊斯纳尔诸人是雅各宾党裁判，1791年10月至1792年7月他们总共有二十位党魁，其中有十一位都是吉伦特党的人。若从某几方面而言，他们比罗伯斯庇尔还要急进得多，他们与罗伯斯庇尔都是卢梭的狂热门徒。但是他们与卢梭及罗伯斯庇尔又不同，并不相信有什么至高无上的神圣。他们有大多数是无神论者，其中葛瓦代曾于1792年1月间严责罗伯斯庇尔，因为罗伯斯庇尔提及“无上尊神”。

他们最崇拜古代的英雄，是以变做不崇拜上帝的人。他们是罗马人，崇拜古时罗马英雄布鲁图斯、格拉古、加图。他们饱读普卢塔克所著的《希腊罗马名人传》，故此主持共和。他们又好读罗马帝马可·奥勒留所著的书，故此又变做哲学家。他们若是攻击路易十六的时候，总要称呼他是古罗马的昏暴帝王。我们切勿看错了，称他们是吉伦特地方的代表，他们是古希腊或古罗马的代表。维尼奥得一种“好古”病，时时刻刻都要说到古代，最令人讨厌。他们最喜欢的是说罗马，与罗伯斯庇尔欢喜谈犹太人不同。

还有一层，他们不是律师就是文人。他们最喜欢的就是咬文嚼字，很喜欢听人说好句子，尤其喜欢的是自己说出好句子。例如维尼奥及葛瓦代一登演说坛，并非有意要攻击君主，不过是要打倒他；并非有意激动群众，不过是要说动他们。他们党中有一个人说道："一听见众人鼓掌喝彩，说他们演说得好，他们就好像醉了。"又说："他们演说往往说得过火，散会的时候才觉得难为情。"他们自命为演说大家，以煽动众人为宗旨，只要众人拍掌叫好，他们就忘乎所以，也不知自己所说的话说到什么地方去了，故此往往说出令人可怕的话。试观伊斯纳尔说过一句，就晓得他们说话，何以令人可怕。伊斯纳尔说道："若是手足生了疽，一定要斩去手足，才能救身体！"他们党中没一个人喜欢流血的，但是他们所说的话，都是流血的话，即使是流他们自己的血也不管，只要说得好听，令人喝彩。

他们最喜欢用字眼，最喜欢用声调铿锵的句子，又最喜欢做姿态，很像演员登台，最喜欢异想天开，任情所之，只要能够惊动世人，哪怕自杀，也是甘心的。他们有许多日记，大约都是濒死的时候写的，一读他们的日记，就晓得他们的好出风头，以英雄豪杰自命。

这一党的人大约个个都有一种特别的状态。葛瓦代是个黑瘦人，脸色发黄，两目冒火，最喜欢说尖刻伤人的话，许多人都很怕他。让索内有一副冷面孔，专好说俏皮话，满肚都是章程制度。杜戈是个野心勃勃的人，满肚子都是文学，自命为少年英雄，好像是头上已经有了一圈圆光的。格朗日纳夫是一个极其凶横的人。以上几位都是波尔多地方的人。伊斯纳尔是马赛地方的人，他的同党库东说他的字句，个个都是冒火的。

他们都是律师，故此崇拜维尼奥做领袖。维尼奥不是在意大利的罗马人，是东迁之后的罗马人，最会吹毛求疵，他的演说都是模仿古时罗马演说大家的派头。他的逻辑，有时也还能听懂，但是他的演说居然都是精妙绝伦的话，用的字眼又好，又能说得有声有色，善于摆放字句，简直是出口成章。有一位议员评论他说道："维尼奥一登台演说，就能打动人。"可惜他怠惰而溺于声色，很迷恋一个女演员，非有这个女演员弹奏琴曲，不能驯他的梦魂。后来失败的时候，也专靠这女演员安慰他的余年。

布里索这个人却不甚像他们任性，对待他的夫人很好，是个好丈夫，是个美国贵格会的面孔；自从到过美国费城以后，更像个贵格会的人，他装作这一副清教徒的面孔，能留印象于头脑简单人的心中。因为他写过许多著作，自以为是无所不知。他这个人度量最窄，怨恨人是要怨恨一辈子，终身不忘的。宫廷及罗伯斯庇尔都很吃他的亏。有议员们评论他说："他是很会演说，不过无远见，靠他指导，一定要害了一个党的。"

大概而论，这一群演说家只好当属员，他们若当属员，都是很出色的。这一党里头并无大政治家，因为这个缘故，他们这一群人虽然都是自命不凡，骄傲到了不得的人，然而却崇拜孔多塞。这个人好谈道德，第一届议会有西哀士，第二届议会就有孔多塞。是以不久就被第一届议会两位大主教西哀士及罗伯斯庇尔所恨。孔多塞是巴黎科学会的久任秘书，是很有思想的，比吉伦特党所有的人都强，可惜他这个人最易惹人讨厌。罗兰夫人批评他说："他的知识如棉花吸透蜜酒。"还有里瓦罗尔更是挖苦他说："他的著作是用鸦片烟作墨，用铅板作纸写的。"党中人当他是个神人，每遇事无不请教他的。他好摆架子，总要等他人到齐了，他才肯露面，他一露面，众人就产生好奇的感觉。他虽然令人讨厌，但是同党都甘于忍受，并且赞美他。凡是一个议会，是必要有一个能预言的神人的。

孔多塞坐在左边的极端左翼党团，他坐在这里觉得有点不安。因为这个地方是科德利埃俱乐部的人坐的。这一队人之中，最显著的是沙博、巴齐尔、梅兰三个人。1792年6月间，女公民朱利安写道："我们很相信这一队人，是极热心爱国的，可是这一堆都是些什么人？"迪马称他们是"铲平派"。沙博原先当过僧侣的，后来还俗了。巴齐尔、梅兰比沙博好些，不像沙博从前当僧侣，后来还俗要当强盗。但是巴齐尔、梅兰两个人，好像都是疯子。这三个人之中，最令人厌恶望而生畏的，还是那个还俗的僧侣沙博。

左翼党团之中还有兰代，知识虽然不过如此，却是一个正直人。还有一位拉扎尔·卡诺，他自称是个军人，不多说话。这两个人居多深藏于委员会里头，不甚出风头。还有一位富歇主教，是一个热心人，他是一个情感派，社会主义的代表，是走错了路，走入政治家漩涡里的，将来却要吃大亏。

中间党是看风势，或向左倒，或向右倒，往往能左右操纵。其中有一位帕斯托雷作过参议，又是铭文学会的会友。有一位比戈-普勒阿默纳，是个头脑很清楚、办事很正直的人。这班人却是很审慎、很有分寸的人，他们的意向是很端正的，能够屹立不动，除非是害怕才动的。他们自以为不偏不倚。米拉波说："帕斯托雷有个笨牛的头，内里却深藏了狡猾的脑筋。"这些有才能的人，竟能安安稳稳度过革命的风潮。帕斯托雷后来封侯，比戈-普勒阿默纳后来封伯，有几个当了拿破仑时代上议院议员，也有当路易十八的贵族，还有在路易·菲利普时代做大官的。然而他们还自称是"独立党"，一开始的时候他们是帮助右翼党团，后来分裂，附入左翼党团。塞舍尔却并不久候，从右翼党团投入左翼党团。

议会既有这样的组织，自然是终归受左翼党团支派，只有左翼党团较为一致，无甚复杂。其中有一百三十名议员都是挂名雅各宾俱乐部的，是听这个俱乐部的指挥。随后又拉拢四百名议员，入了雅各宾俱乐部。右翼党团同中间党的议员们居多不常到会场，左翼党团却是满座，向来是无虚席的。1791年12月，沙博有家书告诉他的母亲，说他常到会场，从早坐到天黑，有时还坐到深夜。左翼党团是不离会场的，其余两党却很畏惧他们的横暴，又佩服他们的辞令，不能不跟他们走。左翼党团还有旁听的人帮助，这些旁听的人常常用恐吓手段，很有势力，常常要议会宣布议员姓名。有一位山岳党①的议员写道："你若问我，我们为什么能够打胜？我就告诉你，我们的胜算，全在公开，你是很能明白的；假使我们是用不记名表决，不知有多少流亡贵族，有多少国王政府的走狗，就能为所欲为了。"从此以后，右翼党团完全失败，权利都在左翼党团掌握中。

第一次的冲突，是从一个形式的问题发生的，是发生于开会的时

① 左翼党团分裂后，最极端的一派自称为山岳党。——译者注

候。议员们到会场穿的是很平常的衣服，穿的是雨鞋，还带了雨伞。因为这个缘故，随后就有人提议要把议员的薪水从每天十八个里弗赫，减到每天十四个里弗赫，于是激起大风潮。议员们的意思，是要把君主的养尊处优拖下来，要同他们雨鞋、雨伞的程度一样。内克尔曾写道："这些议员先生们居然能够吩咐他们的办事员，即法国的国王，叫他做这个，叫他做那个，是高兴极了。"但是国王却不过是一个办事员，办事员有办事员的地位，有他的称呼。于是格朗日纳夫首先提议，废除从前"王上"、"陛下"等称呼，字典里不许载这种字。库东却更进一步提议废殿，废御座，国王只应坐在议长旁边的一把御座上。这两个议案，都表决通过。

但是路易十六以为他的尊严已经受了不少损失，决计不再受了。有议会派议员去见他的时候，他对来人很说了几句严重的话。现在他打发人去告诉议会，倘若他们要实行这议决的案，他只好不到会场来。议会商量了许久，后来只好退步，把议决通过的案取消。

取消之后，路易十六果然亲临会场，因为打了一个小胜仗，向来严肃的态度也消去许多，嘴里空说应如何彼此和谐的话，说道："盼望彼此因爱国而日见亲密，盼望彼此同为利国利民起见，能永远相结合而不乖离。"议员们听了大声喝彩。

路易十六说到赞成整顿陆军，巩固国防，及同时重与欧洲各国联络等话，议会又大喝彩。

提到欧洲的话，这时候因为欧洲人心很骚动，路易十六是很有理由，要同欧洲联络。布里索是两半球都走过的人，常发表些骇人的话。《皮尔尼茨宣言》和《科布伦茨宣言》令法国人听了很发怒。国王的两个兄弟胆敢在两通告中签字，以恫吓新造的法国，国人都当他们是疯了。那位自称摄政的王弟，还有宣言反对宪法，流亡贵族们有了流亡的朝廷，要起事了。

流亡贵族们的举动，很能危害法国，国内把贵族们都看作是败类，贵族们这时候纷纷地出奔。1789年贵族们出奔，太无道理。1791年贵族们出奔，却是情有可原，因为不逃就有危险。我们批评他们，也要看看他们当时的书信，一读他们的函信，就晓得他们不单是害怕，且见他们是很迟疑的。当时又的确有强逼他们出奔的事实。左翼党团有几位议员不是说过的吗？贵族逃走得愈多愈好，可以大洗刷一番，有一位议员说贵族出奔，是自由国的自然发汗。

可怜这些出逃的贵族，都聚集在边界外莱茵河畔等候事变。有好些看出这不是件好事，有好些很想回国。当时议会及各个地区的政府，原该禁止群众放火烧毁贵族房屋，禁止他们横行霸道。假使他们有这种举动，有许多流亡贵族是愿意回国的。

可惜另外有一班贵族，唯恐本国不乱，他们的举动，是绝不能令人怜悯的，只能令人发怒。其中有许多是无知无识且极其狂妄的，他们围在出逃的王族左右，在那里做梦，架起空中楼阁，时时刻刻在那里阴谋闹事；举动又过于奢靡，行为又极其不端正，无论在比利时，在日耳曼，或在瑞士，无不令人讨厌。他们都主张提倡鼓动全欧，破坏法国。人人都欲先绞死拉法耶特、巴纳夫、巴伊等而甘心。对于马拉及罗伯斯庇尔等，犹在其次。

他们较为重要的举动是编成军队，称为“孔代亲王军队”。初编的时候，闹了些笑话。人人都要当军官，虽是曾经答应过他们，凡是愿意入伍当兵的，发给极优厚的兵饷，他们还是不肯当兵，变成了有军官无士兵。随后卡龙（这是摄政王的首相）想出一个妙计，把军官按着等级拍卖，居然编成了军队。无事可做，专在边界外等候日耳曼军队入犯，当下发出许多恐吓的话。其中也原有明白事理的人，但是一出奔之后，都忘其所以，变糊涂了。布洛利元帅（他的儿子这时候还在国民自卫军当差）大放厥词，说道：“我晓得从此到巴黎的路径，我愿意带路，带外国军队入巴黎，到了巴黎之后，是毫不徇情的，要把巴黎弄到玉石俱焚。”这种话语自然传到巴黎，不单向来主张和平的人听了生气。宫廷听了，简直是绝望。激进党听了，是异常高兴，因为他们得了把柄，有了带毒的武器。

这次的议会与之前的议会不同，这次的议会是不顾良心的，议会当流亡贵族们是叛党。路易十六却想到占议会的先着，首先于10月14日降谕，劝流亡贵族回国；但是议会并不满意。20日，处置流亡贵族的议案开始讨论。一提到宗教问题，争论得异常激烈；因为议员们对于宗教问题，比流亡贵族问题重视得多。左翼党团向来是反对宗教的，很想把不遵宪法的教士，一并加入惩办流亡贵族的办法之内。

作者前面已说过，教皇是反对《教士公民组织法》的，况且已经有了宣言。教士们一见有此项宣言，自然有许多翻悔，不承认《教士公民组织法》的。有一位主教说道："我当众被人侮辱。"又有一位主教求助于上届的议会，说是"我简直是一件事也不能办"。

这是新制的宗教求助于议会的话，议会正要用路易十六处置流亡贵族的法律，却不用他保护国教的办法。

议会的措辞，是教士们仇视新制。当时的确有仇视的事实，这是不能不承认的。小乡村的牧师们，被逐出于教堂之外，他们本来是很欢迎1789年的革命，谁知革命反把教产充公，打破他们的饭碗，自然是会有烦言。自西至东，自南至北，以及中部，全法国的教士们，都是怨声载道。人民都很以他们为然，逐渐就有反动，反对新制，尤其是对宗教办法反对得很厉害，对民法却并不反对。让索内奉派考查，他的报告说是教士们密谋有大举动。（其实都是各处本地不相为谋的反对）那十位发过誓的主教，在议会有席位的，为多数不发誓的教士所窘，怨恨极了。他们三个月前，已经求援于议会，这时候更要收拾他们，要当他们是流亡贵族同谋惩办，即要把出奔的王族，当作私通外国一样惩办。

议会先要对付流亡贵族，开了十一次会，辩论这个问题。因为这个问题，颇显出吉伦特党的领导地位。布里索、伊斯纳尔、让索内、葛瓦代、维尼奥、孔多塞都发过议论。布里索提议采用极端的办法惩办流亡贵族，对于做过官的尤其要严办；一定要他们回国，不回国者处死。伊斯纳尔赞成这种办法，他向来是说激烈话的，辩论这个问题的时候，他说道："你们的仇敌，不是被我们打倒，就是把我们打倒，这就是实在的结果；若是看不透这一层，这就是瞎眼的政客。"过了几天，他又论教士的问题，说道："倘若有人控诉不肯宣誓的教士，就该立刻驱逐他出境，不必有什么证据。”最要紧的还是维尼奥的议论，他是古代罗马大演说家的派头，他演说中就有几句说：“一定要合法律的证据吗？一定要合法律的证据吗？……”说到底是同伊斯纳尔的办法一样的横暴。于是有许多人大声狂喊，称他说得好。

至于处置王族贵胄的办法，是全会都一致的。右翼党团同左翼党团一样，一定要他们回国。路易十六因为他的兄弟妄自尊大，僭称摄政，自然是很不高兴，也要他回国。斐扬党时时刻刻对君主献策，几乎把路易十六的两耳吵聋了，说道：“若是有君主的贵弟当了流亡贵族们的领袖，君主的说话，是万不能取信于人的。”于是议会全体一致通过，勒令王弟两个月内回国，若逾限不到，剥夺一切权利，以后既不能摄政，亦不能继位。

处置流亡贵族的大概办法，是11月9日规定的。维尼奥的提议经伊斯纳尔修改之后，议决通过。右翼党团的理据，说是不如让流亡贵族们待在科布伦茨不必理他们，他们不久就丧失名誉自然不为人所信。（试观当日流亡贵族们的书信，可以证明这个理据不错。）这样一来，就可以促使流亡贵族中有不过暂时为人蒙蔽，误入歧途很想回国的，就可以回来。但是左翼党团得了胜利。他们主张的，是限至1792年1月，凡是流亡贵族都要回国，否则以私通外国、谋害本国的嫌疑犯论。过期之后，仍然逃亡外国者，处以死刑，财产充公。作者要说一句公道话，当时孔多塞很反对这个办法。10月26日维尼奥曾在议会演说道：“法国伸开双手，欢迎流亡贵族回国。”这句话不过说得好听，其实这两年来法国两只手忙得不得了，哪里有闲工夫来欢迎什么流亡贵族？

11月29日，轮到处置教士问题了。足足开了十次会，每次争论都是非常之激烈。伊斯纳尔就是在这个时候说的“不必要证据”的话，后来富基埃-丹维尔用请君入瓮的手段，就用他“不必要证据”的话，罗织伊斯纳尔的同党朋友，送他们上断头台的。

于是把议案通过。这个议案，说的是勒令教士们宣誓；其不宣誓者，当作反叛嫌疑犯论；第三次再不遵令宣誓者，交地方官严加管束；若有在自治会内滋事者，则拘拿监禁。比较起来，制宪议会（即上一届议会）还算是有良心、有分寸的。这个问题闹到这个程度，是关系太大了。

议会把通过的议案请路易十六批准，这是一极重大而关键的起点。路易十六已批准处置他兄弟的办法，这该能使左翼党团满意了，但是却不肯批其他两条苛例。

三个月以前的这个时候，路易十六打定主意：要引用宪法，很欢迎立宪党的党人。王宫里很听巴纳夫的话。当时的执政，都是斐扬党的人。但是11月的两个议案，据路易十六看来，似乎是与《人权宣言》及宪法不符。

最不幸的事是路易十六要宽待流亡贵族，好像是听了宫廷的话。因为宫廷有许多人，仍在秘密进行他们的政策。这种政策，是完全反对革命的。

可是这完全是误会。因为各个地区的政府（所有各个地区的政府却是笃守宪法的），强逼路易十六不要批准这两件议案，也同宫廷强逼路易十六不予批准一样用力。虽然是受两方的强逼，12月11日这一天，路易十六把关于处置流亡贵族及教士的议案告诉议会，不再斟酌考虑。这句话就是说要施行君主否决之权。

危机就是从此时发起。君主立宪派是预备帮路易十六的忙，他们也许慢慢能够把这激烈的潮流阻遏挽回。不料此时欧洲忽然变了态度，这都是流亡贵族们鼓动出来的。于是君主、大臣、右翼党团及所有主张和平宽缓的人都变得为难，因为激进派忽然得了久求不得的借口。因为欧洲以宣战恫吓法国，于是议会进行得更猛，所有一切反对二次革命的计划，都完全无效了。

第十六章　纳博讷与战争

波皮利乌斯圈——左翼党团与宣战——法国人热心决战——罗伯斯庇尔的态度——纳博讷当陆军大臣——纳博讷主战的理由——奥普两国决定攻打法国——布里索派之激烈——纳博讷辞职——内阁之倒

吉伦特党要揽政权。因为佩蒂翁被选作巴黎市政厅长，他的朋友们个个都垂涎要揽大权。他们决计要驱逐斐扬党阁臣。欧洲各国恐吓法国的态度，自然要发生许多激烈的辩论，他们就有机会可以先推倒外交大臣德莱萨尔及陆军大臣杜博塔伊、海军大臣莫勒维尔，又要说他们过于懦弱，及受流亡贵族欺骗；不然就说他们与流亡贵族同谋。

据当时的事实而言，外交情形已经是很吃紧了；吉伦特党却不顾，还要火上加油，弄得更吃紧。一过10月20日，布里索以为做出威重的态度，就可以逼欧洲退缩，对着欧洲演说一篇很霸道的议论。他们总忘不了古代罗马的事。这一个秋季里头，他们的演说，总离不了“波皮利乌斯圈”；他们说莱茵河的选侯们调兵遣将，聚集要地，我们一定要把他们圈禁起来。于是派人入宫去求路易，演出“波皮利乌斯圈”的故事。

但是议会一面要日耳曼诸侯退步，又请他们驱逐流亡贵族。一面巴黎各俱乐部有意欢迎无论是何国何等的他国流亡贵族，强逼他们鼓动各国反对各国横行霸道的君主。于是愈逼愈紧，自然免不了兵戎相见了。

左翼党团是欢喜有战事的，塞舍尔这时候投入左翼党团，欢迎宣战，以为如此就可以乘机成立公安委员会，举出一位“独裁者”来，他大声疾呼道：“时候到了，只好用罩面罩住自由神了！”12月12日，库东写道：“大约革命必要有战事，然后才能巩固。”波尔多的代表们却无这样勇猛的进步，但是也愿意同欧洲决战，以为战事一起，则君主在议员掌握中，战事变为国事，非君主一人的事，他们就可以指挥国事，可以任意拖长或缩短，随内政以做伸缩，可以限制君权，或可以推倒君主，揭露各国阴谋，或打破之。无论如何，总可以得结束。

当时舆论却极其激昂，议会主战，确是服从民意。此时国中有一种不期然而然的潜移默化之力，能化各党各派之芥蒂，使其同归一致，以与欧洲决战。法国人的本性原是好战，蛰伏日久，此时振作起来，原是本性使然。1月9日，有一位主教向来都是竭力主张和平的，到了这个时候，也大声疾呼说：“战！战！战！”全国都是如此，人人都主战。布里索的朋友们主战极烈，呼声最高，为全国所喝彩。

罗伯斯庇尔听了却极不喜欢。自从9月以来，他就很仇视这个新党派，说他们是惹事的人。他们现在居然很得意，罗伯斯庇尔心里很难过，以为他们主战政策极其不妥。罗伯斯庇尔不是波尔多代表，是阿拉斯地方的代表，他的血是绝不会躁动的。作者不能不承认罗伯斯庇尔两个蓝眼镜底下的两只绿眼睛很有远见。战事是会破坏革命的，因为卖国的人很多，一定会失败。假使有幸大获胜仗，那结果不是复辟，就是军阀专制，举出一个“独裁者”。倘若结果只是波尔多代表们入阁主政，这就足以令罗伯斯庇尔反对主战。

他演说的时候，将什么责备讥讽的话、什么大事铺张的话都不要，只简简单单地说几句，说是有许多人卖国。布里索答道：“有人卖国更妙，我们需要有几件卖国叛逆的事……”布里索心里是想要废君主，或完全灭绝君主，于是建立布里索的“独裁者”。可是他嘴里说的是要解放各国受压制的民族。孔多塞的梦想，是要把整个欧洲变成一个大规模的合众国。

宫廷这时候却还未到决战的程度，只是先任纳博讷伯爵做陆军大臣，以顺主战的舆论。

纳博讷是一个和蔼可亲的人，与现在内阁的斐扬执政者们不同。据说他是王族之后，有前王亨利四世的血统。这位伯爵有点放荡，却颇有高尚的品质，人的确是爱国的，也能吸纳维新思想，自信能够与革命一致，平日又最留心于军事。后来他当了拿破仑的副官，很能尽职。

他最喜欢的是政策，他以为君主虽乏能力自卫，未尝不可用巧妙政策自保。他虽然也是一个斐扬党，却敢毅然决然地帮助布里索。

因为纳博讷是个主战的，原是一位慷慨激昂的军人。他很晓得陆军瓦解的情形，很相信一临前敌，与仇敌面面相对，军士们自然而然会醒悟，各尽其天职。布里索主战的意思是要揭开卖国的军官的假面具，纳博讷的意思是要免得军人们逃亡。

纳博讷所以主战，还有一层意思，要趁此恢复君主威望，以为这一位毫无振作的君主，一旦当了统领六军的大元帅，自然就会振作精神。若同日耳曼诸侯在缩小战域决战，急于决定胜负而不拖延，就能使路易十六恢复威望，得来虽易而有极大价值。

纳博讷亲赴洛林巡阅一遍，归来宣布所有边界上军队、炮台都部署好了，一切都有整备，都有秩序。议员们听了，大声喝彩。在短时期内，纳博讷是法国最为舆论所归的唯一的一个人。极端左翼党团见了害怕起来。有一位雅各宾党对人说道："若是纳博讷是一个不诚实善欺人的人，宪法恐有极大的危险。"

这时候舆论都是主战的，只有罗伯斯庇尔一个人不相信纳博讷，以为他是一个卖国贼，赛过拉法耶特。11日这一天，罗伯斯庇尔在雅各宾俱乐部宣言反对主战，布里索与同党们用喊声把他轰下来。从此以后，罗伯斯庇尔怀恨在心，一定要打倒这班人。

在议会里头，有孔多塞赞成纳博讷，这是很有价值的。最奇怪的就是，孔多塞是向来主张和平的，这时候却竭力主战，他以为主战可以为建立共和通道。他的见解，虽与纳博讷不同，此时却竭力赞成他，力劝议会采用种种极端计划。

可是他的同盟的潮流来得太猛，他所主持缩小战事范围的计划不能实行。从此以后，纳博讷不能不与他的同盟分手。

宫廷里晓得都很高兴，王后（是很不喜欢纳博讷）此时是困苦到极点，无论如何发狂的解决方法，她都赞成。王后有一天曾对俄国驻使说道："与其过这种屈辱无聊的日子，宁可冒险，无论什么危险，我都敢冒。"王后此时在那里做梦，盼望欧洲军队骤然入犯，苦劝奥普两国担任。奥帝听她的苦劝哀求，不能不前进一步，故于2月7日同普鲁士王立了一个同盟条约。28日普鲁士驻使戈尔兹通告法国执政，说是法军若侵犯日耳曼土地，柏林就当作有宣战的充足理由。奥帝原应与普王同时有同样的宣告的，但是他3月1日就忽然死了。

继承奥地利帝位的弗朗西斯二世是最反对革命的，他的办法绝不会是和平的。普鲁士此时还是要实利的，先要求有结实可靠的好处，才肯发兵。奥帝毅然答应，普鲁士立刻动兵前进。柏林原有一班主张同法国亲善的，这时候好像是消灭净尽了。亲法派有一位布伦瑞克居然当了前敌总司令。日耳曼此时之所以仍不敢撒手去做，只因有波兰问题。叶卡捷琳娜二世曾经商明愿与普王瓜分波兰。自此时起，普鲁士侵犯法国，是免不了的。

法国这时候的情形是利于激进派，此时激进派最合时宜。布里索派鼓吹得最厉害。到了这个时候，革命是寂然无声。（有人于11月26日说："此时革命精神是完全消灭了！"）于是又发动起左翼党团的报纸来攻击君主，满街贴了大字告条，请自由国民禁止办事员[①]滥用职权。又诬赖路易十六要请莱茵河对岸的流亡贵族回来执政，残杀国民及其妻子。适值秋收又极不好，冬天又酷寒，故此群众更加愤怒。这时有许多人，无论是赞成，或反对革命的，他们往来的书信，都是众口一词，说当时群众挨饥受寒的情形实在是可怜。到了1月底，纸币跌落四成，城里的饥民有时候只是瞪眼相看，有时候却暴动起来。巴黎的选举权总共有八万票，佩蒂翁得了六千六百票，被选为市长。此时是怨声载道。右翼党团于是振作精神，开始攻击，在议会攻击群众的俱乐部，提议不许议员入俱乐部。这是舆论改变的起点，必要宣

---

① 指国王。——译者注

战，然后才能令国人折回革命。可是斐扬党是卖国贼，不肯主战，非有爱国的执政主持一切不可。波尔多派是决计要推翻这立宪内阁的。

宫廷的举动又把内阁弄到毫无力量；有许多人攻击纳博讷，说他要把这个独裁君主制交与群众民党的魁首。天主教徒又攻击他，说他同斯塔尔夫人进行有助于耶稣教的阴谋，要害天主教。有一位阁员名德莱萨尔又找事掣纳博讷的肘。3月9日纳博讷只好辞职去位，由另有一位年少格拉夫当陆军大臣。

于是举国振奋，10日那一天，左翼党团议决一个议案，宣布议会因纳博讷去位极其惋惜，布里索提议切责流亡贵族阴谋害国，经他一番演说，听者无不毛骨悚然，于是弹劾德莱萨尔，证明他答复奥地利政府的公文过于示弱，形同卖国，议员们听了大声喝彩。同时议会中之军事委员团，请议会宣布声明海军大臣莫勒维尔不为国民所信。只要把德莱萨尔推倒，其余的阁臣就不能不全体辞职。左翼党团到了此时，又为孤注一掷，请维尼奥登台。他这一次的演说，是极其著名的，在他的多数演说之中，诚以此次为最好。他的宗旨是要恐吓宫廷，强迫他们承认组织波尔多派内阁。维尼奥说道：“我们从这演说坛就可以看见宫墙里头有许多卖国的政策，引诱国王走入邪路。那两扇宫门，常常有极令人可怕的事情传出来，请这种事情尊重国法，立刻赶快回到宫里去吧！现在要请全国人都要晓得，只有君主个人的身体，是神圣不可侵犯的，其余宫墙里犯罪的人，是要受国法裁判的。国法无眼睛，不能分别谁是谁，只要证明有罪，国法是无情的，是要斩首的。”左翼党团及山岳党狂叫喝彩，这一阵潮流来势凶猛，中间党也无法，只好服从了。于是议决弹劾一位阁臣，右翼党团此时好像是被他们完全打倒。有一位议员说道：“我向来未见过这一次开会，那样令人可怕。我散会的时候，觉得是害了大病，内阁是寿终了。”

在一个星期内，经过这一次警告，所有大臣只好全体辞职，只剩了格拉夫一个人不辞。巴巴鲁说他是一个雅各宾党。

内阁是倒了，波尔多党果然大获胜仗，大权在握，自然是要宣战了。

第十七章　罗兰内阁及宣战

布里索党内阁——杜穆里埃——罗兰——罗兰夫人与内阁——内阁的政见——要求对奥地利宣战——爱国热潮——1792年4月20日大会议——宣战——法国之危急情形

组阁的时机到了，党人觉得非在维尼奥家里解决这个问题不可。于是在他吃早饭的厅子里，与同党们发狂般地讨论三天。阁员名单一会儿议好了，一会儿又撕了，重新再定，反复好几次。在同党辩论中，布里索的说话最有力量，他因为要讨好他的朋友让索内，把杜穆里埃将军放在阁员名单里。这个新内阁未成立之先，杜穆里埃已经心思灵敏地插手于外交事务了。

他的年纪比布里索稍微大些，他已往的历史，也微露出他敢作敢为性格。他原是一个著名大编剧家的孙子，冒险的事也曾做过不少，是一个二等军官，也可以勉强算一个外交家。1789年之前，他曾参与许多阴谋的事，都不得法；到了革命时代他就在这里头活动。政党信条也是完全没有，只晓得革命是件大事，其中尽有许多机会可以出风头。他的态度是可亲的，好吃、好大言。大约他有些迷人的本领，虽然让索内原是个寂然寡合的人，但杜穆里埃居然也能够拉拢上他。

杜穆里埃也是很有才智的，他眼见旧制坍了，穆尼埃的君主立宪政策、巴纳夫的斐扬党也倒了，却并不以为奇怪，他以为他们都是一班傻子，为自己的信条所害。在他看来，革命是一件事实，伶俐的人见了，是逆来顺受，只好于无可奈何之中，求得最大的好处。若是他们一群狼在那里拼命地乱嗥，聪明人只好也去嗥，比他们要嗥得更响。他们戴上红帽子①，聪明人也只好戴上红帽子，还要把帽子盖过两耳，只好用这种方法骗过这一阵大风潮。11日他奉命当了阁臣，立刻力劝路易十六在宫里接待雅各宾党人，他自己却晓得宫里的人是很讨厌他，当他是个染疫病的人，不敢接近他。

他设法暂时保全格拉夫陆军大臣的地位，把拉科斯特（是个好雅各宾党人）提升到海军大臣。这三位都是假雅各宾党，不久就结合为一党，其余的阁臣只好由维尼奥及布里索去分配。

在维尼奥家里讨论阁臣名单的时候，凡有被他们疑心有罗伯斯庇尔党派气味的，如科洛·德布瓦、丹东（他们是很想入阁的）等等，都除外，不开在阁臣名单里。布里索力争要他的亲戚克拉维埃入阁。这个人有一半是日内瓦血统，自从1789年以后，自以为是奉了天命办理法国财政的，现在果然当了财政大臣。3月初，库东曾逢人便说克拉维埃是全欧洲第一把财政好手。维尼奥的朋友们决计要一个波尔多本地人当掌玺大臣，就把这一个位置给了杜兰敦。他是吉伦特地方的检察长，是一位好好先生。这个人是最易相处的，在党人们眼中当他不算什么，随便可以任他们操纵，谁知后来他的举动，很令他们诧异。格拉夫暂时仍掌管陆军部（要等候罗兰夫妇的最亲密朋友赛尔文来接手）。阁员单算是齐全了，罗兰自己当的是内政大臣。

罗兰入阁，是人人都赞成的。他曾当过制造视察官，也曾帮忙编辑百科全书。这个时候却并不年轻了，已有六十岁了，身体却是强健的。他的确是个正派人，可惜度量太浅窄，又过于拘迂，过于专横，故此他的端正行为，反令人讨厌。他既是个理想家，又有骄态，他的面貌同他思想，完全是一个贵格派中人（宗教派）。他的清教徒表现是明显暴露于外的，

① 自由帽。——译者注

也拒人于千里之外，故此人家都称他作“加图”。他自己的夫人，也特别喜欢称他作“加图”。这位夫人描摹她的丈夫是活画出他这个人来，他夫人说：“他严肃高峻，却有一件短处，过于好说自己，过于自诩其道德之高古。”又说：“他是个惹人讨厌的人。”他有一个小女儿，常常对人说道：“我的这位爸爸时常骂我，实在是讨厌。”罗兰待路易十六如同对待他自己的小女儿一样，不去管教他，终日只是骂他。总而言之，罗兰这个人很像寓言里说过的一位迂腐老学究，看见一个人溺在水里，不但不去援救，还只管在那里对被溺的人说道理。

这一位“加图”只有一样事是占便宜的，就是他的夫人玛莉-简·罗兰。亲密朋友们，替他的夫人起了一个绰号，叫作“玛侬”。在1791年至1793年间，这一位年轻夫人，有很大潜力转移法国的国运，有许多男人都赶不上她。她与她的丈夫是绝对不同，另是一格。这样的一个女人，拿定主意要鼓舞那些热心的公众人士，将他们组织起来，成为一个党派，操纵内阁，时机一到，又把他们推翻，重新再造一个内阁。又能把自己的热心同爱憎，灌输入蒲佐、巴巴鲁、布里索、佩蒂翁这一班人的脑子里，诚然是一个绝无仅有的奇女子，历史学家不能不特别注意。罗兰夫人最恨的是王后，后来又最恨丹东及罗伯斯庇尔，制造了几次危机。在这一本革命戏剧中，罗兰夫人是一个主角，发起人是她，指导又是她，推动这个潮流，使其改了方向又是她，到后来她自己也卷入风潮之中，送了性命。

罗兰夫人

罗兰夫人有许多绝对不同的性格，混合为一，热心而放任，律己甚严而任情，慷慨激昂而工于心计，人人变糊涂的时候，唯有她看得清楚，有些时候自己却变了瞎子。自从她嫁了罗兰，最初那几个月，一面做主妇入厨房做饭，一面读莎士比亚，读普卢塔克所著的《希腊罗马名人传》。读者可以想见她的烹调是绝不能可口的。自从初嫁时起，一直到后来，罗兰夫人还是依然故我，性情并无改变。

那时候她是三十八岁年纪，脸皮仍然是很细嫩的，还是楚楚可人的样子，好把头发剪短了，自己以为是古希腊、古罗马的女英雄。她自视如男子，还要删去那个“女”字，自称为“古时的英雄”。然而她通身都是女性特质，好幻想，易动情，好事夸张。她的唯一特色，是不会判断男子，过于感情用事，往往为爱憎所蒙蔽。

从一开始，她就是内阁的灵魂。这一个矮小的中等人家的女子，居然是第一个认识到要建立一个由议会支持的一党内阁的人，这一党与内阁休戚相关。这六位内阁大臣约好，轮流在各大臣家中用早膳以便商妥一致，然后再到御前会议。左翼党团的领袖们也同桌用早饭。不久罗兰夫人也与内阁大臣同桌而食。但是自始至终，她就是内政大臣，会客是她，发通告又是她。有一次，巴拉斯看见夫人同她的丈夫在一桌办公事，大为诧异。罗兰说道：“我的夫人关于内政部的公事，并不外行。”其实夫人处理公事，要比她的丈夫还熟悉得多。但是最宜注意的，是阁臣们、议员们，常常在夫人客厅里聚会，夫人就是这种聚会的生命及灵魂。布里索到得最多，让索内、伊斯纳尔、格朗日纳夫等还有其他十多个人，常常在夫人的客厅里讨论事情。巴黎市长佩蒂翁也常来探听什么话语、思想，是最时髦。巴巴鲁也常来。但是夫人最好的、最相信的朋友，就是蒲佐，这个有血性、有无欲的爱情、有道德的人，是夫人的左右手，有坚如金石、始终不变的爱情，恋爱夫人。凡是夫人与人有什么辩论，都是他帮助夫人，总算是在这一本大革命惨剧中，有许多绮靡风光的点缀。

内阁及政党里有这样一个富于情感而又极其热心的人，自然很能振作他们的精神。罗兰夫人是一个共和派，是普卢塔克的共和派。她在3月23日之前，很有大志，要在推翻君主制之后，成立一个有道德的共和国。可是一旦路易十六请罗兰入阁，她又觉得这位专制暴君，也还可以共事。假使玛丽·安托瓦内特不去搅扰鼓动君主，所有他们的远大计划，是可不必举行。左翼党团的人，也存了这种想法。自从3月23日之后，波尔多党的领袖们，颇有阻止共和举动的倾向。他们既已入阁，这就是很大的进步。

在宪法问题之外，这个3月23日的内阁，不单是一个左翼党团的内阁，且是一个大内阁。内阁已经决计要废贵族，把所有依赖宫廷做宫廷走狗的人一概扫除净尽，涤荡积年的污秽。杜穆里埃首先清理外交部，克拉维埃清理邮政部，因为邮政部是贵族把持盘踞的地方。当时把所有的军官们都当作是国民的仇敌，罗兰夫妇赶快设法，请派塞尔万当陆军大臣。（他们很晓得塞尔万是力持洗刷的，因为他曾经当革命未起之先著过一本书名叫《国民兵》，里头就有这种主义。）塞尔万一到任就动手荡涤瑕秽，不到六个月，旧人都被轰清了。这时候罗兰夫人反怪科德利埃党人入部的人数未免太多。罗兰夫妇两人，有他们特要办的事，是时时刻刻未尝忘记的，就是要反对教皇。法国现在要被迫在革命的道路上迈出另外一步了，这一步法国仍然犹豫不决是否走下去，这一步的借口就是宣战。当前，宣战就是内阁所讨论的最关键议题了。

3月27日之后，杜穆里埃送了一通措辞极骄傲的最后通牒给维也纳，预料到奥地利必定拒绝的，同时又派人去比利时，鼓动比利时反抗奥地利。3月29日，外交大臣是好出风头的，穿了军服亲临议会会场。

奥地利知道有普鲁士的助力，答复法国的最后通牒的公文，措辞是很严厉的。这件文书到巴黎，是在4月18日，阁臣们决定请议会向维也纳的暴君宣战。议会欢迎这个办法，是无疑的了；然而尚有几个斐扬党指明宣战的大危险，因为那时候的上级军官逐渐减少了。左翼党团有一个议员说：“这是涤清军队。”但是九千军官中散了六千，未免清除得过了。军官们是渐渐地散的，一直散到开战之前一日。那时候身临前敌的大将，真是十二分的为难。拉法耶特的意思很不错，他劝所有保皇党的军官为名誉上起见，立刻出境，以便容易办事。此时队伍中的军纪，不问可知，是完全都扫地无遗的。著作家亚瑟·许凯曾经研究这军纪的问题，一读他的著作都令人糊涂了。士兵们简直把军官们当作是卖国贼所以要杀军官。新添入的义勇队，是不听号令的，实在是令人害怕。在好几处要塞地方都哗变了。就算加上义勇队，那时候军队的人数很不敷调遣的，总共不过有十五万人：十一万步兵队，三万骑兵，一万炮队。从敦刻尔克至菲利普维尔的军队，是归罗尚博统领；从菲利普维尔至维桑堡的军队，是拉法耶特统领；第三军团即是莱茵河军，是卢克纳统领。2月28日库东因为喜欢卢克纳的仪表，深以为此人可以信用，其实卢克纳不过是一个年纪较长的投机军人。罗兰夫人说：“这位军官是半个野兽。有种种的不相称，不过是二等角色，不能独当一面。”拉法耶特虽然并非如布里索及罗伯斯庇尔所说是个“卖国贼”，但原是个政客，不是个军人，他又要常分心虑及巴黎的事。罗尚博年纪虽老，却是一个好将官，能独当一面，但是与杜穆里埃不相符合。杜穆里埃又要独断独行，处处压塞尔万一头。罗尚博有两个部将，迪永及比隆，过于独立自由。军队中又毫无凝聚力：长官不相信士兵，士兵又不相信长官；既无预备，又无军食，无军用品，各处的炮台，又是久已失修。总而言之，是毫无准备。

无预备是不要紧，好在全国里头，自都会市镇以至穷乡僻壤，爱国的热潮是汹涌而起，民气实在可用。法国原本是好战的国家，和平日久，忘记了好战的本性了。因为国事扰攘，发生许多极不良的情感，国人的心意很受扰动，但是同时亦能激发高贵的情感。法国人爱国的热心，一旦受了激动，自然而然立刻要拔刀赴敌了。自从有了《皮尔尼茨宣言》之后，国人都发现意气激昂。法国是革命了。自然国人要自问：究竟革命是对还是不对？革命是否已经过火了，抑或尚未透彻？这算不算是什么重要问题，只知革命是一件事实。现在忽然来了外国人，要来干预阻挠，要强逼法国做这个做那个，国人一想到外国横加干预，人民大愤，为什么要外国来干预？难道是不许法国人自己安排自己的家事吗？全国的人都跳起来，凭什么外国人恐吓我们！于是全国一致叫喊道：“不如我们先动手进攻！欧洲的暴君要调兵遣将吗？

义勇队在行进

不如我们法国派兵先攻他们，捣他们的巢穴。”议员们太过胆怯了，这时候那群政客，什么左翼党团右翼党团，还打什么算盘。他们都弄错了，他们只管在那里迟疑审慎，其实是畏惧。罗伯斯庇尔几乎丧失了他的名誉。全国的人那时异口同声地喊道：“我们到了前敌打仗，在枪林弹雨中，自然而然就能恢复军纪，卖国贼的假面具，从此可以揭穿了！我们进行呀！”于是这六个月之内，奋勇入伍的人如潮涌而来，乡下种田的人也有，律师的办事员、工匠、贵族都纷纷自告奋勇，这就是1791年的义勇队，莫里斯说他们都是渣滓。这大多数人之中，有渣滓是在所不免，但是这些渣滓都是热血的，他们冲出国门，践踏欧洲，把一个古老的世界推翻了！

虽然国人心里免不了十分焦急，这样的大举若作孤注一掷，是非同小可的。4月20日开大会议，那时候政府会议决定主战，国人都已经晓得。会议盼望阁臣到会，路易十六也许是要到会的。孔多塞开会的时候，在那里宣读他的学校组织报告，说话的声音很低，议员们并没几个人听他读的。那时候法国的孩子们并不想读书，终日连群结队，在街上敲鼓学兵操。

当天的中午，路易十六果然到会，他两眼毫无精神，一切举动都好像在梦中。这时候他并无一点激昂意气，据他看来，宣战不过是两党的阴谋促成的，一党是流亡贵族，一党就是雅各宾俱乐部。他是恨极这两党的了，他宣读阁臣所制的节略，说是有必要对奥帝宣战。斯塔尔的记载说道：“路易十六读节略的时候，毫无精神，如同读极不要紧的公文一样。”读完之后，议场寂然无声，路易十六就走了。

议场门外聚了许多人，非常鼓噪。议员们因此颇有戒心，于是有一位吉伦特党议员梅勒，首先提议说：“不必派委员会研究报告，什么形式上的手续，俱可以不必逐一经过了，不要耽误军机，我们不如立刻提议。”迪马原是一位好军人，起立要反对这个议案，被众人喝住，立刻又坐下。中间党有一位议员帕斯托雷，向来是反对主战的，到了这个时候，也要主战，说道：“我们是自由国，一定能得胜的！”右翼党团有两位议员提倡审慎考虑，又被大众喝住。波尔多党此时好像着了迷，忘乎所以了。有一个附和罗伯斯庇尔的议员巴齐尔要求进行讨论，于是最初发言的吉伦特党议员梅勒反对他说道："国人一致的主战，我们立刻要顺舆情宣战，勿令国人不耐烦久等，我晓得你也许是快要颁行条例，解放天下人，使同享自由；我却要请议会通过，不解决宣战，不许散会！"这时候会议场中另是一种气氛，众人恍恍惚惚，如醉如痴。和平派说话，简直是没人听，后来提出宣战议案，就算是讨论过。正在要投票表决的时候，忽然有一个议员要走上演说台，这一位就是梅兰，但是已经算是讨论终止，众人不容他登台演说。梅兰于是大喊道："我要说的是，宣战书内要只说是对帝王们宣战，同百姓们是保守和平。"

这是反对帝王之战！所有杜穆里埃的一切军略，攻打奥地利都还完全是旧派的思想；左翼党团之中有许多政客另有他们的战略，以为战事极有把握，能任意指挥，任意收束；还有一班人主张缩范围，缩短战期的，到了这个时候，因为有对帝王宣战这一句话，所有一切计划，都废除了。凡是帝王都听见这一句话的。新派的政治家，原要设计打散帝王们的团结，却反令他们团结起来。法国变得孤立，却要抵御天下之兵。

宣战就是拿这一句话做底，于是议会通过（只有七票反对），议员们欢呼欲狂。王后听了说道："如此办法更好！"王后日夜都在梦中要欧洲各国用武力干预，就可以吓倒法国，国人就可以俯首听命，跪在国王之前求饶。路易十六此时仍存这种妄想。王后所想望的——这种想望是万不能宽恕的，读者要知此种想望，存有千百种极其残酷的恶感——是法国军队全军覆没。杜穆里埃曾有函文通知奥地利政府。此时英国是仇视法国，而持观变的态度。普鲁士王4月26日离开柏林，带军队向巴黎前进。

普鲁士、奥地利等国联合进攻法国，是已成之事实了。法国的边界是防守薄弱，又无准备，军队既无将官，统兵大员又不可靠，内阁又都是生手，并无更事的人，宫廷是个卖国的，军队是向无纪律的，议会是被街上的群众所操纵的，街上的群众是乱作乱为无人禁止的，欧洲是要倾覆法国的。倘若是法国能幸免，真是个怪事了。最奇怪的是巴黎有两大党，都盼望法国大败的。一党自然是反对革命的，他们以为法国大败，就可以压倒革命。一党是革命党，盼望大败，可以发动二次革命。向来所有的战事，从未有如法国这一次之毫无准备的，亦从未有主战的人的想法中，包藏有这样盼望的。

但是吉伦特党第一部分的政策，是已经实行了。

普鲁士军队越过法国边界线

第十八章　6月20日倒阁

4月28日之退缩——巴黎之骚动——宪制军队之遣散——塞尔万召集同盟兵——阁员免职——杜穆里埃辞职——在罗兰夫人的客厅内密谋报复——1792年6月20日——匪徒们入王宫——国王吃酒——发生反动——拉法耶特谴责雅各宾俱乐部——宫廷抛弃拉法耶特——左翼党团再次振作

4月30日有打败之谣言传到巴黎。实在的情形是不止打败，其实不是打败，是退缩。大约博识的人，或谨慎的人，都晓得这种军队是必缩退不前的，不过还想不到当时各种不堪的情形。4月28日，罗尚博的两个部将迪永及比隆分两处进攻比利时的边界。迪永的队伍是从里尔向图尔奈前进，一见奥地利的轻骑，就望风而靡。法国的骑兵先退，大喊："各人自顾性命！"迪永驰到后退军队之前，被自己的军队先杀死，全军并未流一滴血，只流了队官的血，就退回防地里尔了。同一天，比隆的队伍是从奎夫兰向蒙斯前进，看见高处有许多白色的奥地利军服，就号令退回，他的慌张失措的骑兵，立刻回头，喊道："我们中计！"有一个人的记载，描写当时情景，说比隆是拼命地跑，路上都是抛弃的军械，士兵们因害怕跌倒在地动不得。他们跑回原防地瓦朗西安，那种不堪情形，比迪永的军队还不如。

奥地利兵见到这种情形，也未免诧异，于是走入法国边界大笑，耻笑法国一句俗语，"不是胜，就是跑"！此时他们很明白了，若要法国人逃跑，不必用刀子，只要用鞭子！巴黎的大使有一位告诉莫里斯说："不过几个礼拜，战事就完了。"但是这一停顿，却救了法国。奥军原料不到这样容易取胜，就按兵不动，深信无论何时，要进就进，不必着急，这使拉法耶特同卢克纳（罗尚博已退职）有机会振兴他们的军气。

巴黎的人都大喊，说是有卖国贼。议会归过于教士们，这却是许多人想不到的。在最后这个星期之内，群众反对教士到了很高的热度。5月27日议会曾表决议案，谴责教士们滋事，要驱逐他们出境。议员们引一条极令人害怕的报告中的详细情形，说是在敌军死尸中（其实法国军队并未杀死一个奥地利兵），找出几个都是不肯宣誓的法国教士，改装作奥地利兵的。就是向来很谨慎的人，也相信这样无理而又毫无根据的谣言。

议会此时手足无措，忘其所以，发起许多激烈无谓的讨论。当时有夏托维厄堡的叛兵回到巴黎，议员们非常之高兴，欢迎他们，简直是鼓励哗变；同时却在那里胡思乱想，要想出什么妙计，可以恢复军纪。议员们在会场里乱说话，闹到一个议场成为战场，好像是炮声隆隆的。有几位议员还打别的议员的耳光。右翼党团被人侮辱得很厉害，提议关闭各俱乐部，但是议员们谁也不敢关闭。巴黎处处都是打架，俱乐部里头也打起架来了。罗伯斯庇尔是预料败退的，此时因为不幸而言中，非常之得意，他叫附和他的人说："布里索党因为大权独揽，被事权醉倒了！"这些党人很疑心布里索党，因为同党入了阁，过于宽待君主。

当时有谣言就是宫廷有阴谋，要残杀所有爱国的人。斐扬党人就诘问：如何残杀？且说国王已经遣散卫队，又无调遣陆军的权柄，如何能够残杀呢？但是此时君主有了新卫队，所谓宪制军队。山岳党在议会高喊："一定要解散宪制军队！"5月29日，让索内不肯落人之后，居然通过遣散宪制军队议案。此例一颁行之后，路易十六是毫无护卫，无论何时，一有暴动，就要受损害也。

路易十六却批准这条新例。当时人人无不以为国王是已陷于绝地，无法可救了。当时有许多人的函信，都说王室无日不在群众侮辱之中。国民自卫军是最怕群众闹事的，本来就不够保护王室，当时是有阴谋起事召集无赖。

6月4日，塞尔万已经当了陆军大臣，奉行罗兰的政策，走去议会提议一个最危险的议案。当时商定7月14日庆祝第二次大同盟。这个陆军大臣提议，每县派五个大同盟代表，全身披挂，在战神广场行过庆祝大典之后，就要编为一军，总共是二万人，驻扎在塞纳河的下游，或巴黎附近的地方。这个提议很令人诧异，当日政府会议，曾经杜穆里埃指明，此项聚集很有危险，塞尔万这个提议，明明是独断独行，明明是违抗阁议。议员们讨论辩驳这个议案，却并不费多少时间。这是出乎右翼党团意料之外的。塞尔万这个议案，被当作是一个纯粹军事的问题。6月6日议会通过。

当日巴黎骚动的情形，已够令人可怕，不单是君主的朋友及爱护君主的人颇有忧虑，凡是喜欢维持治安及笃守宪法的，都是无不有忧虑的。现在又有这种大聚集，简直是火上加油了。当时好滋事的人，已经不遗余力激动民众，一旦聚集了这许多的大同盟代表，自然是要帮助群众的。试观当时巴巴鲁与马赛市政厅来往的函信，就晓得有许多人有忧虑，不是毫无根据的。斐扬党人以为君主的种种让步，已是过于退让的了；巴黎的行政厅（权利是在斐扬党人手中），曾经呈请国王不要批准反对不宣誓教士的新例，内阁却要强迫他。但是此时阁议已自分裂，关于大同盟代表问题，杜穆里埃很反对塞尔万（两人几乎挥拳），这使路易十六晓得阁员不能一致。有几位阁员决定，假使国王不批准这条议案，就拿辞职来恐吓，路易十六却以为这是一个极好的机会，驱逐这一群令人讨厌的阁员。

6月10日罗兰以为他可以恫吓国王，从衣袋里掏出一封写给国王的信。这一封信从头至尾完全是他的夫人写的，是不必说的了。作者不必说明这封信里头有什么恭维国王的话，都是警告他不要忘了他的办事员的职守的话。路易十六不动声色地把这封信接过来折好了，放在衣袋里。谁知13日这一天，罗兰正要赴内阁会议的时候，接到国王一封信，信里只有很简单的一句话，请他辞了内政大臣之职。同时克拉维埃也被免职，接着就是塞尔万免职，杜穆里埃当了陆军大臣。

这免职的事一发表，巴黎都喧吵起来。朱利安夫人16日写道：“我听了未免一惊。”议会晓得了，也大为震动。有位议员说是一得了这个消息很难受。14日早上10点钟，议会很欢迎免职的阁员，当他们是殉难的人。这样的欢迎原是不合法律的，于是发令把罗兰致国王的信刊布，又通过一条宣言，说是全国都惋惜阁员离职。正在这个时候，那一个“大卖国贼”杜穆里埃跑到会场来，议员们大肆攻击，葛瓦代喊他做“独裁者”！有一位议员说他是个“污蔑者”！杜穆里埃说他们都是“疯子”。路易十六虽然觉得拿杜穆里埃来与罗兰比较，自然是杜穆里埃较为亲近。国王仍以为杜穆里埃过于轻佻，无一定主意，非君子所宜交的人，也并不相信杜穆里埃，以为其无异于他人。不然的话，杜穆里埃还可以有法对付议员。他一看自己夹杂在中间，万不能讨好的。他原是有知识的人，不等到同某方面发生冲突之前，就辞职走开了。路易十六只好选择斐扬党的二等人才入阁。有一个人说道：“议员因受了大惊，是以对于新内阁也并无不欢迎的意思。”

然而左翼党团却大发怒。朱利安夫人写道：“议会腐败无能抛弃革命了！君主是挣脱了束缚了！将来总该有一天！”这一天是6月20日。

有一个闹事的人说道：“报复的发起同一切计划，皆是在罗兰夫人的客厅里所发生的。”当时最生气的是罗兰夫人，罗兰自己觉得有性命攸关的愤怒，克拉维埃是舍不得他的财政部。有一个人6月20日看见克拉维埃在卡罗塞尔广场鼓动群众，要他们将所有的好阁员们全体复职。所有常到罗兰夫人家里的，都主张要定期报复，预定8月10日闹事。有专门闹事的几个为首的人，如杀猪的勒让德尔、酿酒的桑台尔、沙博、富尼埃 之流带领匪徒指挥一切。

6月20日他们的意思，不过是要把驱逐的阁员复职，强迫路易十六批准议案。倘若因此事而推倒君主，诚然是不再建立君主了。

他们的借口就是在凡尔赛的网球场举行第四周年纪念的庆祝，要在王宫园里植自由树。那天早晨就有八千无赖出发。早一天就有好几个人的书信说道：“群众要聚集议会场，要求通过议案。”

检察长罗埃德累已警告议会防备，当开会讨论的时候，请愿的人到了，要求进场，于是发生极激烈的辩驳。左翼党团欢迎人民起事。右翼党团有人喊道："什么人民？他们已带了刀棍枪炮来请愿的！"当天晚上，有一个人写道："群众堆里什么军械都有，各种服饰都有，好在大多数都是平民。"葛瓦代极力主张请人民入议场，维尼奥主持更得力，朱利安写道："人人都归心于维尼奥。"群众原来是替罗兰及克拉维埃报仇的，会议厅的走廊，已经人满为患了，只好先让代表进来。代表团的领袖是一个很能演说的，发表了许多极高深的思想，说话是很激烈的。他说："人民已起来了……是要流血的，否则我们要种的自由树，会在和平无声中开花！我们祖国的仇人，难道以为7月14日的英雄都睡着了吗？……他们睡醒起来，是能令人害怕的！"议会听了真是害怕，只好让他们在议场走一周。当时人民诚然是起来，然而是很难以站得住的[①]。历史学家米什莱颇为当时的情形所动，替他们开脱，说群众因为要提提精神，不得不吃些酒，故此走到议会的时候，不很像样。多数的议员们，看见这种情景，是极其嫌恶。有些议员们，看见了只是大笑。有一位议员道："我只看见刀枪长矛如林。"历史学家奥拉尔写道："不伦不类。"然而这次巴黎的革命，都能使见者流泪。当日有许多卖炭的，还有市场上的挑夫，还有二百多个退伍的老兵见了都流泪了。说这句话的报馆记者又加一笔记道："群众中发现了一种坦白无私的欢乐，能使当时的情形带些活泼生机。"据作者看来，这群人吃酒吃得太多了，无论当时如何活跃，再也制造不出什么诗意来。当时议会也无法，只好忍受他们骚扰了三个钟头。

议长把手放在胸前对群众说道："请你们这班好国民放心，议会很晓得怎样对付阴谋卖国的罪案。"群众显然是不相信议长的话，忽然离开议会向王宫走。

王宫此时是毫无保卫，匪徒们只要推开宫门，就可以走进去。不到几分钟，匪徒已经布满禁地了。匪徒们正要用大斧砍门，路易十六叫人开

① 似是指吃醉酒。——译者注

了门，自己走出来，神色是冷淡的。路易十六愈发怒的时候愈是冷淡，这是他的特色。群众把他推来推去，一面又咒骂他。有一位议员当天晚上写道：“匪类仍对君主说了好些丑恶的话，其中有一个国民自卫军，对君主无论什么令人可怕的话都说到了。”当下他们一面乱喊，一面叫道：“批准议案！召回爱国阁员！驱逐教士！请你自择，是愿意在巴黎，还是愿意在科布伦茨？”路易十六却很镇静地说：“既不是在这个时间，又不是在这个时候，可以讨论议案的。”他还声明他是爱国的，看见身边有一个人戴了红色的自由帽，他拿过来自己戴上。路易十六这种演戏的举动，未免过火。群众见了也糊涂了。一会儿这班爱国人见了，也觉得不晓得该怎么样才是对的。其中有好些要试试国王，看他能够做到什么地步。当时天气很热，许多人在那里吃酒，他们也取了一种酒来请路易十六喝酒。路易十六接过来就要喝。

当下国民自卫军到了，把国王身边的人逐开。路易十六一个人站在那里斜戴着厚厚的红帽，热到遍体流汗，酒杯在手，匪类们喊道：“国王吃酒！”路易十六微笑答复。维尼奥从议会赶来，以为他善于辞令，只要一演说，就可以遣散群众，不料他只管说他的，匪类们竟是不理。后来有人把维尼奥高举起来，放在大厅里一个有力的挑夫肩上，他就在这个新奇演说坛上演说起来，匪类们只是耻笑他。

随后市长佩蒂翁也到了。有一个人描写他说道：“这一位市长身长而白，面目平和，神色冷淡，骨子里是个坏种，是个懦夫，是当时一个最坏的人。”这时候已经是午后6点钟，匪徒是早上4点钟出发的。市长到了，先声明他才晓得王宫有事。路易十六接待这个奸贼是很冷淡的，然而却亏得佩蒂翁把他们解散的。匪徒既不能强迫答应他们什么，此时也疲乏了。佩蒂翁告诉他们说：“你们万不能用暴力强迫国王，若是国王答应你们的话，带些被强迫的口气，岂不是变成笑话了吗？”群众听了慢慢散了。佩蒂翁于是对议会说了些解说自己的话，其实自诩有解散之功，议会让他入座，算是一件特别荣耀的事。

给国王戴上自由帽

这次滋事，原是犯法的举动，左翼党团是很明白的，设法要撇开这次滋事的不良效果。于是散播谣言，说群众不过是去探望国王。左翼党团议员的书信同雅各宾党的报章都有这种话。朱利安夫人写道："人民对国王说了好些冠冕堂皇很中听的话。"又有一个人写道："看当日人民之善用其自由，可见人民是很配享受自由的。"孔多塞是非常高兴，说道："当日并无什么损害，不过打破几块玻璃罢了。"

明白人晓得了，非常愤怒，于是发生许多反动，都替国王不平。试看这星期的来往书信，可知当时拉法耶特闻信赶到滋事的地方，他盼望凡是愤恨6月20日闹事的人，都要对他表同情，同他合力，要趁这个机会关闭雅各宾俱乐部，因为这个俱乐部无一天不辱骂他。

28日当议会最扰动的时候，拉法耶特跑进会场，以军队为名，大责维持雅各宾党的人（就是雅各宾党的会员）。有一会儿，左翼党团觉得很难堪，右翼党团很热心地恭维拉法耶特，中间党也欢迎他，以为军队就是跟踪而来。假使他真是带了军队来，或者也可以有点作用。葛瓦代不敢直接地攻击他，不过说的都是讥讽的话。但是议会仍然是很厌恶20日的事，大多数的平民们仍然当拉法耶特是"自由之长子"。议会却很支持他，当时提议要把拉法耶特送回他的军队里去。投票的时候，有三百三十九票反对这个议案，有二百三十四票赞成。这时候雅各宾党很被动，到处是骂雅各宾党的话。

左翼党团因受了这种挫折，大发其怒。当天晚上罗伯斯庇尔就在雅各宾俱乐部谴责拉法耶特，说他是"祖国的仇敌"。库东说他是"最坏的坏人"。德穆兰说他"是个恶棍，是个呆子"。假使宫廷及宫廷党都支持拉法耶特的办法，左翼党团们的发怒，也得不着什么效果。但是王宫里头的人，还当拉法耶特是国王最大的仇敌。此时全国都发现许多反对运动，宫廷误会了，以为是反对革命。他们的意思是无所用于拉法耶特，用不着借重他。6月29日，有一个贵族写道："拉法耶特是个阴谋家，是个恶棍，他现在看见风头转了，他不过要借这个机会投到对方党里。"雅各宾党人一面反对拉法耶特，说他是僧侣派；一面宫里也耻笑他，笑他是个大傻子。王后说道：“与其求救于拉法耶特及君主立宪党，不如死了拉倒。”

宫廷不单拒绝拉法耶特，还要揭露他的阴谋。拉法耶特听见路易十六要于29日校阅国民自卫军，很想趁这个机会，出现于他的旧部眼前，引诱他们跟他去收拾雅各宾党。宫廷却把这个消息透给佩蒂翁，佩蒂翁于是停止校阅。拉法耶特知道诡计不能行，离开了巴黎。当天晚上，就有人用纸扎一个拉法耶特像在巴黎的王宫当众焚烧，宫廷又错过这个机会。

议会此时很失望，中间党尤其不得意，要同左翼党团讲和，7月3日维尼奥不敢直接攻击拉法耶特，说了一篇很诡谲的话，提议查考、报告拉法耶特的行为。右翼党团原是很有戒心的，此时也赞成这个提议，这就是君主立宪党自己打倒自己。这一来，把反抗的举动停顿住了。左翼党团壮了胆，加以雅各宾俱乐部的愤怒，决计要报仇。

8月10日的事，就是左翼党团回报拉法耶特的举动。

第十九章　废君问题

左翼党团恐吓国王——佩蒂翁之停职——提议废君问题——拉摩勒特式接吻——1792年7月14日——大同盟代表到巴黎——祖国危险——十二人委员会——吉伦特党之策略

这一次左翼党团吃惊不小。读者试看当时山岳党议员及库东、罗兰夫人、朱利安夫人6月20日至7月3日之间来往书信可知，到了7月3日，他们才觉得如释重负。宫廷认为拉法耶特一受挫，他们才放心。

左翼党团的领袖如布里索和罗伯斯庇尔因为同受惊恐，不能不共患难，此时好像言归于好了，同在那里等候大同盟的代表到齐，再演6月20日的戏。他们特别看重的是布雷斯特及马赛两处地方的代表，他们是19日及22日起程入巴黎的。7月2日议会通过，请大联盟代表等入巴黎，亦经路易十六批准。这两处的代表，是来不及参与7月14日在战神广场的庆祝了。他们来巴黎的唯一目的是推倒君主。那时候有一张爱国报，已经说过巴黎要多添爱国力。

当代表们未到之前，党人竭力鼓动民气。大街小巷，到处都在唱歌，说的都是推倒君主的话。

7月3日这一天，议会却唱的是惨调，维尼奥用极凄惨的话，在议会说法国有大危险。这样惊人的话，自然是最容易激动群众的。他将古时各国君主首领残杀人民的故事，说了一番，又说国内有许多仇敌，如何等候欧洲联军入城乱杀等事。维尼奥所说国内有奸细、有仇敌的话，不为无因。因为此时宫廷的人是欢喜到了不得，假使维尼奥并无意废君，然而这种话语从议会透露到民间，就是预备废君的先声。莫里斯7月10日写道："我们是大踏步向大祸走。"

那时候巴黎的市政当局停止市长佩蒂翁及检察长马努埃尔行使职权，这还算是对他们惩罚得太迟了。因为自从6月20日起，佩蒂翁的朋友们人人都替他担心，以为立刻就要受惩罚。过了两星期才有停职的举动，朋友们以为这是大政变的第一步。

这时候佩蒂翁是最为舆论所归的人，左翼党团无不死心塌地地帮助他。11月19日，库东曾称呼佩蒂翁是一个"贞女"。到了7月7日佩蒂翁不单是个贞女，并且是一个殉难的英雄。朱利安夫人说他私德是最好，波尔多的代表引他为同志，巴黎的群众，甘心听佩蒂翁调动。初生的孩子，都命名作佩蒂翁。这一位佩蒂翁是当时一个最肤浅的人，众人却崇拜他如神明。朱利安夫人称他为古代圣贤豪杰。有许多人犹以为未足，居然有一位著作家替佩蒂翁作传，比他作耶稣，并在传中指明耶稣应该当耶路撒冷地方的市长，如同今日佩蒂翁之当巴黎市长。其实骨子里这个救世主佩蒂翁不过是个大傻子，是一个最胆怯的人。佩蒂翁的1792年的朋友们，称他是个胆小懦夫。有人描写他的性情举动，读之令人可怕。

虽是这样说，此时的人，却非常崇拜他。7月12日，路易十六批准停止佩蒂翁职权，群众大怒。吉伦特党向来同佩蒂翁往来深密的，一定要他在位，预备倡乱的。另一党也要佩蒂翁在职，因为佩蒂翁是个糊涂虫，视若无睹的，非他在位，他们倡乱就不能成功。群众是无知无识地崇拜这位上帝，到了极点，四处狂呼："无佩蒂翁就不如死！"6月20日，市长的那种举动是应该停职的，也并无不合法律之处。迪马却写道："这是一件违背宪法的事。"议会妄用其权，居然反对佩蒂翁停职。路易十六原可以借这个机会打击议会，但是路易却动不得，又错过了好机会。

那时候常常有人提议废君。7月3日维尼奥所说的不过是侵犯他人的话，康蓬直接说国王通敌，应该废的。7月初的会议，吉伦特党看见极端左翼党团占了他们的席位，不胜诧异。其实此时吉伦特党还无一定主意，不知应该做些什么，他们听见废君的提议，唯一政策，不过是要求开员复职，此外是毫无头绪。大多数的吉伦特党，此时不过说些空泛无边际的话。然而其中有几位如沙博、梅兰、康蓬所说的话，却都是很实在的。孔多塞所主张的，不过是要使君主无权。议会中有许多议员心里有许多矛盾相反的思想，有些时心里扰动毫无决断，都有些歇斯底里，手足无措，因此发生最奇异的举动，所谓“拉摩勒特式接吻”是也。

拉摩勒特是里昂地方的一位主教，他说法国既蹈危机，国人要全体联合，以抵御国危。议员们昨天晚上还是你打我，我打你的，听了拉摩勒特主教这句全体联合的话，忽然不约而同互相搂抱起来，痛哭流涕。有一个目睹当时情形的写道：“议员们好像是受了精神刺激似的……议员们忽然同时起立，高举两手，脱了帽，举手摇动，旁观的人如狂如疯地跺脚，欢呼之声，震动瓦屋，人人都像是吃醉了。”那主教又说了句平常话，说道：“有人仇恨共和！”众人听了欢呼欲狂。路易十六闻信立刻临会，他一到会，就是微笑流涕，赐他们福。议会散席的时候，人人都是满面涕泪。过了几个钟头之后，又重新你打我，我撕你地闹起来。当时这样的情景，很能显露他们的神经作用，可以解说他们许多怪举动，显出他们有英雄气概，有许多错误之点，有许多弱点，亦有许多冒险性质，有大恶的举动，亦有最高贵的举动。当时自宫廷以至于陋巷，人人都丢了头脑，忘其所以了。

其实各俱乐部此时正在竭力进行废君的布置，极力反对无论调和调停的举动。议会却有最后的力量抵抗群众。7月10日，议会表决宽恕拉法耶特，赞成者四百四十六票，反对者二百二十四票，宫廷却会错了意。后来8月10日，路易十六之所以跑到议会场去躲避，因为他还相信议会还有力量可以抵抗群众。

唯是法国日蹈危机，这一句话透露出来，众人听了都变作发狂。11

日，议会宣布“祖国危险”。这一个宣言，到了7月14日晚上，替大同盟添上许多惨剧性质。

13日是佩蒂翁复职。14日这一天的战神广场庆祝，就是佩蒂翁做英雄大出风头，两年前是拉法耶特出风头，今天是轮到佩蒂翁了，却是占了路易十六的便宜。丹东先已当众宣言：14日这一天，要废国王及王后，国王及王后此时有极大危险。斯塔尔夫人有一篇记载，描写他们的情形说：“王后满面是泪，路易走上神坛前宣誓的时候，群众不顾，只是推他挤他，幸而不为群众所践踏而死，他们到了神坛前，好像是祭祀的牺牲。”

在这一个星期内，大同盟的代表陆续到了巴黎，一到就被他们拉到俱乐部。罗伯斯庇尔请他们救国。代表们担任救国，只愿驻在巴黎，不肯赴前敌。他们说道：“倘若不停止君主职权，我们没一个人肯赴前敌的。”这时候巴黎城人人的心中口中，都是停止君主职权的话。议会里三五成群谈的，都是这句话，毫无顾忌的。

但是大同盟的代表们，不仅要停止君主职权，还一定要废君主。接着陆续到了许多代表，18日是到了二千六百九十人，30日这一天，到的是五千三百余人。他们组织一个中央委员会，另外有一个五人的临时执行委员会。有巴黎匪类首领哥尔萨、富尼埃、卡拉、桑台尔、沙博等帮同办事。17日代表们为中央委员会所鼓动，递了一个陈情书给议会，说君主卖国。议长只好做一个笼统的答复：“说是救国的方法，全在宪法中。”

这个时候忽然发生一件事，煽动群众，给阴谋家一个绝好的机会。读者要晓得艾罗·德·塞舍尔（即艾罗）曾经通过提议颁布宣言，说是祖国危险。朱利安说他是模仿米拉波。这是在7月22日及23日两天，这个可怕的宣言，由市政厅派员在大街上宣布的。一面在新桥地方放警炮，一面有军械厂放炮相应，市政厅人员披了三色大绶，左右有骑兵护卫，在十字路口高声唱道：“祖国危险！”一面又搭了棚，挂满三色旗，摆了许多大鼓，架了一长块木板，预备自告奋勇的国人，前来报名入伍。此时爱国的热潮愈闹愈高，但是踊跃赴义之中，免不了带着好些愤怒，也不怪他们愤怒。莫里斯25日写道："奥地利军队彼此相告，深信在巴黎过冬。"群众很晓得奥军所说的夸张话，免不了有几分相信，夸口的话或者会变成事实。群众是不相信法国的统兵大员，更不相信议员，最不相信王室。若是指王后而言，其不为国人所相信，不为无因。在王后左右的人，是很盼望奥军入城，还盼望奥军早日入城。10日有一个贵族写道："我们的病，日有起色。"

"祖国危险！"

群众能猜得着他们的意思，义勇队曾宣言："若是去前敌打仗，不能令国民自卫军队去，王宫有人在后面，会把我们杀了。"

议会是实在忙不过来，左翼党团也觉得来不及。波尔多党很怀疑他们，只要国王恢复罗兰、克拉维埃、塞尔万等阁员的职，他们就可以帮忙，保固君位。维尼奥、让索内、葛瓦代送了一个最后秘密通牒给路易十六，同时又组织当众示威举动，恐吓国王，是由一个十二个人组织的委员会送给路易十六一件公文。这一个委员会，原是立法性质，逐渐变成公安委员会。这十二个委员做了一件公文，交与议会，这件公文是孔多塞的大笔。其中说国民自己原能护卫及保全自由，不必向何方求助，然而仍请陛下最后一次同国民合力保护宪法，保护君主。

布里索偷偷地同路易十六秘密商议条件，只要国王附于吉伦特党，吉伦特党就保护君位。左翼党团此时已疑心布里索阴谋卖友，他们喊布里索是"巴纳夫"，维尼奥是倾向保护国王的（唯一条件是要国王服从吉朗丁党），也为左翼党团所疑，称维尼奥是"巴纳夫第二"。骨子里吉伦特党政客希望首先发难，他们晓得在议会里有沙博、在俱乐部里有丹东，预备要二次革命。吉伦特党要占先着，但是太迟来不及了。在宫廷一方面，既不要拉法耶特搭救，也不要布里索搭救；在阴谋派一方面，是打定主意不许这一班"风袋"[①]从中得手。阴谋派是要把王室一网打尽，以免漏网。

"巴纳夫第二"同早一年的巴纳夫第一相同，到得太迟了。

① 指吉伦特党好空言。——译者注

第二十章　君权之倾覆

马赛人及《马赛曲》——流亡贵族与欧洲——布伦瑞克之宣言书——要求废君——8月9日晚——丹东在市政厅之惊人举动——起事的自治会——芒达部署一切保卫王宫——芒达之死——群众专权——护卫无能——路易十六入议会避乱——瑞士卫队与匪徒之冲突——8月10日之乱杀——国人的官吏——议会停止国王行使职权——把国王交与自治会

7月29日罗伯斯庇尔在议会正式提议，停止君主行使职权，召集国会。这一个号令，同时是发给巴黎各分区的。

近来各分区任由匪类侵犯，已经有好几个星期，其实各区都是有阴谋派指挥的。其中有一区是剧院区，是阴谋发源之地。丹东、德穆兰、马拉、富尼埃等等议废君主的大多数人，都很欢迎这个提议。剧院区平常是一个众人开会的地方，阴谋派并不是法定团体，况且聚会的人，虽然吵得热闹，不见肯去冒险拼命。是以为首的人，要等候马赛发来的援兵。

马赛人是7月29日到巴黎的。巴巴鲁原请马赛市长派六百名志愿军来。后来果然有一百名，死在王宫的。但是他们从马赛地方动身来巴黎，在路上证明他们很能唱。他们有几个星期在路上犯暑热，高唱《莱茵军团战歌》。这个曲子，不过是数星期前有驻扎在施特拉斯堡要塞的一个少年军官，名鲁日·德·里尔所作的，这群马赛兵把这一支曲子唱得熟了，算是他们的军歌，就改了名，叫作《马赛曲》。南方人是善于据北方人的东西为己有的。

29日这天，他们是到了沙伦顿[①]地方，当时有些人很想把他们监禁在这里。巴巴鲁赶去欢迎他们。30日，马赛兵入巴黎城，当天晚上他们就打死一个国民自卫军，打伤几个兵，到处闹事。

如此可怕的事，都发生了。31日，巴黎莫孔塞依区发布区宣言，君主是已经废了。8月4日却有了变卦，因为3日巴黎就晓得布伦瑞克的狂妄宣言书。

自从春天，法国前线的军队不战而退，欧洲看法国不过是刀俎上物。外国军队跑去巴黎游览，是极容易的事。此时还未入法国，联军就预先分赃。奥地利大臣科布泽尔写道："我们用兵的目的，现在不是恢复秩序了；他们扰乱秩序，内乱频生，更易令我们达目的，将来我们替法国恢复秩序，替他们随便建立一种宪法，会大有利于法国，但是法国要牺牲几省酬谢我们。"他们现在借口延缓迟迟不进兵，就是要法国自己先扰乱几时再说。其实普鲁士同奥地利都不肯让俄国一国独断独行，两国又彼此都互不相信。他们的军队往洛林前进的时候，彼此都互相察看，各怀二心。这个情形，就可以解说在瓦尔米地方发现的怪事。这次要侵犯法国的联军，是个不完全的联合，是靠不住的，彼此都被怀疑所摇动，又过于轻视法军，过于得意是会发生危险的。

流亡贵族们之狂妄夸张，更是令人不安。他们心里存了许多一时三变的计划，说是法国常被匪类骚扰，处在恐慌时代，是要拿恐慌对付恐慌的。若是一个宣言书能够在法国引发恐慌，全国都要跪在国王面前摇尾乞怜求命了；只要国人都服从了君主，孔代的军队就可以长驱直入，展开白色的旗，什么事都完了，从此永享太平。他们对于这种侵犯法国的计划，也还带有一点爱国思想。倘若国人悔祸，外国兵就无所借口，也不能要求兵费，因为用不着他们干预，人就服从了。流亡贵族们满肚子里都是这种计划，故此终日包围那位总司令布伦瑞克。这位总司令是

---

① 此地有监狱。——译者注

一个无决断极胆小的人，实在被流亡贵族骚扰不过，只好耸耸肩，叫人写一个宣言书，在底下签个字。这一个宣言书里头有许多条件，许多读者当已晓得了。这一件著名公文口气上当法国是个反叛，若是要免于受惩罚，就得跪在国王面前求饶。又恐吓巴黎，若是损及王室毫发，义军一到，是要玉石俱焚的，惟议会及政府是要承担责任的。居民等若胆敢抵抗义军者，必从重惩办。这一件公文对于所谓反叛并无分别，凡是1789年5月起事的反叛，都是一样的治罪。莫里斯详论这件公文，有几句讥讽话，他说道："这件公文就是说我反对你们众人，请你们众人反对我，你们要尽力抵抗我们，因为你们除了抵抗之外，并无其他希望。"这一篇大吹而特吹的文章，迪马批评得最得当，说道："简直是国王的两位贵弟对于王室做骨肉相残的举动。"

主持共和的孔多塞喊道："我们有救了！"这句话是指推翻君主制而言。3日佩蒂翁就到议会，说是带了各区的请愿书要求废君主。维尼奥听了害怕，立刻散会，停止讨论（这样解决是最坏事）。4日，莫孔赛依区宣言不承认路易十六做君主。议会不承认这句话，说是君主问题，是全体国民的问题，不能归分区独断独行。议员们对分区不知说了多少好话，才把这个问题压下来不讨论，可见议员们是怕极了群众的了。当时有一个英国人约翰·摩尔，目睹当时议会之纷乱无主情形，说道："6日同时有两分区来请愿的，一个是请惩办要求废君主的人，一个是来要求废君主的。议会对于第一个分区是绝口称赞，对于第二个分区是表示欢迎，特别赐坐。"约翰·摩尔还亲眼看见旁听的辱骂议员，还有恐吓他们的，他写道："我很相信还是旁听的人驱逐议员出会场的次数多，议员们驱逐旁听人的次数少。"当下议会一面讨好人民，一面抛弃君主，议决驻扎巴黎城外的瑞士营（君主只剩了这个护卫）调遣出外，编入北方军队。

8日朱利安夫人写道："立法议会好像是太弱，不能做舆论的后盾；舆论好像是太强，不肯听议会压制，总要流血。"因为要流血，马赛兵于4日，强迫市政人员发给五千发子弹。此时国民自卫军的司令是一个忠于王室的人，名叫芒达，桑台尔负责担任去蛊惑他的部下。

议员们晓得起事是免不了的；他们虽然向来喜欢开长会，却不喜欢遇险。9日晚上7点钟，他们就散会。布里索因为路易十六始终不肯召回阁臣，复他们的职，只好不顾法律了。

9日晚上很热闹。巴黎全城的人都在街上，谣言四起，都说是今天晚上举事！到了晚上11点3刻，科德利埃的大钟忽然打起来，声音是很凄惨的，每过几分钟，就有别的六处教堂鸣钟相应。原来这是报警的钟。巴黎全城的人，都觉得毛骨悚然，只听见许多人说道："来了！我们现在要进行！"

原来是丹东代表总检察官，亲自带暗号到科德利埃叫他们鸣钟。自8点至9点，巴黎各分区开会，开得很热闹，他们的目的，是选特派员去恐吓市政厅的执行委员会，倘若有所必要，就把他们驱逐了，另立自治会（即公社）取而代之。因为这个执行委员会的成员都是立宪党，所以必先要在市政厅大动荡，然后好去攻打王宫。只要市政厅到了阴谋派的手上，他们就可压制芒达，把国民自卫军夺过来，随即打发巴黎的无赖，同马赛兵去攻打毫无保护的王宫。到了11点钟，所有新当选的特派员都向市政厅来了。

市政厅的执行委员会正在开会，已经打发人去请佩蒂翁。佩蒂翁不来，于是叫芒达发令拔队。芒达立刻布置，带队向王宫而来。佩蒂翁脸上怪难看的，跟着芒达走。当下丹东进了市政厅，看见八十二分区的领袖，在那里发怒。这八十二个领袖，自称是新自治会的首领。执行委员会还在那里议事，请这八十二个新领袖暂时占据议事所附近的一间房子。这是委员们自杀的办法，不到一个钟头，起事的自治会，把他们扫除干净了。

芒达到了王宫，就部署一切。他原不甚相信他的国民自卫军，但是他发出极刚决的号令，国民自卫军好像还不至于不可靠。芒达又发号令把驻扎吕埃及库尔伯瓦的瑞士营调来，又把警察队也调来，算起来，总共有一千八百人。国民自卫军都是当时称为“1789年的好人”，作者要说句公道话，他们此时并不甚欢迎巴黎的匪类。

这一省的检察长罗埃德累也是“1789年的好人”，到了晚上11点钟，他也出现了。他原是制宪议会的议员，他的一切举动，实在令人可疑。昨天他是个雅各宾党，今日却变了一个和平派，再后来，他变了帝制时代的上议院议员。最后到了路易·菲利普时代，他却当了贵族。但是这个洛林人，待人是很礼貌周到的，才干是有的，很令人喜欢，向来不做极端的事。他是最反对过火举动的。随后佩蒂翁也来了，仍然是满面笑容。路易十六接待他是很客气的，因为有几个士兵对他说了几句粗话，他就借作题目跑到议会来。议会此时有几个议员在那里，佩蒂翁从议会出来，原该去市政厅的，他却不去，走回自己办事的地方。巴巴鲁早已料及因为起事，他借故躲避。

太阳快上来的时候，王妹伊丽莎白卷起窗帘对王后说道：“你快来看，天将亮了！”玛丽·安托瓦内特这次看日出，就是看法国君主制的太阳最后一次升起了。路易十六说要去就寝，这个时候丹东正在占据市政厅。他一到了，就发生大扰乱，佩蒂翁既不在那里，他就可以自由行动，执行委员会开始感到害怕。

执行委员以为芒达是个叛徒，出卖了他们。芒达原派有军队驻扎新桥，以免河两岸的无政府主义者通气。匪类们见了大怒，于是高声大喊，说是芒达准备残杀民众！又说是王宫与他同谋。执行委员会这时候手足无措，不知怎样是好，只好发一个号令，请芒达离开王宫，回到市政厅。芒达迟疑，不想奉命。阁臣们劝他不要动；罗埃德累劝他应该奉命，且说执行委员会都是好人，都是效忠于君主的，回去怕什么呢？芒达还不晓得当下已经有革命的自治会成立，于是并不带护卫就回去，一到就被人包围住，被人侮辱，已经被他们革了职，当走出的时候，被群众杀了。

新自治会既将芒达革职，就成为谋反事实，计无复之，告诉执行委员会，新自治会就是人民唯一代表，颁布命令，停止执行委员会职权。执行委员会反抗，谓自治会员无法律规定地位。他们答道：“国人在起事时期，将所有一切权利，都据为己有了。”这两句话读者要记得，应该写在本段历史的卷首第一页。当时就是不过有限的几个人大权独揽，为三千万人立法。执行委员会却也真是懦弱无能，一面嘴里反抗，一面就散了，自治会取而代之，占据了巴黎。

他们的计划，就按部就班地实行起来，有条有理，一丝不乱。已经杀了芒达，所有一切防护都乱了，反叛者们就去攻王宫，先把新桥和斐扬园的大炮挪向王宫。

攻打杜伊勒里宫

于是有人把路易十六从酣睡中唤醒。此时国民自卫军的举动，令人害怕。路易十六还下去检阅这些军队。有人目睹当时情况说道：“路易两眼是红的，头发上的白粉都聚在半边，走路很迟钝，说不出一句有意思的话，见了军队只会说一句话，‘我爱国民自卫军’。”又有一个国民自卫军中的人写道：“当时的情景，如在目前：路易走到我们面前满脸愁容，一言不发，好像是要说，什么都完了！”有许多炮兵跟在路易十六后头走，一面走，一面喊道："打倒国王！打倒这个胖……"路易十六一言不发，到7点半钟，他走回宫里，气都喘不出来。

军队里头，此时自己争论起来。炮兵说不愿对人民开枪。此时群众到了，攻打宫门，爬墙进来，劝国民自卫军叛乱。

罗埃德累此时也走到军队里，后来又回到王宫，看见有几个左翼党团议员，他劝路易十六同他们议条件。议员们说道："君主何妨到议会暂避呢？"路易十六答道："你们以为可行吗？"议员答道："我们以为可行，舍此别无良法了！"王后却不以为然，说道："我们还有军队！"随即又说道："什么！我们变孤立了吗？没一个人替我们出力吗？"罗埃德累故意夸大其词说道："是的，完全孤立无援，举动也无用，反抗是绝不可能，巴黎全城的人都反了！"又对路易十六说道："陛下宜速断，时机不可错过！"路易十六对王后说道："我们走吧！"国王、王后这一走，就是走上断头台了。罗埃德累先行，随后是阁臣，阁臣之后是国民自卫军，国民自卫军之后就是路易十六一家。太子一路走，一路踢落叶（因为天气异常酷热，树叶落得较早）。路易十六说道："今年树叶落得比往年早。"他从此以后，不能再见王宫的新树叶了。

此时议会不过有少数的若干位议员在那里大为震动，等候路易十六驾临。路易十六到了议会，坐在议长维尼奥的左首。后来判决国王受死刑的时候，天意极残酷，是波尔多党员当议长，宣布路易十六的死刑。现在也是波尔多人当议长，接待路易十六，不久就抛弃君主，听天由命，任由君主去受罪。议长此时对君主说的几句话，却想不到后来的事。此时维尼奥对君主说道："陛下可以倚赖议会的果决，所有议员都曾发过誓，以死维持民权，以死维持宪法所建立的执掌事权的人。"这是演说家的话！这个好宣言的人所说的话，不过是预告刽子手去开刀。

议会没大地方容纳王室许多人，这时候到了议会的是国王、王后、他们的子女、王妹，还有内侍，只好暂时安置他们在速写员办事的地方。有一个英国人约翰·摩尔说："王后仍然是镇静自若的。"有个德国人波曼说："路易十六简直是大受打击，振作不起来的了。"

1792年8月10日攻占杜伊勒里王宫

当路易十六未走之前几分钟，有一位短小精悍的小军官是个科西嘉岛人，在那里很留心察看一切。看见路易十六毫不抗拒，就垂头丧气地离开王宫。这一位军官嘴里喃喃地说道：“蠢蛋！”这位小军官就是拿破仑。他看王位倾覆，群众闯入王宫，发出许多感想。

当日8点钟，暴徒围住王宫，国王已吩咐过叫瑞士卫兵退入宫里，外院都是国民自卫军防守。马赛兵叫国民自卫军投降。他们要等候桑台尔所统带的无赖们到齐了，才开始攻打。但是桑台尔走到半路，奉命当了国民自卫军的总司令，立刻折回去市政厅，在那里发号施令。

他所发的号令是多余的了，其实可以不必发的。炮手们早已大开宫门，警察队也归附了群众，不久就把大炮转向王宫。瑞士卫队见了很扰动，他们在那里想，是不是毫不抵抗就让暴徒闯进来，若一抗拒，是要牺牲性命的。驻军特派员威斯台尔曼用德国话对瑞士卫兵喊话，劝他们投降，有几个勇敢的瑞士卫兵答道：“投降则体面何在！”

有两个瑞士卫兵离开队伍，走去同暴徒说话。暴徒开枪打他们，瑞士卫队立刻开枪应答。暴徒正在登阶，瑞士卫兵这一排枪先把马赛兵的首领打死，同时倒在地下的死伤者还有一百人。暴徒大惊，分头逃走。（可见，这是罗埃德累引诱路易十六走了错路。）瑞士卫兵从死尸上走出来。抢了一尊炮，占据禁门，又前去抢了几尊炮。

暴徒逃出去，正遇见巴黎的无赖大队来了，壮了胆，又折回进攻。瑞士卫队本来就无多少子弹，极难抵抗，被群众逐入禁门，有好几个受伤倒地。

议会在那里从容讨论，听见枪声，送信的走来报告，说是群众被杀，群众要攻入王宫。议会忽然振作起来，通过条例，将所有生命财产，都交与巴黎人民保护，又派议员二十名入王宫，十二名议员入市政厅，派他们去同有权利在手的人商量，不问是法律规定的权利，抑或是无法律规定的权利。还说在这个当口，还许有人民所相信的人，敢将权利给人的。正当此时，演出最残酷的惨剧的时候，议员说话，当不免带点诙谐。

1792年8月10日瑞士卫队遇害

议员们强迫路易十六签押一封书，谕令瑞士卫队停止放枪，叫他们都到议会来。他们见了国王的手谕，立刻奉命，他们一走出来，就被暴徒追赶包围杀死。什么地方都有瑞士卫兵的死尸，也有在宫里被杀的，也有在花园被杀的。有些走到市政厅的，被几位自治会员定了死罪，立刻杀死，将尸体斩成碎块，还在禁门外院，点一把火，焚烧瑞士卫兵死尸。

他们为什么要这样残忍，实在是不能令人明白。在暴徒方面，总共是死了四百人（有人说是三百七十六人），但是被害的不止是瑞士卫兵，还有许多无辜的人，也被他们杀死。有许多旁观的人看不过，劝他们不要胡乱捣毁，只让他们把王后的梳妆镜子之类打碎。同时在王宫别处所演的，却不是这种无知的胡乱捣毁。有一个女暴徒，乘势就把从前挖苦过他的一位报馆记者杀了。所有宫里的御膳房的人被都杀了。内侍们、侍卫们、太子的家庭教师，也被杀了。还有克莱蒙-托内尔，原是一位极大度的贵族，最先在省议会大会的时候，主张民主制的，也被乱民杀死了。

这一群嗜杀的乱民，不过在最初看见流血稍微有点害怕，随后也就见惯了，兽性大发。当天晚上，迪马说他亲眼看见孩子们在街上拿人头玩耍。又有一个人亲耳听见一个工匠说道："我的运气很好，我一个人亲手杀了三个瑞士卫兵。"8月10日是恐慌时代的第一日，有一位查考过的人说："当日总共杀了八百多人。"

暴徒乱杀的时候，路易十六却在议会挨他的难过时光。

作者已经说过，当时赴会的议员不多，右翼党团、中间党的议员害怕，不敢露面；有些议员们，简直不晓得外面闹什么事。孔多塞到了奥特伊晚上才赶回来赴会的。总共是七百五十名议员，到会的不过二百九十名，大多是左翼党团的议员。翌日有人写道："这到会的议员，全是来旁听的，是受群众指挥的，个个都是恐慌的。"议会原已派了十二个议员去市政厅，在路上就遇见市政厅派赴议会的代表。这些代表们自称是"国人的官吏"，走入议会，宣布议员们的死刑，要求召集特别国会。到10点钟的时候，葛瓦代代维尼奥当了议长，很欢迎这一群国人的官吏，恭维他们一番，以为就可以把他们支吾走了。葛瓦代说道："议会很佩服诸位热心，请各位回去各尽其职。"但是这一群民间演说家，走上演说坛，有一个说道："王宫着火了，我们要替国人复仇，使他们满意才能罢手！"

替国人复仇，就是废王。议会此时所能办到者，不过是不肯废君主，只能提议停止国王行使职权，以待特别国会裁夺。于是因为停止职权的问题，争论了一天。王室当时就坐在旁边，眼看着法国君主制之倾覆。到了晚上10点钟，议员们把王族一干人送到斐扬修道院，过了极其不安适的一夜。翌日早上，又把他们送回议会来，从议会又把他们送到丹普尔堡。

丹普尔堡

议会最先决定的是将君主禁锢在卢森堡，随后又议定禁锢在司法部（因为有一个自治会反对，说国王可以从堡中地下陵寝逃走）。但是自治会有正式的反对宣言，说保管王室是自治会的专职。旁听的暴徒大骂议员，议会无法，只好让步。国王走来议会，原为的是要议会保护，议会却反把他们交与市政厅的乱民。8月12日，果然把路易十六及他的亲属，交与自治会，自治会把他们幽禁在丹普尔堡里。交代王室的是议会，接收王室的人是肖梅特；交代大权的也是议会，独揽大权的人就是丹东。当时失败的不止是路易十六一个人，吉伦特党人被人所愚，占了先着，被人打倒。他们一面牺牲王室，一面又牺牲自己。

路易十六和皇室在丹普尔堡的监狱

第二十一章　丹东、外兵入犯与乱杀

临时执行委员会——丹东——丹东之进行规划——丹东与罗兰等人——外国入犯——联军的兵力——法国的兵力——杜穆里埃之事功——义勇队自选将官——隆维失守——凡尔登失守——巴黎危机——议会为自治会所吓倒——丹东默许暴徒乱杀——自治会之屠杀计划——9月之大屠杀——回护乱杀者——议会之态度——丹东担乱杀之责

8月7日，实际得胜利的就是丹东。波尔多党虽然恨他，却又不能不承认他。议会既议决颁行选举临时执行委员会，其中有一条声明，临时执行委员会的领袖，是由第一位被选的人充当，议会只好首先选举丹东。又以二百八十五票中得了二百二十二票的表决结果，升他为司法部长。他的同事蒙日掌管海军，勒布伦掌管外交，其余仍是罗兰、塞尔万、克拉维埃，各复旧职。

所选的这一班人，即是丹东大权独揽。塞尔万原是波尔多党，本是最尽忠于本党的人，却甘心服从丹东。蒙日是一位大数学家，是科学学会的会员，与孔多塞同事，也是更甘受指挥的。勒布伦对于丹东是奉命唯谨的。克拉维埃原是个庸才。罗兰虽然复了职，但是他经过这最后的三个月事变，就老了许多，又有家务烦心。他向来不过是一个遍览百科的学者，并非是一个政治家。他又向来倚靠他的夫人作他的左右手，现在很疑心他的夫人，因为这件事，心里是非常之难受。

丹东

简言之，这一个内阁，这一个临时执行委员会，不过是一群慌张失措的办事员们，只要他们大首领一瞪眼，一变脸，他们就唯唯诺诺，一声也不敢响。这位大首领丹东应当说是一发炮弹，把他打入内阁的。

从前的人，不过当丹东是个粗俗的俱乐部中及大街上的一个好生事的人，是个凶横危险的人，比好为大言的维尼奥及罗伯斯庇尔似乎还欠庄重。但是据作者看来，丹东是在他们之上，比他们高很多。

丹东原是香巴尼地方检察官之子。有人说："他是个暴发户。"这是不确切的，他是一个极漂亮的学者，研究过许多大著作，如意大利但丁、英国莎士比亚、法国高乃依和拉伯雷的大著作，他都是很熟习的。他又是一个出色的法律家，在1789年之前，掌玺大臣巴朗坦有意要请他帮忙。他预知不久法国有大雪崩似的事变，不肯应召，还把律师的职业抛弃了，以便可以自由办事。1789年大动荡将发起，他就投身卷入大动荡之内。他也许替奥尔良公爵办过事，他确实入过自由石匠秘密会，见俱乐部较为合意，就入了进步最猛的俱乐部。在俱乐部三年，专心制造各种极端的革命思想，所有一切新举动，骨子里都有他。现在为潮流所涌，涌到了俱乐部的最高的地位。

他到了这极高的地位，并未久坐，忽然平地一声雷，他就跳到"独裁者"地位。他未到这个地位之前，他的房里有一个钟，钟针是三瓣花式[1]。忽然有一天，他把针用手折断了。由此可见丹东是一个意气用事的

① 此是王室的徽章。——译者注

人，把钟针打断。假使罗伯斯庇尔的话，是绝不肯打断的，他要慢慢折下来，收藏起来。

丹东好意气用事，凶横，过于为情感所使，胆子极大，却无耐性，好酒及色，伤及身体，好夸张他自己所做的失检的事，不好说自己有什么道德，趾高气扬，而无远虑。他的演说很有力量，声音洪亮，却不是个大演说家。他往往对他演说所发生的祸害，禁不住流涕。

他说话极其激烈，他说话时候的面貌神色，尤其可怕，像极狞恶的狗，又像一只狮子。

大历史学家索雷尔说："丹东是个男子汉。"从前一位历史学家米什莱说："他不过是一个演说家。"此却是大错。丹东的确是一个满腔热忱的男子，无一语，无一事，不是从热忱中来。他的怜悯、愤怒、爱情、凶横，都出自真诚。他这个人毫无狠毒，容易动情，易于忘仇，自己晓得做错了事是非常之后悔的。向不怀恨，向不用心机打算盘。他喜欢钱，却无证据能证明他得过暧昧的钱。但是任由左右的人要钱，向来无人说他贪赃受贿。

这个人既有大头脑，又有热心肠，他崇拜革命，尤其崇拜祖国，他完完全全是一个法国男儿。法国有危险的时候，喊他出来，他就挺身出来，一片热忱救国。这个人有许多举动，不能不令人望而生畏，敬而远之。然而在他人眼中，丹东确是个大伟人，他好像是一座喷火的火山，然而喷出来的火，是最清洁的火。

作者还要指明他有一样短处，他是很懒的。他什么大胆冒险的事都敢做，却是非常之懒惰。他的举动都是激烈的，却忽做忽止。他不晓得什么是宽缓的事功，他又不晓得什么是耐心的怨恨他人。他的仇人未死，他就宽恕了他。假使是罗伯斯庇尔，是绝不肯这样做的。鲁瓦耶-科拉尔说："丹东有大度。"他的大度也许是从懒惰生出来的。他极不耐烦，一会儿就生讨厌，连他自己发怒，有时候他也讨厌。

丹东向来不言理想，他愿意行宽大政策，兼涵并容。恐怖时代，他续弦，还是天主教教士同他们行结婚礼的。他却纵容凶徒杀死加尔默罗会女修道院的一百个教士，又把凶手窝藏起来。他的大梦，是要法国全国联合起来，抵抗日耳曼。他想象中的法国共和国，是一个同心合力、共御外侮的国家，不愿意看见国人分离。1793年，他觉得吉伦特党怨恨他，他极其难过。1794年，罗伯斯庇尔深恨他，他亦觉得难以相信。1792年8月，他开始做梦，要有一个大举动，振兴全国的人，抵抗仇敌。他虽然是懒惰，却因为爱国至诚，他一连有几个星期，把全副精力用在极辛苦的事情上。他要把这个瓦解的法国整顿一番。

若是通盘来看，丹东是一个有大能耐的人。

加尔默会的疯狂屠杀

左翼党团是很明白时局的实在情形，波尔多党原可以安置罗兰做内阁的首领。他们却晓得国事艰难，并非罗兰所能行的，却并未把这个意思告知他的夫人。他们举了丹东做首领，把自己毁了，却救了法国。那时候，全国没一个人，当敌军未出国境之前，肯把丹东踢开的。

丹东第一步就是先把自己的意思告诉内阁（即临时执行委员会）。吉伦特党都是理想家，唯有丹东是个实干家。他不相信这时候法国人是好共和的，必定要用些强逼手段，然后法国才能变成共和国。他就要用这个好革命的巴黎做武器。

吉伦特党很想借外省的力，抵抗巴黎的自治会。丹东却把他们种种反对理由撇开，只剩了罗兰夫人一个人还在独力抵抗，不赞成丹东的办法。罗兰夫人一开始就恨丹东，恨丹东把她的朋友都遮掩住了。夫人恨丹东的才能，恨他的放荡行为，恨他的体貌，说他太咄咄逼人，说他很残忍。新近刊行罗兰夫人的一种著作内，有夫人描写评论丹东的文章，描写得甚好，描写得很令人害怕。不过这不是丹东的真相，一读这个著作，就晓得夫人对于丹东，是恨之入骨的了。丹东原是很愿意讨好夫人，同他做好朋友，可惜他夫妇两人阴谋阻挠他，他只好用手段，举起粗大膀子，把他们夫妇两人推开。罗兰的事功从此告终，其余的阁员却被他压服下来，他此时是一个大权独揽的人了。

自此次事变之后，反对的人都望风披靡。拉法耶特设法收拾余烬，谋举大事，毫无结果，只好出奔了。各省原是反对6月20日的事，到了8月10日的事变发生，并不反抗。所有各个地区除了八省之外，都是附和中央的。这都是布伦瑞克宣言书之功。

当下巴黎人很高兴，好像是被一场噩梦都打散了。看当时的书信及报章上的议论，就像是人类开了一个新纪元，处处都是很热闹的。处处都有人跳舞，人人都是乐不可支，彼此见面，都互相庆贺，空气好像是变清爽了些。男子们个个都是抬起头的，女人们好像比往常清爽些，事事都出现一团和气的气象。朱利安夫人的信不是信，简直是歌曲。王族是禁锢在卡尔姆监狱里，有许多人傍晚无事，就跑进卡尔姆监狱里笑骂王后几句。到了8月20日，就有许多人要暴君的首级。

因为此时外国兵开始入犯，8月19日，普鲁士军队同法国的流亡贵族，在雷当日犯边。流亡贵族虽然糊涂，视若无睹，却也还有心里很难过的（有他们的书信可证）。这原是一个极危迫的时机，其中有一个犯边的人名夏多布里昂叙述当日的情景，今日读之，亦不能不动情。但是入犯的人深信不疑，一定得胜。普鲁士军官们，预约8月底某日在巴黎巴黎的王宫聚会，预言到巴黎如何的快乐，他们极看不起法国。

孔代的好吵乱闹的军队提议当先锋，他们的目的要享受国人求和悔过，但联军却不管悔过不悔过，只要夺要塞。

布伦瑞克所统的总共是八万人，这就是当日称为洛林军的。这一军有四万二千普鲁士兵，只有二万九千奥地利兵。萨克森·但辛公爵所统的北军有二万五千奥地利兵，四千流亡贵族，后备军还有一万七千奥地利兵，及孔代所统的五千人，预备入犯阿尔萨斯。联军总数为十三万一千人。

当时以普鲁士兵特别有威望，这都是从罗斯巴赫战役后腓特烈大帝的威望得来的。有一位熟悉军事的学者许凯，发现普鲁士军队无人疑到的弱点。他说："普军的炮队不及法国远甚。那位前敌总司令不是统带重兵入犯之材。"总司令是满肚疑团；他的部下，却是满嘴里夸张。这一位布伦瑞克公爵是一位哲学家，他见法国革命使人民享自由是件好事，奥地利兵不应该反对的。况且他又是一个普鲁士的好男儿，最恨的是奥地利人。还有一层，他向来有迟疑寡断的性格，遇事多存悲观。他是若逢大敌临阵的时候，首先要预计如何退兵的。

普军的弱点，巴黎人是不晓得的。他们把外国入犯的事，看作是很可怕的，但是巴黎的人民并不因害怕而垂头丧气，反因此而发狂。有一个人古维翁·圣西尔说道："布伦瑞克这一件宣言书，简直是替法国增加了许多军队。"

但是新增的军队，并不是最好的军队；同最好的军队，差得很远。有许多年来，有许多人都相信留传下来的谣言，说是法国军队最初之所以得胜，都是1792年义勇队之力。若是说出实在情形，义勇队几乎害了法国的军队。

当日香巴尼之战、洛林之战，及比利时之战，法国兵屡立奇功，皆是1791年旧军队及义勇队之力，以其能守纪律也。当时有一位身历行伍之将军，曾评价此军人确是法国好汉子。其后入伍者，大概皆不知纪律为何物，要经过1792年5月间之败北挫折，甘受较为严整军纪，然后可以有为也。但是虽有入伍之众，仍然不能及联军之多。（法国军共有八万二千人，联军总数是十三万一千人。）议会只好做第二次招募，新入伍的素质亦远不及1791年所招的。所有当时统兵将官的书信，是说得很清楚的。但是并不绝望，人人都希望这种乱吵乱闹、如疯如狂新入伍的人，慢慢还能做精兵。凯莱尔曼此时力持新旧混合的办法。

杜穆里埃此时继拉法耶特统带北军，卢克纳虚拥总司令名号，不久就改派在后军，梅斯军队改归凯莱尔曼统带。当时的实际情形是杜穆里埃已蒙塞尔万及丹东宽恕，指挥一切。

他的宗旨是要利用士兵之热心，而不加以压制。此时军队中之共和主义极其发达，不是普通国人所能赶得上的。他们有一种勃然而兴的好气象，若能利用，是可以变成劲旅的。读者要参考新近二十年来所刊布的军官们的日记及书信，然后才能晓得当时军队的一切实际情形。其中有许多军官名姓，都未经本书说及的。军官们是很相信那时的士兵可以有为，因为有此种相信，故能立功。他们利用那个新编的军歌，即是利用《马赛曲》的激昂意气，鼓励士气。

杜穆里埃很晓得1791年的发酵面种是好的，就当作种子遍播在军队里。他居然有本事把临阵溃逃的弱兵，变作在瓦尔米及热马普两地血战获胜的精兵，到开战的时候，他们很站得住。法国军队是穿蓝色军衣，流亡贵族们耻笑他们说："他们是蓝色陶器，一碰就碎。"殊不知军官们是第一次把陶器放在窑里再烧，起初很像有了裂纹，好在原料都是很好的。1791年入伍的人，是最好打仗的材料，其中有位名维克托的，在军队中原当鼓手的，后来做到上将，追忆当年的事说道："1791年的士气高昂，是令人不能忘的，可惜我无文才，不能绘声绘色，描写当时那一番好气象。"又有一位军官名马尔蒙的说道："我追想当时，如日在光明世界中，我今年五十五岁了，犹觉得当时蓬蓬勃勃的气象和力量如在眼前！"

高级军官，叫义勇队自行选举大队长（这是一件冒险的事）。大概而论，他们选得还不错。例如尚比奥内、哈克索、拉哈尔普、勒克布、佩里贡、贝西埃尔、儒尔当、维克托、马尔索、乌迪诺、莫罗、达武等等。其中的将官占了共和时代分统的四分之一的数目，有七位是后来帝制时代的上

热马普战役

将。不到两年工夫，这群年轻小军官都升职了，有几位原在下级军佐之列的，奋勇争先，不到一年就升官了。例如拿破仑时代的大将勒费弗尔、贝尔纳多特[①]、内伊、缪拉、奥热罗、苏尔特、庇什格律、蒙赛、奥什等都是的。这两波的人都是当时能带队冲锋陷阵的好手，后来都能独当一面，统率指挥大军。此外还有1792年的少年军官亦在其列，如莫蒂埃、古维翁、布律纳、拉萨尔、儒贝尔等是也。这都是法国走着好运。还有从前的许多炮队、工程队的军官，不愿意当流亡贵族的，都在军队里。这两种军官极其严肃而有决断的，当开战时，他们守在大炮之后，屹立不动，等候有名的普鲁士步兵冲到面前，他们才不慌不忙地放炮轰击。不过六个星期，就令普鲁士的步兵望而生畏。到了这个时候，却用得着1791年义勇队的钢刀同勇气，大收成功。

用六个星期，要把毫无纪律的军队改变作新军，期限是很急迫的。隆维是绝不能坚守的了，只好于8月20日与敌军议和，退出让与。守兵整队而退，但是那种严整镇静、果敢自信的形象，流亡贵族们及普军看见了，心里有点不安，守塞的兵无一人降敌的。日耳曼军官们看见法国兵这种情形，心中留下颇深的印象。

8月27日凯莱尔曼到了梅斯，看见诸事都很无秩序，但是军气很好，军队们总喊前进。驻扎摩尔德的军队，也是一样的喊要前进。杜穆里埃到了这里之后，很用了一番心，很耐心、很忍气地恩威并济，才能够把军队办到听他的指挥操纵。

布伦瑞克原想在法国两军之间溜进来，普鲁士王时刻为流亡贵族们所激动，力逼布伦瑞克直捣巴黎。布伦瑞克公爵的意思是先要攻下几处炮台。自8月24日至29日，公爵在布拉库耳按兵不进，天降大雨，普军从此得了痢疾的病根。他们的军威很盛，居然于9月2日使得驻守凡尔登的法军，同他们议和退出，法军也是整队而退。那种情形也令敌人注意。那

---

① 后来做瑞典国王。——译者注

位驻要塞的指挥官博尔贝尔，宁以手枪自杀，不肯降敌。法军队退出的时候，在公爵面前走过，喊道：“我们在香巴尼地方再见吧！”

当下驻扎梅斯的凯莱尔曼及驻扎色当的杜穆里埃，都在那里很匆忙制造复仇的武器。

博尔贝尔自杀

隆维及凡尔登相继失守与敌人，这事实上是拉响了警报，提醒国人敌军已经占了居高临下的要地，俯瞰巴黎所在的平原。巴黎的人民日受刺激，政府亦极其惊惧。罗兰夫人写道：“我们虽然是晚上也不睡，日夜地忙碌，也不能在几个钟头里，弥缝修补四年来卖国党造成的后果。”他们当时所处的环境实在是可怕。议会停止国王行使职权，大权独揽，却不肯帮临时执行委员会的忙。议会受俱乐部及自治会所操纵，有时候很听他们的话，例如答应他们选举国会议员的时候，授全国人以选举权。有时却不肯听他们的吩咐。议会此时真是变了“尾闾议院”[①]了。因为此时议会并没多少议员到会，七百五十人中只有二百五六十人到会。右翼党团害怕、逃了，中间党可以算作不存在了，左翼党团又被极端左翼党团所压制。

议会答应了组织恐怖政策的初级手续。这时候把贵族同教士都视同阴谋害国，都在嫌疑犯之列。8月17日议会相信应作一种先发制人的屠杀，组织一种革命法庭，审讯8月10日的罪状。换而言之，即是审讯贵族的罪状。此时的监狱已经人满之患了。议会于15日通过议案：凡是流亡贵族的父母妻子，都要当作人质，于是把他们都监禁了。26日，又通过所有未经驱逐出境的不肯宣誓的教士，都监禁起来的议案。8月28日，丹东叫议会通过一个议案：授权官吏，挨家查验，结果是把许多嫌疑犯，都收入监狱里。

自治会自称有管理巴黎之权。议会里头的维尼奥，临时执行委员会里头的罗兰，见了自治会很害怕，有大魄力如丹东，也在害怕之列。自治会里头的人员愈加愈多，却是雅各宾俱乐部的人，只留一个佩蒂翁在市长署，但是先同他说好条件，要他听自治会的号令。罗兰夫人对这个如疯如狂的自治会常出怨言，也毫无用处。朱利安夫人说：“自治会太过傲慢。”议会屡次要打倒自治会，又不能成功。因为丹东虽不甚喜欢自治会，却很保护他们。丹东原希望自治会能够与政府携手一致进行，常对自治会说和气合作的话。他说：“这两个团体必要结合起来同御外侮。”那时候定于9月2日召集群众于战神广场，募集新义勇队。当日丹东说道：“这一次鸣警钟不是报警，是攻打祖国仇敌的号令，要打倒仇敌，我们法国人要放胆冒险，我们要放胆冒险，再放胆冒险，自始至终都要放胆冒险，然后能救法国。”

替丹东辩护的人，说丹东晓得群众预备杀人入狱，故此设法把他们

① 1648—1653年英国长期议会的一部分，1659年复开，1660年被解散。——译者注

引诱到战神广场，把这群要残杀同胞的人，都变作共和国的杀敌的士兵。丹东诚然一向不做残杀的噩梦，但是他不是视若无睹的，他很晓得他们阴谋乱杀，只要一得了前敌洛林失败的消息，就要开始乱杀。当消息未到巴黎之先，丹东已经得了凡尔登失守的信。当时丹东、罗兰、塞尔万、佩蒂翁等都未能事先预防，严守监狱，不令暴徒入狱肆行杀人，是一件极可惜的事。对于罗兰及塞尔万两个人，还可以勉强原谅。只能说当日之毫无防备，是由于丹东之有意与暴徒同谋。但是此时快要选举国会议员，巴黎的选举权都在自治会手中。丹东原是一位要当议员的人，自治会是决计要大屠杀，作为使人恐怖的方法，丹东是决计假装瞎子。丹东本性残暴，并不反对杀人的；倘若他以为有流血之必要，是愿意下令杀人的，他相信杀人必不能免，只好随他们杀去。无论何短何长，丹东这个人原非完全是个嗜杀的怪物，但是此次乱杀总是丹东终身之玷。丹东不单不阻止乱杀，反令他们易于施行，他把真心爱国的人引诱到了战神广场，把这几处监狱弃于暴徒之手，若以为丹东视若无睹，岂不是把丹东看作一个大呆子了吗？丹东确不是个呆子。

9月1日晚，群众的激动达到沸点。我们那女国民写道：“好吗！随他们去吧！进行吧！”果然丹东放任他们，他们果然进行。

9月2日早晨，法国军队让出凡尔登要塞交与敌人的消息，到了巴黎，自治会曾经被议会全体反对过一次（不过只被反对了一个钟头），要决定一天内再最后一次的伸张其权利。那时候恰好巴黎快要办选举了，自治会的人们自问道：“我们该举什么人当国会议员呢？选举布里索党吗？也还可以选举罗兰党吗？那是不能的，我们要令全国恐怖。”科洛自己承认道：“假使无9月2日，是绝不能有国会的。”他说的是国会里头的山岳派。

当时得了抛弃要塞的消息，巴黎全城都发了狂，这原是怪他们不得。当时有许多事无不令人激动到发狂的。有一个英国人名约翰·摩尔在巴黎是耳闻目睹各种情形的，说道：“在大街上演说的人，说卖国贼的举动，说得奇奇怪怪的。”有许多人说巴黎城里，每块石板底下都藏了一个卖国贼，王后与罗兰夫人都是阴谋卖国的。串通科布伦茨的卖国流亡贵族，做内应的奸细们，哪里都有。9月1日，有人在巴黎遍散小书，书名叫《路易·卡佩之大卖国》；又有一本小书，名字很长，叫作《9月2日夜阴谋暗杀好国民之大揭露》。所以真正爱国的人，听见人人都说他们是卖国贼，要杀他们，他们害怕，只好随他们杀。

其实暴徒们的意思是要专打击罗兰，并非是一定要打击君主立宪党。他们曾经向罗兰要求发给秘密费，罗兰不肯给，故此马拉恨极了罗兰夫妇，到处造他们极恶的谣言，他是决计要把他们夫妇两人打倒的。

这一个名声丑恶的记者马拉，在这三年里的报章上发表许多激烈议论，使巴黎人天天都好像得了热病似的。到了这个时候，轮到自己出马了，自治会派给他一件事，他就自称为监察委员会的一个委员，居高临下地颁行他自造的法律。他说政府宽纵罪人，这种罪人是一定要处死的。同时如罗兰夫妇、布里索这等人，是要压制住的。马拉向来是自信的，就自作主张填了一张拘票，签了字（他是绝无这样权利的），拘拿内政部长罗兰。

当下自治会的各分区就开始发动，普瓦索尼埃区首先发难，发一道号令。凡在巴黎、奥尔良及各等处的监牢里的嫌疑犯，一律处死，不得遗漏。有几处分区附和他们，那个监察委员会发令动手屠杀。

这个强制令说明凡是罪犯都要过堂受审，审判官是现成的，这些审判官大约都是诸事无成的极无聊的无业流氓，例如杜卡松原是个演员，因为嗓子实在是难听，故此当不成演员，到了今天，当了有势力的审判官。还有一个叫马雅尔，他因为10月间的事的而成为一个很有名的人，此时当了审判长。这个人面貌并不凶恶，他居然穿上黑袍子，满头洒了白粉来当审判官。审判官总算是有了，什么人当刽子手呢？刽子手也是现成的，就是马赛派来的不愿意去前敌打仗的大同盟代表们。其中有一个刽子手曾对人说道：“我从远处走来，走了一百八十站（每站约十里）的路，至少也要斩一百八十个首级。”这个人说的首级，是说同胞法国人的首级。刽子手里头，还有许多都是当过强盗的，他们都自己承认犯过不少抢劫案。有一位著名的医学家卡巴尼斯说：“9月残杀的事，证明当时他们有一种犯了革命神经病的现象，是混合恐怖、激愤、残忍、贪淫而成的，看他们当时在监狱里及在街上如何虐待朗巴勒王妃，就晓得他们是犯了一种虐杀妇女的病。”

许多人以为历史学家路易·布朗是维护残杀的，认为他尝试铺沙掩盖血迹。作者亦不欲撒沙灭迹，但是要说一句公道话，替巴黎人解脱。据悲观的计算，当时杀人的凶徒不过是一百五十人，殊不算多。最惨的是这一百五十个人居然横行暴杀了三天，无人过问，都是由于胆怯害怕，不敢过问。最先是政府糊涂了，随后是议会，最后是民众，都糊涂了。

审判官们先走入阿培监狱传讯囚犯，放了几个，其余都逐出去了；谁知杀人凶手等在外间，看见出来一个杀一个。杀完了之后，马雅尔离开了阿培监狱，说道：“这里没事办了，我们到卡尔姆监狱吧！”卡尔姆监狱监里塞满了教士，其中还有一位阿尔勒的大主教。那一群杀人凶手立刻要动手，马雅尔拦阻他们，说道：“不要杀得太快，我们得先审问。”他果然审问他们。如是者各监狱都到过，都审问过。凡是他所审问过的，都被杀了，总共是杀了一千一百七十六人，此外还有四百三十八人失踪的，大约都可以加在马雅尔所谓审问过的人数之内。当日无保护而被杀的，总共是一千六百一十四人。在卡尔姆监狱杀死的是一百十六人，在孔西埃日监狱杀死的是一百人，在拉弗尔斯监狱所杀的是六十五人，在圣贝尔纳塔所杀的是七十三人，圣斐曼处所杀的是七十六人，沙特勒处所杀的是二百二十三人，在阿培监狱杀的是三百一十八人。这班杀人凶手此时简直是疯了，还跑到比赛特尔和萨尔佩特里埃的疯人院里杀人，那里所演的惨剧更令人可怕。在街上杀人的情形，读者是晓得的了。杀了人之后，还要分裂尸体，蹂躏淫辱尸体。凶徒看见有些被杀而未立刻死去在地下挣扎的，还要狂笑。作者也不欲再写之，读者要晓得详细情形，只好去读当时目睹惨剧的人的记载。但是其中也偶然有人道仁慈的天良发现，可见强盗、暴徒之中，也还有天良未尽泯灭的人。

自治会是纵容猎犬四处乱噬，即使不是他们直接纵容的，也是他们让别人纵容他们的。俾约-瓦伦自己跑到各监狱，在积血上走过去，鼓励凶徒杀人说道："国民呀！你们杀的是仇敌！你们是恪尽天职！"对于马雅尔手下的凶徒，每人一天发给二十四个里弗赫。到了第二天，市政厅咨告各省郑重声明：国人如何惩治深藏阴谋害国之多数人等，叫他们恐怖，当此正在出兵御敌的时候，尤为要紧，并请各省亟应照办，以保治安。

佩蒂翁向来是不担责任的，当乱杀初起的时候，有一个医生走来请他搭救朗巴勒王妃，他答道："巴黎的人民自己当了执法官，我是他们的囚犯。"第三天那群杀人凶手走入市长署，佩蒂翁正在请让索内和杜海姆吃早饭，接待这班凶手们，他们对他说道："我们已经把卖国贼杀了，现在还留有八十个，我们应该怎样办他们？"佩蒂翁几乎说不出话来，答道："你们不该同我商量。"一面倒酒请他们吃。

议会自己也是恐怖万分，打定主意，装作无权利。2日晚上，他们明晓得暴徒要打入监狱，却装作不知，只决定派员去劝谕群众保存秩序。过了两个钟头，他们回来报告无法劝谕。有一位回来报告，说阿培监狱的一位审判官（这位审判官原是一个演小丑的）对他说："你要来拦阻我们秉公执法吗？我老实对你说吧，你可以不必了，你还是回去的好！"又有一位回来报告得更好笑，他说道："我走到那些地方，那些地方太黑暗，我看不见他们在那里干什么。"

议会打定主意，虽不自居于黑暗地位，却自居于昏晓之间，又好像看得见，又好像看不见。但是凶手们却不然，反要议员晓得，常常走来报告议会，他们干些什么。有一位议员塔里安还添上一句话说道："被禁被杀的，都是坏人。"议员们一想，还是不如闭会。3日那一天议会毫无举动，议会中的山岳党只好对这一位议员表示同意，说是被禁的没好人。山岳党的意思与朱利安夫人的意思相同，朱利安夫人说道："这班可怜的群众，受他们（指被杀者）的害，受了两年，群众到了这个时候，不能不报复，我只好把他们所做的事遮掩住了。"又说道："凡一个人要做一件事情，一定要用能够达到目的之法，必不可用野蛮人道。”波尔多党大为激动，3日晚上，让索内曾登演说坛说过，应该劝谕群众，叫他们保存人格。于是议决请行政官维持个人安宁，派员分别到各分区传谕委员们，是时天已太晚了（正是10点钟），并不分赴各区，暴徒们当晚乱杀了一夜。罗兰向来是自命有道德的，也很竭力劝慰人心，不要把事情看得太重大。他有一封信，首先表明自己如何有道德，随后说道：“昨天一天的事，我们只好遮盖过不提，但是我晓得群众报仇，虽是很可怕，然而也还有一种公道存在。”但是他们装出这种态度来，其中还带了一幅惨然不乐的样子。罗兰说道：“若是一定要拦阻群众乱杀，只有一个理由可说，就是恐怕他们妄用其权。”据事实而言，议会同临时执行委员会纵容乱民，一连流了整整五天的血。6日库东很漠然地写道：“群众正在各监狱执行他们的执法权利。”大概而论，当时的人对暴徒乱杀的惨剧，看得很淡漠，毫不关心。莫里斯6日写道：“他们还在乱杀；今天的天气极好。”5日有一位贵族写道：“人民的神色如故，并不发现有何感动。”一连这数天的乱杀，以富尼埃的残杀作结束。有一大批囚犯是从奥尔良监狱解到巴黎来的，富尼埃就在凡尔赛地方截住，杀了五十三个。这五十三个之中，有两个是重要人物，从前当过路易十六的内阁大臣的。

5日罗兰夫人写道：“我们都在丹东及罗伯斯庇尔的刀下，丹东是全体暴徒的秘密首领。”这句话说得不对。罗兰夫人最恨丹东，故此说了这句不实的话。其实丹东并非是乱民的首领，丹东是他们的同谋。丹东说过，无论何种能力，都不能拦阻他们。这不过是句做借口的话，是一句便宜话。作者曾经说过，这场乱杀对丹东有利。倘若有能拦阻乱杀的人，就是他还能够拦阻，但是他此时无意同自治会相争。最不好的就是他左右对不住他，法布尔·代格朗丁分送各处承认乱杀的那一张通谕，就是丹东签的字。鲁昂有一个人民的俱乐部，12日写道：“接到丹东的正式通告，也许丹东的签字是诈骗得来的。”（罗兰夫人曾承认她晓得丹东往往把他签字的图章交与他人。）随后也许丹东虽然明明晓得自己是被人蒙蔽欺骗，但不甘自认受骗，宁愿担任做个起事的领袖，是以自夸纵容乱民残杀。他曾同沙特尔公爵说过：“是我办的。”其后在国会亦曾对众说过：“若是众人都称我做好饮血的人，我也不必去理会他们。”于是他的同党决计不单不引残杀为罪，还引以为功。俾约居然夸张其功，说是他拦阻普鲁士王前进。6日朱利安夫人说道：“连日所做的事，不过是免得一班卖国贼遍地流国民的血。”这一句话，有许多人承认是事实。3日有布雷斯特的大同盟代表写信回去报告说：“是有不得不如此之势，国人也不得不就在监狱里执行法律。”山岳党之中，有一位最爱和平的兰代写道：“这不过是对自然律原理的应用。”

后来兰代将当时情形考查得较为清楚，于共和九年写道：“这件事并无所谓民众起事的问题，一切都是事前布置好了的。……我今承认当时议会、临时执行委员会及巴黎市政厅三处，皆是事权所属的。其中只要有一处，不准许群众所提议要办的事，法国是绝不能为这种惨剧恶名所污。”我们事后熟思，这一位1792年说话很靠得住的雅各宾党议员所承认的话，实在是非常可怕。

第二十二章　瓦尔米之捷

议会之坍塌——法国之要塞——瓦尔米之捷——普军之醒悟——瓦尔米之捷有振作士气的作用

有一个议员说道："议会推翻了宪法，自己就被压倒。其实是因为议会不出力去禁止乱杀，故被乱杀所压倒。"9月8日，库东写道："立法议会并不出力做什么事，从此以后，就无人把议会放在眼里。"有人曾对布雷斯特的市长说道："向来议会颇能炫耀人的眼目，现在看来，算不了什么。"

议会是把全国都毁坏了。议会之所以令人看不起，是因为议会并不是有意毁坏。这立法议会，算是承继制宪议会的长子；一届议会是主张和平的，这一届议会，从表面看来，也是主张和平，却不知其有意还是无心，反催促法国开战，却又毫无预备。在议会快要解体之先，于9月19日，就得了消息，敌军已经冲过阿尔贡险要地方。这一个宪法机构把宪法撕得很碎，虽然不愿建立共和，却先把君主制打倒了。议会的议员大多数虽是和平派，但因为懦弱无能，把他们谕令收禁的人交与暴徒乱杀。巴黎不久还要选举残杀党的成员做新的国会议员。

吉伦特党曾经宣过誓，卫护保全和平、君主制、自由、公正、宪法的，因为好咬文嚼字，或因胆怯，反而一一破坏了。犹以为未足，还想再加一层破坏。9月20日是最后一次开会，吉伦特党议决通过离婚律。这一条离婚律，就把法国立国基础的家庭制度动摇到不堪。自从1795年之后，国人才晓得实受其害。

吉伦特党既把法国毁坏了，变成一片瓦砾场，他们就在这一片瓦砾中等候新议会成立。不料新议会成立不久，就请老议会中的吉伦特党首领们去同检察官相见，他们也就同归于尽了。

但是法国八面受恐吓，却是毁灭不了，正在议会宣告解散的时候，连日大雨，有许多年轻士兵脚穿木鞋，身穿蓝衣，虽为大雨所湿透，还是锐气不减。一面登阿尔贡高山，一面高喊“法国万岁！”9月20日11点钟的时候，普军的枪弹已打到瓦尔米地方，凯莱尔曼把军帽放在军刀上，摇摆喊道：“法国万岁！法国是不会死的！”

杜穆里埃重新组织军队，士气高昂，带着新组织的军队发誓守住阿尔贡，这是法国的唯一要塞，是法国的咽喉。布伦瑞克得了凡尔登的后一日，原可以夺路过来，但是他一向是要审慎一番，一面是他的职位同他的职责，另一面又是他自己的规划同国王的计划，因此坐失时机。随后他的军队患痢疾（已传为笑料），军心涣散，患痢疾是一个原因，洛林的举动又是一个原因。普鲁士的军官们很相信流亡贵族的话，说是普军一到，洛林就要投降的。谁知不然，洛林的人民是决定保卫革命的。有一位普鲁士军官写道：“打什么仗！我们为什么干预他人的事？他们的革命与我们有什么相干？”日耳曼人既产生这种想法，于是颇恨流亡贵族。当下普鲁士人看见奥地利军队正在围攻佛兰德炮台，于是渐渐明白过来：奥地利的政策不过是伊索寓言说过的，猴子请猫从火炉里替他掏栗子。这时候普鲁士军队连日为大雨所淋，湿透了，污秽如猪，走路都几乎走不上来，军官也多有烦言，布伦瑞克只好从缓进兵。

凯莱尔曼却不然，就借这个时机迅速出兵，离开梅斯向凡尔登前进，从旁掩击。18日到了那咽喉之后，他到得正是好时候，此时日耳曼军已越过两处要点。杜穆里埃已计算好，梅斯军可以重得立脚的地方，因此他力劝凯莱尔曼占据瓦尔米高原，以截住向巴黎而来的普军。

9月20日，凯莱尔曼即在这个小高原，当大雨滂沱之际，展布其少数军队，正对着普军所据的月儿岭。那时候浓雾漫天，随后雾散了，普军才看见法国的三色旗。

布伦瑞克此时心里很不放心，决计不立刻进攻，先放大炮恐吓。法军不为所动，普军部队至此乃向前进。法军唱《进行曲》及《马赛曲》，一面摇摆军帽，高唱“法国万岁”！法国军队开始攻击，普军大乱。因为法军突如其来，好像从天而降。他们见了很惊慌，才晓得这一群穿蓝色短衫的法国裁缝及补鞋匠，居然会放枪炮，且能命中。此时法兵同仇敌忾的盛气，产生好效果。布伦瑞克对普王提议停止攻击。这时候大雨如注，只好借雨作题目。普王答应停战。这是普军认输，在事实上虽并未输，心里却是认输了。

这一次是法兵得胜，普军看见法军如此之气盛果决，才醒悟过来，从前是低估了，这一群法国无赖，居然能把腓特烈大帝百战百胜的劲旅拦阻住了，不令其再进一步。在普鲁士军队中，布伦瑞克一向是不主张进攻的，部下的军官们极不喜欢与奥地利联盟，又最恨法国流亡贵族，行间兵卒们是患痢病到无力的了，普王原打算一定要直捣巴黎的，这个时候才明白过来，走错棋子了。于是在全军从上至下，皆觉得此次很受打击。此时的普军又觉得深入重地是日蹈危机，法军又是极其严整，流亡贵族是有意说谎。当普军贸然深入的时候，奥军在北方攻击炮台，很像要在佛兰德扩大边界。于是向来疑忌奥地利、痛恨奥地利的恶感油然而生，不久普军就退兵回去了。

法国的军队自从得了此次胜仗，就开启新纪元了。这时候用不着杜穆里埃鼓励他们，要他们自信了。他们这时候觉得很有把握。这个大法国有可以征服天下的能力，就是从瓦尔米高原开始的。

此时特别国会（即国民公会）将要开会了，将来就是这个国民公会于风雨飘摇之际，得有热诚爱国士兵（不久变成精兵）之助，创造了著名的“共和国十四个军团”。

第三卷
国民公会

第二十三章　大议会

1792年之选举——雅各宾党之极端派大获全胜——议会之特色及其趋势——吉伦特党——山岳派——骑墙派——政客的决斗场

此次国民公会，是在9月5日至20日产生的。只有在巴黎有激烈的选举竞争，因为只有巴黎有两党对敌。罗伯斯庇尔党已经发誓，非打倒布里索党不可。

反对布里索党的斗争很激烈，科洛预先把口号传与民主党选员说道："凡是自以为等类比众人较高的人，一定不能入选的。"这一句话直接攻击布里索同孔多塞。

9月5日的选举已经决定胜负了：选举票的总数是五百二十五票，罗伯斯庇尔得了三百三十八票，佩蒂翁（因为多人疑他是布里索派）原来是黄金，现在变了黑铅，只得一百三十六票。第二天是七百张选举票，丹东得了六百三十八票。以后一连几天，都是雅各宾党的极端派得胜利：先是马拉被选，后来是自治会的大人物被选，如科洛、俾约、帕尼斯、塔里安都被选了；最后被选的就是绰号叫作"平等公民"的圣路易的后裔（即奥尔良公爵），他还是王室的近支，是自治会选他的。有一个吉伦特党人拉雷韦里埃说道："这一班都是最卑劣的议员。"罗兰夫人貌为乐观，但是她所写的话，真是皮里阳秋，满肚子的愤恨。她写道："他们所选的人，还能使我们放心。”她的丈夫同她的朋友蒲佐是被外省选举的，孔多塞虽在巴黎失败，也有外省选举他。

外省的选举却无甚竞争，外省是向无关于政见的，选举是不能有什么竞争的。只有在巴黎，有政见问题，即共和制是也。在外只有一省对议员说明，是要求废君主。这时候保皇党也许是害怕，或因被贬，都匿迹销声了。当时实在的情形，却是各省仍然心向君主制，故此不提共和问题，然而却是议论纷纷，要求保护财产。9月20日拉博很注意当时情形的说道：“各省都决意选举享有田产的业主，因为他们异常恐怕财产充公的宗旨。”

是以新选的代表，都多少带有守旧的意味。但是其中有许多是得过革命好处，或参与革命的，现在要靠革命生活的，毕生夹在两种恐怖之间。一种恐怖是怕反对革命成功，他们就要受反动报复的；一种是社会革命，恐将尽丧所得。

从前的制宪议会是恐怖多而想法少，国民公会却皆无之。这个国民公会的代表都是机会主义者，都是实行家；他们的一举一动专看环境而转移，他们的举动却引他们走入自相残害的一条路上。自驱逐吉伦特党之日起，至罗伯斯庇尔失败之日止，在全数七百五十位代表中，出会讨论辩论的，不过二百二十人至二百五十人。1792年并无一定的宗旨，对君主制也只是补办了“废黜”的手续而已，无人胆敢公然提倡共和。据作者看来，当时好像连十个共和派都没有！这班法律家实在都是专制家，共和八年的宪法就算是他们的彼岸。其后在拿破仑驾下为臣（有好几位可称为良臣），他们也并无何等根本上的改变。

他们对于政教相关的问题，也并无清楚明晰的见解。大多数的代表是反对天主教的，马努埃尔说道：“替耶稣拔钉的时候到了！”这种话同从前伏尔泰所主张的相同，都是句空泛话。1792年间，他们绝不会有政教分离的梦想，后来却想到了，也不过是为贪得几百万的钱财。他们当初的意思，也大约不过如富歇写信给孔多塞说的话：“待小乡村的牧师要表示体恤，同时要留心察看他们的举动。”

当时也无所谓外交政策的思想。1792年的国民公会，并无主张或反对所谓自然边界的感觉。他们有时主张这种宗旨，有时反对这种宗旨，反对之后，复采用这种宗旨，他们都是看环境而定的。

1792年只有一个想法，就是反对所谓铲平一切的学说。这就可以解说罗伯斯庇尔的举动。他原是一个不冷不热的共和派，极力主张和平对待教士，尤其尽力主张保存产业，但是无一次不是看风转舵，是个投机派，故此在国民公会中久揽大权。

他们虽寡于想法，却是蓄于怀恨，大多数的代表恨极了巴黎自治会。大概而论，是反对巴黎专制。新选的代表们的书信，说得很明白的。因为他们有这种感觉，故此初时是有附和吉伦特党的人。这党的领袖们是外省选举的，并不是被巴黎选举的，故此中选回到巴黎的时候，很反对巴黎，因为巴黎不选他们。

从外观看过去，吉伦特党似乎增加了势力，但时势气运使然，把他们驱遣到右翼的座席上。但是他们并不见得不及罗伯斯庇尔那样主张共和，亦并非不及他和平待遇教士。他们与罗伯斯庇尔不同之点，就在于他们恨极了巴黎自治会，是以凡有好维持秩序的人，都很倚望他们。假使他们只限于攻击巴黎自治会，或者还可以彼此相安。但是罗兰夫人的朋友们附和夫人，众口一词地谩骂“巴黎好流血、好说谎”。反对他们的人则回应说，巴黎原是创造革命的，凡是反对巴黎的，都是不爱国、不爱共和。况且山岳党深信只有专制的巴黎，能够维持全国的统一；况且此时既有外侮，不久后内乱随之，没有公安委员会不能支持危局，亦只有巴黎能够成立公安委员会。这个专制的公安委员会是要批准公安政策的，吉伦特党退避不敢与闻，这就是党争的根本。到后来为环境所逼，非有专制之“独裁”办法不可，凡是向来主持专制者，自然获胜利，其公然反对，或唯唯诺诺者，自然被他们撇开一边，不然就把他们打倒。这就是两党肉搏流血死争的事由。

我们从前见过在议会场上的吉伦特党的议员，此时的全场有多少个呢？这个数目连他们自己也不清楚，说不出确定的数字。他们并不能照议会的办法，结合成群。他们居多都是在社会上应酬场中聚会。有若干位是好在罗兰夫人家里聚会，也有若干是喜欢在孔多塞夫人家里聚集的。有一位是他们的敌人，说道："有一位吉伦特党代表，若不是刚从这两位夫人家里赶来赴会的，是绝不会与各党一起同意投票的。"这一班人也是奇怪，总喜欢在这两位夫人身边盘旋。历史学家奥拉尔计算过有一百六十五个代表可以称为真吉伦特党。

在他们同党中，并不见能事事都是一致的。维尼奥倾向于联合所有共和派。可是其中有一小群，当时称为罗兰派，是痛恨山岳党的，如蒲佐、巴巴鲁、卢维等是直接受罗兰夫人所影响的，是最恨自治会所选的代表。孔多塞崇信伏尔泰，朗瑞内笃信天主教。所有这一班代表，有从马赛及波尔多而来的，善于唱曲的，也有哲学家，也有作家，多少有点专长，如是凑合起来，办实事是绝不可能的。

坐在吉伦特党对面的，就是可怕的山岳派。他们的政策，正与吉伦特党相反。他们是专讲实行，他们的政策是要凑合若干人行专制，终日办防堵，打倒一切反对党，强逼全国维新，一面强逼全国服从公安委员会的法律。这种政策全不讲人道主义，但是为环境所逼，不得不如此。他们这个党派尤其混杂，良莠不分，比吉伦特党尤甚。

当初开会的时候，丹东是最为显露的。这个人我们是晓得的了，坐在他身边的就是他两个左右手，一个是德穆兰，一个是代格朗丁，这两个都是巴黎选的。德穆兰满脸诙谐，两道浓眉压住两只冒火的眼，嘴里最会说冷峭的话，笔下向来不留情的，说话总带些迟钝。代格朗丁是个著作家，颇有文名，贪财，著作卖不出钱，不能获利，却取偿于包办军需，因此很拖累同

德穆兰

马拉

党。丹东同这两个人就是当时这一派的三个首领，同他们常在一起的，还有艾罗，仪表态度却是很好的，又善于辞令。

罗伯斯庇尔也有几个好朋友，在1789年及1791年之间，罗伯斯庇尔在议会常常被窘。现在又回到国民公会，当巴黎的代表首领。他最讲究穿衣服，穿得很整齐的，他回到议会来，有好几个星期不开口，不晓得他是不是因为从前受过许多窘，故此现在持重呢？坐在他身边的有一个代表叫作圣茹斯特，他的举动如疯如狂，其冷如刽子手的钢刀。这个少年是极其可憎的，从来没笑脸，才干是有的，又极其果决，极相信自己的能力。德穆兰看不起他，常挖苦他。德穆兰却把他看错了，因此把性命断送在圣茹斯特手里。罗伯斯庇尔还有一个左右手，就是库东，这个人多病，动不得，终日呻吟，但是将来就是他帮忙杀害艾罗、巴巴鲁两个美少年。

坐在山岳派最高处的一个人（坐在他左右的代表，都离开他，敬而远之），生长于地中海附近，他有意把自己弄得不整不洁，周身都是气味，令人难近。他终年患头痛病，头上围一条醋浸头巾，这一个就是马拉。罗伯斯庇尔衣冠楚楚，马拉正同他相反。马拉有时激烈起来，简直变作一个疯子，一向好争吵，好骂人而甚诡谲。一连有十个月，代表们是并未喝过彩，只有旁听的喝彩。他办一张报，叫作《国人之友》。

以上这几个都是最显著的人物，此外什么人都有。其中有一个弗雷隆是君主的干儿子，有一位洛万是侯爵，起初是当恐怖党，后来却变了反对党。有一个就是不为人所齿的塔里安，他是一个仆人的儿子；还有科洛、俾约这些人都是激进派。但是其中有一位是来自南方的，是一个很有本事的商人，很善于算计的，名叫康蓬。有一个名叫卡诺，是一个极严肃的军人。有一位很有名的大卫，是个大美术家，却是一个肤浅政客。有一个名叫勒佩蒂埃，从前当过会长，是一个大富翁，决计要保全他的财产。有一个名叫克洛兹是个日耳曼男爵。有一个就是沙博，从前当过僧侣，后来还俗，常常满嘴都是仁义道德，却从来未实行过；同马拉坐得较近的就是那位一文不值的王室近支，奥尔良公爵，绰号叫作“红色菲利普”，又叫作“平等国民”。这一位王室近支，将来要参与弑君的。

卡诺

在两大党派之间的，就是中间派，又叫平原，又称泽国。这是一个不成形的，无决断不开口，却是占了大多数，是骑墙派，或左或右，任人推移，终日是害怕，不晓得附哪一党是好。其中有一个议员称赞他的同类说道：“我们都是正直无私的代表，他们同我都是一样的，当那两党讨论不良的问题时，我们是不动的。”其中将来著名的就是西哀士、康巴塞雷斯、布瓦西·唐格拉斯，此外还有许多人。他们什么都不做，只在议会里过活，罗伯斯庇尔见他们无决断，无秩序，很仇视他们的。殊不知这中间党里，有许多人见他们这种行为，心里是怀着许多隐痛的，根本说不出来，只好把褒贬深藏在心里，何去何从，都在心里表决，故此说当两党争辩不良的问题时，中间党的人只好不动。

他们坐在中间，冷眼旁观左右两党互相决斗，等到他们两败俱伤的时候，才把这个共和国拿出来。在新7月9日之后，又替这个共和国提供了一个近情近理的宪法，议定了一种以合理的财产资格做基础的选举法。

当下中间党的人，坐在中间，看左右两党的政客决斗。

当日有一位代表称这个国民公会的会议厅是个决斗场，这是一个很合宜的称呼，因为入这个决斗场的，都是有生死的关系，他们彼此相待，不是当作政见不合分党看待的，简直是当作仇人相待。

他们之所以这样拼命决斗，都是因发生于一个共同的原因，他们都很晓得做了许多事是潜藏危机的，好像是站在一个火山顶上，不知何时何刻都会暴发的。人人都自危，个个都好像是犯了大热病，在那里发狂。到了后来居然当真发狂了，于是只好有进无退地向前乱闯，却并无一定的计划做个指导。这一群度量狭窄的平民们，9月21日入会场的时候，却想不到他们使出多少狂力，却能扭转这个反叛国的民意，服从他们，进而征服全欧。

第二十四章　吉伦特党之进攻

（1792年9月—12月）

宣布共和——吉伦特党反对巴黎——吉伦特党之无效攻击——马拉之自卫——卢维控告罗伯斯庇尔——山岳党厚积兵力——边界之胜仗——法国取萨伏伊及尼斯——杜穆里埃及吉伦特党——征服比利时——雅各宾党提议收比利时、荷兰入版图——吉伦特党似占优势

莫里斯9月21日写道："今天并无新闻，只有国民公会开会宣布，从此以后无君主了。"这若不是一句挖苦话，就是一句很轻佻的话。

前一天晚上，已经有三百七十一个代表到了巴黎，他们一计数目，是可以开会的了。这时候似乎是吉伦特党占多数，选举主席的时候，佩蒂翁得二百三十五票，罗伯斯庇尔不过得了六票。被选的会议秘书都是有名的吉伦特党，如布里索、维尼奥等。10月7日，朱利安夫人写道："我们巴黎所举的代表们不敢开口。"

21日国民公会一体首先通过宣布保护财产，对于宣布共和，却很有点迟疑，经过一番思虑之后，才通过宣布共和的议案。罗伯斯庇尔曾承认，这个议案原是偷偷摸摸的议案，并无积极的宣布。但是25日大会宣言称唯一不能分的共和国时，大家只好当作是有的。

试看当时各省之对待这件事情，就证明国里并无多少共和的思想。

历史学家奥拉尔带着诙谐的语气写道："那时议会，好像是说既无他事可办，只好先宣布共和了。"

当下丹东似乎是在临时执行委员会发号施令，指挥一切。丹东此时虽已被选当了代表，却还把持他的阁员地位，不肯放手（这是不合法律的）。罗兰更表示反对丹东这种不合法律的举动，不参加阁议了。但是这样的举动，更令丹东为所欲为了。罗兰夫妇暗令他们的半公半私的记者卢维，在某报章上攻击丹东及其同党。丹东29日登台演说，他指斥女国民罗兰夫人不该干预国政，所说的话很粗俗。

罗兰夫人恨极丹东，夫人的家庭生活很不安乐，因为她的丈夫此时开始疑心她同蒲佐有恋爱之事。罗兰的相貌原是不能打动人的，又终日愁眉不展，乖戾易怒，令人不能忍受。罗兰此时的情景，诚然是有原因的，只有他的夫人一个人，说她丈夫是因为9月乱杀的惨剧，变作现在这种情形的。罗兰夫人这时候也开始有点逡巡畏缩了，因为马拉及埃贝尔攻击罗兰夫人。夫人怒极，要报复，从丹东至马拉，一个都不饶。

但是巴黎极力帮助马拉这一班凶徒，夫人只好煽动罗兰党议员，反对巴黎及巴黎自治会。有一个同党人拉索斯喊道："巴黎不过是全国八十三省之一，只应该享受全国八十三分之一的权利。"有几省要上来保护他们的代表，要攻打巴黎这个怪物。山岳党听了大怒。

吉伦特党诚然是热心为国，可惜是毫无战略，对巴黎满腹疑忌，恨极自治会；见了马拉就是恶心作呕；见了丹东是恐怖；见了罗伯斯庇尔当作假道学，尤其痛恨。但是巴黎是巴黎，自治会是自治会。丹东与罗伯斯庇尔此时并未发生恶感，他们两个人都同样厌恶马拉。当时吉伦特党原该打定主意，究竟是要攻击哪一党派，不应该忽然攻打这一党，忽然又攻打那一党。他们这样的举动自然是强逼这两党联合他们的兵力。吉伦特的党人各自为战，想攻打谁就攻打谁，兵力是分散的。那两党自然是合力攻打吉伦特党。

因为马拉这个人，是人人都讨厌的，于是就要先从他下手。马拉是一个人独坐在那里，左右前后都无人坐的，当他是得了传染病的人。他却觉得很自然，谁也不管。他称呼其他代表作“傻子”，称他们是“猪”，最后统称他们作“市侩”。他满脸都是挖苦人的神气，面貌装扮又极其粗恶。他就走上演说台，反对他的人齐声大喊，要他走下来。马拉说道：“这个会场中我的敌人颇多。”右翼党团齐声喊道：“我们都是的！”马拉答道：“我请你们遵守规则，不要乱来！我请你们不要狂呼乱喊，说出许多很不像样的话来恐吓一个人；你们仍要晓得，这一个人替自由立过许多功，替你们也立过许多功，非你们所能晓得的！”这一个煽动群众的演说专家，居然说出很现成、很公道的话来反驳他们，在场的人听了都很诧异，他居然能使在场的人听他演说。他这副老厚脸皮，不顾天高地厚的，居然把议会打倒，打退他们的攻击。

从此以后，右翼党团好像是撇开马拉不顾，另外攻打一个比马拉更有势力的敌人。10月18日罗兰故作认真地表示，把帐目送给议会查核。罗兰的同党就问丹东要他报告细账，显然表示他们不相信丹东的操守。过了十二天，他们因为9月的乱杀惨剧，弹劾丹东。丹东胆量是有的，毫不借词推诿，毅然决然承担惨剧的责任。他的演说中有一句说道：“我老实告诉你们吧，凡是要打破君主制，总免不了有几块碎砖破瓦伤及无辜民众的！”他的演说实在是有力，他的蛮横实在是可怕，弹劾他的人闭口无言。

随后就是卢维攻打罗伯斯庇尔。10月29日，卢维攻打罗伯斯庇尔所说的话，就是卢维的朋友们也觉得诧异，这是发起于先前的辩论的。罗兰在他报告乱杀的情形书中说道：“有几个人竟敢要求重新再演流血惨剧。”说到这一句的时候，右翼党团的议员们一齐瞪眼，都看着罗伯斯庇尔。罗伯斯庇尔的面色陡变，说道：“有人敢当面控告我吗？”卢维此时深恨罗伯斯庇尔，恨到浑身发抖，立刻跳上演说台喊道：“罗伯斯庇尔！我敢告你！我敢告你污蔑一位最高尚的爱国人，为时已久了！……我敢告你接连要出风头，要当众人崇拜的偶像！……我敢告你显然以独揽大权为目的！……”

这种控告的话语过于浮泛，在维尼奥他们看来，以为是罗伯斯庇尔是很易对付的，不足畏的，故此并不帮助卢维，以为不必助他。后来维尼奥的日记说道：“这是大错，我们不该饶罗伯斯庇尔，饶了他即是我们自取灭亡。”罗伯斯庇尔（此时脸色似乎有点难受）要求给他几天工夫，预备答复。过了一星期后，答复得很得法，说了许多谦逊的话。他却在雅各宾党俱乐部报复，在那里设法首先鼓动驱逐了布里索，随后驱逐卢维，最后驱逐罗兰，都逐出俱乐部。

山岳党经过此番攻击之后同心合力，预备进攻。这种办法好像过于大胆了，因为吉伦特党虽然战略是错了，然而表面上还是很有势力的。最后丹东不得不离开临时执行委员会。阁员内的司法部长加拉是很附和丹东的，有时候，罗兰以为加拉是附和自己的。佩蒂翁也离开了市长署，继任的两位都是和平派。此时吉伦特党的报纸有哥尔萨、布里索、卢维和卡拉等指挥，似乎是舆论的指导。议会虽曾经攻击过罗兰夫人的，后来却是毫无道理地请她入座。吉伦特党操纵宪法委员会，派孔多塞起草，重新制订极其偏重民主主义的宪法。这个宪法一经议决颁行，一定为国人所感谢的。当时统兵在外的总司令杜穆里埃，是一个吉伦特党人，他打了胜仗，似乎替本党增加了许多实力。

此时杜穆里埃是国家的大英雄。他此时已把征服比利时的战略，计划好了。瓦尔米之战的后一日，有一位普鲁士军官写道：“你试看那些法国人怎样一摇三摆地自鸣得意，我们不止是输了一仗！”

果然普军似乎不只受了一次败仗的损失，布伦瑞克是奉了普王之命撤退了。这时候忽然间柏林才明白俄、奥两国第二次瓜分波兰，不要普鲁士染指。普王一惊，立刻匆匆忙忙地退兵。

杜穆里埃任普军退却，并不追击，他不愿意在洛林打仗。他向来深恨奥地利，对于普鲁士表示友好，也不愿意使普鲁士难堪，并且同他们商量同盟，愿给普鲁士以尚在奥地利手中的西里西亚。杜穆里埃最想做的，是要到布鲁塞尔玩个热闹。

普军此时是惊慌得厉害，一枪不放，就抛弃了凡尔登，又抛弃了隆维。29日，普军退出了法国边境。

这时候法国军队不单占据了比利时，且占据了美因兹、波朗特鲁韦、日内瓦、萨伏伊、尼斯，在欧洲四处蹂躏。

比隆的部下库斯丁勇往直前，攻莱茵河。自古以来，法国的战士最想的就是饮马于莱茵河。库斯丁粗蛮好冒险，傲然自大，过于自信，不仅自认为是个大韬略家，还认为自己是个大外交家。他的军队很相信他，他的须发极盛，面貌又凶恶，军中都称他“胡子将军”。他要令日耳曼帝国的王公诸侯恐怖，且要普鲁士恐怖，故此拔队前进，到了莱茵河滨。他说是莱茵河一带的爱国人民请他来的，他携带了自由同来。于是占据了斯皮尔、沃尔姆斯等处地方；10月24日占据了美因兹，速向法兰克福而来，到了那里，重重地抽收军饷。

正在此时，孟德斯吉乌袭攻萨伏伊进至尚贝里，地方官欢迎他，当他是个解放他们的英雄，不久他们就召集议会，议决归附法国。尼斯地方也有相同的举动，此地是安塞姆所征服的，他们也是请求归附。这时候临时执行委员会见法国军队处处得手，高兴得如醉如狂，就开始梦想出征意大利，又借其他事恐吓热那亚，还想恐吓罗马教皇。日内瓦情愿当法国的保护国。此时波朗特鲁韦已被法国共和国军队所据，这是通往巴塞尔大路的第一关。

因为法国军队此时连战皆捷，国民公会里自然发生许多问题，简直无法对付。时候太匆促，来不及想出什么宗旨，什么原理。1790年的制宪议会郑重声明布告天下，要抛弃一切征夺土地政策；此时是否照此次布告办理，抑或要另说出一番道理呢？丹东本人有时要坚守这个少侵犯他国土地的宗旨，有时又要放胆开疆辟土，也是摇摆无定，是不是要冒险直前，力勤远略，为法国多争许多荣耀呢？但是荣耀也是要用钱买的。不过共和初立，立足尚未稳，若是穷兵黩武，不难生出军阀专制来，如英国之蒙克、古罗马之恺撒，又该怎么办呢？

杜穆里埃很想做蒙克，或做恺撒的，但是此时还有阻碍做不到。他当时急于另获一个胜仗。与阿尔贡的胜仗不同，敌人在围攻里尔，他却想用奇兵袭比利时，遥遥相对。根据1792年10月5日国民公会的委员所说：“里尔每日处在枪林弹雨之中，死守不降。”到了10月11日，库东写道：

"围攻里尔的噬食同类的野蛮人已经退了。"勒巴斯则写道："世人听了，非常欢喜。"

正在他们欢喜的时候，杜穆里埃到了巴黎，满肚子都是计划。他自命爱国，是以想征服布鲁塞尔。他自命是个厌乱的国民，故此提议借得胜机会，恢复全国秩序。

吉伦特党却不晓得杜穆里埃的用意，就去帮助他。杜穆里埃又去讨好罗兰夫人，特地抛掷一把红玫瑰花在夫人脚下，同时微微一笑，恳求夫人饶恕他既往之罪。夫人很感动，同他言归于好，写道："杜穆里埃是打败普鲁士军队的英雄。"有时候他在罗兰夫人宅里，有时在朱莉宅里，同吉伦特党人会面，很享受他们的恭维。最多是在朱莉家里，因为这里出风头的女客最多，许多吉伦特党都来聚会。一面很热闹地讨论国事，商议如何征服全欧；一面听女客们弹琴度曲，讨论够了就跳舞。各俱乐部晓得了很恐慌，马拉特意闯入朱莉宅里，毫不客气地找杜穆里埃问话。作者今要借这个机会，说一个以后的事，大约在三年之后，这所住宅易主，变作博阿尔内夫人约瑟芬①的住宅。新10月18日的政变，就是在这个宅子里定好的。1792年10月间，杜穆里埃也在这里计划如何征服各国，以图将来夺取法国政权。其后共和八年新九月，有许多弑君的议员，及得胜凯旋的大将，也是在这个宅子里欢迎恺撒②的。但是1792年秋，时机还未成熟。

杜穆里埃居然得了全权，出征比利时，随即动身赴前敌，不过一个月工夫，居然征服了比利时。杜穆里埃是10月28日带了七万八千人前进的。11月6日，在蒙斯地方遇见奥地利的白衣军，打了一个胜仗，占据了热马普高地。这是共和国第一次大胜仗，14日杜穆里埃的军队到了布鲁塞尔，奥地利政府及法国流亡贵族大恐慌，乱作一团。15日，杜穆里埃带兵入城。28日，他就到了列日。当下他的部将米兰达兵临安特卫普，安特卫普开门投降。有许多比利时的代表，在布鲁塞尔宣布奥地利朝代颠覆了，

① 后来再嫁与拿破仑。——译者注
② 指拿破仑。——译者注

特派专员赴巴黎请求准许比利时独立。

法国国民公会对于此很怀疑，因为萨伏伊人、尼斯人、美因兹人，都是请求归附与法国联合为一的，只有比利时一国单独要求享自由，究竟是否要实行开疆辟土的政策？

热马普的大胜仗鼓舞全国民众，维尼奥说这是人道主义胜利。当代民族感最强烈的时候，通过一个议案。这个议案的宗旨说道："凡是民族愿意恢复自由者，法国皆许以助力。"这个议案的影响很大。当时议会以自由为名，引法国高跃这样大一步，独揽大权，管辖他人。

雅各宾党人原是好揽大权的，与他们的性情相近，又可以借此达到他们的目的。议会的两党忽然变换了地位。1792年春，吉伦特党是主战的，现在的潮流不容分说把他们卷走了，直往前进。他们此时已经觉得不久就要借机设立公安委员会，一想到这里，他们就起恐慌。对方罗伯斯庇尔的同党，从前有过一次反对主战，现在看战事愈拖愈长，范围又愈推愈广，反觉得得意，并大加反对。今将比利时、美因兹、萨伏伊收入法国版图，战事总要拖长几年，既是拖长战事，就如同被围一样，既有被围的情形，诚然是激进派占先机。杜穆里埃虽然坚持承认比利时自由，雅各宾党却派人四处出动，走遍全国，预备当征服国，将比利时收入版图。

只收比利时一国入法国版图，犹以为未足，他们说："荷兰也要享自由，法国也应该派兵入荷兰，仍以自由为名，收入版图。"据事实而论，山岳党此时已欲实行自然边界的计划。当日萨伏伊代表来请归附的时候，议会曾派格雷古瓦报告。格雷古瓦的报告结论说道："我已经详考自然档案，法国的边界应该以比利牛斯山、阿尔卑斯山、莱茵河为边界。"这是11月27日说的话。从当时这种说话看来，法国将来是有许多大举动的。

因为自然边界，不单要将萨伏伊收入版图，连比利时、荷兰两国都要划入法国幅员之内。这两件事英国是不能漠视的。英国政府不久就非常关切路易十六，但是要等到法国军队占据了安特卫普，才有表示。倘若阿姆斯特丹濒于危险，又将生出什么事来呢？

法国人从冰上进入阿姆斯特丹

山岳党一定要比利时同荷兰，康蓬指明法国国库空虚的情形。荷兰是很富的，要照常纳税。这一位雅各宾党的理财家，自然是有许多借口来遮掩他的政策。然而收入版图，不过为的是要钱的问题，这是一件事实，无从遮掩的。12月15日国民公会通过将所有征服地的人民收归法国保护之下，不过这个担任保护的人，实在是穷极无聊，不能不挑选有钱的收在保护之列。于是决定收比利时入版图，荷兰也是一样。

于是不能不举兵，这件事就交与杜穆里埃去办。吉伦特党恭维杜穆里埃，当他是个神人，实行他的提议。1月13日，国民公会议决，设立一个救国委员会，吉伦特党就据为己有，与据宪法委员会为己有一样。

1793年春，吉伦特党势力似乎最得优势，其实是山岳党催进战事，吉伦特党指挥战事。但是山岳党时刻在那里等机会，审判君主的问题一发起，吉伦特党就破裂为二，他们的仇敌因此得利。12月15日的议案就是导火线，由此而引起极激烈的党争。

第二十五章　国王之死

（1792年12月—1793年1月）

因审判国王而发生党争——弹劾国王——审判国王——国王的律师马勒谢尔伯及德赛兹——议会之受恐吓——提议交全国人民议决——宣布国王有罪——表决处死议案——反对暂缓执行——路易十六受死刑——1月21日惨剧之后果

试问吉伦特党是否要保全国王？葛瓦代说要保全，比尔说不要保全。这两个人的话都是对的，都是不对的；因为这两个人都以为吉伦特党是全体一致、意思相同的。但是从审判国王的事实看来，才晓得吉伦特党其实是分裂的。1793年6月，罪魁单里总共是三十六名，都是这一党的要人。其中不过有六个人，很简单很清楚表决定国王死罪；其中有十个人主张定死罪，但附有一条件，是定死罪而不执行；有十二个是表决留待的。这就是1月16日和17日两日的表决数目。11月至次年1月之间的事变相逼而来，那时候拿不定主意的人很受影响。

详细研究当时情形，才让人相信在1792年11月间，吉伦特党的要人实在想救护路易十六的，但是他们因为这个问题的战斗，与他们从前作战一样，是毫无纪律的，并无一定主意，又被几个党人从前所主张的所牵掣，又恐怕国人说他们不热心共和，比不上他们的反对党。

山岳党则不然，是决定必要致国王于死地。他们这样决计，并非是因为他们凶暴，实在是他们以为这样办法较为合算。罗伯斯庇尔很清楚这种事情，一定能使吉伦特党分裂的；因为这个理由，更能够催逼同党们实行极端办法，既处了罪无可逃的地位，吉伦特党必定死战，以揽大权。1月20日通过定国王死罪的时候，勒巴斯写信告诉他的父亲说道："我们的退路断了！这个时候，无论我们愿意不愿意，只好前进；到了这个当口，我们真是可以自定生死。"自从11月以来，就有不多的几个大胆冒险的人，截断归路。吉伦特党因为回头要走绝路，就送了命。

山岳党最为刚决，一下手就反对审判，罗伯斯庇尔、圣茹斯特一下手就求处死。他们的理由是国民公会原不是法庭，又不能做法庭。圣茹斯特所说的话更为激烈，他说道："恺撒死在贵族院，何尝有什么正式审判，不过是有二十二处刃伤而已。"他们的提议是一种国事杀人。这种杀人的办法，此时国人还未习惯，再过几个月，却是变成习惯了（因为杀吉伦特党人，杀丹东，杀罗伯斯庇尔等等，都不过是国事杀人而已）。随后国民公会通过审判国王，吉伦特党拍手称庆，以为大获胜利。因为他们妄想是自己维持人道主义，把无故杀人的凶徒们打倒了。他们因为很怕担国事弑君的恶名，故此要用大多数民意弑君。其实国事弑君与大多数民意弑君，都是无以自解的；议会无合乎法律定人罪的权利，比反对人数不过多一名，就要把授刃于刽子手的事权强夺过来。

说到审判官的问题，他们委派审判官，就是不合法律。1791年的宪法，已经规定国王不负责之律条。是以按法律而言，这种审判官不只不能在不合法律的法庭审判，即使在法律规定的法庭，亦无审判国王之权。路易十六所倚赖的，就是这一条的规定。又因路易十六不忍群众暴动，闯入卡尔姆监狱乱杀无辜，故此不肯不到堂受审。他之所以肯到这种儿戏法庭，以为他们断不至于敢要杀他。

12月11日，巴巴鲁宣读兰代主稿的罪案，就传谕国王到议会厅答复那三十三条的诘问，派康巴塞雷斯去引领国王到议会厅。这位康巴塞雷斯将来是位至内阁大臣的，要封王爵的（他封了亲王以后，有一天曾对至亲密友说道："大庭广众中，你们应该称呼我殿下；若是在我们几个亲密朋友之中，你们称呼我大人，也就勉强可以了。"）。康巴塞雷斯一见国王，就说道："路易·卡佩[①]，我来……"路易很不喜欢他这样称呼，答道："我并不姓卡佩。"于是随康巴塞雷斯到了议会。

这时候巴雷尔是主席。有人说巴雷尔是个可亲的人，路易十六却为这个人的面貌所愚。巴雷尔还劝代表们要做出正当的举动，说道："诸位今日是要行使新权利，诸君的态度务必与新权利相称。"

当时在议会厅问讯的情形，是笔墨所难述的。路易十六的态度简单而严肃，他坐在一把御座上，每答一问，都是极其从容的。有时援引强逼他承认1791年宪法的规定以自护；有时不承认他们所说的事实。

代表们颇为路易十六所感动，朗瑞内居然提议取消法堂审判。于是山岳党大怒，斥责全体右翼党团，要救暴君，因是而发生大恐慌。右翼党团不敢多说话，只说请会议准国王用律师辩护。会议准其用律师，路易十六所选的是塔尔热及特隆歇两位律师。塔尔热辞了，当时忽然发生一种反动的感情。19日某人的书信说道："市上的粗俗女人执棍棒去打塔尔热，却携了许多鲜花送与特隆歇。"有一位律师名马勒谢尔伯，当时已年老，在前朝的时候，支持思想自由者多年，挺身而出，代国王辩护，还带了一位青年律师名德赛兹来帮忙。

其实替国王说话的，还是这一位青年律师德赛兹。他极其聪敏，说话又动听。他说了国王许多好处，说他最爱公道私德，又极好援引宪法规定，国王自己不会侵犯条款。无论什么人，一听这位青年演说的话，都要承认他的结论：国民公会除了替国王开脱之外，绝不能有什么别的话可说的。但是罗伯斯庇尔已经说道："你们不是审判官，你们是政治家，你们只是政治家，不能变作别的。"然而德赛兹极郑重说的几句话，留传于百年之后。德赛兹说道："我不多说了！我在历史面前停住了！诸位却要记

① 国王之姓。——译者注

得历史是要裁判你们的！历史的裁判，却是千百年后的裁判！”读者至此，且读一百年后历史学家索雷尔的裁判。这一位历史学家，没人说他是反对革命的，这一位有信实的历史学家答复德赛兹的话，是严责国民公会之不是。

路易十六和马勒谢尔伯

会议中的见解，不能一致，有迟疑不决的，都被他人逼压恐吓。这居然激起了罗兰夫人发怒，她前几天还是极力反对国王的，她于12月25日写道：“我们所有的代表出入都带着武器，以防暗杀。有数千人都劝他们，只好在客寓里睡，千万不要睡在别处，这就是巴黎的自由！”此时的自治会什么恐吓方法都用到了。

27日，吉伦特党员萨勒斯很畏怯在国民公会诉说受人逼压的话，借这件事做口实，提议改归全国人民议决。罗伯斯庇尔听见了有点畏惧，极力反对，他显然觉得各省未必批准处死的判决，他说道：“地球上，道德是一件很罕见的东西。”圣茹斯特所说的话，比他说的更恐怖，说道：

“归国人解决吗？……这不是要恢复国王制度吗？”虽是这样说，归国人解决的提议却很少有人赞成的。维尼奥的话，是很赞成的。朱利安夫人因为此时她的丈夫也于1月8日当了国民公会成员，说的是同她丈夫一鼻孔出气的话，她说：“这是抛钱估正面反面的办法！”

快要投票表决的时候，在8日至15日，压力来得更厉害。有一个弑君党名拉雷韦里埃说道：“我一定要承认，在这个特别时代，主张解脱国王的人的胆子，比主张定罪的人的胆子大得多。”那时候，各俱乐部、各分区及自治会，都喊成一片。巴雷尔提议将投票的人名一一报明，以便旁听人可以辨别谁是纯粹的，谁是不纯粹的。蒲佐、让索内等诉于大会，说自治会用种种方法恐吓。9月里的乱杀党，塞满王宫。有位下卢瓦尔省的代表8日写道：“议会将用利刃逼人表决。”他晓得所有本省的代表们，都是反对处死的，但是他们都是很恐慌的。其中有三个代表（富歇是其中之一），早一天晚上决定要救国王的性命，临表决的时候，翻悔了，投了处死的票。

当时不单有看得见的恐吓，还要加上许多无形的恐吓。1月15日提出国王有罪无罪的问题，全场的议员无一个不是说有罪的。有一个代表很不快地写道：“以个人而论，我心里极其难过，但是全会一致，发生极大的效果。”在右翼党团看来，以为既已投有罪的票，就可有权提议归全国人民解决。这一个问题曾经当众讨论过，巴雷尔说道：“若是提交全国解决，即是倡内乱。”然而依吉伦特党的计算，以为一定可稳操胜算的，若是果然得胜，岂不甚妙。从此以后，就有例可援，遇着有不可开交的事，就可以援例提交各省反对巴黎。此时的大压力已经把犹疑不定的代表们吓倒了，富歇早一天还是坐在右边的，却投票反对同党。还有多数和平派都被吓倒了。于是提出议案，既定国王罪名，是否提交全国人民议过批定。吉伦特党虽是全体投票，主张提交国民，也挽救不来了。反对提交的是四百二十四票，赞成提交的只得二百八十三票。

上案表决的不过是指有罪无罪的话，如何定罪，是另一个问题。1

月16日晚上8点钟，开始投票。于是二十四钟头之内，代表们逐一陆续登台，高声宣布他的决定。到了地区喊名的时候，是从“G”字开始，这却使有些议员们增加了些希望，因为“G”字之下，就有十二个吉伦特地方的代表。那时候有许多人都深信这十二个代表，是决定要宽恕国王一死的，就要登台投票了。有一个默兹代表说道：“维尼奥曾当面说过：‘假使只是我一个人存这种意思的，我是绝不肯投处死票的。’”他当时坐在主席位上投票，有八个波尔多代表跟随他的榜样投票的，于是迟疑不决地也坚持不住了。17日早上10点钟，有一个山岳党议员在会场席上写道：“投死刑票的似乎可以得胜。”

到了晚上8点钟，票都投完了，是该维尼奥宣布投票的结果了。因为他自己过于懦弱，也预投死票的。他却不晓得这个死刑，不单是国王的死刑，也是他们那一党的死刑。他宣布道：“总票数七百二十一，多数票为三百六十一票。主张死刑的是三百八十七票，反对死刑或主张有条件死刑的，是三百三十四票。”

到了18日，吉伦特党为最后的决斗，提出暂缓执行的问题。不过提得太迟了，大多数的奴隶们被得胜的山岳党拴牢了，罗伯斯庇尔、库东、塔里安、巴雷尔等，露出恐吓的态度，叫他们不要乱动。有一个代表巴布里早一天发布一个小册子，主张从缓执刑的，此时也反对从缓了。有些人希望丹东表现他的大度，随后他也高唱“反对从缓”。右翼党团听了大失所望，叹了一声。他们对待奥尔良公爵，却是另外一种欢迎的腔调。早一天晚上，他是投死刑票的，到讨论从缓问题的时候，他满头是汗，走上前来喊道：“不能从缓。”右翼党团毫不留情地呼喝他说道：“我们听不见你说什么！”这位王室近支，绰号“平等国民”的奥尔良公爵，只好再喊道：“不能从缓。”这一本惨剧总算是什么角色都齐备了，连杀兄弟的都有了。

路易十六请缓三天，预备受刑。这三天之内，路易十六显露勇气同镇静态度，增加后世讨论他的价值。

路易十六和他的家人最后一次见面

1月21日，路易十六当着哑然无声的全城巴黎人的面前受的死刑。当政的人，当时恐怕有意外，防备得极其严密。他们用一辆绿色大马车，四围都是卫兵防护，就把国王送到从前的路易十五大街。这路易十五坏国王的石像，仍然矗立无恙。1789年曾经民人喊过的好国王，却要在此地受死刑。路易十六脚步很稳，一步一步走上斩头架。他一向在金殿上，却不是什么人物，他此时登上了斩头架上，却是个大人物。刽子手名萨姆森。翌日早上，这个刽子手写了一篇记载，他说道："国王还帮着我们，替他脱衣服，我们要捆绑他的两只手，他却有点为难。送终祈祷的牧师告诉国王：'这是最后的牺牲了！'他自己就伸出两手，他登了杀人架，要向前走几步，好像是要说几句话。这是不能让他说的，他只好让我们领他到一个地点，把他捆下来。国王于是大声说道：'人民！我死得无辜！'随即掉转过脸来，说：'诸位！我并无犯过他们控告我的罪，我希望我所流的血，能巩固法国全国人民的欢乐。'"这个时候好像有点挣扎，刽子手

处死路易十六

迟疑了一会儿，桑台尔发令打鼓催刽子手行刑。此后只听见一声可怕的声音，却被刽子手的刀塞住了。刽子手似乎很动情，又说道："我要说句真实话，国王忍受这些情形，异常镇静、异常刚决，很令我们诧异；我相信国王之所以能够濒死尚能这样镇静，大约是笃信宗教之力。"有一位很爱国的人写道："他勇于就死。"当行刑时，群众喊了几声"国家万岁"！大概而论，看行刑的人都是寂然无声的。

当下众人心里都是非常不安的，凡是表决死刑的人心里尤为不安，人人都是很震动的。有一个山岳党议员写道："这一个星期内，我们都觉得很疲顿。"这一个疲顿的星期是有莫大的效果的，潜伏了好几个人的死机。两年之后，如维尼奥及罗伯斯庇尔等，也是要送死的。其余的人也就发生许多神思颠倒，大多数走入歧途。他们此后无论看什么都改了观念，他们此后看人世的事，总离不开杀路易十六的斩头架。

不单是人心变了，连革命的性质也变了。有一个国民公会成员写道："大路都捣毁了。"愿意也罢，不愿意也罢，只好向前走。前进是真前进，不过都是疯狂地前进；这样的疯狂前进，发生恐怖时代；同时却能令他们对于欧洲暴君们大获胜仗。因为既已打倒国王，此后凡在地球上的国王，都要打倒的。他们也很明白这是个生死关头，倘若打不倒别国的国王他们是要送死的，只好合力共造一个弑君党。他们从此以后，都无立足之地，无安生之地，一直等到另外一个专制家出来。这个专制家就是拿破仑，这位专制家设立一个强有力的政府，能够保全他们不至于受报复，他们才算是放了心。

但是1789年初发生革命的目的，难道就是无穷期的战争吗？不能没有恐怖时代吗？是造成几个少数专制家吗？随后再造成一人专制的独裁制吗？这些都不是原来的目的，不过是1月17日的投票，逼这个为自由而进行的革命，发生以上所说的种种反对自由的结果。

第二十六章　杜穆里埃的反叛

政党及欧洲——英国之干预——日耳曼诸侯大会对法国宣战——法军在荷兰、比利时失败——丹东出力联络——维持公安政策——杜穆里埃之举动——公安委员会——法国西部之举事——旺代的领袖——恐怖机关组织——杜穆里埃投敌——杜穆里埃投敌是为宣判吉伦特党死刑

1月21日山岳党大获胜仗，维尼奥及巴巴鲁虽是投死刑票的，但因为他们曾经提议过归国人解决，就足以使俱乐部不相信他们，说他们是伪君子，想方设法开脱暴君。他们的朋友有许多是投免死票。凡是对这种的代表，他们都指为国人的仇敌，罗伯斯庇尔及其同党就用这样有毒的武器，攻击他们。

还有一层，欧洲同盟反对法国快成为事实了，还有一个统兵大将预备卖国了。因此旧时的边界，就立刻有警。这还不够，还要添上法国西边发生内乱。因为有这样种种危险情形，不能不设法维持公共安全。吉伦特党是帮忙的，但是过于迟疑，后来都用不着了。不过一个月之内，罗伯斯庇尔就要驱逐他们，把他们逐出委员会，从救国委员会至宪法委员会，都无吉伦特党人的足迹。吉伦特党失败自然是咎由自取，但是亦因别有情形，作者要研究出来。

路易十六被杀的杀那天晚上，有两个马赛人受了刺激写道：“凡是

君主都死了！”但是他国的君主并不愿死。

第二天英国就宣言说：“法国犯了自有历史以来未有过的穷凶极恶的大罪！”（英国人却忘了查理一世的头，是怎么样在白厅割下来的。）英国人就借这种话要来干预。英国是决计无论什么都可以看得过的，只有法军占据安特卫普，是绝对不能相容的。丹东从前有好长一段时间很迟疑不肯承认自然边界的说法，到了此时他却要高声大喊要实行了。他说道：“法国的边界是自然划定的，我们要向四个方向发展，北至海，西至莱茵河，东南至阿尔卑斯山，西南至比利牛斯山。”这两句话的意思，就是要尼斯、萨伏伊、日内瓦、瑞士的汝拉、莱茵河畔各省、比利时及荷兰的一部分，都要收入法国版图。

英国全国都大怒反对，国会且不管他们喊，1月29日，谕令杜穆里埃进攻荷兰。英国此时要加入决斗了，西班牙因为法国弑君，激起一种宗教的愤怒，也跟着加入决斗场。

日耳曼诸侯的同盟原已动摇了，此时立刻联合起来。1月23日，俄罗斯与普鲁士又瓜分波兰余地，奥地利暂时不过问。他们答应奥地利由他取佛兰德、阿尔萨斯、洛林等作为赔补；又任由英国取安特卫普大陆。各国出战的兵饷，皆给英国，于是英国黄金入柏林、维也纳、马德里、都灵、那不勒斯。随后日耳曼诸侯大会宣战，以弑君为借口，骨子里是因为法国的自然边界主义，最深藏于心中的，自然还是因为看见法国到土崩瓦解的时候了，他们要瓜分法国。

欧洲联军的奢望初用兵的时候，似乎可以达到。2月17日杜穆里埃才入荷兰，就被敌军打退。奥军大队入比利时。3月3日，杜穆里埃部将米兰达围攻马斯特里赫特，不得不解围，迅速退守列日，军容不整，不到两日又被奥军打退。3月8日，杜穆里埃被命令退守布鲁塞尔，他却迳回巴黎，对于弑君的国民公会愤怒之极，比他愤怒联军还要厉害得多。凡是要掌控政局的人，必先要有威望，才能办得到。此时杜穆里埃并无这种威望，却要推翻政局。12日他对于国会是怒不可遏，再也忍受不住，只好发泄出来，于是写了一封信给国民公会。这一封信简直是一件宣战书。

他的同党吉伦特党人，因为这一封信大受打击。同时又被罗伯斯庇尔善用时机，占了先着，吉伦特党又受打击。

山岳党要拼命地奋斗到底，况且此时那群不逞之徒，都帮助吉伦特党的对立面一方。正在这个当口，右翼党团失其依据。

在执行委员会中，加拉首先投入山岳党，随后罗兰的部下，亦相继投入。加拉原赖罗兰当了陆军部长的，此时忽然倒戈，既投入山岳党，还不是附和丹东，而是去做了马拉的信徒。这种举动，罗兰夫妇觉得极其难堪，罗兰夫人此时好像也气馁了。11月25日，夫人写道："马拉无时无刻不攻击我，把我比做安托瓦内特，在报上说了若干坏话，他攻击王后的话也不过如此，把骂王后的话拿来骂我。"有人说道："夫人此时故示坦白，居然承认同蒲佐发生恋爱，还说爱情虽是极浓，却并非肌肤之爱。"她的丈夫因他夫人所说的过于自信的话，觉得极其难堪。他已经劳于国事，精神委顿，又满肚子闷气，无从发泄，愤极辞职。于是执行委员会中的大多数阁员，都投入山岳党。现在只剩下两个极懦弱无用的阁员，一个是克拉维埃，一个是勒布伦，他们是吉伦特党的代表。

罗伯斯庇尔及马拉两个人，进步太猛了，他们原意要同吉伦特党讲和，他们的梦想原是要联络各党同心一致，以御外侮。

于是首先让步，提议彼此先开谈判。但是罗兰夫人度量偏狭，她的朋友也同她一样。葛瓦代很激烈地喊道："讲和是可以的！什么都可以！但是杀人的凶手们及与凶手们同谋的，是一定要办的！"这两句话分明是指丹东。丹东瞪眼看着葛瓦代说道："葛瓦代，你不晓得宽恕人，你是自取灭亡！"

当时的国势危殆万分，丹东不能不同各党派讲和调停。他自己曾走到比利时查看军情，他很想国民公会忘记了彼此的竞争，聚精会神地整军、筹款、制械。

当下丹东唯一的计划，是要加练军队。同时罗伯斯庇尔却要严办外侮的奸细。巴黎各分区已经提议设立革命法庭，吉伦特党有许多人都反对这种办法，维尼奥说："这种法庭不过是罗织罪名专行酷刑的机关，比从前威尼斯的法庭还要残酷千倍！”又有人提议设立公安委员会，又被他们反对，不能成立。那时候原已有一个救国委员会，是在他们党人手里的。他们以为有这个救国委员会就足够了，不必再设什么公安委员会了。

反对党不肯罢休，决计要强迫他们通过，定于3月10日决斗，却不能成功。但是此时奥军已克复列日，舆论大哗，把国民公会吓倒。罗伯斯庇尔趁这个机会攻击议会，说他们有意宽纵，贻害法国。丹东是向来主张激进的，好几次发表演说，帮助罗伯斯庇尔。于是议决通过，设立革命法庭。我们都晓得的，将来要演请君入瓮的故事。自设立革命法庭之日起，刚好一年，丹东本人反被这个法庭处以死刑。

第一步的恐怖机器，算是铸成了，第二步，就是设立公安委员会。国防会自然而然要反对，但是因为这个国防会的大多数权利都在吉伦特党人手中，山岳党更要打倒这个国防会。国防会的会长就是葛瓦代，最为罗伯斯庇尔所痛恨。葛瓦代及他的同党能保守这个巢穴吗？不料14日，杜穆里埃给了他们一个大打击，他的信已经到了巴黎，国防会压住不宣布，决定派丹东及德拉克洛瓦去劝杜穆里埃恪守其职。假使果然实行他所说的恐吓话，此时已经动摇的吉伦特党更要倾覆了。

杜穆里埃的意思，原要等到打一个胜仗，再实行他所说的恐吓话，他正在等机会。3月20日在尼温顿，以为机会到了。他原以为这一天可以打胜仗的，不料他的未受过纪律的义勇队对不起他，节节败退，杜穆里埃只好退兵。

他于是决计不等打胜仗了，先回巴黎。丹东费了许多唇舌，劝他对议会说几句认错的话。

但是来不及了。3月25日，因为尼温顿这一败，国民公会不得不用极端政策，设立历史上最有名的公安委员会。在过渡时间，不能不安置几个吉伦特党人做委员，却不占大多数。之后不久该委员会就澄清了它的构成，把吉伦特党人都驱逐出会。

吉伦特党就是这样失去立足之地的。最奇异的就是，吉伦特党已经完全失败，居然还能苟延残喘六个星期之久。

革命法庭内的场景

因为环境所迫，才设立公安委员会的，对于反对党就慢慢很不利了。刚好这个时候，发生两件大事：一件是西边举事，一件是杜穆里埃反叛，完全证明设立公安委员会之必要。

国民公会并不等到列日失守，然后派兵巩固北边的防务，但是不能再盼望有多少义勇队。2月25日通过征兵制，要征调三十万人，用抽签法选征。

这是第一次强逼入伍，举国犹是骚然。凡在主张革命的地方，征兵制尚易于通行，并无十分骚扰。但是在向来不满意于革命的地方，这个征兵制就好比星星之火，不久就成一大片难以收拾的燎原大火了。

法国西部的地区，如旺代、拉曼什（英吉利海）、诺曼底等处，有好几年来并不为时事所动，他们都是粗野的种地人，并无一个平民。小康的乡绅住在农民群众中，所过的日子与农民相似。小教区里有小牧师，向来是为区民所拥戴的。革命并不十分扰乱这些地方，只是《教士公民组织法》引发的骚扰，比革命厉害得多，这是不足为奇的事。旺代不过是要等机会举事，反对这种魔鬼新制。那里有一个侯爵起事，才发现这一处地方早已危机四伏的了，处处都可以起事。

2月25日通过的征兵制就是导火线，一触便炸。当地人以为这个革命怪物，不单要驱逐他们向来所爱戴的好牧师，到了这个时候，还要把他们的好孩子、壮丁们拉走了，去当魔鬼的士兵。既然是要我们壮丁打仗，不如叫壮丁们打魔鬼吧！

警兵们要拉当地的壮丁去当兵，自然殴打起来。那些种地人才算是实行真民主主义：他们第一个领袖名叫卡特里诺，是个挑夫，是个好人，为人慈祥、粗野而诚笃。他首先煽动本地的人，不到一个星期，旺代全境都闹起来了。

最初起事的时候，并无什么维持王室的思想，并不是保皇党，他们是为维持宗教起事的，因为宗教被巴黎的无赖打倒了。除了几个出身卑贱的如卡特里诺、斯托弗莱等人当领袖，还有几个小康之家的乡绅，如蓬尚、代尔贝、拉罗什雅克林、沙列特等，也挺身而出。政府见这件事是出其不意的，事前并无防备，驻扎当地的军队为数极少，一起事都被乡民打退了。不久，昂儒全境都反了。不到两个星期，当地的壮丁把重要的都会、市镇都占据了。当下有一个退伍的军官蓬尚同他的几个朋友，把这群起事的乡民用军令管理起来，于是才有秩序，才能成军。他们组织了三大军，蓬尚统领的一军驻在卢瓦尔；沙列特所统带的驻马雷；在此两军之间，有一支当时称为天主教大军的，是由一个叫代尔贝的统领的。

沙列特被俘虏

3月初，有几处重要地方很危险，快要失守了；诺曼底及布列塔尼两处，全境骚然。西边既已起事，他处听了不难效仿，相继起事，遥相呼应。南边这时候是已经民怨沸腾，不难因一处起事而蔓延南边全境，又不难自南而北，蔓延到腹地的，此时全国大有内乱之势。

此时不单内乱，还有杜穆里埃谋反势已成。他同统领奥地利军队的将官科堡议和，只要奥军承认不入边界，杜穆里埃愿意把比利时双手奉送与奥军。杜穆里埃居然将所有军队都撤回，离开比利时。3月26日，杜穆里埃在图尔奈遇见三个著名的雅各宾党，以为他所谋必遂的，过于得意；好像是醉了的，又过于愤怒；忘其所以，居然明目张胆地把他的计谋都告诉了这三个有名的雅各宾党，说是他要带兵入巴黎，关闭所有的俱乐部，救出议会，不使受俱乐部恐吓。随即又写一封恐吓信，给陆军部长。

因此国民公会得了警告。这时候国民公会要同时对付两件极其可怕的事：一件是西边的内乱，一件是东边的反叛。议场的情形极其扰乱，吉伦特党原是一片真诚维持革命的，既不愿令人疑心他们是与旺代的天主教人同谋，又不愿人疑心他们同杜穆里埃同谋，不得不勉强迁就，表决山岳党所要求通过的各种办法。虽然心里是极不愿意，却又不得不跟随他们走。那时所通过的议案，就有3月19日惩办贵族及教士，21日责成各自治会设立革命委员会，3月28日及4月5日颁布法律永远贬逐流亡贵族，4月5日创设革命军。如是者不到三个星期时间，将所有一切实行恐怖的各种机关都办成功了。此后是选举权利最大的公安委员会，初次把行政大权交付给此会的九个委员。马拉说道：“非激烈暴动，不能建立自由；若要破坏君主专制，不能不暂时忍受自由的专制，这是绝不能少的事。”4月6日，这一个有专制大权的公安委员会成立。委员之中并无一个吉伦特党人被选的。此时的公安委员会是丹东独揽大权，不久却被罗伯斯庇尔逐出了。这个公安委员会就是执行吉伦特党死刑的。

当下杜穆里埃自己的罪状，就把他所附的党毁了。当时派了四个专使，其中有议员，也有陆军的人去找他。他们奉命是要逮捕杜穆里埃回来，归国民公会审办，无论他愿来与否，一定要把他押回巴黎。4月4日，杜穆里埃把这四个专使交与奥人，煽动部下反叛，不成功，只好投入敌军。

吉伦特党不承认杜穆里埃是同党。但是从前原是吉伦特党保举他的，又曾经屡次扶助过他。他这种无地自容的谋叛，简直是要把吉伦特党破坏了。这时候所设的各种的委员会，内里并无一个吉伦特党的人，自然更令人犯疑。俱乐部宣布吉伦特党的罪状，说他们潜谋通敌，与英奥两国通谋。自从这一天起，吉伦特党是绝不能不破坏了。罗伯斯庇尔的绿色小眼睛，紧盯吉伦特党。马拉说了许多辱骂他们的话，鼓动群众吞噬这个吉伦特党。

杜穆里埃逮捕专使

第二十七章　吉伦特党之倒台

（1793年4月—6月）

攻吉伦特党——吉伦特党之辩护——表决规定最高物价的议案——马拉被弹劾——选派十二个委员——5月31日之乱——通过议案禁止十二人委员会——罗伯斯庇尔要拘捕议员——6月2日——议员们被禁——比武场的情景——炮手们预备开炮——议会交出吉伦特党员

“布里索及让索内一定要尝尝断头台的滋味，他们一定要在台上跳跳舞！”这两句话是1793年5月，卡里埃当着加拉的面说的。

这个时候，吉伦特党虽毫无权利，但是仍然还是碍手碍脚的。作者承认山岳党对于时局是很清楚的，当时的法国不肯前进。有一位特派员让蓬于3月26日，写信给巴雷尔说道：“无论什么地方，人人都厌倦革命。”于是当道的人就推出一种结论，以为一定要用力强逼，然后能振兴起来，振兴的方法只有实行公共安全法令。吉伦特党虽然是支持扶助某种办法的，但是对公共安全的办法还是反对的。因此若要实行公共安全政策，必先要打倒吉伦特党。

他们攻击吉伦特党日见激烈。右翼党团贸贸然攻击丹东，丹东于是决计合力攻击吉伦特党。加拉说道：“他因为要自救，要损朋友，故此逾越一切范围。”他放纵他的左右手德穆兰刊布他所著的名声恶劣的《布里索党历史》，其中有要求驱逐布里索党出国民公会的话，不到数天功夫，印了四千册。

马拉的攻击日见激烈，现在是在很高的地位，宣布他的激烈议论。因为此时马拉当了雅各宾俱乐部的主席，专对各省说话，控告吉伦特党，说他们是卖国贼，要救君主，要他们受审判。

吉伦特党反击，4月13日，指斥马拉对各个地区的宣言为有意煽动流血，居然令国民公会通过，要这个“国人之友”马拉到革命法庭受审判。

自治会的人想不到吉伦特党会得了胜利的，于是更加愤怒，决计要议会领略他们的手段，叫他们恐惧。他们以为这一班平民，非受些恐怖不可。当时的饥民有一半饿到半死，他们求国民公会设法，议员中进步最猛的人也无实力援救，只有好言安慰。例如罗伯斯庇尔也不过说的是：“住在穷檐茅屋的人，不必妒忌住在高楼大厦的人。”自治会又要煽动饥民闹事，恐吓议会的平民议员。18日巴什因为庸劣无能，被逐出陆军部，却有许多人欢迎他当巴黎的市长。他当日走入国民公会，递了一个陈情书，主张限定物价不超过一定的价值。这是拿共产主义作理据，是一种社会主义的政策。其中有两句要紧话，就是说“国人不必反对财产权利，地面上产生的东西，同空气一样，都是人类共同所有的产业”。

议会听见这种条陈，非常惊动，向来未那样惊动过。于是把这个问题，先交与该管的审查会去审查。自治会于是宣布：“只要一天不能确保接济民食的供应，群众就是不解散，不消除革命情形。”国民公会受此恐吓，果然于5月4日通过定最高价的议案。从这一天起，自治会完全晓得他们的能力了。

自治会又逼压革命法庭，为马拉开脱，因为各俱乐部认为审判马拉是不能忍受的大辱。但是为马拉开脱，即是谴责吉伦特党。4月24日，法庭果然为马拉开脱。那时候的离奇情景，非笔墨所能形容。群众就在法庭把人民之友马拉抬在肩膀上，一直送到议会厅，放在他的座席上；又把他抬起来，一直送到雅各宾俱乐部，请他坐在他的椅子上；又有民众把他抬在肩上，从司法院抬到王宫。群众的举动简直同疯子一样，把会议厅的大门打开，把马拉抬得高高的。马拉头戴挂冠，是一个衣衫褴褛的恺撒，他微抿嘴唇，露出险恶的微笑，因为他报仇的时候到了。他说了一番话，群众不住喝彩，等到认为把弹劾他的人羞辱够了，才让群众抬他去雅各宾俱乐部。群众是崇拜他如神明，这时候在俱乐部受他们崇祀，到了极点了。

马拉的胜利

吉伦特党人并不气馁，不过是怒不可遏。因为在盛怒之下，他们就忘其所以，变糊涂了，又开始攻击巴黎，却毫无实效。

吉伦特党一面只管说空话，自治会却一味地实行。他们现在又想大举，因为要大举，就要有军队，国民自卫军原有总司令一席，却被法律撤销了。他们选了一个当散工的裁缝，名布朗热，当了国民自卫军的统领。

自治会如此举动，显然是不留余地的，太过僭越权限了，他们的用意不问可知，议会很显露不安的态度。吉伦特党提议两个办法：一个是解散自治会；二是同时在布尔日召集补遗的代表。这种双层办法，即使不能制住他们谋反，至少也能使他们的举动无效。但是国民公会此时都是讨好自治会的，好像着了迷，如同鸟见了蛇，被蛇迷住了，动不得。5月18日，有一个山岳党代表写道：“国民公会同自治会斗法，是斗得很凶的。”巴雷尔希望有缓兵之计，就可以暂时阻止他们，提议派十二个委员进行查考，以便考虑此时的局势。

这个计划或许可以从此掩埋这件事不提，但是吉伦特党不以掩埋为然。5月24日，任命了十二人委员会，是右翼党团得了操纵这个委员会的权利，于是立刻决定要添加议会的卫兵，同时又拘捕埃贝尔。这个人以代理检察官的名义，是自治会的灵魂。27日，自治会的代表们就到议会要求释放埃贝尔。当时是伊斯纳尔当主席，辱骂他们一顿。这位议长所说的话未免太过火，看他所说的话，就晓得这一党因为国民公会过于懦弱，无从泄愤，故借这个机会尽情吐露出来。伊斯纳尔说道：“你们听我说，自从3月10日以来，时时都有作乱的事，地方官又从来不警告议会。假使作乱的人攻击国民公会的代表，我以法国全国的名义告诉你们，假使有这种事，是要把巴黎全城都毁了的，法国全国是要替代表报仇的，那时候就无从再找巴黎，不知从前的巴黎是在塞纳河的哪一边了。”

这群国民公会成员满肚子里的妄想，以为空言可以令人恐惧！议会此时也就忘其所以，许多议员们欢声如雷地恭维议长说得好。埃贝尔仍然拘禁不放，吉伦特党人以为大获胜利，就出了会场。但是艾罗，却代替了伊斯纳尔坐到了主席的椅子上，决意令自治会代表满意，并说道：“道理的能力同国人的能力，原同为一件事，你们来请我们还你们的司法官，要我们还你们公正，我们既是国人的代表，就是要还给你们的。”此时公安委员会忽然干预，劝会议（此时会场只有一百个代表）投票表决，释放埃贝尔。同时又表决一件更为重要的事，就是禁止十二人委员会。当时吉伦特党散得太早，到了晚上，才听见谣传，说他们最后的武器被人夺了。

翌日（5月28日）他们又把武器夺回来。他们召集兵力，取消27日的议案，十二人委员会又重新设立。

市政厅不管国民公会干些什么事，自治会决定了预备起事。

起事是在5月30日晚上，巴黎的各分区派专员聚集大主教宫（离市政厅相近），关闭城门，大敲警钟。自治会恭候起事指挥部成立。委员们大受嘉奖，以国人信用名义，复委员的职。却有一个条件，要他们担任维持神圣的自由及神圣的同胞主义的事业。鸣起警钟，打起警鼓，群众拿到了武器。凡是起事的士兵，每一名每日领四十苏。投身的人很多，还派了一个统领来当这些人的头。这个统领名昂里约，无人晓得他是个什么人。

响警钟是在30日晚上，吉伦特党以为立刻被乱民所杀，都躲藏了。天亮他们就出来，走入王宫（此时会场改了地方，改在宫里的旧剧院），只见有三个山岳党在会场里。丹东已经到了，他说他并不着急，还说：“并没什么！”但是丹东是不善戴假面具的人，他心里有什么事，都要出现在脸上的。吉伦特党看见他的神色，晓得不好。当时卢维对葛瓦代说道：“你看他脸色很难看，很露出某种极可怕的愿望，今天他要把我们贬逐是无疑的了。”

随后有许多代表陆续到会，葛瓦代是国民公会的秘书，他走向他办公的地方。

国民公会请市长及内政部长到会，加拉说几句担保无事的话。巴什发誓，说诸事平安，只要他活在世上一天，就没人敢打枪放炮的。他的话还未说完，就听见大炮响。昂里约居然大胆，敢放大炮。

当下递陈情书的人都来了，葛瓦代虽然说过担保的话，但是一看来递呈的人，就晓得他们来者不善，所有来递陈情书的人都是有军械的。葛瓦代却并不恐慌，斥责巴黎不应放纵滋事的人及谋反的人闹事。于是有人叫喊，要禁止十二人委员会。其实此时理应增加他们的权利，以便查问究竟是何人鸣警钟放警炮的。库东替巴黎辩护，攻击十二人委员会，要求弹劾二十二名代表。此时议场极其纷扰，格雷古瓦当主席，为讨好群众，请他们入席。①

巴雷尔在这个紧要当口，走进会场（他自从审判路易十六那一天起，至新7月9日止都是在最危急的时候露面的），打致命伤的最后一拳。他很从容地以公安委员会名义，要求禁止十二人委员会，把二十二名代表交出。

于是会议讨论这个问题，吵作一团，历久不决。最后是罗伯斯庇尔登演说台，要求拘捕二十二个代表。但是他所发的议论，说得很含糊、很支吾的，这是他向来的风格。维尼奥急了，喊道："你赶快说出你的结论吧！"罗伯斯庇尔答道："我要说我的结论了，我的结论就是反对你！"罗伯斯庇尔于是才坦白地说出来，要杀他们二十二个人。

会议却无意允许这个办法。当时有一个在场的人说："到了晚上10点钟，所有议场的过道都被执械的群众拦阻住了。"会议只好答应禁止十二人委员会。

群众以为大获胜利，巴黎悬灯庆贺。但是滋事的群众说："不过做了一半，不能叫众人的热心从此冷淡下来。"

6月1日早上，各处张贴告条，说道："国民们呀！你们要卖力奋斗，祖国有危险，最高的法律都在你们手上了！"这一天原是星期日，不能办什么事。昂里约还是照常组织他的军队，并无执政们来干预他。

① 请入席算是特别恭维，原是法国办法，不单议政院有此办法，即在学会亦有此种办法，这不过是形式上的事，主席对入席人先说几句恭维话而已，在革命时代，常有此事，不足为奇。——原注

马拉为昨天的事大失所望，决意独断独行。到了晚上，他一个人溜到市政厅的钟楼鸣钟告警。自起初决斗至这6月2日，都是人民之友马拉指挥革命举动。

6月1日，自治会得了生力军，有一支自告奋勇的义勇队，个个心里都是激动的，原已起程向旺代去。自治会却把他们追回来，改派他们先惩戒巴黎城里的卖国贼，随后再进剿西边的反叛。晚上9点钟，有许多执械的暴徒围攻议会。格雷古瓦又读一张新陈情书，是四十八分区公递的，要求弹劾十二委员，说他们与杜穆里埃通情报，要鼓动外省反对巴黎。议会把这个陈情书交委员会审查办理。但是到了半夜，听见有军械冲击的声音，原来昂里约的军队已在王宫周围布置好，预备作战。到了天亮，有六十尊大炮向着王宫，调回的义勇队占据了最要害的地点。其余的出路，总共有各区派来的八万人把守得很严密。有许多到会的议员，就如老鼠走入捕鼠笼。

名单上所列的二十二罪魁之中，有两名，一名是巴巴鲁，另一名是朗瑞内毅然不顾，很大胆地深入重围。后继的有伊斯纳尔、福歇教士等四个人。这几个人一面被人呼喝，一面说了些动听的话，指斥用压力逼勒实在不应该，要求禁止行同反叛的巴黎官吏，又攻击自治会。此时有许多人辱骂这几位代表，他们丝毫不为所动，把要说的话都说完了才走下演说台。

这时候轮到递陈情书的人说话了，说道：“国民公会里的反叛议员们的罪恶，你们是晓得的了；我们这是最后一次，在国民公会面前控告他们。”会议看见群众实在是无礼，也怒极了，只好不管，于是开始讨论例行公事。群众大呼，充塞会场及旁听席的乱民们，忽然都退了，跑出门口，大喊道：“我们救祖国吧！我们执械预备吧！”

国民公会初时大受刺激，随后被吓倒了，四围看看，要找出路。那个不声不响极其阴鸷的巴雷尔，以为有了好出路，提议请被劾的代表们自行辞职。朗瑞内不肯，沙博于是对他说了几句侮辱的话，朗瑞内用几句反讥的话，对这个还俗僧侣沙博说道："古时要献祭人的时候，是要替牺牲者束发、戴花的，然后领到神座前。沙博，你晓得吧！牧师只是杀牺牲者，却并不侮辱牺牲者。"拉雷韦里埃说道："朗瑞内说这句话的时候，好像头上有光圈。"巴巴鲁也不肯辞职，他原是个美少年，此时满脸出现殉道的神色，说道："我曾经发过誓，要尽职而死，我不能食言。"场中的代表们呆坐着如同木鸡，一言不发，主席艾罗也一言不发。

忽然有一群很生气的代表们走进来，他们原想走出王宫的，被暴徒们作践了一番（布瓦西·唐格拉斯的衣服被他们撕破了），被他们用枪炮打回去了。

巴雷尔喊道："让我们做给他们看看，我们是自由的。我提议，我们被围于军队中，还是一样地可以议事，他们不过是来保护我们，这是无疑的了。"

艾罗站起来，这个人的仪表是极好的，只以外貌而论，他当主席是最合宜的，他戴上帽子就向外走，代表们都免冠跟随在后，好像是要觐见君主似的。

于是三百位代表都聚集在比武场。读者应该还记得8月10日，路易十六将要倒的时候，也是向这条路走的。

主席到了这里，看见面前一排大炮，大炮面前是革命军的将官，为首的一位戴了鸟羽军帽，就是他们的总司令，却不认得他是谁。这位总司令就是昂里约，警察报告写过他的面貌说道："昂里约有一副凶狠的面孔，粗俗易怒，一开口就是乱喊。"这个人原是个恶棍，曾当过教堂的小办事员，当过下层人，卖过白兰地酒。当议员们拿了帽子前来的时候，这位身材短小的总司令坐在马背上，动也不动。

艾罗很客气地问他道："国人要什么？国民公会不过愿国人欢乐。"这一位当过下层人的总司令答道："艾罗，国人起事，不是要走来徒听空言的，国人要求交出二十四个罪魁。"站在主席左右的代表们听

昂里约领导的反对国民公会的示威

了，喊道："把我们都交出罢！"

总司令一言不答，掉过马头大声喊道："炮手们预备开炮！"

国民公会退后，这一群代表们走来走去，有些穿过院子的，有些向花园走的，各自找出路。军队们很看他们不起，对着代表们喊道："山岳党万岁！吉伦特党上断头台。"代表们走到吊桥，看见马拉带了些兵，对代表们喊道："我要你们回去议场，你们为什么这样怯懦无胆，弃职潜逃。"马拉在后面赶，代表们在前面走，走回议场，军队耻笑他们。这时候，这一个大而无当的国民公会变作笑话，同从前罗马时代略同。那时的侍卫先辱骂罗马帝一番，然后行弑。后来所有的大政变的种子，都是这第一次政变播下的。6月2日，昂里约当着议员的面关闭大门。后来新10月19日，是马拉从窗户把代表往外摔的。

这一天举事的目的，是要先把代表们关禁起来，令众人看他们不起，随后再强逼他们自相残害。代表既回到议场，才坐下，就有库东起立胡说了一番，说道："国民们听着，国民公会的代表现在一定都觉得他们的自由有了担保了。……你们也应该晓得你们可以自由议事，我此时的要求，不是弹劾二十二位被告代表，我此时所要求的，是国民公会通过宣告，把这二十二位代表幽禁在各人自己家里。"有一个吉伦特党代表听了库东这一派胡说，就拦阻他，喊道："请给库东送一杯血，请饮罢！他很渴了！"

这二十二位代表是谁呢！马拉说出他们的姓名来。有一会儿，他把这个名字取消了；有一会儿，又把那一个名字添上。一面说，一面耻笑他们。他逐个名字喊出来，凡是他所喊出名字的人，无一不是很卖力促进革命的，例如朗瑞内，他是在1789年首创立革命俱乐部的；拉博原是网球场会议的领袖之一，维尼奥、让索内、葛瓦代、伊斯纳尔，都是对于8月10日之事辅路的；巴巴鲁是攻打王宫的，佩蒂翁是赞成攻打王宫的，布里索是很有名的，是1791年的大布里索；哥尔萨及卢维，是1792年雅各宾党报最卖力的主笔。

这件议案是山岳党通过的，其余的代表们不过是旁观者。等到暴徒们都听说国民公会把他们最好的议员牺牲了，就大声欢呼。昂里约把大炮撤回比武场，大门也开了，让代表走出来。

代表们走过的时候，不晓得听了多少挖苦的话，其中有几位代表全不晓得兔死狐悲、物伤其类的话，今日牺牲了同类，他日自己也牺牲了。昂里约撤退大炮，不过是暂时的事。

第二十八章　外省之反对

（1793年6月—7月）

自治会之得意——外省之反动——吉伦特党为保皇党所牵制——不伦不类的1793年法国宪法——诺曼底举事之失败——同盟主义害了南方——丹东与罗伯斯庇尔之争斗——丹东被逐出公安委员会

此时有几位吉伦特党的领袖逃走了。库东报告说他猜他们是跑去加入他们的旺代军队。这一句是含沙射影的话，话里是有毒的，可见其中是有了计划的。山岳党决计诬赖吉伦特党是保皇党，到了这个时候揭开了假面具。这种话或者可以拦阻议会说话（国民公会已经有七十五位成员说话指斥这种举动），并且还可以表露一种假理由，解说将来各省的反应。

巴黎本处的自治会得意扬扬，维尼奥、布里索、让索内及其余几个吉伦特党已经被捕了，蒲佐、葛瓦代、伊斯纳尔、巴巴鲁、佩蒂翁逃走了。罗兰夫妇及两位阁员克拉维埃、勒布伦是上了罪魁单的。丹东以为这种办法太趋极端，外交部长原是他的左右手，也在追捕之列，他很不高兴，时时刻刻都有两个警兵看守住勒布伦。勒布伦还是照常办公事，同委员会面商讨公事，一面发出对付欧洲各国的外交公文。可见丹东是一日不能无勒布伦帮忙的。但是丹东为罗伯斯庇尔所愚，勉强地宣布5月31日及6月2日两日为光荣之日，因此自治会又得了第二次的胜利。

科黛

巴黎此时忙于指斥失败的党员，加他们种种的罪名。他们又使了许多手段，叫人民于1日挨饿，到了2日就来了许多粮食牲畜。2日这一天，市上的牛羊都很充足，价钱又不贵，这不是要感谢打倒布里索党的好效果吗？然而代表们还要说话反对这种举动的，岂不是有意要人民挨饿吗？是要总司令昂里约带了军队，再去议会厅走一次，还是叫那七十五位表示反对的代表也尝尝滋味，然后就可以安然无事的了？这种话一传播出来，国民公会再也不敢说话反对了，只好随自治会干去。丹东也不敢设法拦阻他们，叫他们不为已甚。

外省却不然，各个地区都举兵起事。卢维说有六十九省都反对巴黎的举动。有一位说是有七十二省反对，正式举旗起事的有二十省。

里昂地方并不等到6月2日，就先起事。自治会在5月间，屡次压制国民代表，就有充足理由，逼各个地区起事。于是反者四起，如平地起霹雳。有一个雅各宾党的市长沙里埃，是一个著名的专横家，被人民捉去审讯过之后就杀死了。6月2日，国民公会派的兰代到里昂去，就有人告诉他说："里昂市长不承认国民公会，因为国民公会欠完善，要等到国民公会完善了，把6月2日拘捕代表的议案取消了之后，乃能奉行国会的命令。"这个大市镇，于是也组织一个公安委员会，管辖罗纳河、卢瓦尔河两个地方。马赛也起事了，同里昂声气相通，伸手援助。波尔多是决定要做各处起事的中心。6月8日，各机关请各分区设立公安委员会。9日，就设立起来，并请各个地区相与联络。有两省是预备用他们联络的，吉伦特党也有同声相应的。蒲佐从巴黎逃出来，劝诺曼底加入，于是成为一个极有势的半圆式，渐渐地包围6月2日起事的人，把他们打倒。

原应将波尔多作为起事的中心的，但是蒲佐是诺曼底人，葛瓦代是波尔多人，巴巴鲁是马赛人，蒲佐劝他们两个同到诺曼底，故此就在诺曼底埃夫勒起事。这都不是从中心发难，是从左边极端发难，是很失策的，却是在卡昂于6月13日，各个地区的代表举行了第一次会议。当时的舆论非常激烈，至于极点了。那位有名的夏绿蒂·科黛小姐（大诗人高乃依之侄孙女），就是此地人，因为义愤填膺，故此就从此只身前往到巴黎，于7月13日把马拉刺死在浴盆中。只是这一件事，就足以证明当时的激烈情形了。

科黛被逮捕

蒲佐费了许多力，只得了这一点效果。他同他的朋友们一动手办事，才晓得多为难。他们诚然是招募了许多人马，但是入伍的人都是保皇党，这一件事却太便宜山岳党了。有两个城市布雷斯特和南特原是支持吉伦特党，但是同时也是主张共和的，不屑与旺代的保皇党往来。在诺曼底却有一个保皇党普伊泽，在一个共和党温普芳部下办事。在里昂有两个人普莱西和维里厄坦白承认是自己保皇党的，却带领军队在土伦起事，把英国的海军请来，立路易十七做君主。共和党起事，却同各种人联络起来，自然是要失败的。旺代党是白党，攻下两处城邑，正在向西进发。西边的蓝党，只好自相联络起来，抵御白党。凡是共和派的各分省，开始与保皇党分离，要借故同国民公会讲和。

国民公会善用机会，用灵活手段，于6月24日提前表决通过宪法。有史以来，未曾见过这种莫名其妙的宪法。起草者是艾罗，他这个人最会开玩笑，他骗宪法委员会的同事，请他们去国立藏书楼，找寻弥诺斯法①。当下又使手段，在议会逼迫通过他起草的宪法（他自己明晓得是绝对行不通的），附了几条不相干的民主制保障；其中就有立法议会，每年一选，人人都有选举权。国民会议一开始就规定民众投票议决，未经民众投票议决的宪法草案，就不能成立。

所有的代表无不称赞这个宪法（25日有人写道："这个宪法，一定可以使国人享欢乐的了。"），又把这个宪法的许多好处告诉各地的选民，同时还加了两句话，说道："这个宪法一经国人承认，国民公会的大功就算告成了，此后是新选的立法议会来办事了。"各个地区本来快要发难，得了这种担保及保障，也就冷淡下来，于是有许多人高声欢迎这个新宪法。主张通过的共投了一百八十万多票，其敢于牺牲性命，反对这种怪宪法的大英雄，不过一万一千六百人。除了十个省之外，其余七十三个省对这个宪法，是很表示满意的。

虽然他们久已翘首而望的宪法，总算是办成了。有人说这个宪法的性质带有太多的斯巴达②色彩，不能行于法国。这个宪法太好了，好像一件极精巧的东西，只好当摆设，不便拿出来用的，一用就恐怕要打碎了。但是要使法国全国的人，都晓得有个宪法存在，故此打一个神龛，把这个宝贝宪法锁在龛里，放在国民公会的大会场正中间。巴雷尔说道："宪法的摇篮就是宪

---

① 古希腊神话中公元前1406年颁定的极公平法律。——译者注

② 斯巴达是古希腊城邦之一。——译者注

法葬身之地。”

他们的目的是达到了。7月13日，诺曼底的军队大败，有个吉伦特党议员借口宪法成立，就抛弃同党而去。蒲佐、葛瓦代、巴巴鲁几乎被捕，幸而逃脱，从海道到了吉伦特海滨。谁知波尔多反开门欢迎塔里安及伊莎贝拉，随他们在当地推行恐怖政策。

在南方的雅各宾俱乐部，一手拿住宪法，一面截断波尔多和马赛，不使他们通消息。又截断马赛同里昂通的消息。雅各宾党的军队把马赛的小军队打败了，8月25日占据马赛。巴黎派去的两位专员弗雷隆、巴拉斯教训他们要尊重宪法。他们用什么方法教训马赛人的，后面自有分晓。

只有土伦及里昂两处，有意抵抗国民公会到底。28日，土伦很恐惧，就开了城门欢迎英国兵，后来是法国兵围了多时（此时围攻土伦是历史上有名的事），一直到了12月19日才克复的。里昂一直坚拒，等到有国民代表拿一道命令来，要把全城毁灭，于10月8日才归附的。

1793年的事变，后来都用同盟主义称呼。其实这种同盟主义在秋天之前早已打倒了。但是这个同盟主义到了巴黎手上，是一个绝好的借口，因为后来有许久都是利用这种借口，建立公安政府的，因此，便替罗伯斯庇尔把丹东逐出委员会。他们此时已经是太过容忍了。

他们驱逐丹东是毫不费力的。丹东好比是个猛狮子，正在他最辛苦办事的时候，稀里糊涂的就让罗伯斯庇尔这个狐狸，轻而易举地捉了去。

巴雷尔说道：“我们这个大共和国不过是一个被围的大都会。”故此宣布国家被围，是一件很正当的事。这种被围的情形，最利于山岳党，罗伯斯庇尔并不反对长久被围，这就可以解说他为什么附和短兵相接血战到底的政策。丹东却不然，很想缩小战事范围，愿意先同外国开始谈判讲和，希望国家可以永享和平。

丹东的性格很奇怪，故此有许多历史学家当他是一个谜，猜不着他是什么用意。至于丹东的死对头罗伯斯庇尔却不难猜着，因为罗伯斯庇尔是按部就班慢慢进行的人，心计是极工的。丹东勇猛孤行，历史学家往往猜不着他。丹东做的是和平及统一的梦，但是历史学家索雷尔解说得很清楚，说是丹东新近的行为易于授人以柄，易受攻击的。况且他又有一个弱点，在群众最激烈反抗的时候，他必要维持他向来的名誉，博舆论的欢喜（舆论欢喜往往不是件好事）。他因要附和于群众，故此不得不大声疾呼要报仇，同时却又微露不为已甚之意。他与米拉波犯同一个毛病，往往因他自己是个议会的大演说家的特性，引错了路。但是演说家同政治家的意思，往往不能相容的。索雷尔有充足的证据证明丹东一面要与欧洲某某部分讲和，使其不畏忌法国，忽然又在演说台大声疾呼说道："我们要用炮弹对付我们的敌人，宣布我们的宪法。时机到了！我们要做最后的宣誓，我们若不能破坏所有的暴君，就唯有一死！"

罗伯斯庇尔却在一边冷眼旁观丹东的性情同政策的互相角力。此时公安委员会虽被圣茹斯特及库东闯进来，仍然还是丹东能指挥大多数人。罗伯斯庇尔设法暗中攻击丹东，而且公安委员会的权利薄弱。此时美因兹已经被围，将于7月23日投降。瓦朗西安是28日降的。这两件却都是意料中事。皮埃蒙特将军似复用进攻之策，西班牙兵要逼近佩皮尼昂及巴约讷，旺代又打了胜仗，而丹东的朋友威斯台尔曼在西方打了败仗。这正是攻击丹东的好机会。在会上，丹东却严斥威斯台尔曼。丹东晓得这是对他发作，不为辩护。丹东在会上是善攻而不善守，罗伯斯庇尔部署围攻丹东的战略，极其灵敏。丹东此时是很厌倦政治生涯（常常表达厌倦之意），他向来好色，此时正在结婚，未免溺色过度。

他的仇敌罗伯斯庇尔无时无刻不是全副精神贯注在政党生活的，是以只凭举手之劳，就能把丹东驱逐了，真是易如反掌。7月10日，罗伯斯庇尔提议，要把公安委员会的人数从十二人减至九人，丹东却不在九人之列。罗伯斯庇尔探准有大多数人做自己的后盾，24日他就入了公安委员会。这就是共和二年有无上大权的公安委员会，一直等到新7月9日，这个公安委员会才解散的。

丹东以为在公安委员会之外，用武之地更宽些，聊以自慰。公安委员会原是他的最坚固的巢穴，他却为人所愚，被人驱逐出来。

第二十九章　公安委员会之政府

奥地利政策之迟缓——欧洲各国要瓜分法国——组织国防建设——公安委员会——公安委员会十大首领——公安委员会委员之勤劳——通过条例之机器——政府特派员遍布全国——群众俱乐部——革命委员会——国防条例之规定——法国的十四支军团——卡诺是打胜仗者——革命时代的军人

罗伯斯庇尔入了公安委员会，这公安委员会的权利就变得非常大。

假使1793年夏天，敌军若是直捣巴黎，公安委员会就无暇部署一切了。有一位军人说道："幸而奥地利有意的异常的迟缓，不然的话，革命早已遭受一百次失败了。敌人来得迟缓，故此法国才能有时间练兵选将制成劲旅。"

这位军人说奥地利有意迟缓，这一句话说得很对。因为别国在那里瓜分波兰，奥地利极不满意。奥地利早已垂涎克拉科夫，别人瓜分了波兰，就对奥地利说："若是奥地利兵力能够取施特拉斯堡及里尔两处地方，则取为已有可也。"奥地利由是深恨普鲁士。普鲁士要把新分得的波兰收入版图，遇着种种阻碍，怀疑是奥地利从中作祟，这两个同盟因是变为仇敌，生出极大恶感，为向来所未有过的。彼此互相疑忌，故此他们的联军向西前进的时候，彼此都无谅解，毫无劲头。普鲁士既克复美因兹地方，就在阿尔萨斯边界上按兵不进。奥地利却攻克孔代及瓦朗西安两处，进至里尔却并实施不包围。英国虽然费了许多金钱，却无法振奋普奥两国的精神，又因为英国极其贪得无厌，故使联盟国之间发生离散。

流亡贵族们自然竭力催联军前进，以为法国到了瓦解的时候了，复辟是一件容易的事。殊不知欧洲听见流亡贵族们的话，当他们是说梦话。欧洲的外交家实在是厌听流亡贵族的话，极不耐烦，就对他们说道："你们以为我们作战为的是要你们喜欢吗？"这句话是梅尔西说的，因为奥军得了瓦朗西安就挂上奥地利旗，流亡贵族们见了大怒，说道："这是我们君主的炮台！"梅尔西还答道："类似这样的事，你们还要看许多次呢！"

梅尔西所说的还要看见许多次，是指攻克法国各省而言。因为联军已经定了计划，要瓜分法国了，只因如何瓜分的条约尚未完全议定，故按兵不进。联军看见法国内乱，不久就要献与仇敌，为什么着急，直捣巴黎不过是两个星期的事。他们是把瓜分的办法都议妥了，再进兵。一个活活泼泼的大熊，他们还未捕着，就先商议如何卖熊皮，联军是大错特错了。

当下这只大熊就趁这个机会，操练筋骨，磨砺爪牙，法国国民公会一步一步地建立起革命政府，由革命政府组织国防，后来就无往不利。

此时操纵最大权利的就是公安委员会，这就是有实力的行政机关（所谓临时执行委员会即内阁，已于共和二年新三月十二日取消）。阁员都被压制倒下来了，权利都在大委员会手上。

不久，无论大小事都归了公安委员会办，凡有行政机关都听他们指挥。这个公安委员会之外，只有一个委员会是独立的，这就是保安委员会，实际就是警察部，公安委员会开会的时候，有权请保安委员会来参加，以收一致进行之效。除了财政不计外，这个公安委员会是什么事都管到了。这个会有极充足的秘密经费，有权选派或免黜军官的大权，是以能指挥他们。有派代表分赴各个地区之权，又可以黜免官员，另派他人。又指挥外交政策，不受何等节制。教育、典礼、宗教、艺术等事，都归这个委员会管辖。又有拆阅私信的权。此会又设一个秘密机关，秘密经费又归这个委员会任意支用，这就是再造政府的证明。这个委员会是几时才取消呢？1793

年10月10日，圣茹斯特说道：“要到复睹太平的时候取消。”

这个委员会就在被弑的国王所住的最有名的“绿殿”办公，就可见他们权利有多大了，有一个人曾对巴雷尔说道：“再进一步，就是金殿了！”

公安委员会的十个首领，把政府应办的事都分任了。罗伯斯庇尔是无一事不注意的，他掌控着国民公会代表委员会。他的右手就是圣茹斯特，管辖警察机关。他这一只手伸得很长，一直伸到边界上，因为他派有监军，有时有惊人的举动出现，不止一次了。这一个少年最喜欢干预军事，自以为无所不能；库东管内政；俾约及科洛，不久专管派赴各处人员的函信；艾罗管外交，但是巴雷尔要同他争权，随后果然把艾罗撇开，独据外交一席。这个巴雷尔在委员会里头，最好包揽把持，他把教育同艺术也揽在手上；普里厄（马恩）在会里头算是最无声无息的，常被外派办事；普里厄（科多尔）管理粮食，他同兰代合作，兰代是一个最刻苦耐劳的人，以卖力办事得名；让蓬-圣安德烈管海军；卡诺重新组织陆军。

他们是各有专责，却往往轮流办理他部事务。卡诺曾说：“委员会里头分作两班，一班是政客，一班是办事人。”这句话未免言过其实，政客也常常办事，办事的也常常做政客。试观委员的档案，就晓得分部的界限，并不十分清楚。而这一个残酷无人道的委员会，却能齐心一致。

这十个委员，真是勤劳到了极点，往往一连有几个月，他们就在委员会里，日夜办事。一面研究公文，一面吃“人肉”，或送嫌疑犯上断头台，或派兵赴前敌，或送千万人入监狱，或送千万人赴前敌送死，其中也有逃脱的，但是送死的居大多数。法国原是筋疲力尽了，被这班人操练一番，筋骨居然也有力了，血液也充足了，脑部、心部都强健复原了。他们有时候是实在疲劳了，倒在榻上，只睡三个钟头，又起来办事。

这班勤劳委员所办的事非同小可的。这一间绿色的屋子，起初不过是一个实验室，要制造一个国家，随后才变作一个炼钢铁厂，要把这个国家好好锤炼一番。最后从他们手里造出一个改良形状的东西来，却是曾炼的纯钢打成的。拿破仑心里非常感激这个大铁厂的，打造出这样坚韧的武器供他用。

根据条例规定，这个委员会的委员不过是国民公会里的阁员。但是在许多情况下，这个内阁机构具有掌控一切的权利，而这个权利正是由被监管者自愿交付与它的。有人说："委员会的灵魂就是国民公会的灵魂，国民公会承认他们，维持他们的权利，不出险不抛弃。"各种条例都是由委员会提议国民公会通过的。三年之内，总共通过一万一千二百个条例。有时一次开会，可以通过十个或十五个条例，都是十大委员要求的，以便使他们能够去管理事务，去杀人及打胜仗。丹东曾说过："革命时代，办事要迅速。"他们抱定这个宗旨，办事是极其迅速，因而大获胜利。之前的两届议会，都唯恐办事过于鲁莽，定了许多持重的办法，这时候都一概取消，无所谓二读三读等等办法了。是以有许多重要条例，不过开一次会就通过了。国民公会常在委员会严密监视之下，不久委员会就专横起来了。国民公会常常造反，却不敢公然造反，而是偷偷地造反。大概而论，国民公会很听话，委员会叫他们通过什么，他们就通过什么。总而言之，这个国民公会，就是通过议案的机器，很听委员会使唤。

在中央办事既是如此，对于外省，又有什么办法呢？政府操纵外省的武器，就是特派员、特派代表、群众俱乐部和革命委员会。

1793年3月6日，国民公会派议员每个地区两人，对2月24日通过的征兵条规的执行情况进行检查。又恐外省阻挠进行，于是授监视员以大权，推翻政党、行政、财政、经济、宗教等方面的各种阻挠，监视员有了这种大权，简直变成各处的地方长官了。及征兵制已实行，军队人数足用，监视员仍留驻各个地区，防止反对自由的阴谋。

监视员却受委员会节制，故此都变成十大委员的心腹。共和二年新十二月九日，又委授监视员以新职责，要他们涤清各个地区吏治。因为他们颇染了同盟宗旨的习气，又要他们侦察嫌疑者的举动。但是他们都是人地生疏的，如何能够辨别谁是嫌疑犯，谁不是嫌疑犯呢？是以第一步，是要同群众俱乐部通消息。

十大委员都是雅各宾派革命家出身，都晓得很清楚，革命之所以能成功，大约是全靠俱乐部的力量。现在是要组织许多俱乐部，市镇都会是不必说的了；穷乡僻壤也要组织俱乐部，以便血脉流通。委员会很晓得俱乐部的势力，既把监视员收归自己权利之下，这时候又把大小俱乐部也收过来。这时候各处的大小雅各宾俱乐部，无论本部支部都由委员会所拥有。这个办法与监视员同肩并进，携手进行。到了后来，监视员不听使唤，委员会就派国事员办监视的事。这班国事员都是青年无赖，都是十大委员的走狗。罗伯斯庇尔派去波尔多及图卢兹两处的于连，就是国事员的一个模范榜样。共和二年新十一月十四日，国民公会通过一过条例，给俱乐部以选举官吏之权（监视员却没有此项权利）。其后慢慢地傲然自大起来，委员会就把他们压制下来，叫他们“办朴硝”。[①]委员会另外组织革命委员会替其办事，在这个可怜的国家，处处都设立了革命委员会的网络。

1793年3月21日，通过一条议案，责成每个自治会，设立一个革命委员会。最初的职责，不过是侦察面生可疑的人，后来他们的侦察权，慢慢推广到侦察所有有嫌疑的人。1793年9月17日，又责令他们开列所有嫌疑人的名单。共和二年新十一月十四日，谕令他们施行所有革命法律。这是一个极密的网络，拉网的线都在公安委员会手中。这些当地的委员会，不久就为全国所痛恨，却是公安政府的武器。这样这个公安政府对内对外的组织，算是完整了。读者若不先明白这些机关，是不能明白此后的历史的。

这一个奇奇怪怪重新组织的新政府，第一步就是办国防，条例非常严酷，效果却非常好。

8月23日，巴雷尔在国民公会说明他的国防条例的节略，全会掌声如雷。他的节略说道：“从今日起，以至于把共和国界内的仇敌都驱逐

① 办朴硝是当时一句俗语，是不许多管闲事的意思。——译者注

出境一个都不容之日为止，凡是法国人，永远都要受国家调遣，预备为国家出力。壮丁要出去打仗；已经娶过亲的要制造军械，运输军实；女人要做军帐、军衣，在病院当看护；孩子是要刮旧布，以便制造裹伤绒布；老人们是要在大街上振作士兵们的精神，鼓励他们的勇气，还要劝众人仇视君主，劝众人同仇敌忾，一致为国效力。这个国防条例是个普通微调制，凡是没有娶过亲的国民及无儿女的鳏夫，年龄在十八岁到二十五岁者，首先出发……每区所有征集的队伍，是要积集在国旗之下。国旗上要写明：法国全国奋起，反对暴君！”卡诺说道：“基本的要求就是接受军事组织。”

这时候强逼征兵是不能免的，因为1791及1792年的民气已经冷淡下来了。对1789年的宗旨，虽然还是牢抱着不放，对由这一宗旨所取得的战绩，也是不肯放手。但是国人已经晓得，这几年来不过为政党所利用。国人虽然暂时为屡战皆捷所醉倒，但是有许多明白人都要追问这种战功，是否如捕鸟者的罗网，要把国人骗了收入鸟笼，从此以后，飞不出来。故此2月24日颁行的条例，国人看得很冷淡；假使不是特派员用强逼手段，是绝不能征集二十万人的。等到9月要实行8月23日的第一次征调新制，国中的青年都不肯入伍，特派员拔刀强逼，他们才肯应征的。然而这些青年人，一经受了强逼，要他们做英雄好汉，都变成世界上最能战的劲旅。有一位军事家里瓦罗尔写道：“这千万的青年一批一批地被逼，强赴前敌，他们到了边界的时候，害怕到浑身发抖的，随后又令欧洲发抖。”

虽然这些新征的兵，以纪律而论，也是很不能令人满意的，同1792年的军队一样。但是巴黎政府有了1792年的榜样做警告，就要重定办法，绝不能纵由本年新征的士兵随意行动。他们用一个混合的新法子，慢慢把新兵吸收入曾经参战的军队里。有两位熟悉当时情形的，说过当时如何混合吸收：每两队的新兵，混合入于一队劲旅，以后这种军队以勇敢善战闻于天下。当混合的时候，经过几项隆重的礼节，一面高唱《马赛曲》，由国民公会的特派员，对他们演说一番，彼此行同胞之间的搂抱礼，当时有许多流泪的。在我们今日看来，这种礼节好像是儿戏。但是搂抱中，产生让全欧不寒而栗的军队。这种礼节就是送少年农民、少年工匠上光荣大路。

国民公会向来最喜欢夸大其词，要求立刻产生十四支军，每支军的总数是十万人。这原是小孩子见解，当时其实只能调遣七十五万二千人，可是一到了卡诺的手，他就有办法（卡诺是个实干家，不比巴雷尔徒有空言）。卡诺把这七十五万余人分开，每支军的数目并不相等，在国内的与前线的数目也不同。北边的及默兹军，是十一万三千人，内地的不过是四千人。

这一位卡诺手拿兵册，眼看地图，是全国的参谋部长，是勃艮第人，体魄极其强健，他原是陆军科学部中一个优秀的军官，他能够奋不顾身地闯入枪林弹雨中。天生又是一个妙算家，看事透亮，办事极有规则。政客生涯原非所好，他常觉得政客碍手碍脚。但是为人极其宏毅，很难打断他的兴头的。他办事无论如何辛苦，是从来不觉得疲倦的。这是一个应运而生的伟人，此时特为生出这个人来救法国的。当政内沸腾闹到昏天黑地的时候，卡诺不仅是个打胜仗的能手，并且是个善于组织纪律的好手。从外面看，他好像是冷若冰雪的一位极镇静的人，故此能办成这两宗大事，建立奇功。巴黎使用恐怖的政策还有人替其辩护，说只有遍地流血的恐怖政策，才能够打胜仗。假使不是这一位头脑清楚的工程队军官卡诺，把这个迸发的火山挪到用得着喷火的地方去立功，恐怕这班杀人的凶徒，不单化全国为坟墓，且化边界为坟墓。对于卡诺，从前有许多人说过，作者也要重述一次，说这位卡诺在他的办公室里埋头于许多报告文案中，是唯一挽救法国、不令外国受侵犯的伟人。又因为他的部署计划，使法国屡战皆捷，挽救革命，不尽为恶名所污。

但是这十四个军是要军械的，要军食的，要穿军服，又要军饷的。这一笔大军费都是从流亡贵族财产充公筹来，发行许多纸币，又要制造火药。革命时代的科学家有都想法，富尔克鲁瓦、蒙日、贝尔托莱、古依东·德·莫尔伏证明法国要许多化学家。有一位科学家古依东管理改良军用气球，还有一位沙普专管军用电报。军衣军食是用强征的法子，巴拉斯在马赛，向那里两万户小康之家征敛军衣，每家要出两件；在里昂则有富歇向居民征收军靴，把他们的靴子都收来，送到军前备用。11月10日，又颁行条例，无论大小地方，凡有猪八只要抽一只，以供军食。

等到军队征集齐了，也混合了，既有了军械，又有了军服，都要军官指挥他们，这是个最难的问题，又是一个最重要的问题。假使都听了他们的话，把新征集的军队都交给雅各宾俱乐部所保荐的所谓爱国者去指挥统领，那就什么事都要毁完了。幸而有许多热心少年，既爱国又善战，如奥什、儒尔当、莫罗等担任军事指挥。又有尚塞尔将军等之善于治军，有一次他的部下因久饿而有怨言，尚塞尔将军对他们说道："你们要晓得你们要博得为国效劳、为国牺牲的美名，不是白白得来的，是要受许多辛苦，挨饥寒，忍疲倦，才能博来的。"

这些统兵的将军们，是有监军严密侦察的，这种办法原不足为训。然而虽有几位军官被监军们牺牲了，却有许多是在恐怖中立了奇功的。丹东是向来主张敢作敢为，又常常以此劝人，大约军官们也得了这"敢作敢为"四个字的好处，故此都变做最好的军事家，把欧洲各国的守旧持重、麻木不仁的军事家打倒了。

1793年秋，欧洲各国政府决计进攻的时候，才晓得法国有政府有军队。但是到了这个时候，已经受了许多损失了。

法国也不幸，等到明白已在无政府主义者把持中，动也动不得，也受了许多损失了。因为后来公安政府证明法国有战胜攻取的能力，从前不过表明有恐怖的能力而已。

第三十章　第一次恐怖

（1793年7月—12月）

边界之被逼——恐怖初起——污蔑保皇党有阴谋——在外省之监视员——红色弥撒——革命法庭——被杀人数——杀王后——吉伦特党之被屠杀——杀罗兰夫人——吉伦特党人逃脱后之惨死情形——杀平等国民菲利普——杀杜巴利夫人——监视员之性质——外省之恐怖——弗雷隆在普罗旺斯所办之事——科洛及富歇在里昂所办之事——勒箨在阿拉斯所办之事

无论如何锤炼，是绝不能平地骤然制出军队的。秋天是有过几次暂时的胜仗，随后跟着有几次败仗。因这几次败仗，就有人借口制造恐怖。

欧洲因为那永远存在的波兰问题，无论如何是解决不了的，受了许多影响，军事总是无甚进步，法国的军队却要进攻他们。卡诺催促胡沙特进兵，1793年9月6日，击奥军于洪兹肖特，大胜奥军。但是他年老而胆怯，不能乘胜获利，不知如何是好，任从自己的军队发生恐慌，于是军心大变。科布尔乘机取攻势，攻克莫伯日。政府发令解除兵权，令其回巴黎听候审判。

10月15日、16日两日，儒尔当打了胜仗，可以雪胡沙特败仗之耻。这一次卡诺却帮他的忙，带队身临前敌的。然而同时法国军队在阿尔萨斯附近失败，由是施特拉斯堡及里尔两处，日濒于危。幸而此时波兰事务发生危急，联军互相猜忌，有几星期无举动。于是法国军官奥什等得以乘机整理，能准备进攻。然而11月、12月两个月，在凯泽斯劳滕及兰道两处的胜仗，初时的情形仍是实在可怕。1793年至1794年的冬天，最后亦是获胜，军声大振，但情形亦不见佳。1793年8月7日，经国民公会宣告天下，称英国内阁总理皮特为人类的仇敌。假使这个人类仇敌设法振奋联军的精神，假使科布尔决计攻打施特拉斯堡，不知法国要变成什么样子了？

当时国势极其危急，于是操大权的政党就借口做非常的举动。因为前敌屡败，就得了借口，实行他们的凶恶政策。又要乱杀，使人恐怖。欧洲屡屡示威恐吓，法国就用杀人做答复。这得权的政党要杀什么人呢？他们要杀的就是爱国的将官库斯丁及胡沙特等，以及爱国议员维尼奥、布里索等，还有爱国女人罗兰夫人。一说到这几位的名字，就晓得当权的人，不过借公愤，借救国之名，以报私仇罢了。

路易·布朗曾说道：“若是说乱杀人，使人恐怖，救了法国，是一句欺人之语，不过是阻碍革命而已。”他们制造恐怖，是扩大罗伯斯庇尔私党的权利。

作者不是言过其实，把恶名都归在罗伯斯庇尔身上。恐怖名词及恐怖组织，都不是罗伯斯庇尔创造出来的。他不过据为己用，且加以改良，以便排挤他的劲敌，并用请君入瓮的方法，使创造它的人自作自受。

先是9月5日，巴黎各分区曾到国民公会，要求实行恐怖示威。一直到12月25日，那个时候已经杀过好些人之后，罗伯斯庇尔（他是要等到水到渠成）才说出他的宗旨。他说道：“当太平无事的时候，民众政府的根源是有道德的；当革命的时候，民众政府的根源既要有道德，亦要有令国人恐怖的权利。”

巴雷尔说当时的人都是发狂的，巴拉斯却承认他们的用意，说道：“我们一定要杀他们，不然我们就被他们所杀。”罗伯斯庇尔自己却是很镇静的，并不发狂，却归咎于他的左右发狂。

他们所用的方法却无变化，不过是保皇党同皮特及科布尔合谋，要杀玛丽·安托瓦内特（王后）及伊丽莎白王妹、德穆兰、巴纳夫、埃贝尔，所加的罪名不过是破坏自由。有许多革命法庭的成员自始至终，相信这句话。1794年1月18日，库东为当时残酷凶恶情形所吓倒，也变疯了，写道："已经发现一个大阴谋，目的是要杀尽山岳党议员，立小卡佩为王；同谋的人甚多，已经有四千人被拘捕了。我们要忍耐，不久我们就能使共和国脱险，不为仇敌所害。"库东当时写这几句话的时候，大约是真相信有这回事。读者要注意大历史学家奥拉尔所说的话，他说在8月10日至新7月9日，实际上保皇党并没搞阴谋，连影子都没有，保皇党阴谋的话不过是造出来利用的。

这是当时的实在情形。那时候的政府明知人民挨饿，无法得食，只好用一种嫁祸的法子，愚弄饥民。罗兰夫人看破他们的毒计，说道："我们早已预见到现在时机到了！国人向政府要饭吃，政府无饭给他们吃的时候，就给他们几个死尸塞责。"政府因为无粮食以果国人之腹，只好请他们饮人血解渴。

这种无人道的办法，却可令他们的狐朋狗党满意，令这班人维持政府。当富歇及科洛在里昂地方大放枪炮杀人的时候，有一个好行凶暴的人写信给他的朋友，说道："假使你看见昨日打死二百零九个坏人，你也要享受欢乐的；的确是好看，要享自由，原该如此，只管进行吧！"信后还加一句，说是向罗伯斯庇尔请安。这一群凶徒简直崇拜罗伯斯庇尔，因为罗伯斯庇尔常告诫他们，发雷霆之威，即是维持法律，维持自由。拉默说这些狐朋狗党都是告密的人，说道："这一群凶徒连上帝都不饶的。"罗兰夫人说道："狐朋狗党们告密，党魁们就相信，恭维他们，表明他们有公德，说他们如何为国，如何维持自由，如何维持法律。"有一个议员阿尔比特反对这种残酷办法，说道："古时罗马的国民首领是替法律说话，并不替流血的人说话。"于是反对他的人说道："这都是斐扬党的遁词。"那位最阴险的罗伯斯庇尔，却较为狡猾，只说他们流血是维持法律。

这时候创造一架砍头机器，杀人杀得很快，毫不费事。1791年，德穆兰说笑话，说刽子手是行政机关的代表[①]。刽子手名萨姆森再过几时，真可自居为政府的代表了[②]。这个刽子手还可以称为教士，在神座前行宗教典礼。因为这个时候，有许多人崇拜这一座断头机器，称为神圣断头机器，有一个议员名亚马尔，有一天在国民公会说道：“请大众到大神座[③]脚下，恭行红色弥撒大典[④]！”

神父领导的里昂大屠杀

提供致祭的牺牲品的，是富基埃-丹维尔，他是检察长，是革命法庭的发动机。

作者不必重新再述这个革命法庭的可怕历史。因为新7月之后，这个法庭的检察长、裁判官、陪审员，又被他人审讯。另有记载，请读者细读此项记载。

这个法庭是3月10日成立的，立刻就做了所谓共和的保障，设在王

① 刽子手及行政两字，在西文同源。——译者注
② 意谓政府即刽子手。——译者注
③ 指断头机器。——译者注
④ 指杀人。——译者注

富基埃-丹维尔

宫，美其名曰“自由堂”。在这个自由堂所演的，何止一百幕的惨剧，一共是连演了十四个月。

这一剧的主角，就是富基埃-丹维尔。他原是个理财家，因为失败变穷了，怨恨不过，要杀人报怨，他满头的黑发，两道浓眉，两只闪光小而圆的眼睛，颊长额低，黄色皮肤，短小鼻子，浅薄嘴唇。无论何时，穿的都是黑衣裳。看他的相貌，看不出什么残酷。他能一面在人血河里涉足，一面还说笑话，当杀人是一件乐事。唯有遇着有人拦阻他杀人，或叫他杀不成，他才真发怒。

有两位作家写法庭的惨状写得很详细的，读者可参观也。总而言之，这个法堂上自裁判长下至陪审员，都不是要考求情实，听断持平的，他们的目的专在以人头供给刽子手。

1793年6月，富基埃-丹维尔简直是忙不过来，一连颁布了许多新条例，把全国都交给他，除统兵官及议员之外，他喜欢拘捕什么人，就拘捕什么人。当时很郑重地称呼他作“救国的人。”

这个法庭起初开办的时候，判死罪的较少：在4月及11月之间，每两天只判一个死罪；自1793年11月至1794年3月，每个月杀六十五人；共和二年新二月杀的是一百十六人，新3月杀一百五十五人；新4月杀三百五十四人；新5月开始的二十二天，杀三百八十一人；自从颁行新例四十七天之内，就杀了一千三百六十六人。只计巴黎一处，萨姆森刽子手所杀的，总共是二千六百二十五人。（读者要记得自从9月乱杀之后，监狱已经是空了，已经都杀完了。）

7月12日把暗杀一位国民公会的议员布东的暗杀党处以死刑，所谓暗杀，并无其事，这位议员还是活得好好的，所谓暗杀党，有大多数未见过这个议员的面。

过了五天，就是刺死马拉的女侠科黛小姐受审。这位小姐直认不讳，刺杀是实。这位女侠美丽而端庄，视死如归，把人类是看得不值一文。她刺杀了马拉这个怪物，是很镇静的，并表示满意。陪审官对于这件案子有点迟疑，几乎从富基埃-丹维尔手中夺了一个牺牲。

随后是王后受审。自从8月1日，就把王后囚在孔西埃日监狱。这个地方实在令人可怕，他们派人看守王后，看守得极其严密，王后内衣都不敢换，此时虽是满头白发，仍然不改她向来端庄的仪表，实在是不能不令人称赞。有一位画师，绘画她穿丧服的像，比她穿大礼服的时候更端庄，更像个王后模样。但是她脸上虽不露伤痛，她的心早已伤痛到破裂了。

玛丽·安托瓦内特在孔西埃日监狱

王后到革命法庭是10月14日，但是她的罪名先已判定的了。读者都晓得，当日是埃贝尔做证人，说了王后许多污秽的话。埃贝尔及富基埃-丹维尔两个人，说得有声有色，丑态毕露地污蔑王后，说王后引诱坏她自己的儿子。他们既用丑恶的话污蔑王后，一定要逼王后答复。王后答道："我之所以不答复你们污蔑我的话，只因为天也不容这种污蔑为人母的话，我请在场为人母的人公断。"这句话令在场的人深表同情，法庭害怕，要驱逐旁听。富基埃-丹维尔叫赶快辩护，却只限王后的律师说十五分钟辩护的话。王后此时已经疲乏不堪了，只望快快完事。王后叹一口气，说道："你们还不讨厌我的疲倦吗？"

审判玛丽·安托瓦内特

王后那种庄严而不骄傲的态度，一直到临刑的时候，不见稍衰。又一个反对王后的，当日在场眼见的说道："这个女人真有胆气，登断头台都不表现丝毫畏怯。"埃贝尔也在场亲眼看见王后受死刑，不到六个月，

玛丽·安托瓦内特在革命法庭受审

这一位小著作家埃贝尔也要登断头台，却现出种种畏怯丑态。

随后就到吉伦特党了。10月3日。亚马尔曾正式在议会宣读控告他们的罪状书（大约都是诬陷之言），于是传吉伦特党受审。7日，富基埃-丹维尔定了哥尔萨的罪。14日，其余的人上堂，他们晓得保存性命的希望渺茫了，但是还决议尽力辩护。他们原都是律师，辩护得极好，陪审员都很迟疑，不能决定。埃贝尔写道："这些罪人都已经由人民定了罪了，为什么还要经过这许多礼节，才弄短他们的身躯呢？"这是对国民公会发表的意见，国民公会于是议决，说讨论过三天之后，陪审员就可以宣布，一切情形都晓得了。当天陪审员就说已经听够了，不许再讨论，也不许再辩护，就定实吉伦特党二十一位代表，都犯了罪。这二十一个人听了气极了，站起来驳斥这种待遇，只有维尼奥一个人以为不必再证明再辩护的了。当读宣判词的时候，维尼奥觉得身边有一个同党名瓦拉泽听了发抖，就问他道："你觉得怎么样？你害怕吗？"瓦拉泽答道："我快死了！"原来瓦拉泽已用利刃自杀。有人走来把瓦拉泽拖出去，他的同党们喊道："朋友们，解救呀！共和万岁！"

不必读拉马丁所写的有声有色的吉伦特党就戮的情形，然后能动我们的感情！读者只要看看这二十一个无辜受戮的代表，个个都是正处在壮年有为的时候（其中有四位是不到三十岁，有八位是不到四十岁），个个都有才华，有特长，都是因为党见的怨仇而受刑戮，却无一刻不深信自由，无一刻不当人类都是同胞。富歇原是一个很热心的教士，临刑的时候，对一个不肯宣誓的牧师忏悔，算是归入天主教。他们有好几位临死的时候还是哲学家，却不显露不信教的情状。维尼奥是特别有思想的。他们临死的时候，大约心思都是很简单的。瓦拉泽虽然是自杀先死，法庭还不能饶他，还要戮尸，杀他的头。只看这一件事，就晓得这群凶徒的用意，晓得这恐怖时代的可怕了。他们的宗旨是一个人头也不饶。

1792年12月间，罗兰夫人写道："要先有纯粹牺牲，然后有公正当道之日。"然而夫人的灵魂，是很反对纯粹清洁的。1793年7月1日，夫人也是个

吉伦特党人被送上断头台

罪犯了（6月起已经被囚）。公安委员会曾宣布过，相信这个假装有道德的女人，同她那个伪君子的丈夫，都犯了罪，这个罪就是阴谋引坏人心。夫人在监狱里写了一部日记，每页都是极其愤恨不平的话。夫人在朋友的面前，显露镇静神色，但是她一人独坐的时候，必伤心痛哭，哭那罪魁单上有她的年老丈夫，哭她所喜欢的蒲佐。仇人们此时正在跟踪捕缉这两个人。

夫人听见维尼奥及其他朋友们死了，称赞他们能视死如归，自己也觉得同现在这个世界无缘了，11月8日，罗兰夫人穿了一身白衣服，高高兴兴地到了革命法庭见裁判官，她并不为自己辩护，却称赞从前附和过她的朋友们。法庭说她称赞罪恶，不许她开口。临刑的头一天晚上，她才把日记写完了。她最后的几句话说道："老天呀，伸手欢迎我呀！公道神呀，欢迎我呀，我今年是三十九岁。"罗兰夫人真是卢梭的入室女弟子。

有一位罗兰夫人的女朋友看见她赴法场的时候，很端庄冷静，微带笑容。有一个自由神的石像，像在俯视断头台。夫人见了，喊道："自由呀！自由呀！世人不知借你的美名，犯了多少罪恶！"夫人何尝不自恨既不生于斯巴达时代，又不生于罗马时代。夫人之死，就是古时斯巴达人及罗马人之死。罗兰夫人虽然不是圣贤，却是个大人物。

过了几天，老罗兰躲在鲁昂的一条小街，听见卖报纸的人大声喊："女国民罗兰夫人被戮。"他听了这个消息，一声不响去自杀。随后在他尸身上找出一个小纸条，上头写道："但愿全国厌弃这种残杀无辜的罪恶，回过头来，发现真正的人道吧！"罗兰向来是好教训人的，临死还是脱不了他的习气。

当下在法国另一方，有好几人往来躲藏，有时躲在山洞里，有时藏在乡下的谷仓里，个个都是不梳洗，不整发，穿得很褴褛的，面无人色。这几个就是吉伦特党的萨勒斯、葛瓦代、佩蒂翁、卢维、巴巴鲁、蒲佐。先是葛瓦代及萨勒斯被捕，押到波尔多地方斩首。有一天晚上，巴巴鲁、蒲佐、佩蒂翁以为陷入罗网了，就自杀。巴巴鲁用手枪自杀，打去半边脸，滚在血堆里，却还未全死，还要把他押到波尔多斩首。过了几天，才找着蒲佐及佩蒂翁的尸首，已经被狗吃了一半了。蒲佐就是罗兰夫人的情人，又是个有名的群众演说家。佩蒂翁有好几时，巴黎人崇拜他如天帝的。

孔多塞是自杀的，富基埃-丹维尔捉不着他。当时有一位大作家本雅明·贡斯当写道："可惜如许人才，都被一群愚顽的懦夫害了！"

孔多塞的死亡

当下巴黎是天天杀人，王后死了不久，就轮到奥尔良公爵。他也是先关禁在孔西埃日监狱，随后登断头台的。这个人在这三年间，最为人所不齿，临刑的时候，却是异常目中无人。他却也淡定，大吃一顿，才受刑的。他不管不顾，很卖力帮忙送路易十六上断头台，不到一年，也就轮到他上断头台了。这时候固然是滥杀无辜。但是也有一两个杀得很应该的。

这时候杀人杀得忙极了，刀下头落，那个装人头的篮子，忙到来不及装。富基埃-丹维尔忙得很，要赶快地把要杀的人都杀完了。这时候所杀的，也有些是有名的人。拉法耶特幸而不在巴黎（他被囚在日耳曼的一个炮台里），却把他的好朋友巴伊杀了。巴伊是个有学问的人，毕生的精力都用在研究科学及天文，又竭力维持自由，就戮的时候，年纪很老了。群众看他满头白发的头滚在人头篮里，还大声喝彩。随后杀的就是马努埃尔，昨天他还是群众所崇拜的人，今天却保不住首级了。其后就轮到巴纳夫受刑；巴纳夫之后是杜波尔，杜波尔是当过雅各宾党的阁员的；他之后就有盖尔森，六个月之前，国民公会是最欢迎他演说的；克拉维埃是在狱里自杀的；其后受刑的是勒布伦，他曾对欧洲各国说过极骄傲的话的；在他之后受刑的，就是三位爱国的军官，一位是卢克纳老将军，一位是以勇敢闻名的库斯丁，一位就是好修饰的比隆；在这三位军官之后，又是几位军官相继受刑，一位是有勇敢的德弗莱尔将军，一位是英气的尚赛尔将军，还有一位是胡沙特将军，胡沙特是曾经百战的老将军，法庭说他怯懦，胡沙特将军脱下衣服，把他受过的五十五处伤痕，给他们看。

拉法耶特在奥莫茨入狱

随后杀人杀得很快，却也不分贤愚贵贱，拖来就杀，也有当底下人的，也有大贵族，也有修女，也有娼妓，有军人，有前后三届议会的议员，杜巴利夫人是已过时的美妇人，也被他们拖去行刑。杜巴利夫人在法庭说了些话，登断头台的时候，惨然流涕，苦苦求饶她再多活几日。杀过杜巴利夫人之后，又杀了八个加尔默罗修会的修女。不晓得这八个修女犯的是什么罪名，只听见富基埃-丹维尔说她们是糊涂闺女。

裁判官的眼睛愈来愈凶，控告罪人的送来的罪犯，也日见其多。游手好闲的人无事可做，每天都走去法场看杀人。9月17日，通过嫌疑犯条例，12月16日施行。这时候所有的监狱，都人满为患。索雷尔说这个嫌疑犯条例，就是一张空头拘票，交与群众临时填逮捕人。有一位作家描写当时监狱的情形，说是监狱里很奇怪，监狱里的人不甚以生死为意，杀人的及将被杀的，好像都是习惯了的。加拉才当过阁员，不久也囚在监狱里。康蓬办事向来是倚靠加拉如左右手的，常常请警兵把加拉送来帮他办事，办完了又请警兵把他送回监狱里。众人看见这种奇奇怪怪的情形，也不以为意。这个恐怖世界改变了许多人，把人心都变坏了，却也能使有些人变了铁石心肠，无知的工人们一味地还是恭维萨姆森刽子手。有一位著名作家本杰明·贡斯当写道："外国人看见法国人这样从容就刑，不禁大为惊异。"

然而在这个1793年及1794年的冬天（作者还未说完这个时期的事），巴黎人所看见的还不算是大恐怖。真正的大恐怖，是在新3月之后才出现呢！

但是在各省却已经开始了。有好些监视员或特派员，是奉命出去的（在1793年3月至7月），已经发动了。从南特至里昂，都有这种事发生。

作者说到这里，不能下笔了。有许多作家的足迹遍布法国，已经写了许多书，描写当时情形。作者若只说大略，难免只说个大概，失却许多本来面目。作者只好说有许多监视员，是只管征兵及预备军食的；有许多是以革命人心自命的，横行霸道，却还不至于杀人。也有几位居然打倒当地的土豪恶霸，此后另有一章，说他们如何办他们监视员的职责。内中却有若干是屠夫，作者在这里大概说他们几句。

大委员会的艾罗写信给卡里埃说道：“我们若是有了得胜的把握，我们就可以行人道主义。”卡里埃这种人原用不着这种激烈的话，才施行共和式的严酷手段。旺代的战事激起监视员们的愤怒，把卡里埃等激动到发狂。

在作者看来，卡里埃像是个真疯子。后来他还要说他有救国之功，这就可以证明他是个疯子，因为他自己当真相信他在救国。他在吉甘德特矿里，及在莫福田上，放枪杀了一千八百人，难道是必须枪杀这许多人才能救国吗？必须在南特把斩首机器架起来，终日不停地杀，然后能救国吗？他因为抛弃死尸来不及，把尸首装在漏洞的船上，驶出卢瓦尔河河口，然后拔出塞漏洞的塞子，把一千八百具的死尸填了河。他从10月19日起至第2年2月14日止，杀了四千人，以为法国得救了，然后才走的。随后他果然疯了，至死不悟，还相信自己是古时的大英雄“苏格拉底”或“加图”。

这时候杀人救国，成了普遍的风气。勒吉尼奥同卡里埃一样，也是犯了疯病的，一定要尝尝人血是什么滋味。同刽子手住在一起，同刽子手一桌吃饭，一定要在他面前杀人，有时还要自己动手杀人。他嫌裁判官判得太慢，另外派一班当裁判，犯人的供词还没说完，就要开刀。有几处地方，都同遭这种大劫。

在法国的西南，塔里安最为出色。9月19日，波尔多投降之后，塔里安及他的同事，不问是保皇党或是同盟党，捉来就杀。他们简直是想杀什么人，就杀什么人。他们设立一个军事委员会，委员们对于罪名的轻重是不管的。贵族同吉伦特党们都一律称为危害自由的人，一律斩首。从10月29日起至新7月9日为止，他们不过杀了三百零一个人，这却不是因为塔里安大发慈悲，只因为他爱恋一个美貌女子卡瓦鲁斯夫人，这个女子救了许多性命。这个女子贪财，其中有许多是花了钱买命的。军事委员会也是贪贿的，后来查出委员长拉康姆受贿，委员长也要登断头台。

受害者被投尸于卢瓦尔河

此外有好几处地方，如图卢兹、阿尔比、卡奥尔、阿让等处，也杀过人。不过这些地方向来是雅各宾党最多的，杀人较为少些。

在罗纳河河左右地方，却大不然。自从1793年3月起，弗雷隆管辖普罗旺斯一带地方。科德利埃党人，原是他的朋友，比他端正得多，见了他却个个皱眉。有一位写弗雷隆传的人说道："他这个人并无脑筋，最易受激刺，他的面貌令人望而却步，原是个报馆记者，淫乱好杀，一面杀人，一面说笑话，有巴拉斯帮忙，他就独揽科德利埃俱乐部的大权。"马赛的科德利埃俱乐部，开了十次会，就杀了一百二十人。那个时候，杜戈米埃已经把土伦从英国手中收复了（这是拿破仑第一次立功）。科德利埃俱乐部就忙着杀人，弗雷隆笑着对人说他自己枪毙了八百个男丁。其实他向来好吹，不过枪毙了二百八十二人。读者要参考奥拉尔刊行的信函、日记，才晓得实际情况。土伦的人口从前是二万九千人，后来只有七千人。然而弗雷隆及巴拉斯高扯得胜旗，入马赛的时候，还有人欢迎他们，称他们是“拯救南方的英雄”。南方诚然是得救了，却被他们杀了三百三十二人。这是开会四十二次所杀的数目。这真是光彩夺目的红色弥撒大典礼。

在南方所演的红色祭礼，还赶不上在里昂地方所演的颜色那样深。作者已经说过，此次里昂的恐怖比巴黎厉害得多，两相比较，富基埃-丹维尔的残酷还要低好几筹。富歇后来竭力地不承认，要把残杀的责任全推在科洛身上（科洛原是个小丑出身，后来变了一个专演惨剧的，又变了好酒的，日在醉乡）。但是有他们亲笔的信，在信里都是说怎样满意，怎样得意的话。他们究竟是为什么得意的？新11月14日，他们用排枪枪毙六十四个青年，枪毙之后，还要用刀剁碎。25日，又照样结果了二百零九个国民的性命。差不多每天都有这种杀人的事，好叫这两位所谓爱国者过他们杀人的瘾了。除了枪毙之外，还有断头机器，也杀了许多人。这两位大地方长官曾宣布过，说是他们的心并不为杀人所动。还说他们的目的，是杀人以巩固后人的欢乐。因为要巩固后人欢乐，故此富歇在里昂地方流连不忍离去，一直要等到杀了二千人才罢手。富歇还写道：“我把这二千具血水淋漓的尸首都抛在罗纳河河里，令罗纳河河两岸的人自觉恐怖，画出一幅图画，令人晓得人民权利之大。”

有一个名叫雅伏格的，也是一个极残忍的人。他在里昂附近的一个市镇弗尔，竖起断头机器，杀人也不少。不过他的话说得简单些，只说道：“我的屠杀有很好的效果。”

各处乱杀人，都说是有好效果。作者不欲细说在各省乱杀人的事了，只说在阿拉斯所演的惨剧。在这里是勒篷指挥一切，他原是一个教士，起初委员会有点疑心他过于懦弱，曾警告他不要误会了人道主义。他于是表明并无人道主义，把两省用人血泡起来。在一个市镇，康布雷六个星期之内，杀了一百五十个国民，但是他的全力要留在阿拉斯地方才使出来。他还是个少年，脸无血色，两只蓝眼睛。他的秘书写道，勒篷杀人好像是个疯子，他是狂杀、乱杀，一到杀人，他都要临场观看的；看过杀人之后，回到自己家里，还要演出被杀的人种种可怖情状，讨好他的老婆。后来轮到他被拖到法庭受审，把他从前杀人的详细的惨状都暴露出来，他自己听了也糊涂了，喊道："你们早该用枪，把我的脑子打碎！"

里昂大屠杀

六个月之后，这些屠夫之中，有好几个想起他们乱杀人的事情来，大为惊怖。这些屠夫因为实行无限制的专制，故此都变成了野兽。其中也有好几个人，因为恐怕人家说他懦弱，故此变本加厉，忘记了自己是个人，变作野兽了。

巴黎的当道无所不用其极，逼压他们乱杀。委员会写给卡里埃、塔里安、弗雷隆、富歇、勒篷等，鼓励他们杀人的信，至今还有一封存在那里，是罗伯斯庇尔亲笔写的，力劝里昂的监视员从严惩办，不许动摇。巴雷尔及科洛写给勒篷的信说道："你只管杀！"后来天道循环，勒篷被法庭判了死刑，临刑时，把杀人犯的红衣披在他身上的时候，他喊道："你们该把这件红衣披在国民公会身上！"

第三十一章　罗伯斯庇尔与党派之争

（1794年1月—3月）

党派之争——丹东万分焦急——罗伯斯庇尔向来都是清醒的——圣茹斯特——德穆兰主持政局尚宽大——科德利埃报——埃贝尔及自治会的机关报——埃贝尔党之自治会——社会主义运动——废基督教——崇拜理性教——在巴黎圣母院举行崇拜理性教大典——反对理性教

这种恐怖似乎是由国民公会所指挥的，然而最畏惧被波及的，还是国民公会。此时吉伦特党是已经被驱逐了，右翼党团七十五个代表，因为反对，都已经监禁了。罗伯斯庇尔常常指斥会场中的私党，他说会场中有主张宽大的党派，有浪费的党派，有贪赃的党派。议会常常畏惧有不测之雷霆。

马拉此时已经被崇拜他的人崇封为神，既不站在罗伯斯庇尔一边，也不站在丹东一边，这两个人此时是面对面地对垒了。这是罗伯斯庇尔在当权的时候，但是9月6日，他的劲敌几乎恢复到最高的地位。国民公会曾经请丹东仍回委员会里办事，丹东明知道在委员会里，附和罗伯斯庇尔的占了大多数，所以说不如从旁鼓励各委员会努力，不必自己加入其内，不肯再入公安委员会。但是25日，有人攻击公安委员会，要换委员。罗伯斯庇尔痛恨，竭力斥责反对党改变腔调，说他们受了英国首相皮特的影响。

丹东却让他的劲敌得胜，不过耸耸肩，也不多说话，只说罗伯斯庇尔的议论是蠢驴的议论。

丹东此时心里非常焦急，他看见恐怖分子乱杀人，心里极其难过。吉伦特党虽是他的敌人，但是他心里是向来很称赞他们的。此时他们都已经同归于尽了，心里极其不安。他虽然时常设法自我安慰，也自慰不来，常常自嘲地说道：“布里索很想杀我，也像罗伯斯庇尔此时想杀我一样，他们都是好杀同僚的人。”（这两句话也是随后丹东临刑所说的）当吉伦特党受审的时候，丹东挥泪对加拉说道：“我无力救他们的性命。”吉伦特党定了死刑的那天晚上，德穆兰流涕呜咽地说道：“咳！我是个可怜虫，都是我一个人害了他们的！”丹东听了，同德穆兰相向而哭。丹东对于他们这样乱杀无辜，是坐卧不安的，德穆兰说道：“你看看！已经流得整条塞纳河都是人血了！流血流得太多了！对，德穆兰！来，来，来！你去动笔替那些无辜的人们说句话，求他们大发慈悲，不要再乱杀吧！我出力帮助你！”但是到了国民公会，他却并无举动，好像是1792及1793这两年，过于劳苦，此时是筋疲力尽，动不得了。有好几位他的朋友过于怯懦，不敢帮助他。丹东说道：“我看人类，简直不是东西。”他此时毫不关心的态度，实在是令人诧异。但是偶然也有振奋精神的时候，不过是忽然而起又忽然而止了。有一天晚上，丹东在赛夫勒，有一个人当他的面说道：“呀！假使我是丹东的话！”丹东忽然答道：“丹东睡着了，但是他总有一天要睡醒的！”殊不知革命时代，能鼓动影响群众的时间是很短的，若是睡着了的话，醒过来就来不及了。

罗伯斯庇尔向来是不酣睡的，时时刻刻都是清醒的。到了这个时候，这个人是以公安委员会操纵国民公会。我们要较为详细地研究这个人了。罗伯斯庇尔到底是个什么样的人呢？有一个人是他的使徒，答道：“罗伯斯庇尔是一个有道德的人。”

他是一个有道德的人，他为人端正贞洁，有道德。丹东自己也说过的，罗伯斯庇尔很怕钱，他尤其害怕的是女人，他最恨女人，杀罗兰夫人原是他出力最多。德穆兰夫人以为罗伯斯庇尔是她的好朋友，殊不知就是罗伯斯庇尔送她到法场的。他还想把塔里安夫人送上断头台。罗伯斯庇尔有一个同胞姊妹，他还冷冷地把她摔开。他自己既然是恨女人，连喜欢女人的人都恨上了。法国人是向来热衷爱情的，又是喜欢大笑的，这时候却来了一个没爱情又最恨女人的，又是最不喜欢大笑的罗伯斯庇尔来管法国，这是法国历史上的第一次。

罗伯斯庇尔

罗伯斯庇尔的面貌并不丑恶，杜普雷姊妹[①]以为罗伯斯庇尔是很迷人的。蒲佐一说到罗伯斯庇尔是恨极的了，总说罗伯斯庇尔有一副猫脸，但是并无靠得住的画像，表现出他这副猫脸来。女国民朱利安也以为罗伯斯庇尔的脸，能令人欢喜。有一个画师绘了的画像，多少可以证明朱利安的话。这个画像画的是一个楚楚青年，并不令人望而生畏，他的嘴同鼻子宽大了些，淡绿色的两只眼睛闪光。他却是最好修饰的，穿着打扮很整齐。他一头的卷发，满铺白粉，脸上刮得很干净。他身材瘦小，穿一件蓝色或栗色外褂。纽扣扣得紧紧的，外褂里头是一件背心，背心之下是一件绣花汗衫。他虽然自认为是无套裤党[②]，但是他不肯不整齐，装出共和模样。他穿的是绸缎裤子，他好洁净，内衣都是一尘不染的。等到后来新7月10日那一天，他的内衣才染了他自己的血渍。他办事的地方尤其整齐，凡是走入他的办公室的人，都看房里挂了许多各种各样的他本人的画像，这也表示他的一种特性。

这个人无时无刻不想着自己。他傲然自大，自视颇高到了极点。他

① 罗伯斯庇尔租住于小作坊主杜普雷家，杜普雷家有两个女人。——译者注

② 当时群众暴徒都自称为“无套裤汉公”。——译者注

自以为有道德，他深信用道德去治人。有一种令人可怕的自命为使徒的人（如英国的克伦威尔），有时出世，要扫荡奉教不笃及腐败的人。法国极不幸，此时的大权落于这种样一个人的手。最专制横行最可怕的就是这种人，这种人以为是替天行道，什么都要牺牲的。他们尤其肯牺牲朋友，凡是他的儿时之交及壮年的朋友，罗伯斯庇尔是无一个不牺牲净尽的。罗兰夫人写道："罗伯斯庇尔是个最可恨的人，他所做的事无一件不昧着良心。"据作者看来，夫人这句话是说错了。罗伯斯庇尔不是昧着良心，他是完全服从他自己的良心的训令。他的良心深信他所奉的使命，是神圣不可侵犯的，故此他就诬赖吉伦特党。不单是诬赖，遇着必要时，他还要制造假文书（有艾罗的事为证），陷害仇敌。他原以为他的仇敌就是道德的仇敌，故此无论什么无道德的事，他都做得出来。

此时有深知罗伯斯庇尔的性情的作家写道："罗伯斯庇尔是个教士，是个绝不会做错事的教皇，是个先知。"又有一位作家写道："罗伯斯庇尔这个人，有几分像穆罕默德，又有几分像克伦威尔。"他颇有教皇深入人心的镇静，他并非是不能改变的人。有人曾指明罗伯斯庇尔是个善于趋时的人，他的态度不是不能改变的，他的宗旨却是不能改变的。他很相信他自己的宗旨，故此很有势力。他以为自己就是自由的化身，就是共和的化身、革命的化身，他相信他自己的仇敌就是自由的仇敌、革命的仇敌、共和的仇敌。他又最妒忌他人，凡是逆他意思的人，就遭他妒忌，故此他的仇人日见增多。他以为自己代表真理，代表道德，凡是攻击他的人或嘲笑他的人，都被他称为是不爱国的。

他既然深信自己是个绝不会做错事的教皇，是以他说话及做事，都是非常之武断。他最武断的是三件事：一是以恐怖政策维持道德；二是有至高无上的神圣存在；三是财产是神圣不可侵犯的。他盼望人人都要承认这三件事。凡是主张宽大的，凡是用恐怖手段而行为不合道德的，都是不良的国民。凡是不承认有至高无上的神圣的，凡是敢于攻击财产的，也是不良国民。但是国民公会里有几个能合格的呢？这会里不良的国民太多了。罗伯斯庇尔之所以终天愁眉不展的，都因为这种不良的分子太多了。他所深恶痛绝的就是他们。他要奉行他的祖师卢梭的话，要把所有不良的分子驱逐净尽。在这位教皇的眼中，凡是异端，都是仇敌。奥拉尔讥讽罗伯斯庇尔，说他是真理的主人。

圣茹斯特

在国民公会及委员会里头，罗伯斯庇尔都没有几个朋友，只有库东、圣茹斯特、勒巴斯，还有他的亲兄弟奥古斯丁算是他的朋友。此外大卫，也许算得是一个。库东的宗教见解，颇能打动罗伯斯庇尔。他们都崇拜一种宗教著作，对于宗教是同一鼻孔出气。新4月27日，我们就听见他指斥所谓哲学家不信天，说天上是空洞无物的，又不相信道德。但是罗伯斯庇尔的唯一信徒，却是圣茹斯特。假使圣茹斯特不是比他的尊师较为有知识，较为有本事，我们就可以称圣茹斯特是罗伯斯庇尔的从者。巴雷尔论圣茹斯特，说他面如冰霜，心如烈火。圣茹斯特是个美貌青年，也是一个可怕的青年。他的朋友勒瓦舍尔说道："他的一片热心是用算学算准了产生出来的。"他要建设他自己梦想中的共和，连自己的头都肯牺牲的，牺牲百十万别人的头更不必说的了。又有一位是国民公会议员，也是一个罗伯斯庇尔党，他论圣茹斯特说道："他一次只肯说一句话，但是这一句却是极其动听，能深刺人心的。"又有一位议员说道："圣茹斯特认为与他意见不同的人，都是罪大恶极的人。"他这种态度最能讨罗伯斯庇尔的喜欢。他崇拜他的先生，崇拜到极点了。他很替先生出力，同时却催促他的先生进行。但是弟子的胆子比先生的胆子大，先生所做的事，大抵都是这位高足提议的。弟子奉了先生之命，立刻去实行。勒巴斯也是一个疯子，却是另一种路数。他一生只是事奉罗伯斯庇尔，居然

埃贝尔

为罗伯斯庇尔而死。世上唯有先知能有这种奴仆，唯有傲然自大、有己无人的大人物，才能够有这种的朋友。

除了几个人之外，罗伯斯庇尔对于政界其余的人，都是疑忌的。醉鬼科洛、糊涂的巴雷尔、腐败的艾罗、小孩子德穆兰，他是疑心他们的。他以为这班人未奉他的命令，就胆敢说宽大话。

在1793年的冬天，这个宽容派不过是令罗伯斯庇尔讨厌，并未让罗伯斯庇尔为难。

罗伯斯庇尔所谓宽容派，是包括丹东、艾罗、德穆兰、法布尔等，德穆兰使自己成为他们的发言人。米拉波曾说德穆兰是个可怜人，他现在还是一个可怜人，还是一个勇往直前的记者，是个毫无城府、毫无计算的人。幸而他娶了一位性情很好又很有钱的夫人，故此把他的激烈、辛辣的文章，减轻了好些。这时候因为实行恐怖政策，他心里十分难过。他忘不了当日结婚时候在场的朋友们，例如布里索是他断送了性命的，佩蒂翁是自杀了，罗伯斯庇尔却反对他。德穆兰此时又反悔，又惊恐。他原意是要在前敌报效，宁战死在沙场，不愿意看见这许多可怕的事。但是丹东劝阻他与其执戈，不如执笔，攻打恐怖政策。

不晓得德穆兰是受党政策影响，还是眼光不明，以为仇敌并不在委员会，而在自治会的机关报《布歇老爹报》。这张报是埃贝尔当主笔。德穆兰发起一个《老科德利埃报》，专攻埃贝尔及所谓新科德利埃党，斥责他们是好饮人血的人，专事告密、专主破坏的人。雅各宾党害怕起来，开始说恐吓的话。当时有一个革命法庭陪审员尼古拉斯，写道："德穆兰要走近断头台，尝尝断头的滋味。"

罗伯斯庇尔对德穆兰自投罗网之举不予理睬。作者要说明，罗伯斯庇尔在梦中都想杀丹东及埃贝尔两个人的。是以看见丹东的朋友要动摇埃贝尔的地位，心里并无什么难过。他心里计算，一旦把雅各宾党的机关报毁了，随后就可以毁德穆兰的报。新12月19日，埃贝尔的同党在雅各宾俱乐部攻击德穆兰，罗伯斯庇尔反用许多背信的说话，帮助德穆兰。但是不久他却变了腔调，等到德穆兰把第七期的报印发时，印报人事前已受了恐吓，不肯刊布。罗伯斯庇尔忽然打一个霹雳，大攻主张宽容派。24日，德穆兰家里忽然大震动，德穆兰夫人写信给弗雷隆说道："弗雷隆你迅速回来，一刻都不可耽延……罗伯斯庇尔在雅各宾俱乐部攻击德穆兰。"

弗雷隆是要回来的，不过回来得很慢。这个拯救南方的人，不肯急于同罗伯斯庇尔见面，其中有理由，因为他晓得罗伯斯庇尔会先后轮流地打丹东党及埃贝尔党。此时的情形很混乱，罗伯斯庇尔以为弗雷隆是一个兼跨两党的人，是一个腐败人。

罗伯斯庇尔盘算了几时，因为丹东有许多朋友在国民公会，最明智的做法是先打倒埃贝尔及其党徒。

大概而论，埃贝尔为人差不多样样都是同罗伯斯庇尔相反的。埃贝尔是个无神派，罗伯斯庇尔是个有神派。埃贝尔有几分是个共产主义者。罗伯斯庇尔很怕埃贝尔，因为埃贝尔在自治会里头，是个很有实力的，又是自治会机关报的主笔。罗兰夫人说这张报是下流报，但是所有巴黎的报，以这个报的销路最广，在军队里尤其畅销。用通俗笔墨，发出许多议论，又添上许多极俗的话语，群众最喜欢看他的报，以为他是一个极大胆、身躯极粗大的一个人。殊不知他只是一个身材短小、两只手雪白的好吠的小狗。

他所说的都是种种过火的话，他同他的上司肖梅特两个人操纵市政厅，据为发表极端议论的坚固要塞。埃贝尔的夫人是个虔奉天主教的人，埃贝尔却是不信教的。他的家里很舒服，他的行为也极端正，却专煽动群众，取不义之财，以饱欲壑。

自从8月10日以来，自治会以为能为所欲为，若当作是个政府，几乎可以同公安委员会比肩。只是这一层，就够令罗伯斯庇尔疑忌他们的了。但是自治会能操纵暴徒，势力还是有的。

他们就借饥荒来达目的，因为此时同英国打仗，粮价很贵。从前所颁行规定最高价的条例的结果，是百千家的面包铺，只好关门。于是压制的条例接二连三颁布，其效果只是毁了许多买卖，却并不能降低物价，经济学的法律原是不管什么恐吓，不管什么条例的。

自治会都不管什么物价不物价，只要博得群众欢喜，全不管国计民生的。共和二年新九月八日（即1793年9月30日），要求通过规定一个最高价条例，完全把什么买卖都毁了。种田的人把粮食都囤起来，否则不再种植了。肖梅特为对付这种情形，首先发表最透彻的社会主义的观点，说道："若是制造家抛弃工厂，只能由政府把所有的原材料及工厂都取过来。因为在通常制度之下，无论什么东西，都是由劳动制造成的，不是由黄金制造成的。"自从这种议论发生之后，就有许多奇奇怪怪极端议论相继发生，互相比赛，唯恐其不走到极端，其结果就是所谓面包平等，肖梅特不得不从外省运粮食入巴黎。

其实还是富歇（富歇后来是坐拥百万家产）于1793年夏间发起共产议论的。他的宗旨，几乎要实行共产学说，这个学说就是在平等国家之下，理应无所谓富，无所谓贫。

自治会派人去同富歇贺喜，说道："应请全体国民，把所有一切买卖制造都拿过来，使所有工作得以进行以使国民生利。"决计要罗伯斯庇尔改变宗旨，请他把商人、贵族扫除净尽，要做到完全的革命，其意即谓社会革命。

罗伯斯庇尔是个保产党，毫无扫除富商大贾（即所谓商人贵族）之意。他对社会各种问题是极其守旧的，看见埃贝尔、肖梅特、富歇及其从党们主张共产革命，心里日见不安。后来见时机已到，要拦阻他们。

这群人不单要行共产，还有一种举动，更令罗伯斯庇尔难堪，这群人要废基督教，建立一种理性教。

自治会此时公然宣布他们的意思，要废基督教，组织一个对道理及自由崇拜的宗教。

第一个发起这种古怪思想的重要人物就是肖梅特。肖梅特原是个恶棍，道德是完全丧尽了。他若是生在我们现在的时代，一定是要受刑事法庭审讯的。况且他的所作所为都是不堪入耳的，审讯他的时候，还要用黑暗法庭，不能有旁听的。若是这样审讯他，他一定要引古希腊时代几位哲学家的名字。肖梅特同这种哲学家，是同一鼻孔出气的人，是不信神的。他不单要驱逐诸神，还要驱逐基督。他的办法第一步是首先把巴黎所有的教堂的大钟取下来，铸大炮，铸铜钱；第二步是要拆钟楼，他说："钟楼盖得太高，比其他建筑都高得多，这与平等主义不符，一定要拆毁的。"

这时候剧院所演的剧，开始嘲弄老宗教了。例如废除、欺骗及建立真理是也，第二幕的最后一段，是唱侮辱弥撒大礼的歌。

国民公会自然是颇不以这些举动为然。此时代格朗丁提议新历法，原是一个很聪明的办法，其意要废除星期日及圣贤诞日，能促进废基督教进步。国民公会居然通过颁用新历。国民公会有几位议员，于1793年秋，尝试在外省以平常通用礼节代宗教典礼。杜蒙在阿布维尔明告群众，说牧师们不过是木偶剧的穿黑衣的花脸小丑，一切废除，改行崇拜理性。但是他们自相矛盾，既要废除牧师们的木偶剧，却要演他们自己制造出来的一种极隆重的木偶剧。每10日就在大教堂跳舞，演出许多节目，一定要群众奉行。继杜蒙而起的，就是富歇废除崇拜基督典礼。他在纳韦尔大教堂的讲经台发议论，废除一切神道，颁行条谕，说道："一个人死了，不过是长睡。"从此把天堂及地狱的门都关闭了。肖梅特自己跑到纳韦尔来，催促富歇进行。外省的地方长官，也有好几处仿照富歇的办法。有一处，居然把一个小乡村的小教堂改作真理庙。

这种举动渐推渐广，群众开始焚烧能发生奇迹的圣母像，把教堂的金银祭器拿走了。阿列省的主教，居然跪在富歇的脚下宣誓反教；还有一位戈培尔大主教，把权杖摔在地下，用脚踏断了。当时种种可笑的情形写之不尽，有的还当着全俱乐部的人洗头，说是洗去从前受过的洗礼。

自治会愈来愈胆大，公然强迫国民公会。其中有一位议员格雷古瓦，晓得罗伯斯庇尔的意思，首先极力反对，却并无附和他的人。埃贝尔党此时很发怒。格雷古瓦却曾说过这群埃贝尔党，常常带他们的夫人到他那里对他忏悔，带他们的儿女来受洗，此时却当众公然侮辱宗教。

富歇派人带了许多箱子到巴黎，交与国民公会。会员们当众打开一看，箱子里都是教袍同十字架。议员们看见这个情形，深印心中。共和二年新十月十七日开会，议员们事前很小心地布置一切。戈培尔主教被拖至国民公会，当众脱去教袍。议会至此只好让步，议长还安慰恭贺这位主教一番，说道："至高无上的神圣，既然不愿意世人崇拜别的，只愿世人崇拜理性，以后就用理性教做国教。"

于是肖梅特立刻向自治会取得一议决案，说道："议会居然能令理性教打胜一仗，打败一千七百余年的成见，理应于新10月20日举行国定大典，要在从前本城的大教堂神像前举行。"

描写当时大庆典的著作很多。他们从大剧院借了一个自由女神，披上三色国旗，坐在理性的宝座上。国民公会的议员们却借口事忙，未来观礼，就有群众（这里头是什么人都有）排队跟随这位女神入王宫，强逼议员通过将巴黎圣母院改为理性庙。他们犹以为未足，还要多添一位代表理性的女神，就请国民公会的一个议员名莫姆洛的夫人当了女神，奉祀在另外一间教堂，在随后旬节举行大典。初始巴黎不过是有一位自由女神，一位理性女神，随后全国都有了。数不尽那些女神，居多数是极不相干的人装扮的，偶然有几处是良家女子改扮的，行为却还端正庄重，其余的是不必说明了。据说，有一位自由女神额上一条带子上写道："你们不要把我变作放纵女神，若是果有其事，也是应该有的。"因为到处恣纵不堪入目之事，不一而足，侮蔑宗教的事往往而有，有人说："在里昂地方，有人用圣餐杯装水饮驴。"

所有这种举动，最为罗伯斯庇尔所痛恨。共和二年新十一月，有一个议员说："这一群女神比古时寓言女神无耻得多。"罗伯斯庇尔听了拍掌喝彩。科洛曾受过委员会的教训，说道："这些伪理性女神，满大街上同谋反党乱跑（谋反党是指埃贝尔党），举行庆贺之后，就任意宣布。”当庆贺得胜的那一天，库东说的是信神教的话。

丹东一样痛恨这种举动，国民公会还唱颂扬理性歌，丹东很反对，说道：“我此后只愿意在议会听人用散文说理性，不愿意听人唱理性。”罗伯斯庇尔却很鼓励这种反动，打定主意，先打倒肖梅特及埃贝尔，随后再毁这一小群的无神派。

罗伯斯庇尔又认为在各省的特派监视员都是极腐败的人，要同他们较量个高低。他们在外省横行霸道，反对无上神圣，反对产业，反对道德。大约从共和二年新十一月起，罗伯斯庇尔的党徒，从于连以至他的同胞兄弟，在各处反对腐败及不信神的监视员们，罗伯斯庇尔又使手段，鼓动公安委员会，把派遣在各省的监视员卡里埃、塔里安、巴拉斯、弗雷隆、雅伏格、富歇等召回巴黎。这些监视员们回来，才晓得局面大变了。他们一到巴黎，才晓得埃贝尔、肖梅特、丹东、德穆兰等俱被打倒了。

罗伯斯庇尔是借这一党打倒那一党，然后在共和二年新三月把两党都打倒了。

第三十二章　党派之垮塌

罗伯斯庇尔图谋消灭党派之争——德穆兰攻击独裁专制——罗伯斯庇尔设法令人不信扶持丹东的人——圣茹斯特登演说台——自治会机关报主笔之死——丹东之精神状态——艾罗被捕——丹东及其左右之被捕——审丹东——杀丹东

新10月24日，圣茹斯特奉命前往阿尔萨斯的时候，对罗伯斯庇尔说道："法律虽是定了许多，却未十分实行，未做个榜样示戒。你只惩罚显著的罪恶，对假道学伪君子的罪恶，却不过问。我是你的朋友，请你叫雅各宾党关注那些为公共利益而行使权利的先哲格言，请他们将注意力转移到治理自由国家的良方上。"

他所谓假道学伪君子，是指埃贝尔及丹东而言。罗伯斯庇尔一定是要打倒他们，要时刻不停地动手打击，治理一个自由国家，是不得不如此的。

罗伯斯庇尔并不是不想攻打他们，他的政策向来是专等机会的。他见丹东碍手碍脚而极其讨厌。丹东及埃贝尔这两个人，他一定是要打倒的。究竟是先打谁呢？当然先打那个助力最少的人，这就是埃贝尔。丹东亦极反对这一班过激党，一定肯帮罗伯斯庇尔的。德穆兰的报不是最先攻击自治会的机关报吗？打倒了埃贝尔及肖梅特之后，他们的机关报自然也被扯得粉碎了。埃贝尔党的自治会解散了，重新建立一个罗伯斯庇尔派的自治会，然后攻打丹东，有了市政厅的党徒相助，罗伯斯庇尔就可强迫国民公会服从。

丹东是极高兴反对无政府主义者的。新11月16日，罗伯斯庇尔提议通过信教自由，丹东支持罗伯斯庇尔的这个提议。通过了这个议案，就免得天主教受理性教压制。理性神这个时候却发起抖来了。

德穆兰还是继续大力攻击埃贝尔，同时又攻击施行恐怖政策的独裁者。凡是有自由、独立思想的人，此时都觉无制之必要。11月28、29、30等日，奥什连战皆捷，摇动普军地位，会合他军向前逼近兰道。随后有1794年阿尔萨斯之战，22日连战皆捷。最后又有一场血战，于28日解了兰道之围。凯莱尔曼在南方打退皮埃蒙特的军队，退回意大利。国人对于新组织的军队，都抱有很大希望。到了春天，法国军队反守为攻，要二次战服比利时。丹东很注意于军事之胜利，以为时机成熟了，在国内可以行宽大政策，在国外可以讲和平了。罗伯斯庇尔晓得了，更恨丹东，他以为非有战事，不足以实行公安委员会的种种政策。

公安委员会的委员们看见丹东这种举动，以为危及本委员会，罗伯斯庇尔于是对他们施加压力。巴雷尔要求国民公会宣布政见：战事要进行，要打到底，打到无可打为止，居然通过。议员们都承认外国的暴君们，仍然是恐吓法国。罗伯斯庇尔却进一步，说是外国的暴君们之所以敢恐吓法国者，实因国家的奸细太多。他说的话很长，议会却喝彩。其中有一句最重要的，就是说有许多私党打着各种旗号，扰乱法国，这都是国内的仇敌，国民公会务必将国外国内的仇敌都要打倒。

丹东觉得这几句话，不单是向埃贝尔发的，且是向自己发的。丹东为人向来是坦白的，并不绕弯子的，他要罗伯斯庇尔解说，要同罗伯斯庇尔面谈，以为他们谈过之后，彼此就可以联合起来，共同反对“饮血的人”。但是罗伯斯庇尔立刻变了脸，满嘴都是怨言，丹东听了发怒，不以强行恐怖政策为然，说是不该再事残杀，不该良莠不分地胡乱杀人。罗伯斯庇尔喊道：“我请问你，是谁告诉你，枉杀过一个无辜的？”丹东看他装作不知，恨他犯了这样乱杀的大罪还毫无知觉，对旁边的一位朋友说道："你以为怎么样？"随即说了一句讥讽的话："没有一个枉死的吗？"然后拂衣而去。此是1月的事。

罗伯斯庇尔虽是要先打埃贝尔，后打丹东；但是看见这个时候自治会的举动，国人渐渐不以为然，不为人所信服。于是用许多诡诈阴险手段，预备打倒丹东。他未公然攻击之前，预先毁坏丹东左右的名誉，用间接法子毁坏丹东名誉。1月6日，罗伯斯庇尔在雅各宾俱乐部攻击代格朗丁。代格朗丁的确是个窃贼，沙博也是帮丹东的，又是一个恶棍。1月14日，罗伯斯庇尔设法把这一班人拘捕了。库东于是写道："国民公会自身得到清洗了！"随后收拾的是重要人物，把艾罗也拘捕了。公安委员会里头，只有艾罗一个人是丹东党，艾罗向来也是失检的人。未被捕之先，有一天，艾罗坐在办公室办事，忽然抬头看见罗伯斯庇尔两眼直看他，他就晓得不会有好结果了。

丹东看见他的党徒被捕，觉得危及自己了。他晓得自己有危险，当众说明罗伯斯庇尔的专制令人不能忍受。有一天是某剧初次上演，罗伯斯庇尔坐在包厢，丹东同几个朋友坐在正座。有一个演员说道："杀死专制的人！"台下拍掌喝彩。有人说："丹东伸手向罗伯斯庇尔挥拳。"罗伯斯庇尔此时又怒又怕，脸无血色，咬牙切齿，两手乱抖，坐在包厢里想报仇雪恨的方法。有了这种情形，事情自然日见紧迫了。

罗伯斯庇尔把圣茹斯特请来。圣茹斯特在国民公会演说一番，就安排定了杀反对党的办法。他说道："若要共和成立，非尽毁灭一切阻止共和成立之物不可。凡是怜悯囚犯的，就是反对共和；凡无道德心的，也是反对共和；凡是反对恐怖政策的，也是反对共和。"他的每一句话，就意味着有二十个议员的头颅落地。库东写道："地狱虽反对我们，好在天堂是帮我们的，天堂是地狱的主人！"

埃贝尔这个地狱的工具，被人用阴谋从背后打倒了。科洛原附和过埃贝尔的，走到雅各宾俱乐部，就把埃贝尔毁了，使他失去了俱乐部的

克洛兹

助力。埃贝尔此时虽受了恐吓，仍然号召暴徒来帮他，但是他很不中用，太无胆，害怕起来，又打不定主意，一会儿埋怨这个，一会儿又埋怨那个，白白错过了许多时机。等到科德利埃俱乐部宣布起事时，又起不成功。昂里约竟用不着拔剑对付这一群傀儡，在他们家里就把他们捕了。新2月20日，埃贝尔、克洛兹、莫姆洛、龙森、文森特五人，以及法布尔和沙博都被投到共和国的监狱里去了。随后就是肖梅特、戈培尔两人。他们的罪名是与英国、普鲁士私通，又要扶助将来的独裁者。

从新3月1日至5日，开庭审判这几个人。这几个诚然是毫无道理的人，但是他们都当了牺牲品，如同吉伦特党人一样，是无辜被人暗杀的。正式控告这十八个人的罪名，只是说他们的道德不好。此外的罪名，不过是空泛的政治罪状。他们无从辩护。埃贝尔听宣读判词的时候，只是呜呜地哭，拖他出去的时候，他已经晕过去了。临刑的时候，他的样子更是出丑。巴黎的群众见他将受刑的时候浑身发抖，很诧异。被他杀害的法国王后及罗兰夫人，都能视死如归，比他像样得多，大方得多。克洛兹原是个诚实人，临刑的时候，对群众大喊道：“我的朋友们呀！请你们不要把我混在这群恶棍堆里！”

罗伯斯庇尔的党徒见牺牲了这十余个人，面有喜色；丹东的朋友们也都面有喜色。沙博在监狱里，也高兴起来，他有一件遗嘱留传至今日，大致意思是说：因为这些人都被杀了，他真的希望不久将会看到罗伯斯庇尔等受到同样的死刑。但是沙博及丹东都先死了，看不见罗伯斯庇尔等受死刑。

埃贝尔的血迹未干，他们就决定要杀丹东。

国民公会里头，丹东的党徒极多，亦颇有势力，他原可以反抗他的仇敌的，并且还可以把他的仇敌们先送上断头台。但是他好像是不胜疲顿，一日不如一日，他厌世极了，说道：“我与其杀人，宁可为人所杀，我讨厌人类到了极点了！”有时候他忽然乱说一番，说得前言不对后语的，所说的都是不相干的话。有一次他对一个朋友说道：“我要吃罗伯斯庇尔的五脏！”有时当着许多人大骂罗伯斯庇尔，什么话都骂。有时候他又用满含悲伤的声音表白说罗伯斯庇尔是个好朋友、好国民。丹东是推翻一个朝代的人，是抗拒过欧洲大陆各国不能越法国边界一步的大人物。到了这个时候说出这种话来，大约是神经受了极大的刺激。有时候他说的几句话，真是旨高意远。一个朋友曾劝过他逃走，他答道：“一个人能够把全国放在鞋子里带走的吗？”

他们第一步的办法，是先拘捕艾罗。新2月24日，艾罗照常到公安委员会办公，罗伯斯庇尔冷冷地请他出去，说他的同事们正在商议控告他。不过几个钟头，这位翩翩的公安委员会的委员，就被捕监禁起来了。圣茹斯特走到国民公会，正式地控告艾罗，告他是奥尔良、布里索、埃贝尔、杜穆里埃、米拉波的同谋。凡是听见这一串绝不拉拢在一处的名字，就好像是在梦中。更有一条最奇怪的罪名，圣茹斯特告艾罗曾反对“灵魂永远不死”，古希腊大哲学家苏格拉底从容就义的时候，原是靠这灵魂永久不死安慰自己的。他们就用这一条奇怪罪名，把艾罗及肖梅特（肖梅特是新2月26日被囚的，他所犯的罪名也是很奇怪的，是不信“神道”）两个人押在同一个囚车，赴法场受刑的。

俾约已说过，一定要杀丹东。新3月9日（即3月30日），两个委员会开联席会议。圣茹斯特说了一句最有力的话，说道：“我们若是不杀他，他是要杀我们的！”但是兰代不肯在控告文内签字，说道：“我是管供给民食的，不是杀爱国的国民的。”公安委员会有一个委员鲁勒警告丹东。

就是到了这个时候，丹东本还可以走到国民公会登演说台，表白一番，他向来一登演说台，就能感动大家的。可是丹东却好像想不到走这一步，他坐在火炉前搅火，叹一口气，说了几句吞吞吐吐的话。10日早上6点钟，他在家里被拘去了。他的著名的党徒德穆兰、德拉克洛瓦、菲力波等，都跟着丹东、沙博、艾罗、代格朗丁入狱。

这个消息一传出来，巴黎全城都震动了，好像全糊涂了，不知所措。国民公会非常混乱。德穆兰、丹东都是7月14及8月10日的好汉，都入了狱吗！弗雷隆刚从外省回来，暗中设法鼓动同事们起事，勒让德尔比弗雷隆胆子大得多，要求说明白，为什么拘拿丹东下狱。罗伯斯庇尔很高调，答道："我们今天要看国民公会到底有无能力毁灭一个早已腐朽的假偶像；或者是假偶像一倒，就把国民公会及法国人民一齐压倒！"于是瞪着眼看勒让德尔说道："凡是发抖的人，都是犯罪的人！"这个杀猪出身的勒让德尔听了十分害怕，只好吞吞吐吐地认错赔罪。弗雷隆也只能够说出五六个字，替德穆兰辩护。最后是圣茹斯特演说，他说这些人都是最后的保皇党余烬，是应该拿的。于是国民公会谕令将所拿的人，交法庭审办。

新3月12日（即4月2日）开审。丹东晓得这种法庭是无公道的。提审之前夜，丹东在监里说道："去年就是这个时候，我要设立这个法庭的。我祈祷上帝及世人饶恕我。"他却决意为性命打一仗。舆论这时候还是说他好的，但是公安委员会派来法庭的代表大卫（从前原是丹东的好朋友）及几个懦夫如瓦蒂埃、亚马尔、服兰等都催促法庭赶快审完了事。委员会的主席尤其着急，不歇地写手谕，催富基埃-丹维尔"赶快进行"！

丹东决意要驳倒他们。告他的人自然是捏造种种罪名，丹东看不起这些诬告的罪名，说道："丹东是贵族！法国人不能相信这句话的。你们说我受贿，卖了自己吗！我这样的人，是钱能够买得来的吗！不到三个月，国人就要把我的敌人撕碎了！……哪一样革命建设，没有我丹东一份呀！办理征兵，组织革命军，所有各种革命委员会、公安委员会、革命法庭等等，哪一样不是我丹东一手设立的呀！现在就要在我创立的法庭，置我于死，这是从哪里说起！我是个不为已的人！"康蓬出庭做证人，要证

丹东的辩护

明丹东的罪状。丹东打断他说道："你当我们是阴谋卖国的人吗？你们看看！他大笑了！……你们要记下来，他大笑！"

富基埃-丹维尔一看这种情形，恐怕进行不下去，写了一封信要求委员会下谕，不许辩护。他的信说道："被控的人都是极危险的凶徒，他们所议论的话（富基埃-丹维尔用议论两个字，用得极妙），很扰乱法庭。"

公安委员会孤注一掷，强逼国民公会发命令不许被告人开口。于是在法庭宣读这道命令，群众听了，颇有烦言。丹东要斥驳，于是埃尔曼立刻退庭。第二天陪审员的领袖埃尔曼宣布，陪审员很明白案情了，随即判定死罪。简直是乱杀无辜而已。

丹东晓得是谁要拿他到法庭，是谁不许他开口的，喊道："罗伯斯庇尔，你这个贼子！断头台也要有你一份！我死之后，就轮到你！"

果然三个月之后，罗伯斯庇尔也上了断头台。

杀丹东那一天，有一个巴黎人写道："今年春天颇暖，树木都开花了，有好几年没今年这个时候这样好过。"丹东就死的这一天，天气非常好，狱卒把丹东交给刽子手萨姆森，说道："这是个大人物！"

丹东还是同平常一样，神色态度，毫无改变，对德穆兰说话，仍然是谈笑自若的。德穆兰也是很镇静的，说舍不得他的夫人。代格朗丁是个真作家，只是埋怨官吏们，把他所著的一部剧的稿子拿走了，他说那个无耻的俾约（写过一本剧被人喝倒彩）一定要据为己有。丹东对代格朗丁说道："你说你的剧本，有很好的词曲吗？"随即说了几句嘲弄话，可见丹东临死的时候，还是一个好读莎士比亚剧本的人。

这一天，巴黎人看见十五个临刑的人走过！有一个目睹当时情形的说，丹东两只眼，还是很骄傲地看无知无识的人群。有一个看见艾罗的，说他满脸通红，却很镇静。替他作传的达尔德说道："他是个享乐主义者，他死的时候不过是三十四岁，但是他设想自己已经到了八十岁了！"群众都注视着丹东；女人们却是注视美貌的艾罗。在法场地方，艾罗看见一个女人招手同他送别，艾罗好色地笑了一下。丹东看见能画的大卫，在高处画他及一同就刑的朋友们的像，很发怒地对他这位老朋友喊道："走狗！"有一个教士，在数月前为丹东夫妇行结婚礼的，现在跟在囚车后替丹东忏悔。

到了杀头机器那里的时候，天已不早了，刽子手要赶快动手。艾罗要同丹东搂抱，刽子手干预，丹东喊道："傻子！你有法子拦阻我们两颗头在人头篮里接吻吗？"

最先杀的是艾罗，最后杀的是丹东。有一会儿，丹东好像有点支撑不住，因为他很崇拜他的新夫人，此时说道："我的至爱！从此以后，我永远不能同你相见了吗？"丹东忽挺直身子，有人听见他喃喃地说道："丹东！为什么做儿女态！"随即掉过头来，对刽子手说道："你把我的头给众人看看，我的头是很值得一看的！"再过一会儿，巴黎天色已晚了，这一个可怕的头装在篮子里了。

第三十三章　尚德时代

（1794年3月—7月）

罗伯斯庇尔当独裁者——弗勒留斯大捷——罗伯斯庇尔全靠恐怖政策自固——战神学校——大恐怖——监狱法庭及刽子手萨姆森——恢复神道——至高无上的尊神之庆祝大典——微露反对罗伯斯庇尔之见端——新5月22日的命令——议案撤销之后又通过

丹东既死，罗伯斯庇尔大权独揽。欧洲各国相信法国出了一个克伦威尔，从此革命可以告终，设立稳固政府，可以商量办国际的事。

欧洲各国以此为借口，按兵不动。其实是因为法国此时用反攻军略，欧洲大失所措了。自从奥什驱逐日耳曼军出境，及杜戈米埃驱逐英兵，克复土伦之日起，法国是保全了。1793年秋，法军又大败旺代叛军。

欧洲军队既经挫折，彼此不和，更不能相容。1794年3月，波兰起兵谋反，其时卡诺调东军攻荷兰。法国人联合庇什格律和儒尔当两军之力，共得二十三万人，冒险前进。5月18日，大败奥军。普鲁士王原要派兵救援布鲁塞尔的，忽然调赴华沙。奥帝恐怕再被人欺负，不能参与波兰的事，写了一个手谕给他的总理大臣说道：“他们要瓜分波兰，恐怕我们又无份了！”

统将儒尔当乘敌人不和，乘机进攻，他所统的军队，是极有名的，至今传诵不衰，他的军队此时已很会打仗，也很守纪律了，但仍然坚守他们一种狂勇之性。有一个军人写道："我们有《马赛曲》帮助，我们一个人可以打十个敌人。"6月26日，法军驻在弗勒留斯，敌军来攻，大败而退，这一次是革命时代最大的一个胜仗。

弗勒留斯大捷

这一个胜仗的效果，就是7月6日敌人弃布鲁塞尔而退。11日，儒尔当整队入城。23日，统将庇什格律追逐英军，遂克安特卫普。此后比利时全国为法国所有。当下阿尔卑斯军进窥都灵。欧洲联军因为波兰，兵力渐弱。

欧洲的政府，因兵败颇不安，姑说自我安慰的话，聊以解嘲："奥地利政府曾对英国政府说道：'我们的目的何在呢？我们不是要停止法国革命吗？但是何必我们费心呢？这件事有罗伯斯庇尔在，不久就可以做到了。'"

罗伯斯庇尔却并不做这样的梦。这一个度量偏狭的人唯一目的，只是保护自己，以对抗他的仇人。他找出来他的敌人，要毁尽他的敌人，只好要那一部杀头机器不停地运作。他又决意一定要恢复崇祀他所谓至高无上的神圣，及保护财产，只好永远用他的流血政策，不然恐怕他的敌人反说他宽大。

现在什么权利都在他手中了。当日国民公会把丹东交给他，并未讨论就表决，简直变成了他的奴隶，这时候的代表们怕极他了，屏息听命，不敢稍露凄惨神色，更不敢露深思神色。巴拉斯说过一个故事：有一个代表以为罗伯斯庇尔瞪眼看他，很恐慌地对人说道："他以为我想什么！"又有一次，俾约正在说话，忽然停住，很焦急地低声说道："我好像是听见有人喃喃说话。"公安委员会此时绝对地听罗伯斯庇尔指挥。

有好几回，这两个大委员会的委员们，都像是被罗伯斯庇尔一个人操纵了。各省的监视员都奉调回来，罗伯斯庇尔派他的亲信去接替。巴黎市政厅在他的亲信手中，革命法庭也是他的亲信当权。军队的参谋都是来自战神大学（即陆军学校）。这原是巴雷尔出的主意，罗伯斯庇尔是极其欢迎的。学校的学生全是古时罗马人打扮，常常欢迎罗伯斯庇尔前来参观。这时候巴黎军队是忠于罗伯斯庇尔的，因为统将就是昂里约，群众替他起了一个绰号，称他是"罗伯斯庇尔的驴子"。凡是有财产的人，都相信罗伯斯庇尔。又有一个教士格雷古瓦，当有财产人的领袖，这一个教士因为罗伯斯庇尔崇祀至高无上的神圣而感到十分满足，故此支持罗伯斯庇尔，称他是"尚德之人"。

共和二年的独裁专制，其实是"尚德"专制。罗伯斯庇尔是从当时的口头话语中采用"美德"这个名词的，他却把这个名词的意义扩充了许多，简直变作凡事少不得的名词。无论说什么，做什么，这个名词是不能离嘴的。新4月5日，塔里安夫人（受贿买放的）送一篇颂词给国民公会，请愿教导青年女子实行美德。这个女子到了这个时候，嘴里也要说美德。还有一件离奇的事，普罗万有一个群众社团，因为有一个教书先生，耽误了规定的交接时间，被群众捉入监狱里。罗伯斯庇尔此时忙于洗脑巴黎的群众，要他们个个都实行美德。首先在杜普莱手工作坊[①]内，在房东家庭内，做个表率。有一天他对兰代说道：“我要设立一种道德学校。”但是这种学校，是人血染红的！

罗伯斯庇尔唯一伟大的理论就是：“有恐怖无美德是有害的；有美德无恐怖是无力的。”是以他愈要推行他的尚德政策，杀人愈多。

这要有法庭替他推行。有一次，罗伯斯庇尔狠狠教训了富基埃-丹维尔一番。富基埃-丹维尔就吩咐迪马，绝不许犯人多说话。有他这一句吩咐，法庭办事自然很快。富基埃-丹维尔很高兴地写道：“这时候，人头落地，如瓦片坠地！”但是意犹未尽，又写道：“下一星期，我要杀三四百人！”

到了4月，每一个星期杀七八百人。现在丹东已经凋谢了，还有什么人可以当纯粹共和派呢？在罗伯斯庇尔的眼中，全国的人都不是的。肖梅特已被告了，他的罪名很多，同戈培尔是混杂在一群保皇党及修女们中间受刑的。戈培尔原是当过主教的，他的罪名是同犯人谋害罗伯斯庇尔。因为当时传说犯人们在监狱里要谋害罗伯斯庇尔。他不单借口这种莫须有的事，杀了这位主教，连迪永将军、埃贝尔的寡妇、德穆兰的寡妇也拖累了。德穆兰的寡妇就刑的时候，很有气概，像个罗马人。4月18日，十七个男女被指控要花招要饿死群众，同日一起就刑。4月20日，一批杀了二十四个人，都是从前当过议员、代表的。随后又杀了两位很有名望的人，其中有马勒谢尔伯。此后杀的是一个公爵夫人，一位王妃。因为有一个证人不好好作证，也被杀了。随后杀的是一批二十八个人，其中有著名的大化学家拉瓦锡。王妹伊丽莎白也被杀了，她是在一批二十个人之内杀的，其中有教士，有军人，有底层人，都是只凭一个见证，说几句话，就拖去法场斩首。

杀了许多人，监狱空了，同时又装满了。那时候有一个公共的罪

① 罗伯斯庇尔寄寓的房东店中。——译者注

在巴黎监狱读死亡名单

名，就是破坏群众道德。拿这一条，就杀了许多人。这句话同罗伯斯庇尔所谓尚德政策很合拍。当日有一次，曾当场捉了许多好色的男子，连同一个有淫名的女人去过堂。这还有几分勉强说得过去，是破坏民风。塔里安夫人从波尔多回来，也捉去过堂，也还勉强说得过去。至于马勒谢尔伯及王妹伊丽莎白，如何能说他们破坏民风，把他们处死呢？

此时的监狱是常常人满为患，杀了一批，又来一批。捉入监狱之后，就交与富基埃-丹维尔过堂，富基埃-丹维尔就交给刽子手萨姆森去过刀。

这时候无故杀人，简直同瘟疫流行杀人一样多。全国的人此时好像是走了死运。在新7月之前，好像是人人都入了监狱。监狱里头是很混杂的，崇拜理性的同天主教的大教士关在一堆；奥什将军同约瑟芬·博阿尔内关在一堆；8月10日的好汉同凡尔赛的侯爵们在一起；当过阁员的加拉、得过胜仗的凯莱尔曼将军、塔里安的情妇等，及三届革命议会的议员们，都混杂在一处，将来都要同归于尽，与丹东、王后、埃贝尔、大女侠夏绿蒂·科黛、肖梅特及路易十六同埋骨于马德琳教堂的大坟地内。

在外省，虽把监视员撤回去，杀人的事却并没停止，囚犯的数目并不减少。新7月7日，阿拉斯的监狱里有一千人；施特拉斯堡的监狱有三千人；图卢兹有一千五百人；巴黎本城有七千人。所有这些人，都是因为尚德送命的。

既是要崇尚美德，总要行一种奉祀的隆重典礼。这是库东的想法，对罗伯斯庇尔提议的。新7月11日，有人听见塔里安挖苦地说道：“罗伯斯庇尔敢于把永远存在的神明哄走了，自己潜居了神明的地位。”此时罗伯斯庇尔只要恢复神道。

新11月1日，罗伯斯庇尔有个宣言说道：“假使本来无上帝，我们也不得不创造一个上帝。群众之意，要有一位尊神看护无辜受制的人，惩罚有罪而得意的人。”新3月17日，已经把不恭祀上帝的同事们驱逐了。库东宣布委员会筹备大典，庆祝最高的无上尊神。库东写道：“灵魂清洁的人，无不觉得有承认崇奉神明之必要。”可见凡是无这种知觉的人，一定都是可怜虫。

新4月18日，罗伯斯庇尔有场著名的演说，题目很大，是关于宗教、道德观念与共和宗旨三者之间的关系，归结在有宣布颁行神道设教之必要，于是通过一个神道设教议案。当时的市长勒斯科有一种迷信，他说：“因为通过这个议案，上帝必定以丰收赏法国的。”上帝一定会对这一位先知表示领情！

表面上是筹备庆祝尊神的大典，其实即是封这位新天使罗伯斯庇尔为神的庆典。此时若有人尝试行刺他，他一定就要做国王了。刚好此时果然有个好机会。有一天在杜普莱小作坊的院子，捉着一个女孩子，在她身上找出两把小刀。这不是另一个女刺客科黛吗？原来有人要行刺绰号“不受贿”的罗伯斯庇尔。这个女孩赛西尔·雷诺被送上断头台去了，同时还拖累了五十三个无辜的人，说是这个女孩子的同谋，其实这个女孩子一个也不认得。临刑的时候，当这个女孩子是一个弑父的大罪犯，用黑布蒙了她的头。为什么要把这个女孩子当弑父凶犯办呢？因为罗伯斯庇尔这时候是国民之父。

赛西尔·雷诺被捕

新5月16日，因为罗伯斯庇尔要带领许多官员于20日行礼，先请他当了国民公会的会长。有几个是反叛他的仇人投票赞成的，因为希望如此办可以证明罗伯斯庇尔专制横行，易于定他的罪状。

大卫现在奉命做共和国的大装饰铺陈家，忙于预备大典。玛丽-约瑟夫·谢尼埃奉命去作颂，戈赛克及梅乌尔预备乐谱。但是罗伯斯庇尔向来不喜欢玛丽-约瑟夫，不要他的文章，此时居然以教皇自居，把作颂的人逐出教外。戈赛克及梅乌尔，天天巡查各分区，监视他们练习这个新谱。当时还发出一道命令，要各家练习唱一个祈天短歌。这一场热闹像一场大梦。

有许多作家，都写过此日的庆祝大典。罗伯斯庇尔穿的是一件当时颇著名的蓝色礼服，帽子上插了三色的鸟羽，先在王宫行礼，随后在战神广场行礼。在宝座上或讲台上，说了一篇很长的堂堂大文。这篇大文章是请一位老教士代做的。他说完了之后，就有百千万人高唱颂主歌。罗伯斯庇尔站在高处（代表山岳派），执事人们就在他面前焚香，一阵阵香烟把他笼罩住了。这个人向是来最小心谨慎的，最严肃的，这个时候忽然大意了，禁不住微微一笑，表示得意。当这一笑发生的时候，这一位代表上帝的天使，居然自以为是上帝。

他的前后左右，此时已发起风潮，他却听不见风潮初起的声音。博图说道："站在罗伯斯庇尔背后的国民公会议员，已有烦言发出，并且有诅咒他之言。"当天晚上，有一张报议论这个新国教，就带些挖苦的意味。罗伯斯庇尔得意到轻狂了，走入雅各宾俱乐部，碰见富歇那一副愁苦的脸。

富歇原是个废基督教的人，恰好此时当了雅各宾俱乐部的主席。他装作与群众一样，表示高兴，说完几句不相干的话之后，却加了两句说道："布鲁图斯将刀刺入暴君腹中的时候，才算是献诚于上帝[1]，这是该

---

① 指罗马时代布鲁图斯刺杀恺撒的事。——译者注

学的。”

罗伯斯庇尔很明白富歇的意思，过了几天，就证明他明白富歇的意思，因为他控告富歇，说他为首谋害他的性命。但是这个大胆的主席所说的话，俱乐部的人却拍掌喝彩的。罗伯斯庇尔这一次显然走错了路。

这个时候人人的眼睛，都是很留心看他的。假使这个专制家不倒，有许多人都晓得自己是要快倒的了，变成势不两立的了。他对待从外省调回来的监视员，都当作是埃贝尔及丹东的余党，很苛刻。从外省回来的，就是弗雷隆、巴拉斯、塔里安、富歇等。他们看见罗伯斯庇尔那副石头脸，实在是害怕。罗伯斯庇尔当弗雷隆等三个人是腐败的，定是要为尚德牺牲的，富歇是个无神无教的，是该严办的。有人说：“新4月18日，罗伯斯庇尔坐在那里办公事，喊富歇的名，问他道：‘富歇，你来，告诉我们是谁派你去告诉人民说是无神的？’”

富歇却不是丹东。富歇是向来不用重话咒骂人的，他是专讲使手段的。富歇考量此时的情形，晓得有许多人很害怕，害怕上断头台。他把害怕罗伯斯庇尔的及痛恨罗伯斯庇尔的人，穿插起来，把埃贝尔的余党及丹东的余党，也联合起来。终日跑来跑去，从雅各宾俱乐部跑到国民公会，鼓动他们。因为俱乐部及国民公会，都有一种不反对罗伯斯庇尔的习惯，此时富歇要大力鼓动他们反对。此时卡诺、俾约、科洛、巴雷尔都很恐慌，恐遭罗伯斯庇尔的毒手，正要找同盟帮助。罗伯斯庇尔看人是看得不错的，因为他这三个月以来，判定富歇是他最大的敌人。他那一天走入雅各宾俱乐部，看见富歇居然当了主席（罗伯斯庇尔把这个俱乐部据为己有，当是他自己的俱乐部），气极了。他自己受国人封他为神的那一天晚上，居然又让这个富歇在主席位上发一支毒箭，射中他的心。这一箭令这位大教皇的伤口作痛。

罗伯斯庇尔对答富歇的话，来得很快。三天之后（即是新5月22日），库东提出一个议案，目的是把罗伯斯庇尔最后的敌人们，都放在他的掌握中。

这个议案说道："执法迟滞是个罪恶，一切形式手续，都是公共的危险。只有辨认国贼，是免不了迟滞的，一经辨认过来，就无须迟滞，无须形式了。"这个议案的意思，就是说："凡是被告都不许有律师辩护，陪审员是按一批一批的罪犯定罪，以后就无所谓案子了，只有一种普通的告状。例如凡是尝试破坏自由者，无论是用暴力，或是用欺诈，都是国人的仇敌。"这种办法显然把独裁的专制大权，交与检察长了。但是人人都晓得检察长是听罗伯斯庇尔指挥的。还有一点，更可以看出罗伯斯庇尔的用意。自布里索以至丹东，向来凡是国民代表，未经国民公会允准，是不能被传唤到法庭的。现在是改了，从此以后，只要委员会一传就要到法庭。这是专向勒库恩特尔、勒让德尔、弗雷隆、塔里安、巴拉斯、富歇等攻击。同时有许多人也以为危及自己了。有一个代表说道："倘若通过这个议案定为条例，我不如用手枪先把自己打死，我要求散会。"许多人都表示同意。

罗伯斯庇尔站起来，决意要通过，决意要杀人，说道："国民公会有许多时间讨论及表决议案，有许多时候，国民公会被党派操纵。我提议，国民公会不要理会他们的提议散会，还是往下讨论，倘若必要的话，讨论到晚上8点钟。"

究竟不知道罗伯斯庇尔这个人有什么迷人的法术，代表们听了他这句话，都软下来，不提散会的话了。再过半个钟头，居然把他要任意杀人的议案通过了。

他所提的议案通过之后，他就走了，以为一定可以杀他的仇敌了。不料到了第二天，代表们反起来了。有两位代表布东及梅兰提议，通过了取消议案内对于代表的办法。这班人牺牲国家是舍得的，牺牲自己是不肯的。

罗伯斯庇尔看得最要紧的，自然是他们通过的取消任意拘拿代表这一条。他于是冒险要这几个议员的头，说道："阴谋派要把高山拖走，要做一党的魁首。"于是有许多人喊道："请你把名字说出来！"罗伯斯庇尔这个时候应该说出姓名来的，因为代表已经惶恐得不得了，很可能会答应他杀他的仇人。但是他错走了一步，不说几句话安慰大多数的人，却任由他们恐慌自危，他只说了一句：“到了必要的时候，我就说出名字来。”于是代表们重新又通过取消的那一条，仍旧成立。

罗伯斯庇尔既有这个武器在手中，当天晚上，就要布置起来。他见富歇当了雅各宾俱乐部的主席，太不妥，又以为他盘踞得太久了，于是攻击富歇。富歇不是个大演说家，不善辩护。闭了会之后，从此再也不到俱乐部了，却在黑暗中布置罗网。

在新5月23日至新7月9日，这六个星期之间，是最令人恐怖的时期。因为通过新例之后，公安委员会及革命法庭，操生杀之权，全国才晓得极端的恐怖是什么情形。凡是不常到杜普莱小作坊店的人，都是庸懦人，罗伯斯庇尔都要撤销他们，另外换一班有胆的、敢作敢为的当陪审员。富基埃-丹维尔曾说过：“不用见证人了！”此时的法庭简直是乱杀，每天至少也要杀四十、五十或六十个人。在这四十九日之内，巴黎一处，总共是杀了一千三百六十七人，简直杀人如杀猪。

巴黎满城都是罗伯斯庇尔的便衣侦探，巡警侦察得很严密。人人都恐怖，处处都是危机，听见门响，听见人声，听见呼吸，都是害怕的。社会上没了应酬，连酒店都没有买卖，都关了门，连妓女们都不敢到巴黎的王宫里招客。这个地方向来是最无道德的，现在却变了一个有道德的地方。闹到整个巴黎城里的人，都是坐卧不宁的，天气又热，众人只好动也不动地等着，又不知等的是什么？从教堂里最是神圣不可侵犯的地方起，一直到娼妓的住所止，人人都是恐怖的，人人都是互相猜疑的，人人都可以变作嫌疑犯。昨天才杀过人的，今日不难被人当作嫌疑犯。例如富歇这样一个人，他在外省乱开枪炮，乱杀良民，此时被人怀疑，反说他过于宽容，不能称职。这样看来，哪个不浑身发抖人人自危呢？此时连国民公会都是很冷清的，许多代表都不到会，只有公安委员会的委员们。当普里厄被选当主席的时候，是得了九十四票被选的，因到会的人数只有一百一十七人（总数是七百五十人）。代表们都不敢在家里过夜。当时到会的代表们，胆小的一时坐在这里，回过头来又坐在那里，不停地换座位。有许多简直不敢坐下，等到必须投票的时候，就悄悄地溜了。连代表们，都是彼此互相猜疑的。

什么反对都打倒了，无所谓反对了。罗伯斯庇尔左右的几个死党，简直变作下贱到不堪，简直是在罗伯斯庇尔面前匍匐蛇行。巴拉斯曾眼见那位布律纳将军（后来是上将）在罗伯斯庇尔寓所，帮着那个小手工匠杜普莱的女人同他的女儿埃莱奥诺蕾（有许多人说埃莱奥诺蕾当过罗伯斯庇尔的未婚妻）削薯皮。此外还有一个名叫居累的，常常到小作坊店伺候。他也是一个议员，后来有一天是他发起改共和为帝制的，此时在罗伯斯庇尔寓所操练伺候主人的，意思学做走狗。这时候罗伯斯庇尔最亲信的死党，只有勒巴斯、库东、圣茹斯特三个人。此外供他当走狗的是市长弗洛里奥、内政部长埃尔曼、国事员培扬、主席迪马、检察长富基埃-丹维尔，此外还有若干陪审员。这几位陪审员及小手工匠杜普莱（罗伯斯庇尔的房东），常常跟随罗伯斯庇尔出入，当他的卫队。统领国民自卫军的昂里约，自然也是听罗伯斯庇尔命令的。以上这些人，都是罗伯斯庇尔认为可靠的，其余的人他都不信。罗伯斯庇尔此时抱着一个宗旨，就是从前说过的一句话："凡是不顺我的，就是逆我的！"

这个时候欧洲军队都败退了，无所谓外侮了，用不着这群走狗横行霸道了，更用不着什么恐怖政策了。弗勒留斯之捷，可以安全国的人心了。此时正在计划攻意大利。巴雷尔曾写道："打胜仗，就是驱逐罗伯斯庇尔！"罗伯斯庇尔很明白这个道理。圣茹斯特警告巴雷尔，不要做攻打意大利的军事计划了。巴雷尔不肯，因为圣茹斯特的警告，他就晓得罗伯斯庇尔的计策。于是变本加厉，鼓吹出兵，夸大其词，铺张前几次的胜仗。

巴雷尔又善造谣言，一到他的嘴里，败仗都会变成胜仗的。那时候法国的海军打了一个败仗，其中有一条战船"复仇者"号投降（已经有人证明的确是投降的），正在投降的时候，触礁沉没，海军都死了。巴雷尔却讳败讳降，夸大其词，说是这条战船如何忠勇，宁愿毁船沉没，同归于尽，不肯下旗投降。但是却实在有打胜仗的事实，故此巴雷尔能够夸张。代表们听了，拍掌喝彩。罗伯斯庇尔心里恨极了，因为多打一次胜仗，即多一次证明不必有独裁专制存在之必要了。

然而国民公会还是一样甘听公安委员会的指挥。后来罗伯斯庇尔的敌人，晓得了攻击罗伯斯庇尔的方法了。他们一定要首先设法使公安委员会内乱，然后能打倒这个委员会。一旦委员会内里自己不和，那时候就很容易把罗伯斯庇尔交给国民公会了。这个计策，是在新6月着手实行的，到了7月9日，才成熟结果。

因为国人恐怖，是无能为力了，议会是惯受束缚，爱莫能助，只好在公安委员会中做布置。

第三十四章　新7月

公安委员会之不和——疯婆子之预言——最后的囚车——国民公会中的阴谋——新7月8日的国民公会——罗伯斯庇尔的演说——反对及攻击罗伯斯庇尔的个人演说 ——新7月8日的雅各宾俱乐部——新7月8日、9日之公安委员会——新7月9日之国民公会——国民公会之吵闹——打倒横行专制之人——要求拘拿罗伯斯庇尔——罗伯斯庇尔及其股肱、心腹被拘——市政厅反对国民公会——昂里约误事——巴拉斯带兵围市政厅——罗伯斯庇尔之倒台——杀罗伯斯庇尔及其心腹——新7月之事为群众所误会

早已有人攻击过公安委员会，说这个会是一块大木头，这块大木头却有抵抗的能力。新2月，这块大木头有了裂缝，丹东死后，他们却用油灰填补了裂缝。及至新5月，裂缝更大了，科洛及俾约两个人，都是极端的恐怖派，骨子里是埃贝尔党，很反对惩办监视员。新5月23日，俾约同罗伯斯庇尔大闹。其后不久，有一天晚上，科洛（是极粗的人）大言恐吓，要把罗伯斯庇尔扔出窗外。此时圣茹斯特又同卡诺不和。新4月，圣茹斯特想尽方法，要驱逐卡诺。卡诺却不怕他，对他说道："若是要走的话，还是你们都出了委员会之后。"卡诺是无时无刻不办防堵的，他有普里厄帮助。兰代因为丹东被杀是永远不能饶恕罗伯斯庇尔的。巴雷尔向来是看风使舵的，然而他查考欧洲情形，报告国民公会的书，是在造舆论，说法国的独裁专制的名声在欧洲是非常大，都要牺牲共和了。

这时候公安委员会是反对罗伯斯庇尔的。勒巴斯是他的死党，大卫

是靠不住的。除了这两个人之外，其余的委员受了瓦蒂埃的指挥和影响，都是怨恨罗伯斯庇尔的。服兰及亚马尔公然说过应该派人监视罗伯斯庇尔，等他坐近窗口的时候，把他扔出窗外，抛在街上。这个警察委员会寻出罗伯斯庇尔的漏洞。当时有一个疯婆子，名卡特琳娜·苔奥，自称能预言，到处宣言上帝之子要降临人间。瓦蒂埃把这件预言的事报告国民公会，又粉饰其词，在字里行间微露其意。说疯婆所说下凡救世的，就是新5月20日的大教主。瓦蒂埃是个南方人，最喜欢引人发笑，他的状态很像个小丑。他在国民公会说这一番话的时候，做出种种姿态，引得议员们都大笑起来，把罗伯斯庇尔当作笑料，罗伯斯庇尔讨厌极了，设法堵住他们的嘴。这又是罗伯斯庇尔之错，因为他愈堵住人家的嘴，人家愈相信瓦蒂埃所说的话了。

其实这个时候，罗伯斯庇尔晓得各委员会反对他日见其甚，他的神经有点支持不住了。圣茹斯特先是奉命到军队里，新6月10日，罗伯斯庇尔把他喊回来。有了他保驾之后，罗伯斯庇尔从此就不到委员会。13日，他却在雅各宾俱乐部痛斥公安委员会的结党阴谋。

他原已出了俱乐部的，现在又要回去，在俱乐部里组织生力军，把仇人逐出。他把富歇当作阴谋首领，把富歇及几个人的名字取消了，逐出俱乐部。但是富歇暗中的布置进行得很猛，先把罗伯斯庇尔想要驱逐的人，列了名单，各处分送，还要亲自去见单内列名的人，对他们说道："若你们不先下手，你们就要被他毁了！"罗伯斯庇尔在那里结网要陷害他人，富歇就使出些手段，替罗伯斯庇尔的网多打上几个结，好叫罗伯斯庇尔自己陷害自己。

新7月初，罗伯斯庇尔的网结好了，但是薄弱无力，只要稍为用力一拉，就扯破了的。库东于5日在雅各宾俱乐部控告卡诺，巴雷尔却替卡诺辩护。科洛同俾约向来不睦，富歇设法给他们两个调解，使他们言归于好。山岳党预备攻击罗伯斯庇尔，却非有中间党相助不可，但是中间党最看不起的就是科洛、塔里安、富歇这几个人，比看不起罗伯斯庇尔还要厉害得多，故此迟疑不决，不肯帮助埃贝尔党的余烬而牺牲罗伯斯庇尔。况且罗伯斯庇尔向来也是顾及中间党的。罗伯斯庇尔又走去见康巴塞雷斯，警告他提防富歇。但是塔里安及勒让德尔先走一步，已经探访过这一个“沼泽里的蛤蟆”（指中间党的康巴塞雷斯），使他对罗伯斯庇尔的忠诚动摇了。然而中间党里有一位代表布瓦西·唐格拉斯公然表示他很佩服罗伯斯庇尔，又有一位代表杜兰德庆贺他恢复神道。在国民公会里头，中间党的议员占了多数，若无中间党帮助，是办不了什么事。因为他们所据的地位，是为左则左胜，为右则右胜。中间党代表杜兰德，最担心的就是每天总要杀七八十人的惨剧。罗伯斯庇尔的兄弟在俱乐部只管说自己是个和平派，也没有人相信他。新7月7日杀安德烈·谢尼埃，同日又杀其他二十三个人。8日又定了五十五个人的死罪，其中有十九个是妇女，都是快要登断头台的。这班人和平的言论，是不能使中间党的几位重要代表如康巴塞雷斯等相信的。但是这几位代表，还是退缩不前。

国民公会里这时候发生许多阴谋，人人都觉察到了生死存亡的危机，立刻要动手，刻不容缓了。两大党都要出其不意地大动荡、大攻击。反对罗伯斯庇尔的人要动手，罗伯斯庇尔也要动手。作者曾经研究过当时的文件，颇能证明罗伯斯庇尔的党徒们，预备新7月10日动手。其中负责指挥的是昂里约、弗洛里奥、培扬及迪马等。他们的计策是当庆祝两个少年[①]原要调战神学校的士官学生入城，参与行礼，借此为名，聚集群众起事。罗伯斯庇尔有三个星期，把自己关在杜普莱的小作坊铺子里不出门。圣茹斯特力劝他8日准备一大篇文章，在国民公会演说。

当下富歇尽力地四处活动并进行布置，塔里安决意用极端手段。据一位替塔里安夫妇立传的人所说，他承认当时有一段谣言，说是塔里安是很崇拜他的夫人的。这时候这位夫人从监狱里打发人来告诉塔里安说，由

① 革命军队中有一个少年名巴拉殉国的节日，十三岁，是1793年在旺代阵亡的，宁死不肯喊“君主万岁”，殉难时高喊“共和万岁”！又有一个少年名维亚拉以勇敢闻名，有一浮桥满载保皇党，维亚拉要斩缆，不令保皇党过河，在河滨被害。——原注

在旺代执刑

于他的臭名昭著的怯懦，她都快要死了！这也许是真事。

新7月8日（7月27日）是极热的一天。

国民公会的代表们看见罗伯斯庇尔到会，慢慢地走上演说台，大有所感。有一个代表写道："这是一个大审判的起点。"又写道："这一个大奸贼，一开始就使用极骄横的手段。那种专制的腔调就令人讨厌。"

他这一篇大演讲留传至今，是他不出门的时候，费了许多心血改而又改的一篇文章。

显然他改了政策，他说国民公会受制于各委员会为时已久了；他现在被各委员会攻击，只因为他并无私党，他算是国民公会的人。新近这六个星期内，他既无力为善，更无力为恶，亦无力阻止他人为恶，不得不躲避，废弃他的职责。试问这个时候，爱国的人得了什么较好的保障，党派之争是否有所畏惧较为收敛呢？国里的人民是否比从前欢乐些呢？现在公安委员会乱得一团糟，国民公会还不该趁这个机会脱离他们的束缚吗？诸君被选到这里来，不是受委员会压制的；国民公会所选派的委员，原该是要受国会节制的！罗伯斯庇尔说到这里，转过头来看看中间，看看空席的右方，请他们追忆前事；他不避嫌怨，不怕为山岳党所恨，曾经搭救当日附和吉伦特党的七十五位代表，保全他们的性命。这时候中间党的代表们很留心听他说，一声不响。他以为他们一定是扶助他的了，他于是开始大力攻击财政方面（这是特别给康蓬的打击），攻击监视员（即是特派员），又大肆批评指斥军事办得不好（这是攻击卡诺）。他此时胆子变得更大了，说出难以令人相信的话。他居然攻击恐怖政策，他说道："譬如说真是有反对公共自由的阴谋存在，这都是因为国民公会里头有人暗结私党，进行他们的阴谋；又因为委员会的委员们，与他们同谋，故此才能够有强大力量。他们的阴谋专要毁灭爱国的人，毁坏国家；既然有了这许多事情，我们应该用什么法子补救呢？第一先要惩办卖国贼，社会保安委员会要换人，澄清一切，将社会保安委员会改归公安委员会节制，涤清公安委员会，归国民公会节制，打成一片，用全国国民名义，打破一切私党，重新授法律及自由以大权。"

国民公会寂然无声，细听他演说，一个个坐在那里，都像变成了木偶。这篇演说虽然空泛，但是有极力攻击多人的话。康蓬和他的财政，卡诺和他的军事，瓦蒂埃和他的警察，还有两个委员会及从前的监视员，都遭受了他的痛击。议员听了很诧异、很寒心、很恐怖，都觉得又要发动大动荡了，不晓得是巴黎哪一方，抑或是全个巴黎，都要翻过来。罗伯斯庇尔连革命的趋势也不饶过，因为他说："我们虽然是办了许多事，但是试问有哪一件事是因为崇尚美德而做的？"代表都想问他这句话是什么意思？是否是要全盘打翻，重新再来？是不是原告的律师控告被告的罪状？抑或是一种临终的遗嘱，交与后人去办的话？应否答应他，把这一篇有危险的演说发布？库东居然设法通过，允准发布。

但是被他攻击的人，却不能不去反抗。瓦蒂埃要尝试再复述疯婆子预言的故事，但是康蓬不让他说，自己立刻飞上演说台喊道："当我名誉未受损失之先，我要对法国说几句话！"他果然淋漓尽致地说了一番，说得极其猛烈。他所说的话，其中有一句说道："只有一个人把全国议会都束缚住了，使国民公会动不得。这个人就是罗伯斯庇尔！"

这几句话说过之后，立刻就有许多人争先恐后地要抢上演说台。第一个是俾约，说罗伯斯庇尔的演说，应先由委员会审查通过，再定可否发布。他说道："我们要撕破他的假面具，我宁可以我的尸体供奉给野心勃勃的人作为宝座，也不愿隐忍缄默，不发一言，变作参与他阴谋害国诸大罪恶的人！"会场此时大为震动。代表帕尼斯说罗伯斯庇尔已经预备一张罪魁单子了，他要交给国会，罗伯斯庇尔反对他的提议，不肯洗刷这个人或那个人。罗伯斯庇尔此时也失策了，他晓得不如说出十个罪魁来，同时却担保及安慰其余三百人。又有一位代表沙利尔说道："一个人既是自夸敢于尚德，也应该敢于崇信；请你把要控告的人名说出来！"于是代表同声大喊道："说出名字来！"罗伯斯庇尔答道："我还是维持我刚才所说的话。"

亚马尔说道："都是因为异志难酬心里不高兴，故此扰乱议会。"弗雷隆极力主张剥夺委员会监禁国民公会代表之权。巴雷尔想用好言安慰众人。有一位代表重新攻击，于是通过取消发布罗伯斯庇尔的演说。

这天是5点钟散会的，罗伯斯庇尔第一次打输了。

但是他决计就要在当天晚上打一个胜仗。他的计划是要到雅各宾俱乐部，只要会员们一恭维他，就可以吓倒明天的国民公会。

罗伯斯庇尔此时并不焦急，晚上天气极好，他在大公园里散步，小手工匠杜普莱的女儿陪他。罗伯斯庇尔对她说道："明天是好天气！"他随后到俱乐部。

会友们恭维了他一番，他看见他们这样热诚欢迎他，他很高兴，重新把在国民公会的演说，再说一遍给众人听，又攻击科洛及俾约。此时这两个人也在俱乐部里，于是有人喊道："把这两个人送上断头台！"这两个嫌疑犯，赶快跑入王宫，那时候公安委员会还在那里办公事。夏天晚上，虽是很热，他们却一定觉得有冷刀子加在颈脖子上了。

罗伯斯庇尔高兴极了，回到寓所之后，小手工匠杜普莱看见他那样开心，觉得很诧异，未到半夜他就睡了。

公安委员会此时是又慌又乱，普里厄、巴雷尔及兰代都有记载，叙述当时的情形。委员们围着那一张很出名的绿色桌子坐下，11点钟时候，科洛从雅各宾俱乐部跑来，满脸都是慌乱神色。从一个门口，他看见圣茹斯特在那间屋里忙着写东西，科洛走到圣茹斯特身边说道："你在这里写控告我们的罪文吗？"科洛说着了，他真是在写控告他们的状词。圣茹斯特胆子很大，答道："是的！你并未说错！"回头对着卡诺露出看不起卡诺的神色，说道："我并不忘记你，你不久就晓得我对你说得很淋漓尽致的！"卡诺听了，耸耸两肩。但是此时俾约也赶到了，狂怒到冒火，大骂圣茹斯特。圣茹斯特此时才觉得自己说话说得太多了，请他们让他把事办完了，他还说他的演说词，并不是他们所猜的话，原拟明早先读一遍给同事听，然后在议会宣读。圣茹斯特写了一夜，当下他的同事们，回到绿色大厅里，谈论、争论。到了早上5点钟，圣茹斯特站起来，冷冷淡淡地走了。他同罗伯斯庇尔一样相信能胜利，走入大公园乘凉。过了半个钟头后，有人看见他骑马飞跑，穿过公园。

这一天很像要有大雷暴雨的，中午的温度升到四十度。天很黑，隐隐有雷声。公安委员会的委员们，个个都是很着急地等候圣茹斯特回来。等到十点半钟，有人送给他一张条子来，条子上写道："你们伤了我的心。我要到国民公会诉说一番。"委员们见了很畏惧，立刻赶快跑到国民公会来。

看见议会厅一片沸腾。原来各党各派互换意见，辩论、争论，已经闹了一夜。对待右翼党团的余烬，有时用恐吓手段，有时用劝诱手段，右翼党团被众人包围住了。布东大声喊道："右翼党团的同事们！他们个个都是可敬的人！"塔里安等看见委员会的人到了，赶快走来欢迎他们，壮他们的胆。

委员们此时很需要有人壮他们的胆，因为高处的旁听席都被罗伯斯庇尔的党徒们塞满了，喧嚷得很厉害，如同火山炸裂。罗伯斯庇尔到会的时候，还是穿他的蓝色褂子，头发铺满白粉，打扮得很整齐。他的党徒们，大声喝彩欢迎他。他入场的时候，得意到了不得，以为自己是个天上人。圣茹斯特走到他身边。

圣茹斯特走上演说台。科洛当主席，反对罗伯斯庇尔的人占了主席台，是一着好棋子。议场的布置是同往常一样，主席的左右各挂了一辐被刺议员的画像，一幅画的是马拉，一幅画的是勒佩蒂埃，中间仍然供着一出生就死了的宪法。右方的座席是没多少人；山岳派里留出一个大空地，从前原是丹东、埃贝尔等的座位；中间却坐得很密，寂然无声的，见机行事。罗伯斯庇尔坐在中间之前，正对着演说台。

圣茹斯特的控词，是费了一夜工夫作的。他开口才说了两句，就被塔里安不由分说地打断。塔里安跑上演说台，把圣茹斯特推开喊道："我请诸君把重重的黑幕打开！"于是有几百人齐声喊道："一定要打开！"这就是开战的暗号。俾约先打冲锋，塔里安走开，让他登台，他首先演说昨晚雅各宾俱乐部的情景，说是他们明白表示要杀害国民公会的意思。他又说昨晚提议的人，现时在旁听席上。他指出这个人，叫人把他驱逐出去。这一招是恐吓群众的手段。他又喊道："国民公会若是示弱，国民公会就要消灭了！"山岳党摆帽子喊道："国民公会不示弱！"

勒巴斯想说话，却不能说，因为反对罗伯斯庇尔的人，誓必阻挠罗伯斯庇尔党，不让他们开口。这时喧闹得很凶，科洛不停地摇铃；当风潮这样澎湃的时候，中间党却屹立不动。俾约是不停地攻击罗伯斯庇尔，说法庭的庭长在雅各宾俱乐部当众提议过：凡是他们要牺牲的代表们，先要逐出国民公会。俾约说到这里，对着群众说道："好在国民都在这里，爱国的人很晓得应该怎样死！"

罗伯斯庇尔冲上前来要登台，众人大声叫喊，把他轰回去，他仍坐在中间。大众喊道："打倒这个横行专制的人！"此时塔里安又登台，原是同党指定他做最后攻击的。后来他的夫人写道："这只纤纤小手，曾出过力推翻杀头机器的。"塔里安看见当时的情景，很晓得倘若在这十分钟内，不将罗伯斯庇尔打倒，他同他的夫人就要同归于尽的了！他于是更大声地喊道："我看见昨天的雅各宾俱乐部开会，我看见他们的情形，我很替法国发抖；我很留心看着这个新克伦威尔的军队成立；我今天是怀着利刃来的，倘若国民公会无胆，不敢控告罗伯斯庇尔的罪状，我就要亲手刺杀他。”他果然拔出利刃来在空中摇摆。于是下令先捕拿布朗热、昂里约（是统领军队的）及迪马。议会此时还是不敢直攻罗伯斯庇尔，不过先把他的军队及裁判官打到。罗伯斯庇尔又要登台，被众人呼喝，又不成功。埃贝尔的朋友科洛已经离开主席位。丹东的老朋友杜里奥在主席位上摆出一副铁面孔，拦阻罗伯斯庇尔，不许他开口。主席的手铃也是不停地摇，很像是海船遇险求救一样。

他们还有一种手段，是要自己的同党，轮流占据演说台，不让罗伯斯庇尔上去。委员们是巴雷尔先上台，跟着就是瓦蒂埃。他又演说疯婆子的故事，说到差不多了，塔里安恐怕他把这本惨剧，演成笑话，请他下来。他自己又说了一番攻击罗伯斯庇尔的话，说他8月10日怎样怯懦，说他怎样装君子，怎样借“尚德”为名欺人。

罗伯斯庇尔第三次站起来，脸色很难看，又要登台，一面走，一面说话，但是无人听得见他说些什么，因为杜里奥不停地大摇其铃。这时，有个不甚著名的议员先走到演说台，要求拘拿罗伯斯庇尔。居然有人不怕，说出“拘拿”两个字来了！山岳党一片喝彩声。罗伯斯庇尔的兄弟却讲义气，说道：“我与我的哥哥犯同样的犯罪。我同他一样尚德，我请求一并拘拿。”

最后罗伯斯庇尔拼命要上演说台，要说话，他说道：“我这是最后的请求了！暗杀党的主席呀，你许我说话吗？”

反对党又拿他这句话作借口，说他侮辱国民公会。杜瓦尔喊道：“请问主席，罗伯斯庇尔是不是国民公会的主人？”于是许多人齐声叫唤道：“我们通过拘拿罗伯斯庇尔兄弟两人的提议吧！”

罗伯斯庇尔此时无法可想了，只有对着中间党说道：“诸位是清曲的，是尚德君子，我求你们说句话，那一班杀人的凶手不让我说话，我求你们许我登台说话。”

中间党的重要人物杜兰德等是曾经计算过山岳党举手表示反对罗伯斯庇尔的数目，这是无疑的；他们晓得反对的人数很多，罗伯斯庇尔绝无

罗伯斯庇尔试图登台说话

希望了。于是一齐起立，表示反对罗伯斯庇尔。杜兰德并且敢把自己当时所说的冠冕堂皇的话，记载下来。罗伯斯庇尔既为中间党所弃，于是在右翼党团、中间党之间走来走去，很想说话，因为盛怒，又说不出来。有一位议员喊道："罗伯斯庇尔，丹东的血塞住你的喉咙了！"罗伯斯庇尔要走去右边坐下，弗雷隆喊道："你走回去，那里是维尼奥及孔多塞从前所坐的地方！"他此时的情景，颇对了一句俗话，"倒在死尸堆里"。后来罗伯斯庇尔疲乏了，倒在一个座位上，当下俾约又重新数一遍他的罪恶。

这时候事情来得很快，大众都喊拘拿这个"怪物"。勒巴斯向来是慷慨仗义的，自请一齐同罗伯斯庇尔拘拿。俾约羞辱库东一番，要拿库东。弗雷隆是急于要替德穆兰报仇，要拘拿圣茹斯特。俾约喊道："库东是只猛虎，是要喝国民公会成员的血的！（众人喊道："是的！是的！"）他要把我们的死尸当作台阶，要一步一步地登上宝座！"库东是有脚病，不能走动的，坐在他的车子上，看看自己的两只脚，挖苦地喊道："是的，我要爬上我的宝座！"最后是弗雷隆说道："我请国民公会通过拘拿圣茹斯特、勒巴斯及库东。"

这个议案居然通过了，警察随即进来，把这五个人拘拿了。

此时正是5点半钟，天气非常热，会议暂时停会休息，7点钟再开会，他们以为是大获胜仗了。

他们却想错了，到了7点钟时候，事情突变，代表们几乎打了败仗。罗伯斯庇尔的运气好，市政厅还有他的势力，到处恐吓议员们，反要把他们拘拿。

作者今且追述市政厅的情形，当天市长及他的朋友们在那里等候好消息，以为"美德"一定可以打胜仗的。随后弗洛里奥听见打败了，下令闭城，大鸣警钟，召集自治会开会，不许狱卒收受送去的罪犯。同时又通知雅各宾俱乐部，要派有力量的人（妇女在内）齐集市政厅。当下暴徒们听见警钟又响，也齐集市政厅左右。

但是总要一位带兵官，最合适的自然是昂里约，他晓得怎样强逼议会讲道理。不料他这时候吃得太饱，喝得大醉，他到了自己家里，看见有人要拿他，立刻下令把捕役都杀了，喊道："今天又是一个5月31日，坐在国民公会里的三百个人，都要处死的！"立刻出门骑马，帽子也来不及戴，就在烈日下乱跑，跑到巴黎的王宫前面的大空地，对着过路的人大喊。国民公会派来的警兵，把他拖下马来，捆绑好了，关在委员会办公室里。这一件偶然之事，就把罗伯斯庇尔党徒的计策都弄乱了。培扬也被捕了，迪马是在法庭裁判官座上被拿的。

当下狱卒是绝对不肯把国民公会交来的犯人收禁，市长把他们送到市政厅来。

起初罗伯斯庇尔不肯到市政厅，这一位大专制家仍不失胆怯律师本色，只肯躲在市长官署，要把市政厅将来发生事变的责任，交给弗洛里奥去担。弗洛里奥却不以为然，仍吩咐把罗伯斯庇尔从市长官署送回来，强逼他做一件逾越范围的事。过了一会儿，罗伯斯庇尔果然来了，众人欢迎他入市政厅；随后圣茹斯特、勒巴斯及罗伯斯庇尔兄弟都来了；其后，库东也来了。他们就发起成立一个临时政府来，要用大炮逼压国民公会承认。

副庭长科菲纳尔带了二百名炮队来到王宫，找着昂里约，把他放了，逼他向王宫开炮。不料昂里约被人拘拿过，很不高兴，提不起精神来，不肯开炮，回到市政厅。国民公会算是暂时遇救了。

这个时候的恐怖情形，是笔墨描述不出来的。社会保安委员会及公安委员会在那里极惶恐地议事，几乎议了半夜，幸而没有被人捕去，个个都是脸无人色地跑去议会厅躲避。后来代表们人人都说当时以为万无幸免了。然而他们还是斥责昂里约，当他是个罪犯。

这种举动是不能产生多少效果的。但昂里约还是沉醉，尚未醒过来，却打算走了。代表们见他走了，胆子壮些，宣布反叛议员及其党徒的罪状，下令惩办，决议从市政厅里捕拿他们。

号令虽然下了，却要有胆的人去拿他们，议会厅附近并无军官可以当领袖的。幸而有巴拉斯是在军营里混过的，弗雷隆力保他可以胜任。于是巴拉斯就当了统领，带了几位代表弗雷隆、勒让德尔、布东等六七人去市政厅宣布国民公会通过的命令。他们壮着胆，毅然去了。当下议会又宣布凡在西城的反叛及其党徒都是罪人。

市政厅在西城，国民公会是在东城。西城的市政厅，同时宣布国会十四名代表的罪状，说他们都是罪犯。

到了晚上10点钟，昂里约又出现了，他仍然是个疯子，骑了马在人丛中跑来跑去，大喊道："杀人呀！杀人呀！把警兵们都杀了！破开他们的肚子！"群众看见这一个统领，明白他显然是疯了，没有什么人相信他。

还有一层，罗伯斯庇尔这个时候，只管替自己辩护，又不敢决定用何办法，到了危急的时候，他的弱点都露出来了。他原不是个实干家，不能当机立断，他远不如丹东，也不如巴拉斯。巴拉斯曾谈论过罗伯斯庇尔，说道："他演说完了，再无可说的时候，只会咬文嚼字，吹毛求疵，专在文字上考究。"当时有人向他提议，煽动群众暴乱。库东则称为用武力解决，请军队帮助。罗伯斯庇尔还是拘泥于形式，不肯照办，答说："用什么人的名义号召呢？"

市长却决计独行其是，自己负责，执笔签字，宣布国民公会十四个代表的罪状。科洛、布东、弗雷隆、塔里安、卡诺、富歇都在内，当他们都是罪犯，是国人的敌人，说他们的胆子比路易十六还大得多，他们胆敢拘拿最爱国的国民。

当下国民公会所派出的代表们，从此分区往彼分区，号召他们帮助，各分区把队伍派往王宫。其时有许多暴徒在市政厅左右喧嚷。国民公会此时算是有了一支小军队了，巴拉斯就当了统领，带了军队从河边向市政厅来。

此时市政厅内乱作一团，市政厅外忙乱无措，不晓得该做些什么。到了半夜，暴徒们听见是各分区都帮助国民公会，心里都变得毫无把握了。忽然天下大雨，暴徒们借口大雨，纷纷散了。市政厅的左右，没有人了，连昂里约的炮队，也回家了。

到了这个时候，罗伯斯庇尔只好签字，用武力解决，可惜太迟了。他签字的这份文件至今还保存在文件下方，只有他自己名姓开头的两个字母。一连好几年，有许多人说他因为害怕，或者因为良心忽然发现，不敢或不肯签字，故此写了两个字母，就把笔扔了。但是这张公文上的血污（这几块血污令人可怕）却能反映当时的情形。因为他正在签字的时候，国民公会派来的警兵闯入市政厅，其中有一个警兵（名梅达，自认放枪）的放了一枪，打在罗伯斯庇尔脸上，枪子穿颊而过，打碎他的颚骨。罗伯斯庇尔一定会垂头，脸靠在纸上了。

受伤的罗伯斯庇尔躺在市政厅桌子上

市政厅里的人看见警兵们来了，后头跟的是国民公会代表，就乱起来了。勒巴斯用手枪自杀；罗伯斯庇尔的兄弟想爬檐板逃走，却跌下来，手足都断了；科菲纳尔怒极了，把昂里约摔倒在院子里，翌日午后才有人寻着他，见他倒在一团血污上。库东躲在桌子底下，警兵们把这个残废人摔在楼梯上，他滚下楼梯，滚到房子角落里诈死，翌日才把他找出来的。这时候他满身又是泥，又是血，把他装在囚车上的时候，他已经死了。

晚上天气变凉，巴黎城里的人，头脑也变清楚了。城里有许多地方，还不晓得当时演出的这一出惨剧，有好几个剧院还是演他们的剧，只有“无套裤汉”剧院晓得消息，挂起停演的牌子。

这停演两个字，却有个预兆，看下文便知。

警兵们把罗伯斯庇尔送到议会厅，议会厅不让他进来。当时的报告说道：“国民公会一致不许他再入这个立法森严之地，因为他从前在这里把什么法律都推翻了，侮辱了这个森严之地了。”他这时候满身都是血，警兵们把他扔在预备公安委员会用来办事的一间房子的桌子上，拿一箱的子弹，给他当枕头。这一间绿厅，是他常来办公的地方。他来的时候，打扮得很整齐，装出他那副严肃的面孔。此时却太不成样了，满面的血污，脚下的鞋子不晓得去哪里了，一件血染的内衣披在身上，外褂是扯破了，白袜子也污了，挂在脚上。脸上常常流血，一句话也不说（好像是在梦境），顺手在桌上抓点纸，来塞伤口上的血。有几个同他过不去的人，还挖苦他说道：“陛下！您好像是很难过！陛下不能言语了吗？为什么不催逼通过你的议案？”他满嘴都是碎骨，不能说话。后来把他的伤裹好了，再过几个钟头，把一干罪犯都送到监狱里。

他们是国法所不容的罪犯，只要上庭认罪就是了。但是一到法庭，他就看见当时丹东大喊的地方。当时丹东在法庭曾喊道：“罗伯斯庇尔！我死之后，就是你死！”这句话今日果然应了。富基埃-丹维尔也在那里，此时也是脸无人色。这一位执法官，也晓得大劫难逃了。昨天晚上，他还不肯停开法庭，不肯止杀，吩咐刽子手照常杀人，又杀了四十二人，大约都是穷人做小买卖的，内中有一个是穷寡妇。这是最后一批了，群众看惯了，也不愿意再看了。

但是第二天群众却又注意起来。这一天监狱的犯人，听见无人来喊名字，很诧异，殊不知这一天富基埃-丹维尔送他的朋友们赴法场。

这一天午后4点钟，二十二个同谋的罪犯分装四辆囚车从监狱出来之后，慢慢地走过一条人多的街，还经过罗伯斯庇尔租住的杜普莱的小作坊店。罗伯斯庇尔一生的事业，都在这间小店里。囚车在门前停住了，有一个小孩子，跑到附近的肉店，取了些牲血，来洒在关闭的店门上。罗伯斯庇尔躺在囚车里，绑在车栏上，睁眼一看，浑身发抖。群众兴高采烈地拍掌。雷雨过了之后，天晴了，变了一种令人沉醉的天气。群众觉得乱杀无辜的时代过去了，发现另外一种新气象。但是群众中有许多妇女，或是母丧其子，或妻丧其夫，或姊妹们丧其兄弟的，大骂罗伯斯庇尔。

罗伯斯庇尔和他的同伙被送上断头台

7点钟才走到斩头架。库东脸无血色，好像已经死了的。刽子手的伙计们先把他放在架上。库东是个残废人，却很费点事，伙计们粗手粗脚地叫他先受些痛苦，然后再杀头的。第二个是罗伯斯庇尔的兄弟，他因为要逃走，从高处跌下来，已成了残废。只有圣茹斯特是站得直直的，神情很镇静，衣服还是整齐的。昂里约额头上受了重伤，右眼皮垂下来，挂在脸上，实在是难看，此时好像还是半醉未醒，仍然是个糊涂虫。第二十个登断头台的，就是罗伯斯庇尔（市长弗洛里奥是最后一名）。有一个当时亲眼看见此事的说道："刽子手把罗伯斯庇尔捆在板子上，未把他掉转过去之前，用力把他裹的布扯下来，罗伯斯庇尔大喊一声，如同临死的老虎叫喊，整个法场都听得见他这一喊。"作者何尝不想怜悯罗伯斯庇尔这一死，但是想起他强逼通过的杀人惨律，一把抓到手上，被他枉杀的人总共是一千三百七十六人。其中有老人，有妇女，有少年。我们想到这里，怜他一死之心，只好按下去了。

刽子手高举三个人头，请大众看，一个是罗伯斯庇尔的头，这是个乱行专制杀人的独裁者；一个是迪马的头，他是裁判官；一个是昂里约的头，他是个军人。他高举这三个头，好像是说："乱杀的时代结束了！"

立刻就有千万人高呼叫好，彼此互相搂抱，庆贺重见天日。有一张报纸说道："专制已死了！我们能自由了！"又有一张报说道："凡是真爱国的人，从此以后可以自由呼吸了！"

在俾约、科洛、巴雷尔诸人看来，罗伯斯庇尔及其党徒之死，不过是政治上自然发生的一件事，同埃贝尔或丹东之死，没有分别。原是他们定计要杀他们的，现在是杀了，不过是宫廷之变。但是群众的眼光却不同。有人以为罗伯斯庇尔是恐怖统治的化身，有人以为他是革命统治的化身。所以把他杀了，不是恐怖统治的告终，就是革命统治的告终了。他们把这一件事当一件极大的事，当日是罗伯斯庇尔强逼颁行新5月的条例的，杀了他自然就是恐怖的闭幕。他又是公安委员会的首领，是以公安政府就该收场了。他又是主张用兵的，现在可以停止军务了。

谁知不然，革命在一隅地方暂受停顿，却走另一条路。谁知新7月的大动荡，却生出反动来，这是当时起事的人所料不到的。这种反动之所以发生，是因为当时全国的人，都盼望自由、盼望和平。

历史的一个阶段，算是完成了。

第三十五章　雅各宾党之倒台

（1794年7月—9月）

中间党及反动——释放的囚犯之欢乐——塔里安反对山岳党——新7月以后的反动——剧院之反动——镀金青年及国人觉醒——弗雷隆——卡瓦鲁斯夫人——关闭雅各宾党俱乐部——召回未死的吉伦特党人

新7月10日早上，国民公会的代表们从王宫走出来，看见群众异常欢迎他们，倒觉得诧异。众人见了塔里安、巴拉斯及弗雷隆，更是欢呼若狂，纷纷地向他们散花，使得他们前后左右都是花。青年人还跑过来，同他们的衣摆接吻。这几个人前些日子还是屠夫，杀过不少同胞的，若是还要他们明天再杀人，他们预备明天就动刀的。此时才晓得就是他们打断杀机的，他们自己也莫名其妙。

他们把敌人打倒的时候，并无打断杀机的意思，此时看见群众这样的欢迎他们，只好顺着舆论走，随他们拖到哪里是哪里。新7月9日这一天，他们倒在中间党身上，投入中间党了。中间党的人数十倍于山岳党。这个中间党，他们都被称作国民公会的“肚子”。从前不过是应付时局，苟延残喘罢了；到了这个时候，忽然活跃起来，要动手办事。舒蒂欧写道：“中间党的人很欢迎弗雷隆及从前的同党，当他们是解放中间党束缚的人。”但是不久，这班解放的人得其位置。有一位中间党的代表写道：

“山岳党当权日久了，此后变做受督政的了。”新7月9日，到了危急的时候，都是中间党定策的，打倒大专制家罗伯斯庇尔原是中间党之功。前一日还浑身发抖的人，现在洋洋得意了，各人都自命为战时的“霹雳子”。

舆论这时候都是帮助这个反动的中间党。

自从新7月10日之后，从前束手待毙的死囚，现在是有了逃出狱门的希望了。每天喊名的事停止了，再也听不见了。法庭经过一番清理，都换了新人物，现在忙着审判恐怖分子。有十六辆囚车装了七十二个自治会的人，有从前法庭的裁判官、陪审员，及富基埃-丹维尔等，随后又添上勒蓬及卡里埃，都被送上断头台正法。每天都释放囚犯，起初是一个一个释放，随后就整批释放。

当下至少有数十万躲藏起来的嫌疑犯，现在都走出来了。他们是可以释放的囚犯。革命委员会自己各保首领，来不及收拾他们了。有人描写这班嫌疑人情形，说他们都觉得自己是从坟墓里还魂走出来的，好像是再生人世的。

他们从前不过只求保存一条生命，此时既然得了生命，更觉得人生之乐，自然是非常感激救命的恩人。故此对于塔里安、弗雷隆这种人，也非常感激。塔里安们很害怕有人报仇，此时看见众人这样大度，不记前事，实在是出乎意料，觉得很快乐。有一个很晓得塔里安的心思的人写道：“当国民公会危急的时候，幸而他们是附和裁判官方面的，如果他们附和了被告的那一方面，当时很说不定，就要同归于尽了。”他们此时明白这一点分别，庆幸未走错路。此时只主张一句话，就是“忘记从前”。杀猪出身的勒让德尔说道：“凡是出力办过革命的人，都不应该回看从前的事。”他们受到国人的欢迎，自然是喜出望外，以为非常神奇，于是议论这居然能让人道主义之打胜仗。他们立刻晓得怎样可以保全自己。外面看来，他们变成主张宽大的人了，他们就要实行，要做到名副其实，便可逃法网。

山岳党有几位党员，或者是因为不肯通融，或者是因为较为笃实，不能像塔里安那样容易改变过来，跟着舆论走。这几位自从8月以来，被逐出委员会，还是坚守原来的宗旨，以抗拒潮流，恐怕这时候的反动力过大，把他们毁了。

塔里安于是反戈攻击这些来不及改变宗旨的山岳派旧同党，变本加厉，要牺牲他们，希望自己可以幸免。群众此时要捉拿几个好流血的人才甘心。根据当时的警察报告，舆论一致反动，催逼国民公会进行。

很有许多著作家写过新7月以后的情形，整个巴黎的人，都是欢喜到如醉如痴的。报仇的心很急切，所有得庆重生的人，欢喜过之后，就想到亲友之中死了很多人，来不及哀伤，先要替他们报仇。

每天外省都有报告到来，证明残杀情形，就是勒篷这种人，见了也糊涂。这种报告中第一件公文，总是公安委员会催促当地的监视员杀人。这种公文不单有罗伯斯庇尔、库东、圣茹斯特等人的签字，还有科洛、俾约、巴雷尔等人的签字。巴黎本城各处也纷纷做报告，要算账。很多人都以为1793年至1794年之间，富基埃-丹维尔交给刽子手萨姆森杀头的都是贵族，谁知不然，这两年所杀的有三分之二是做小买卖、当工匠，或是底层人。是以新7月之后反动力最大的，却是做小买卖、当工匠的人。被杀的人的父母、兄弟、子女喧嚷着要报仇，这成为一场彻底头彻尾的群众运动。这一运动把雅各宾俱乐部扫荡了。让雅各宾俱乐部大为诧异的，就是在雅各宾俱乐部相信其掌有一切权利的巴黎，也抛弃了他们，巴黎也加入到反对革命的阵营内。

这种反动若不波及巴黎的剧院，就不成为巴黎了。一过了新7月之后，剧院所演的剧，都是反对雅各宾党的。第一本新戏就是演新7月9日的故事，只要装扮罗伯斯庇尔的一出台，台下的人就辱骂他。随后演的就是革命委员会黑幕，无论大小委员凡阴谋杀人的一出台，也被台下辱骂。即使演旧剧也要借题发挥，辱骂杀人犯一番。有一本旧剧有两句说道：“上帝呀！铲除世上好饮人血的人！”每逢唱到这两句，剧院里就欢声如雷。巴黎的人个个都要听这个剧，常常要求重演本戏。

这时候血气方刚的青年们，起初是三五成群的，要同好“饮人血的人”作对。随后青年们自己编成军队，是另外一种打扮，穿一种特别的军服，当时称为“镀金青年军”。他们专制横行，却无人反对他们；因为人人都反对好“饮人血的人”。青年们既编成军队，就应有军歌，于是有一个人替他们写了军歌，称为“国人觉醒”。又有一个人编乐谱。于是处处都唱这个军歌，从所有的剧院起（开演先唱军歌，收场也唱军歌）一直到国民公会，都唱这个歌。有许多议员听了，心里很不安。

报馆又从中鼓励这些年轻人，提倡“报章没有自由毋宁死”的话。这是新8月2日塔里安说的。在罗伯斯庇尔当权的时候，报章自然是不能自由的，到了这个时候，是要报仇的。新发起的报馆，有许多家都是赞成新7月的举动的，刊布的小本书尤其多，都是咬牙切齿要惩办罗伯斯庇尔余党的。这种著作的目录留传至今，国立藏书室也还有这种著作，实在是读不胜读，也令人不耐烦读，因为千篇一律，所说的同是一种话。

说空话是不算数的，总要实行，青年军不久果然就实行起来。革命时代强逼人戴红色的自由帽，镀金青年军在街上一看见红色帽子，就把手杖一挥，把自由帽打下来，不久就没人戴了。新8月间有一个《自由人民报》是仍然存在的，雅各宾党报发过议论道：“当权的人是很失策的，无端解放贵族。读者试听听贵族所宣布的不满意于爱国者的话！”

这是雅各宾党极不幸的事，完全误会了。以为这班青年是贵族，这是他们的大错。青年军同贵族却不相干，他们原来都是青年平民，他们有两个领袖（其实一个是领袖，一个是他们所崇拜的偶像），若是把这两个人的姓名说出来，恐怕有许多人不相信的，一个就是弗雷隆，一个就是塔里安。

弗雷隆整洁漂亮，是个怀疑派，又是个极贪的人。此时他反戈投身反动党里头，“罗伯斯庇尔余党”（原文作“罗伯斯庇尔尾巴”）这个名词原是他创造的。他攻击罗伯斯庇尔余党最出力，谁都比不上他那样激烈，况且他又是个首席记者，他的手段很巧妙，攻击人不遗余力。他办的报名《民议报》，销量最多，是群众最喜欢看的报，每天早上一定听见群众问："你读过弗雷隆今日的报吗？"他的宗旨是每天早上总要咬一块肉，今天是咬科洛一口，明天咬俾约一口。有时候放下笔管，执起粗手杖，带领读他报纸的人，把他们召集成军，去找寻雅各宾党人。这个弗雷隆从前是科德利埃俱乐部的总督政，操纵从土伦至马赛的法国全国各个地方；这时候却变了，手执粗杖，督政巴黎青年军，当他们的领袖。

塔里安的手段好像高明得多。但是塔里安无文才，不能执笔写报，又无胆气，因此不敢执杖督政。然而有几件事及一个女人，把这个无赖恶棍塔里安抬举起来。因为这一个声名扫地的政客虽惯于食言，却在卡瓦鲁斯夫人的掌握中。卡瓦鲁斯夫人容貌、态度最动人，她暗中督政一切，从前有一位丰特内侯爵爱恋她，她后来居然名正言顺当了比利时的一个希迈王妃。卡瓦鲁斯夫人曾经被囚，就有了声名，但她的性情是极其婉约温顺的，几乎无一事不可以牺牲的。有许多人说卡瓦鲁斯夫人面貌果然是十分的美，说不出她那种媚态，是最易动人的。从前憎恶女人的罗伯斯庇尔当权时是尚德，实行恐怖，现在是到了新世界了，应该有另一番的新景象，与从前绝不相同，故此就有一个美貌善媚又不尚德的女人出来当权。塔里安有了这位美貌的女人，得意极了，有许多人都相信他的女人是个公用品，他却不理会。新12月间有一个恐怖党的人，用很粗的话诘问他的卡瓦鲁斯夫人，塔里安居然登演说台，大赞特赞他的女人，说道："我当着诸同事们的面前，我宣布这个女人是我的妻。"卡瓦鲁斯夫人此时坐在旁听席，就有许多人拖长声音欢迎她，称她是新7月的贵人，救民的贵人。

这一个奇女人，就这样在巴黎督政一切。塔里安反对科洛及俾约及他们的党徒，就是卡瓦鲁斯夫人鼓动他的。有人说过："这一位救民的贵人，是慈悲的希罗底。①"卡瓦鲁斯夫人也鼓动弗雷隆及勒让德尔，科洛是很晓得的，说道："有几个坏种，应许了他们的情妇，要杀我们……因为有新的安东尼恋爱新的富尔维娅②，这些妇女预备拿针刺我们的舌，因

---

① 是希律王（Herod）之女，见《新约》。——译者注
② 事见《古罗马史》。——译者注

为这个缘故，我们要死在他们的手里。”据说是卡瓦鲁斯夫人督政报馆攻击雅各宾党，哪一位主笔写社论写得最好，卡瓦鲁斯夫人就赏这一位主笔一次接吻。打倒老山岳党的是她，把科洛送入监狱做苦工的是她，把9月杀人的凶手塔里安带入右翼党团的也是她。

随后进攻得很猛。新8月7日，所有的革命委员会都取消了。反对俱乐部的人虽然还不敢公然攻击，却剪除他的手足，使他动不得。共和四年新九月二十六日，禁止一切社会联合同盟。

雅各宾党人觉得这是一个致命伤。俱乐部的演说日见激烈。新11月13日，俾约演说极激烈，攻击反动政策，说道：“睡狮并不是死的，一旦睡醒，是要灭绝仇人的！”可怜这狮子变成过去式了。不久就有好事的青年们，先把这个狮子玩弄揶揄，把狮子变作笑料，然后把狮子杀了。有一天，巴黎的青年军攻击雅各宾俱乐部，只用木棍做抵御之具，强逼他们把俱乐部交出，把里头的男男女女都驱逐出去，唾男人的面，拿木棍打女人，党人们都走了。不过三个月以前，这个雅各宾俱乐部是何等威风啊！法国人哪个不怕这个俱乐部！此时却被一群青年拿木棍把他们都打跑了。此时国民公会的委员会的权利，都在中间党手中，晓得狮子没爪牙了，索性把狮子打倒。于是通过一个议案，关闭雅各宾俱乐部。弗雷隆决意要自己动手，于是带梅兰同去查封俱乐部，把钥匙带回来交给国民公会。后来塔里安夫人的书信、日记曾经说过，她是同去查封的。威风凛凛的一个雅各宾俱乐部，却被这样一个淫荡不知检点的女人前来查封，可见当时这个俱乐部，是一个极不中用的东西，只能恐吓懦夫。

从此以后，权利都在新7月得胜利的人手中。从前雅各宾党议员，此时只有五十人左右，在国民公会居少数，只好受屈不开口。旧时的右翼党团有七十三人，加上召回的吉伦特党十六人。卢维及伊斯纳尔回到国民公会后，就痛斥革命。现在有使国民公会向后退的可能了，却要从缓地一步一步地办。新12月5日，国民公会不顾穷民们的反对，毅然取消规定最高物价条例，又用些手段，居然同旺代讲和，不追究前事。流亡贵族及不肯宣誓的教士渐渐回国了，慢慢居然敢到国民公会旁听。最后就是政教分离。从外表看来，似乎是无论哪个宗教，都是一样的待遇，殊不知反而发生国人崇奉天主教之心日见其笃，这是出人意料之外的。国民公会的新七月党的代表看见这许多反动，要顾面子，要在1月21日来个庆祝因为俾约及他的党徒大声疾呼攻击反革命派，国民公会的庆祝，原是要堵他们的嘴，谁知群众反对。据警察报告，说是群众盼望国民公会给他们面包吃，不要什么庆祝。

雅各宾俱乐部解散

1795年的年底（即是共和三年），法国的政党危机已经过去了，现在最重要的问题是社会问题、经济问题及道德问题。共和二年的人为组织算是全完了，只剩了几道围墙，围墙后面是一片瓦砾。国无政令，社会瓦解，这就是当时的情形。

第三十六章　共和三年之法国

法国是个病夫——共和之保障——民穷财尽——饥荒——挨饿肚子及腐败肚子——新发财的人——1795年的奢侈及轻浮举动——跳舞场——塔里安夫人之浪费——变卖国产——催生小业主——乡民之守旧本性——畏威怀德——王室之毫不通融的态度——保皇党决意报复——新发财的雅各宾党包揽把持大权——弑君党最怕的是报复——继续作战是他们不得不出的策略——将军们总要有事可做——元老制——为拿破仑将来的地位打基础

法国此时变了一个病人：1789年害热病，1792年勉强挣扎起床，1793及1794两年是放血，加以在这几年里头是挨饿了很久，结果就是一个贫血，再加神经衰弱的病。有一位保皇党马莱·杜潘，又有一位共和党拉雷韦里埃-勒卜，详说当时法国的情形，把法国比作一个病夫。有一位写道："法国萎靡极了，很像是一个疯子，经过几番放血、洗浴及挨饿，疯病是好了，身体却弱极了。"还有一位写道："犯过大热病之后，热是退了，身体却动不得了。"法国经过几次震动之后，只想休养生息，再革命诚然不是办法，反对革命也不是个办法，故此这个时候病人对于这两个方法都是摇头的，都存在一种利益上的考虑，耗了很多精力，征服的种种利益是舍不得放手的。法国虽然病，虽然贫血，却还要睡在箱子上，保护装在箱子里的利益。

我们现在要研究的，就是流了许多血得来的各种利益。所有从共和三年新三月以至共和八年新十月的一切举动，就可以明白了。在工匠一方面，是要再工作的利益；在穷人方面，是要减低粮价的利益；在混水里摸鱼、新发财的暴发户方面，是要保护他们得来的不义财产；种田的要保护他的田地；得意的政客们要保全禄位；军人们要保卫征服的地方。作者要逐条的说明，以证明当时的情形的确如此。

国家是很穷，黄金都流到外国，国内只有纸币。纸币的缘起，前文已经说过，可惜本书无余地可以详叙纸币的历史。发行许多纸币，总不免发生许多流弊。当时原是拿充公的产业做基本金的，但是虽然将人家的产业充了公，业主却未完全承认。况且办理纸币的人太过胡闹，不知印了多少。最早是投机者操纵，随后就是造假币的大肆猖獗，纸币价值日跌。以1795年1月（即共和三年十二月）而论，一个金路易值一百三十里弗赫的纸币，到了3月，就值二百二十七；到了6月，就跌到七百五十；9月是一千二百；等到国民公会不再存在的时候，跌到二千五百！这种数目还算是好的了，等到了督政府时代跌得还要厉害得多。所有薪俸同所得，都是用纸币计算的。读者就晓得政府的办事人员及用小资本营生的人吃多大的亏了，做小买卖的都是使用纸币的，吃亏更大。

纸币跌价还不算，再加上百物奇贵。自从1789年以来，已经闹饥荒，随后又同英国打仗，封锁海口，食物更贵。新12月5日，虽是取消最高限价的条例，亦不能解救，毫无效果。乡下人简直不运粮食出本地。1795年1月的里昂，有整整五天没有一块面包。

巴黎冬天很冷，面包店门口常常站了很多很多人，等着买面包。读者可以参考新11月、12月及1月的警察报告，巴黎城里人人都要挨饿。一口袋面，值二百二十五里弗赫；一袋豆子，值一百二十里弗赫；一车木柴，值五百里弗赫；一袋木炭，值十个里弗赫；一磅黄糖，值四十一个里弗赫；二十五个里弗赫买二十五个鸡蛋；过了不久，一磅面包卖到四十五个里弗赫，一磅咸肉卖五百六十个里弗赫，一条羊腿要卖一千二百四十八个里弗赫！

读者若是知道当时中下等人家要花十个里弗赫才能饮一杯咖啡，就晓得穷民挨饿的情形了。把门的兵见人民走过，喊道："来者是谁？"人民就答道："挨饿肚子走过！"不久这些空肚子没法，只好走进国民公会求设法；他们实在是饿到没法子好想了，店铺都关了门，要找事做也无事可找。革命的苦处，工匠们受得最多。读者不久就可以晓得中等人家及乡下种田的得了革命什么好处了。工匠们既无事可做，又不许他们结合，不许他们罢工，不许他们选举，所以工匠们也要顾及他们的利益，虽然是消极的利益，他们却很盼望有一个政府；因为有了政府，就可以让店铺开门，物价跌落。不然，有一个民主政府也是好的；因为他们也可以参与立法。在国民公会时代，既无工作，又无政权，工匠常出怨言，说道："假使富人也是吃我们所吃的东西，这个国民公会久已不能存在了！"他们称呼国民公会代表是"腐败肚子"，说他们欺骗工匠们，若是有人出来打倒这一班腐败人，替他们报仇，他们是极其欢迎的。若是有一个人出来，能够给他们工作，把物价降低了，一定能得他们的欢迎，能得他们的爱戴的。

当时富人很有钱，但是他们是新发财的，都是坏人。

有许多人久以革命为争权利问题，以为是这一班人把那一班人的权利抢过来。其实是钱财的问题，将这一班人把那一班人的钱财抢过来，便宜了买者，得了许多产业；便宜了投机家，得了资本。

不过五年之间，从前的旧制度都破产了，要变卖了，就有一班办理破产的人出来。这班人一经手，自然是要染指的，得了许多好处。那时候政府穷极了，有时穷得很厉害，国库里只有十万里弗赫，百姓们挨了许久的饿；其实国库应该有收入，及应该有钱到民间，那么一定有人中饱私囊，这是绝无可疑的事。这时候法国好像是一块肥肉，以投机为生的人，自然要把这大块肥肉抢到嘴里。这一群黑衣贼（从教堂到宫廷上都有）趁着机会，在国里把革命变作财源，又跟着军队走，到了国外，也用同样的手段。

1795年，他们的事业都办完了。贵族都被逐出国了，却添了一群新发财的人，实行金钱政治。这是自然的事。但是在古希腊、古罗马，却并无如法国这样大折腾的事，即或有之，亦无折腾得这样快，折腾到这个地步。新近有一位罗马历史学家费雷罗很详细地叙述当时罗马贵族倒败的情形，当时称为“镀金肚子”的骑士是花了一百年的时间才取代了古罗马的贵族来执政的。

法国不同，法国是个战场，这一群黑衣贼，就抢劫战场上的死人伤者的钱财，甚至剥他们的衣服。

凡是暴得的钱财或是不义之财，总是浪费得很快的。1795年法国的奢侈，简直是毫无意识的。作者到了讨论督政府时代，就要详细考究那时候的社会情形，看他们如何花钱，如何享福。他们自共和三年起，就开始寻乐。

当时非常奢侈，又是普遍奢侈！当时的剧院都有许多密室，哪里是剧院，简直是最下等的宣淫之地。公开的跳舞室，有六百四十四所。这种新产生的社会，乐到发狂，乐到浑身打战，原是生命对于死亡的反应。要寻乐的自然是那些新发财的人，已破产的贵族跟着他们混；哪里有钱就往哪里去，破落户同暴发户混在一起。昂戈夫人这个时候居然请从前的公爵夫人吃饭，同她往来。塔里安夫人有一所别墅，常在那里开跳舞大会。有一位曾在那所别墅跳过舞的人写道：“她们是在坟堆上跳舞。”

塔里安夫人所统治的小国，曾为多数著作家叙述过。大历史学家奥拉尔搜集有千万件信函、日记，更证实前人所描写的情形（奥拉尔虽以为前人言过其实），她们在寻乐之中，仍带着许多残忍酷烈的性质。有一种新舞蹈，叫作死囚跳舞，请一位最善跳舞的人，表演杀头机器如何斩头的情形。即此一端，可例其余了。那时无论哪里都是跳舞场，从做过监狱的卡尔姆监狱起（这所庙里的墙还染有一百一十六个教士的血）以至圣苏尔皮斯教堂的坟地上，都变作跳舞场。坟地跳舞场门外，挂了一面招牌，写的是“和风跳舞场”。

既有跳舞场，自然就有赌场。不晓得什么缘故，那时候人人都好赌，巴黎的王宫里头就有上百个赌窟，赌桌上堆满金钱。人人都好吃，吃得非常精美。巴黎的王宫有一个馆子，这馆子的跑堂说向来没有如现在的人那样好吃，那样讲究吃的，客人肯花钱吃东西。这都是共和三年一月十四日的报告。这时候离督政府时代还有五个月，到了那个时代，穷奢极欲到了极点，赌博、饮食及种种娱乐都到了如疯如狂的程度了。

穷民挨饿，富人胡乱浪费。1795年1月15日有人写道："巴黎人简直是不顾廉耻的，卖弄有钱，衣服首饰奢侈到了极点。君主制极其骄奢淫逸的时代，也比不上现在这样胡为。有一位名塔里安的议员，他的夫人制了一件古装长衣，值一万二千个里弗赫。这一位神女最动人的美好肌肤，向来是不肯多加遮掩，以免辜负的。这一件古装衣服用的材料，不见多，就要花到这些钱，可见未免太过于浪费了！"弗雷隆向来穿衣服，也是极其考究的。新7月之后，他要求释放了一个人，这个人是谁呢？就是一个衣店的掌柜维克尔，他很郑重地要求释放，理由是这个掌柜的供给他最好看、最漂亮的裤带子。奢侈的风气，是从巴黎发起的。然而里昂街上虽然染过七千居民的血污，这个时候也跟着奢侈起来，居然也有两间剧院，有许多跳舞场，时常都是人满的。

此时的人，日夜都是吃喝玩乐，以为天下从此太平了。共和二年八月，塔里安夫人写道："巴黎的人很欢乐！"但是他们却听见民间还是有很多怨言，国民见着腐败肚子们就要骂。群众仍然很不满意，但是人多悔祸厌乱。更有新发财的，此时专要保住得来的不义之财，都不愿意有反对革命恢复旧制的举动。有许多变了保皇党的，也不过是采取一种的办法。路易十八绝不肯与民更始，金钱派晓得君主制的保护力还不及共和制那样充足，自然是偏向恺撒式的解决方法。

最奇怪的是乡下人，也有同样的趋向。

有人写道："此时只有乡下人是满意的，只有乡下人还混得着钱，因为他们把流亡贵族的田产都买过来了。"这两句话是有个人于1796年旅行法国时写的。1795年的情形同1796年是一样的。又有一个人写道："种田的人很发达，因为已经废除封建制度变卖国产的缘故。"

作者要趁这个机会略微说几句，当时不过是政治革命，如何变作极重要的社会革命了？

1790年3月17日，没收宗教产业；1792年8月30日，没收流亡贵族产业，这都是充公归为国有的。国产共值一兆里弗赫（合英币二亿四千万金镑）。1795年大部分已经变卖了。其中有若干产业，是1789年已经本年有田产的人买入的，因为价钱极便宜，比从前贱五六倍。其中也有平民们买入的，中间还许有贵族买入的。但是还有中等以下的小乡民工匠们及做小买卖的，因为价钱便宜，也有买入的变做业主。但是关于这个事实，著作家的见解不同。有人以为当时确有这样的事实，反对家则以为言过其实，当时并无此事。第一次变卖国产是在1791年至1793年，都是大批买进的人多，也有少数是零碎买入的。第二次变卖是在1793年至1794年，却特为分作小批零碎出卖，使资本有限的人，也可以买进。有一位经济学家勒卡邦蒂埃曾经研究过，以十八分区作准，算出一种折中数目，说是富有资本买进的平民们有十四万人，乡下人买进的有二十二万人。他又在别省的各县考究过，证明在十处自治会，共有五百五十六个买进田产的人。其中却有三百九十九个至1789年以前，从未纳过某种地税者，可见这三百九十九人从前并不是业主。

在1791年及1792年，大批买进的国产，随后又分作零碎小批，再行出卖。共和六年新五月，有一封信说道："再出卖的时候，分得极其碎小。"共和八年拿破仑曾颁命令（共和九年拿破仑所派的地方官亦曾下一命令），调查民间产业，证明小业主的数目比1789年增加很多。共和十年有一张报纸，计过当时有二千万户得有田产的。譬如以共和三年计，当作此年业主人数只得一半的话，又作为此半数中有许多是从前已经有田产后来陆续买进增加者。然而仍有一极重要的事实存在，即是1790年及1792年在市面上流通的数千万现款，都已经转手了。变卖国产的结果，诚然是使多数小业主能够买进变作较大的业主，然而同时亦有许多在1798年无立锥之地的小民，也能买进若干，变了小业主。即使以无力买入的小乡民而论，他们也忘不了从前受过的种种的苛征暴敛，革命之后，一切都废除了，颇享自由之福。大概而论，他们却也沾光得了不少好处，其中还有许多比从前增多收入的。他们得了这种好处，是拼命保住不肯放松的，不过所用的都是守旧方法而已。

乡民是向来未做过什么共和党，亦未做过什么维新党的，他们也晓得有所谓的铲平派在巴黎提倡重分田产。1795年有巴贝夫及他的党徒攻击产业，政府不能制止。最后，乡民仍旧是崇信天主教最诚笃的。这是有事实证明的，因为此时教堂里并无牧师谈经行礼，乡民们仍是百十为群地照常入教堂唱歌、祈祷，他们很想他们的好牧师回来。但是有两样要求：一是不许再来的牧师收回教产，二是不许再收宗教捐。

拿破仑能体会乡民这种繁杂意思，所以乡民感戴拿破仑经久而不衰。

所以有种种理由，工匠们、平民们、乡民们无不盼望有一个能够体悟他们的思想的人出来主持大局。1794年，马莱·杜潘写道："大多数的国人，既不管什么君主制，也不管什么共和制，他们只晓得紧紧抱住革命给他们的土地上的利益和法律上的利益，那是他们丝毫不肯放松的。"他这个人的眼光很透亮，又说道："无论一个什么人出来，只要晓得能够使他们害怕，又能够使他们有盼望，只要有这样一个人出来，能够使这种手段操纵他们，他们就能服从他、拥戴他。"

这就是使人畏威怀德的手段。这种手段不单可以操纵乡民平民们，并且可以操纵宪法制定的教士们（他们自从1794年受过虐待之后，也有理由不愿再有反对革命的事），及革命时代的军人们。因为军人们不过两年，就有许多升了官，若是在君主制的时代，是永远无升官的希望的。然而他们却看不起政府的政客们，是以有人说工匠、乡民、平民、军人、教士等等都合并起来，成为极有力的反抗君主制的保障。此外还有许多爱国的人，虽然痛恨恐怖政策，却不愿意取消征服所得者。又有若干被新思想灌满了的人，很愿意推翻从前的旧制，重新再来的。

以上所说的各种人，占全国人的十分之九，诚然是不注意共和，却很念及革命，只要一听见有什么复辟举动，就引起恐慌；除非恢复君主制，能扫除从前的一切专制，不修旧怨，不收回他们已得的利益，或者他们还能不起恐慌。但是当时的王室代表们，好像是得了疯狂病的，所作所为的事都令国人恐慌，是以国人只好紧紧抱住共和，反对复辟了。

索雷尔说道：“王室的亲贵，专注于酷刑枉法，惩办国人，毫无宽大通融的意思。”

他所指的亲贵，我们晓得是说路易十六的两位贵弟及孔代亲王。他们这三个人在外三年，受罪也算是受够了，将来的路易十八受得更多。然而他们总算坚忍，我们不必挖苦他们、责备他们了。

他们出逃的情形，有许多著作家说过了。有许多流亡贵族们追随他们东飘西荡，欧洲各国很无义气地挖苦他们、窘辱他们。其中却有许多出逃的人是出于不得已，并非愿意出逃，他们很想回国，无论要受什么束缚，都还是愿意回国的。他们到了愈难受的时候，贵胄们及左右的人愈许他们将来许多好处，不令他们绝望。那个自称摄政的未来的路易十八始终不肯放松，不单是要恢复君主的各种权利，还要恢复一切封建及原有的制度，恢复未革命以前的原状。他左右的人却并不晓得法国已经全变了，不是从前的法国了。有一位政治家托克维尔写道：“他们犯了一种出逃病，却得不着出逃的好处，他们是毫无进步的。”贵胄流亡贵族的主意，不单要恢复旧制，还要进行大诛杀，以示惩罚。

有一位历史学家研究新7月以后的情形，搜集许多文件，证明他们报仇的思想，要把恐怖党、弑君党及所有1789年的和平派，都要诛杀。他们说道：“我们要把制宪议会的垢秽荡涤干净。”这是他们的呼声，他们的口头语。贡斯当写道：他有一天坐在一位青年流亡贵族身边（是1794年3月间事），流亡贵族说道：“假使我是法国的大司法，我要诛戮八十万人。”

这样看来，保皇党一面在那里守候打倒革命，一面却又把君主制谋杀了，至1795年，恢复君主制的思想并未全死，国内原有一班政客预备使君主制复活的，假使新君主制采用和平立宪制，维持新得的各种自由，维持国人新得的利益，而反对收回权利，反对报复及各种反动，法国人民不难欢迎君主制复活的。当路易十七在卡尔姆监狱内遇害时，有许多人盼望路易十八有一句安抚人心的话。新保皇党从前曾经发出好几条诘问的话，路易十八在维罗纳用一个宣言书答复道："无论什么都要无限制的恢复，重建绝对的专制君主制；新得的自由，一概取消；执业新制，一切废除；凡与革命有关的人，都要惩罚。"随后又有人鼓动旺代造反，又有人用船装载流亡贵族及英国人要在布列塔尼海滨登陆。种种荒谬举动，正犯了法国人所最恨的串同外国危害本国之忌。国民公会原来是颇有二心的，一见这种举动，忽然变得一致。维新派及和平派及度量宽宏和有知意的人，原是并不迷信革命的，与保皇党尚可以有相通之处，一见他们这种轻举妄动，只好撇开一切不顾，另求方法以解决时局。

所以拿破仑之能够得手，路易十八在维罗纳的宣言书有大功。

当下他却担保弑君党，保全他们。作者此时要说及新发财的革命党了。他们来自田间，却有手段压制全国，用激烈手段固位。因为要证明他们的举动之必要，故主张战事，不肯罢休，只要说一个字，就改变一国的前程，反对全国的舆论。等到后来有一个人出来维护他们，把他们拉在一起，同他们组织一个极有力的政府，保护他们，叫他们不用怕保皇党报仇，不怕剥夺他们所得的产业及种种不义之财，使他们可以高枕无忧。

著作家汪达尔用一个很严重不留余地的字眼，称呼这班人作"新发财的革命党"，这个称呼是人人都承认的。他又称他们是"很过得去的雅各宾党"。

但是革命党却不是个个都过得去的，然而杜穆里埃的预言却都应了。杜穆里埃于1792年就说过："沙博将占尚蒂伊贵族产业；巴齐尔将占朗布叶宫产业；梅兰将占尚特鲁产业。"西哀士此时虽尚未占得克洛斯内产业，富歇也未占得费里埃尔产业，但是梅兰等已经得了瓦勒里安产业，连带价值二三百万的教产（这是1795年11月15日记载的）。塔里安在他的别墅过很奢侈的日子，巴雷尔在有名的瓦蒂埃堡邸大请宾客，他们是很贪婪的人。历史学家索雷尔说共和三年的委员会（这都是新7月当权的人）中，就有一个将来封王爵的（指康巴塞雷斯），十三个是将来封伯爵的，五个是将来封男爵的，有七个是将来帝制时代的大参政，有六个是将来的大参议。另外还有五十多个民主党（将来的奥兰托公爵及梅兰伯爵在内），都有了封号、徽章，插鸟羽的官帽，有了车驾，得了钱财产业，有城里的大宅，有城外的别墅。这都不过是十余年间的事，当时都是国民公会的成员。富歇死的时候，遗产值一千五百万法郎。

但是在这班新发财的人看来，钱财、产业都算不了什么，他们要的是权利。因为有了权利，才能够保得住首级。马莱·杜潘当选的前一天晚上，报告说："这班人原是很不和的，彼此都是互相竞争的，到了这个时候，忽然都和气起来了，因为他们都记得1月21日的事，如在眼前。"他说得很不错。

从前是三百八十七名议员投票赞成杀路易十六，宣布君主有罪的是六百九十一个议员。后来有六十个曾经投票的，上了断头台，新5月被斩的，还有十个。此时还有三百个弑君派打成一片，成为一个很团结的团体。作者曾将其中的一位，仔细地研究，从1793年起研究至1815年止，这个人在督政府时代、在首领时代、在帝制时代、在路易十八时代，都是当阁员的。他经过这几次不同的局面，无时无刻不恐惧报复。有一位替富歇作传的著作家说道："富歇无论做什么事，无时无刻不把路易十六登断头台的情景摆在眼前，我们就可以把其余的1793年弑君的代表们，当作富歇看。"

历史上是向来未有过如此多的人，终日夹在杀头同当权之间的。这班人一旦失势，就永堕深渊了。

1795年，他们夹在两种危险之间，在他们的左边是雅各宾党，他们称为"无政府主义者"。雅各宾党却是毫无所得，常常要把他们打倒。据他们的所得为己有，非要打倒他们不可。在他们的右方是一个路易十八，明白地宣布他的主张，一旦登位，要把他们都送上断头台。读者就可以想见。他们自问，不过犯了极少嫌疑，也不愿意听见复辟两个字，那些明犯嫌疑的，是更不必说的了，故此他们是拼命地反对抗拒复辟。他们又晓得他们一旦出了国民公会，立刻就开始有反动革命的事变发生，是以拼死把持大权，不肯放松。这班人原是最令人愤恨的，这是不能遮掩的事实，我们要注意这一点，因为他们出国民公会的时候，忽然用一种手段，叫选员们不能不再选他们。他们之所以招人恨，一因他们是与闻恐怖政策的，二因许多人疑心他们得了许多不义之财。共和六年九月，兰代自己曾控告他的同事们操纵纸币，况且他们在外省当过监察员的，个个都是不干净的，都发了大财。这是众人皆知不可遮掩的事实。他们此时要收买人心。弗雷隆曾宣布道："让我们来把这个共和变作一个极可爱的共和……"不久就有塔里安夫人走出来随便浪费金钱，令工匠们领略共和之"可爱"处。夫人在饿殍队中，每天花一百个路易打扮自己。

这一班人明晓得会为国人所恨，就主张对外作战到底，强逼国人支持他们。

从1791年至1794年，作战的问题转移为法国的内政。1794年以后，却是内政转移对外政策，恐怖党是用作战政策，强逼国人忍受公安政府、国民公会的成员们，是习惯用这种方法的了，况且此时又发生一种新危险，是将来的战事要闹大了，但是暂时却可以免得立刻受到军阀的迫害。现在时候到了，军队要调遣出外，要军官们忙碌不及顾国内的事。因为这种种理由，他们的根本政策就是主战。

欧洲此时是已经厌倦战事了，有一位普鲁士军官当凯泽斯劳滕战败之后写道："我们就要渡过莱茵河回去了，回去也好。"普鲁士军队果然是10月回去的。6日法军就占了科隆；12日就到了科布伦茨。此时因为瓜分波兰的事，敌国们闹得很厉害，普鲁士恐吓奥地利要同它宣战，同时有信致法国驻瑞士的代表巴特雷米，说愿同法国讲和。

新7月的委员会答复的话，骄傲极了。这原是党人的政策，却也合乎他们法律家的派头。普鲁士、奥地利两国都愿意同法国讲和，委员会不肯，却说出许多严苛条款，令普鲁士、奥地利不能接受的，才肯议和。这种政策完全是反对舆论，舆论此时是主张太平，不单要国内太平，还要边境上也要太平。委员会不管，10月10日反下令进逼荷兰。梅兰（蒂翁维尔）说道："法国一旦开边到莱茵河，就可统辖全欧了。"1795年1月、2月两个月，政府虽答应同普鲁士议和，但是要求的条款太苛刻。假使普鲁士同西班牙都同法国议和的话，委员会却很晓得奥地利是绝不能同法国讲和的。因为奥地利绝不肯让法国以莱茵河为界的。英国亦不能答应法国在安特卫普驻兵的。既然如此，不怕军队没事做。

军队万不能不叫他们忙，这是千载难逢的机会。读者已经晓得他们一受敌人的炮火，勇气就突如其来的有了。法国军队此时的勇气，是好极了，况且又受了几年极严酷的纪律，督政军队里都是青年人，有勇有谋的将官，奥什、马尔索、莫罗、克莱贝尔、马塞纳、儒尔当、奥热罗、拉纳等，都是大将，很相信、很倚赖他们的部卒。苏尔特将军写道："当战争的时候，我们营里的人，所有军人的道德，都是极高的。"

这些军人起初不过是义勇队的生料，不久都成熟料了，都变成真正的军人了。他们虽然不关心政治，却看不起这一群政客，有他们的往来的书信可以作证。况且他们都是热心极活泼的粗人，假使一旦议和，怎样能够叫他们都好好的安分回家？他们在1791年、1792年、1793年弃家投军的，当时有二十多个目睹此情形的人，都能证明自从1791年以来政府是很怕军人的。罗兰在1792年间曾经写明他们如何害怕军人的情形。1793年俾约也写过，说得更激烈。1795年，勒贝尔（Reubell）更有理由害怕他们。

当政者尤其害怕的是军长，共和二年委员会用铁箍把他们都箍得紧紧的，自从新7月以后，却渐渐地放松了，不久他们觉得军长们全变了，因为部卒们都变了。不到一年工夫，就开始有许多人说"奥什的兵"、"拿破仑的兵"了。这时候军长们不单善战，且善于督政了。假使这班军长都回来了，他们已经公然说看不起这群律师的话了，一旦回国，他们能服从律师们的命令吗？大概而论：国民公会是很明白军队的情形的，将来士兵只服从军长命令的，哪一位军长有本领操纵他们的，他们就听这位军长的命令，是以最妙的政策，无过于叫他们忙着打仗。

但是军队打胜仗愈多，他们的志气就愈高，他们愈得胜，国人愈爱他们。叫他们忙于打仗，原是个最妙的政策，不过同时却把他们抬举得愈高，政客的思虑，原欠周密。有一天他们走错了第一步，在共和三年的宪法里规定请军官们参与政治。第二步又走错了，因为当年春天和秋天人民起事攻政府，他们就纷纷调外兵入援，请他们入议场。最后一步，走得更错，是共和五年新八月，因为一个私党的私利，请军人攻打神圣不可侵犯的国民公会议场，这种举动是新发财的革命党，竭力地请军人们也发财。

政客们的唯一思想，是暂时要想出方法怎样能够强逼国人只扶持他们，不去理其他的劲敌，无论其为无政府主义者党，保皇党，或武官，或文官，总而言之，他们要独揽大权，仿佛古时的罗马制。因为他们有这种思想，故此于共和三年新九月及共和五年新八月不惜破坏自由，后来居然灭绝自由，以保障他们自己的权位。

但是他们招外兵入援，不过想帮助设立军阀操国政大权，又不料国人反爱戴军阀。新8月之后，奥热罗将军虽然大怒而去，但是拿破仑却窥见奥妙，得了一条干预国政的大路了。

当日的实在情形，是自从1795年以来，无论什么人，无论什么事，都好像要组合起来，把法国交与一个专制者，好像是专为一个大专制者铺路。工匠们怨声载道，说共和政府骗他们；中等人家新发财的，认为这种共和政府不能倚赖做保障，不能保护他们已得的钱财；乡下种田的人唯一的愿望，是巩固革命。当时总有一千个私人理由反对复辟的，因为要复辟的王室贵胄，是一事都不肯通融的。但是全国人都一致盼望一个强有力的人来执掌大权，保护革命以来所造成的事实。当时在军队中已经有一班光景很过得去的雅各宾党人，在那里准备成立一个强有力的政府了。

不过一年之前，俄国女皇叶卡捷琳娜二世曾写道：“法国若要革命成功……将来变作一只最能服从的小羔羊。但是法国要有一个绝顶聪明的人，要有手段，有勇气，超乎时贤之上，或者还要出类拔萃，超乎此百年间诸贤之上，不知这样一个人，是否出世？”

这个人是已经出世了，不单是已经出世，而且各方力量都在助力于他。

第三十七章　“挨饿的肚子”反对“腐败的肚子”

（1794年9月—1795年9月）

右翼党团重新组织——山顶党起事——新三月起事——惩办恐怖党——饥荒严重——白色恐怖——保皇党——基勃隆的流亡贵族——共和三年的宪法——恢复财产资格——三分之二条例——舆论攻击——新议会的和平派

自新11月18日起，从前被列在罪魁单上之七十五个右翼议员再入议场，反对弑君之议员入了公安委员会，从前的公安委员会就失败了。旧委员中如卡诺、兰代、让蓬等，都被攻击。科洛、瓦蒂埃、巴雷尔、俾约等，是更不必说的了，这几个委员，还恐怕有危险，新2月12日他们就倒了，这一天国民公会通过一个议案，弹劾他们，定在新7月3日审讯。

巴黎的人民说道：“倘若这几个旧委员毁灭了，跟着就有八万人要上断头台。”卡里埃11月26日已经受刑了。读者就可以想见当时议会里及小酒店里，不知有多少人惊慌心跳；一些所谓纯粹的共和党人拉响了警报，这些国民公会里的一班伪君子，装作要打倒无政府主义者，说无政府主义者就是保皇党，一定要揭开他们的假面具。既然如此，必先要求施行1793年的宪法。妙在这个宪法还锁在箱子里，未曾动过。

这一班日蹈危机的恐怖党，手中有一种军队，这就是城里的许多饥民。

饥民同暴徒们喊道："你们要饿死我们，不如痛痛快快地开大炮，都把我们轰死算了！"忽然有一天，饥民、暴徒都走到议会来。新3月12日是第一次空肚子起事。

这一天早上议会正在听布瓦西·唐格拉斯演说，布瓦西·唐格拉斯是专管民食的，却供给不出来。饥民给他起个绰号，称呼他"饥荒布瓦西·唐格拉斯"。饥民聚集有一个钟头了，布瓦西·唐格拉斯正在说："我们已经重建自由。"。饥民刚好闯进会场，喊道："要面包！"一面只管说自由，一面反对的人说面包不止一次，这次并非是最后的一次。

国民公会成员们见了很诧异，站起来喊："共和万岁！"但是一连有好几天，警察报告说饥民用强暴手段对待共和国的行政官吏。梅兰（蒂翁维尔）以为同挨饿的妇女接吻，就可以了事。他们到处地闯，闯来闯去，也不知要干什么。山岳党内的极端左翼党团，这时候得了一个称呼，叫作"山顶党"，他们很诧异，很不安。其中有一个议员加斯顿对饥民们喊道："我的朋友们，你们要面包，又要爱国人享自由，这两件都是有的，都可以给你们，但是你们先走出去，我们被热气闷死了！"这时候妇女队中，有许多强悍的男人，袒臂露胸的。

勒让德尔现在还有余勇能扶助反动派走出议会厅，找保护国民公会的人。这一个杀猪出身的代表，同青年军最相好，他出去召集他们，他们拿了马鞭、木棍，后面跟着几位警兵，闯入会场，就不由分说地驱逐饥民。饥民纷纷逃走，也有跌倒的，也有躲在座位下的，不到一会儿工夫，把饥民都扫除了。这一次算是镀金青年军大获全胜，庇什格律将军恰好这个时候也到了会场，好像是无意中走进来的，当下就派他统带巴黎军队，代表们算是得救了。

代表们既然受惊，自然是要惩办几个人。第一个被指控的，就是科洛。还有其余的几个被控的，不经审判，就把他们驱逐出境。有八个山顶党犯了与暴徒同谋的嫌疑，也被逐出巴黎。送他们出城的时候，囚车被群众拦阻，庇什格律将军不得不干预，他用刺刀打开一条路，让囚车走。那个声势赫赫的大委员会的余党，算是被贬远出，去当苦工了。13日，庇什格律将军郑重地到国民公会复命，说是奉命到了。当下就给他极大的面子，请他入议会厅的席。这是国民公会第一次踏上险路。

但殴打饥民是一件事，答复饥民要面包吃又是一件事，只是把科洛及俾约贬到荒远地方做苦工，并不能生出面包给巴黎的饥民吃。

读者试读当年新3月、新4月的警察报告，胜如读作者执笔追叙当时情形。当时的报告，把饥荒的惨状说得很可怕，饥民饿到无生存希望，当然是怨声载道，有时嗟叹罗伯斯庇尔死了！饥民们说罗伯斯庇尔不过是杀人，他却不偷不盗。有时候饥民们喊道："难道国民公会要强逼我们要求复辟吗？再立一个君主吗？"新4月19日，群众怨恨政府及国民公会到了极点，"挨饿的空肚子"，真是要大举反抗"腐败肚子"了。

山岳党的余党看见新7月的反动派的艰难处境，心里很高兴。剩下的山顶派，看见同党们充军到荒远地方去了，也觉得自己有危险。暴徒们滋事，原与这几个党派无干，然而他们心里却很盼望众怒难犯，或者至少可以恢复1793年宪法，恢复"尚德"政策。谁知反把他们拖入潮流里，同归覆没。

新5月1日群众挨饿到无法可想，都饿疯了，闯入王宫，以为不如一死，也比挨饿好受些，就拼命地乱闯。

这一次国民公会却预先得了警告，新3月28日预先取消军队不得走进巴黎若干里内的条例，于是有许多骑兵纷纷聚集巴黎，同时镀金青年军，也决意保护国民公会，这一次却不用马鞭了。其中有一位青年人后来写道："我此时想起前事来，还禁不住脸上发红，有惭愧之色，又禁不住大笑。"

国民公会虽然有了准备，但是事变来得还是很突然的。在好几个钟头之内，国民公会几乎无法可想。

当日早上5点钟就鸣警钟（这一次饥民聚众滋事，是有一个团体督政的，究竟这团体内是些什么人，至今尚不得其详），群众就闯入王宫，喊道："这是黑手同白手决斗！（此时的滋扰渐渐出现社会竞争了）非把这一群恶棍炸了不可！"未到10点钟，王宫完全被包围住，午前就攻入国民公会会场，妇女们像饿狼一样喊道：“面包！面包！”当过监视员的杜蒙当主席，用许多好听的话安抚他们，他们喊道：“不必说话！给我们面包吃吧！”此时会场扰乱不堪，闹成一团。有几个代表喊道：“难道国民公会还怕饥民吗？”有一个代表科鲁兹后来写道，他与他的同事们，当时相信会不得活，要送死的了。

虽是发令调集军队，却还未来到。当下从穷民所住的小街僻巷有千万人赶来。有几个青年军手执木棍驱逐饥民，正在得手，驱逐了好些人走出议会厅，忽然主席座左边的一道门被人攻开了，一大群人冲进来，把面前的东西都推倒了。

杜蒙把主席位让给布瓦西·唐格拉斯，他却很有胆子，毅然就登了主席位。当时群众最恨几个人，这个布瓦西·唐格拉斯就是其中之一，群众咒骂他一番。他看见有队伍来了，但是军队去攻打群众，与群众自卫一样，都无精打采的，因为这个时候军队还未习惯攻击群众。当下四面八方都有群众闯进来，有一个代表弗罗要拦阻他们，被他们打倒了，群众用木鞋踢他，拖他出去，结果他被一个开饮食店的人打死了，这个人割下他的首级，抓住他头发，往众人堆里一摔，立刻就有群众用长枪插了这颗人头，送到议会厅里，走到主席面前，请主席看。主席布瓦西·唐格拉斯对着人头鞠躬，从此以后这位主席的态度，成了历史上的典故。

到了晚上9点钟，山顶派以为时机到了，正在嘈乱之际，大声喧嚷，选举了苏布朗尼当主席；罗默提议通过议案，以后只许制一种面包。古戎及布波特提议通过封闭反动党各报馆。杜格诺瓦提议取消委员会，设立临时管理处。当然，该管理处的所有的成员，都是山岳党人，他们当即宣布退席、私底下去进行商议。

他们出去的时候，遇着勒让德尔带来的一群人。

各委员会此时已设法召集一群人给他们军械，他们就用刺刀攻击饥民，把他们攻跑了。山顶派议员也有了护卫的人，群众要抗拒，却抗拒不来，都散了。拉雷韦里埃说道：“我却不懂群众为什么散得这样快？”

群众既散之后，议会就要复仇，先从山顶派下手。塔里安首先喊道："报仇！报仇！打倒暗杀党！"他却忘记了自己原是9月的乱杀党。古戎、杜格诺瓦、苏布朗尼等，都在罪魁之列。塔里安的意思还想多杀许多人，要杀重建自治会的人（他却忘记了自己原是自治会的人），他居然要求拘拿兰代及卡诺。

这时候街上还是闹成一团糟，到了晚上，闹得更凶。议会起先是用进攻的政策，这时候要用坚守的政策了。新5月2日，杜布瓦将军带了军队，用大炮攻打穷民所住的小街僻巷，要扫清他们的巢穴。到了4日，才有契尔曼将军及蒙考西将军围困穷民的住处，穷民们同军队开谈判，军人们喊道："我们既奉了命令，只知道尽我们的职责，我们只能用刀子说话！"六年之前，原是这穷街穷巷的穷民们攻破巴士底狱的，到了这个时候，才算是投降了。此时巴黎的穷民，不单是挨饿，还要加上一层害怕。

起事的第二天，反动的势力来得极其凶猛，勒令穷民们缴械。他们只好服从了，都缴了出来。于是派了三千骑兵，驻扎王宫附近的要道路口上。塔里安、弗雷隆、巴拉斯，原想把穷民的巢穴付之一炬的，当此反动时机，这几个恐怖党，总还忘不了种种凶残手段。他们此时许是想起从前用"自由"名义残杀无辜，此时又想到要用"秩序"名义再残杀饥民。这次起事的结果是监禁了五千个雅各宾党人，弹劾六十二个山岳党的代表，定死罪的是六个。这还算是好的，杀得不多，若是照塔里安的意思，还要多杀几位同事的。卡诺是几乎也要送命，幸而代表中有他一位朋友（这位朋友的姓名始终无人能指得出是谁），在议会厅中大声喊道："你们要杀卡诺吗！卡诺是组织法国打胜仗的人！"代表们听见这句话，才饶了卡诺一命。

山岳党的余烬，听见他们定了死罪就自杀。古戎自刺之后，把刀子交给杜格诺瓦说道："佩特斯！刀子在这里！"他们临死的时候，还要说普卢塔克所著的《希腊罗马名人传》。其中有几个虽然自杀，还是死不了，一律都送上断头台受刑。当时有一张报纸说道："这六个大暴徒，真有勇气，令人惊异。"塔里安这样的人，听了自然要惊异的，他的心里此时一定是在那里盘算："我此时正要享受安富尊荣，值得造反吗？一旦失败，还要上断头台送死！"

“空肚子”的饥民称呼代表们为“腐败肚子”。过了5月1日、2日两天之后，国民公会就大失其名誉，为舆论所反对。人民穷苦到了极点，群众同国民公会乖离，也几乎同革命乖离。有一天，代表们告诉穷民们要举行庆贺8月10日的纪念，有一个穷民就对代表说道：“请你们给我们面包吃，不必给我们音乐听。”穷民们还说了两句话，读者要特别注意，因为当时有人常常听见这两句话的。饥民们说的是：“成员们自然是要庆贺，因为革命并没有便宜什么人，只便宜了代表们。”但是仍然无一个人敢指摘代表们。此时国民自卫军重新组织之后，都在新寡头政治集团手中。新5月10日，贡斯当很高兴地写道：“从此以后，国民自卫军都是靠得住的人组成的，若是一有乱事，这些人都要受损失的；从前却不然，遇有乱事，军队中总有人得着好处的。”

真反动派好像此时已是大权独揽。巴黎的镀金青年军得了发给他们的钱，就任意地放纵，得意到太过火了。他们听见国民公会的护卫唱《马赛曲》就喊道：“你们不要唱《马赛曲》，该唱我们的军歌。”军队们果然听话，唱国人觉醒曲。

此时各省都有反动，南方尤甚，很有反革命的倾向。我们常听说“白色恐怖”的话。若是拿“白色恐怖”这句话指本地时起时止的流血乱事，是不对的，应该用“红色恐怖”才对。因为这时候有了军队帮助，又有裁判官委员会及官派的刽子手的助力，政府厉行恐怖政策，遍及全国，令人人恐怖。南方闹得很凶，他们从前很受压制，此时要报仇，首先杀逐雅各宾党，随后对付共和党，再后是对付贱买国产的人。南方从前有宗教起事，此时又闹起来。塔拉斯贡群众把雅各宾党及附和该党的人捉了去，从高楼上把他们扔下来。在里昂他们把附和雅各宾党的人，捆送到圣让区炮台脚下受刑，我们不能不承认南方有极激烈的反动。以前国民公会派出的监视员们也反动起来。伊斯纳尔原是维尼奥的左右手，这时候却痛恨雅各宾党，对左右的青年们说道：“你们没有军械吗？为什么不去挖掘你们的祖坟，把你们祖父们的尸骨取出来当军械，去杀灭这一班恶棍！”

北方这时候也不太平，旺代从外面看是征服了，但是布列塔尼及一部分的诺曼底在闹械斗。他们闹得很厉害，不难给流亡贵族们及英国一个好机会来攻法国的海岸。路易十六的贵弟阿图瓦伯爵，常常讨论在海边登岸的计划。

国民公会中的中间党，除了若干盲从支持反动者之外，也有若干议员们有复辟的倾向，不过他们却主张建立一种和平自由的君主立宪制。当时这班人有意思，把那小孩子（指路易十七）从卡尔姆监狱里迎出来，奉他做君主，请国民公会摄政。随后那小孩子在5月20日死了，有许多人等候路易十八说几句话。路易十八果然说了几句话，就是上文提过的维罗纳宣言书。当时有一个有点知识的保皇党说道："为这个宣言书主稿的几个人，简直是罪人。"

路易十七在监狱

马莱·杜潘回来之后，不久就写道：“国内的保皇党盼君要望眼欲穿，焦急到绝望了。”然而新7月的私党，却是拍手称庆的。他们听见无论怎么样的和平手段、复辟办法，都是可怕的，因为这一群弑君党都以为自己是罪无可赦的。塔里安自己很相信，一旦复辟，他是第一个要问绞罪的。饥民不晓得，反说他卖给了保皇党，这个时候不敢认识稍带保皇党嫌疑的朋友。

忽然有消息传到巴黎，说是新6月7日（即旧历6月27日）流亡贵族到了基勃隆，英国海军助他们登岸的。布列塔尼当地的人向来是恨极了英国人的，看见流亡贵族们串通外国人入犯，把他们盼望复辟的热心冷了大半截，故此保皇派舒安党虽然帮忙，也并不十分出力的。英国海军把流亡贵族运到之后，却并无其他举动，流亡贵族们才晓得是上了请他们来的人的当，也算是上了英国人的当，他们被官兵围住，只好投降。流亡贵族们登岸的第二天，奥什带兵前来截断他们六千人的归路。其中有一千人都是流亡贵族，交与国民公会处决。

塔里安看见保皇党失败，就借个机会安慰那些倒运的雅各宾党人，同时又提醒和平党（此时有复辟的趋向）忠于共和。此后每逢保皇党有什么举动，维护革命的人就立刻团结起来，对付保皇党。国民公会派塔里安到基勃隆把所有的流亡贵族俘虏都枪毙了，他因此还得意，对人吹嘘说：“基勃隆的贵族血，可以洗净新5月巴黎的血了！”此时南方的保皇党举动及国民公会里保皇党的举动都被破坏了。新7月9日举行纪念庆祝，朗瑞内（新近还有人疑心他是个保皇党）同那个自鸣得意的塔里安同在一桌庆贺喝酒，当日两个党派结合，打倒罗伯斯庇尔的，这时候在外面看来，又重新团结了。国民公会很明白这一层，庆贺的时候先唱的《马赛曲》，随后唱的是《国人觉醒曲》。此时饥民倡乱已经征服了，保皇党在基勃隆起事，也被打倒了。新7月的代表们，以为快要驶到太平口岸了。这个太平口岸就是共和三年的宪法，是共和制，却是反对民主的。

当初有人要请西哀士起草的。这一位预言家，这一位大祭司，自

1789年起，就在议会一直并未离开，一向躲在云雾中，在国民公会时代更是深藏不露，躲得更严实，唯恐有人拉他走危险的路。他是抛弃了孔多塞及艾罗，让他们自己去架空中楼阁。

基勃隆的胜利

这一个奇异的西哀士，许多人都当他是个制宪法师，第一个设计师，向来不把他的图样示人的。正如1799年，汪达尔描写的西哀士（读者可观原作）。其实在1795年，西哀士已经就是这个样儿，他是一个故作神秘的人，骄横、武断、空泛。当时就有人说道："两个宪法，都是未成人就天殇，一个死于过度劳累，一个死于先天不足，都是因为不去请教这位大预言家、大设计师。"1795年，他以为时机未到，不肯下山，国民公会虽然派他入宪法委员会，他还是弃而不顾，不屑入会。后来的事实证明，他不肯参与确实是很关键的。

这十一位宪法起草员也不管西哀士来不来，就执笔起草。会里大约都是右翼党团及中间党的人，多努、朗瑞内、拉雷韦里埃、卢维、迪朗·德·梅拉纳、蒂伯多、布瓦西·唐格拉斯等，都是平民。总起草人是多努，到底还要设法请西哀士帮忙。西哀士说道：“我是研究宪法研究到很深的了，但是我的思想，并非你能懂的。”

从他们的记载及往来书函中，研究他们当时讨论宪法的情形，是很有趣味的一件事。作者只好说明当日的一宗事实：原先有人提议行政机关应该由人民公举，后来取消这个提议，恐怕人民会举一个王室的亲贵做执政，因此改为行政大员由两院公举。总共是五位督政，这就是督政府共和制。

宪法规定的是两院制。当时有一位称为大思想家的加里亚尼曾对巴拉斯说道：“论到宪法，若是那国的种族是天性鲁莽易怒的，你一定要把国人代表割开，分作两院。”随后又说道：“你若是替一群猴子定宪法，打算分作十二院的话，你替法国定制，至少也要分作四院，定一个四院制。”这一位大思想家的话，说得太俏皮了，却未免对法国人太过无礼了。卡诺当时也着手定一个计划，也是主张分做两院。

后来是定作两院。波丹发了一句奇论说道：“一院都是青年，是出想法的代表；一院是元老，是阐理的代表。”卡诺已经在那里梦想设立保守派的上院，作为解释宪法的机关。西哀士是最后快脱稿的时候，降格屈尊加入委员会的，他也有一个主张，与卡诺的想法多少相同，即在两院之外再设一种裁判宪法机关。但是他来得太迟，来不及采用他的条议，因此他就痛恨共和三年的宪法。

这个新宪法从新6月16日起讨论，至新7月30日止，于共和三年新八月五日议定草案。这个议定的宪法草案，是要交公民投票表决的。随后因为疑惧有许多国人有反动的倾向，以为军人们主张共和的较多，故此也给军人们表决权。

这个新宪法与从前两个最不相同的要点，就是完全恢复财产资格，以纳税多寡规定选举权，界限定得很严格。他们一起草就把产业当作选举合格的基础。布瓦西·唐格拉斯说道：“凡是业主治国的，就是有社会秩序的国。”新宪法是按纳税多寡，定选举权的等级。他们这个规制是把立法机关分作两部，由各个地区按单选举代表，每年要重新选举三分之一。五百人院（所谓出想法机关）有提议的专权，但是也有权可以把提议当作议定之案，经过元老院（所谓阐理机关），就可由元老院变作法律。

政府是个督政府，有五位督政，由两院选举。先由五百人院选举五十人，然后由元老院在五十人中选五个大督政。每年有一个督政要自请两院重新再举，当日有一会儿原要把任用官吏的权力交给督政府的，而这是从1791年路易十六时就没的。但是宪法起草员没这样的胆子，所以政府只有两条路可走，一条是包揽把持，把任用官吏的大权夺过来（督政府就是走这一条路），不然只好坐在政事堂里袖手旁观，冷眼看着不守纪律的官吏们胡为。这个宪法还有一条极令政府为难的，就是无管理财政之权（后来巴拉斯等因为这个，常发怨言）。财政是另由两院公举的一个委员团管理，所以行政机关就得了麻木不仁的病。此外还有一个要点，是无否决权。拉雷韦里埃原是1791年不肯给路易十六以否决权的人，以为这个办法非常妥当。这五位督政虽然变得麻木不仁失了手足的作用，却得了一种特别好处，就是有极华丽的礼服披在身上。因为宪法规定，督政们在私宅中也要穿华丽衣服。布瓦西·唐格拉斯说道：“这个规定表示我们反对无套裤党。”

有一位历史学家米涅很称赞这个宪法。共和三年的宪法，只可称为善于摆布两权竞争。倘若督政府反对两院，两院却不能推倒督政府。两院要等三年过后，才能有大多数督政代表重新被选举以支持两院；倘若两院有任何违反共和的主要举动，督政府亦不能解散两院，亦不能否决其已通过的条例中不合宪法的。当时应该授两院以权，以吸收督政府之反对民意者，应该授督政府以解散两院之妄用其权者。

但是学者晓得，共和三年之宪法，原是国民公会饱受恐慌的结果。1789年，法国已畏惧有力政府；1794年，又领教过强有力的一院制，所以共和三年只好定一个宪法，使两权并峙，都无彼此相侵害的，以为两权中间绝无冲突可以发生。但是无冲突之先见者，往往激起冲突，若无法制止冲突，其效果必互相仇视。是以共和三年的宪法前后总共发生四次大政变，还能够恭维这个大宪法吗？

其中却有一个人，在1795年已经见到此种宪法之弊。马莱·杜潘说道："西哀士因为他的理想失其威望，到处对人说对这种办法不对。"是以作者于上文提及西哀士反对那十一个宪法起草员，不是一件小事。

新8月21日有一个报馆说道："宪法是已经通过承认了，国人不如承认。"这一张所谓反动派报纸，又说这个宪法是十一个父亲生的杂种女儿。随后又说道："法国明知将来一定要离婚的，此时却无法，只要娶这个处女为妻。"当时明白国情的人，都存了这种意想。国民公会却打算保护这个十一个父亲所生的女儿，不使后来离婚，只好虎视眈眈地严密看管住这两位新婚夫妇。议员们很晓得他们自己是不为舆论所归，又要设法使自己下届被选，就不顾廉耻地设法使国人非再选他们不可，是以制造出所谓三分之二的条例。

共和三年新八月三日，有一个警察长报告，说是"空肚子"们号召群众鸣国民公会警钟。当时的民情，是反对代表们到极点，都说不能再选他们，一个都不要。又说旧代表要引坏新代表。国民公会晓得这个情形，他们很晓得除了有五十个代表如布瓦西·唐格拉斯、多努、朗瑞内等之外，其余都是要落选的。国人最恨的是弑君党、9月的乱杀党及共和二年当过监视员的。国人都称这几派的代表"腐败肚子"，一定是要落选的。

代表中如塔里安各派中都有他的份的，一定是要落选的了。塔里安觉得时机到了，万不能错过的，他于是又用向来惯用的手段大声疾呼，说共和有危险，若是任从选民得自由选举，不到三个月必要推倒革命。作者却不能承认当时他所说的话，有事实为证。自从1795年以来，塔里安等一路的人，很晓得若无大权在手，必归灭绝。

他们于是立刻动手用攻其不备之恶辣手段。新8月5日，塔里安提议，在宪法内规定新立法机关，总共是五百人，必要有三分之二是前届的成员。当时的代表们自然是赞成的，只有一个人反对，是以提议这一天，就同时通过。

舆论自然大不以为然，而以巴黎为尤甚，所有的报纸都攻击这一条“三分之二条例”，说他们都变作永久的议员。但是，有一个极简单的办法，就是选民们可以不必奉行这个条例。13日议会又通过一条新例，说道：“倘若选民不能选足五百人，应由国会重选其原有的议员补足数目。”换而言之，国会是不必经国民选举的正式手续，它本身就可选举此项非常代表。此时的国民公会居然胆敢如此猖狂，国人见了实在糊涂。马鲁埃说道：“此时国民公会是明目张胆地同全国的舆论宣战。”塔里安若听见这句话，不能不承认，不过他是打定主意，拼命地干下去，若不能操大权，就要送命。

国民公会虽然将宪法及这两条新例都交国民会议通过，但是他们同时又使手段，压制舆论，不惜作伪诈骗，只要求达目的。第一条是要先把维罗纳的宣言书到处传播宣挂；当选举竞争的时候，这种办法也还算公道。路易十六的贵弟这种恐吓话，能令犹疑不定的省份立刻定计，维持共和宪法，更能令出价买国产得了便宜坐拥厚资的人拼死命地维持共和宪法。在乡下地方，有许多人不明白这两条选举新例的用意。代表们说这两条新例，是与宪法相辅而行的。对待外省是如此，对待巴黎却用狠辣手段，先把军队调入城里。新8月12日，有一张报请读者注意此时城里城外所驻扎的重兵。12日，巴黎各分区已经递过反对这种举动的公文。

于是宣布这两条新例，已经由国民公会通过承认了。他们所宣示的数目，未免太过荒谬无理了。法国全国是二十六万三千票，反对的只有九万五千票。马莱·杜潘说道：“这是显然欺骗，只论巴黎一隅及其附近地方，就不止九万五千票。”有一位外国的驻使写道：“这都是绝妙的好把戏。”其实有好几省并无票赞成新例的。只说巴黎一省（办选举的人不敢十分骗人），反对新例的是二万一千七百三十四票，赞成的不过一千一百五十六票。作者最诧异的是不投票的人数，计算起来，足足有千百万人。论当时的情形，并无国人不注意选举的证据，大约当时的人一来是恐慌，二来是蔑视议员，三来是讨厌他们，故此不屑投票，反令代表们得以肆行其专制。此种力量，比反对政府的力量大得多。

代表们欺骗国人，等到选举后更有事实证明。代表们虽然用了许多压制手段，国人只选举了三百七十六人，尚要选举一百二十四人才能足五百人的额。国人有意强逼国民公会自己去选的。这一次选举，雅各宾党人最吃亏。

新被选的议员居多是制宪议会的议员，都是和平派，就是从前的斐扬党，不然就是新人物之反对现状者，有许多都是在恐怖时代被监禁过的人。国民公会的成员再被选的是朗瑞内（有七十三省都选他的）、布瓦西·唐格拉斯（有七十二省选他的），其余是右翼党团的人，也有十处八处或二十处选举区同选他们的，山岳党看见是要气死的。

恐怖党虽然在这两年间拼死命地保全他们自己的地位，也免不了被人驱逐了；就是未经驱除的，也无力作恶的了。此时显而易见，督政府里都是和平派的人就是朗瑞内、布瓦西·唐格拉斯、蓬特库朗、多努、康巴塞雷斯（此君起初不认投过杀人票）。弑君党此时只好瞪着两眼，看着一个大深坑欢迎他们。

幸而新9月13日的事，那一群不耐烦的保皇党反救了他们。

第三十八章　新9月13日

保皇党反救了弑君党——各分区反对新例——保皇党起事——巴拉斯被选为大元帅——拿破仑——拿破仑将军登场——国民公会之末日——最后一次开会

1795年的保皇党同前几年一样，是雅各宾党的最好的同盟，是救护弑君党的人。国人很厌恶雅各宾党，要抛弃他们的。国人也许不知不觉地有了维新宽大的君主立宪的盼望，因为有好几省所选的都是从前拉法耶特、巴纳夫等人的老朋友，可以证明国人有这样的盼望。法国此时若是先由和平共和制入手，慢慢地用和平手段达到复辟，这不是不能办到的事。

但是在真保皇党中，有许多不以这种办法为然。我们很晓得他们痛恨和平派，与痛恨雅各宾党是一样的。他们深信国人愿意路易十八登位，再受治于君主制之下；他们以为他们的敌人正在努力防止发生这样的事，而国人就要起事勤王复辟。斯塔尔夫人此时已经回法国来了，常常警告流亡贵族们，说他们误会了1793年的惨剧；虽是令夫人厌恶到了极点，然而她仍是主张守法律的反动，举兵谋反是绝不能成功的。因为军队晓得保皇党串通外国谋害法国，保皇党一旦起事，军队必定很高兴地先攻打保皇党。饥民们虽痛恨国会，却一样地痛恨保皇党，其所以痛恨的理由，各有不同。雅各宾党进退维谷，况且保皇党又无谋反的一切准备，毫无实力，保皇党所有的武器，不过是三千杆枪、二十吨火药。

此时的反动，诚然是很改变了各分区的想法，不过其中尚有多数的审慎人静待时机。但是有两个月以来，有许多保皇派舒安党及流亡贵族们潜归巴黎，常常煽动暴徒。

各分区反对新例，以为国民公会越权，不肯承认它们。他们组织一个中央会，递了许多宣言书反对新例，斥责条例拖长议员之剥夺人民财产残杀无辜者之权。四十八分区之中，有三十分区都是反对的。国民公会的答复，说是赞成宪法的有九十一万四千八百五十三票，反对的不过是九万五千三百七十三票。又说国人所赞成的选举新例，是要定为法律的。

于是群众大哗，说是国民公会伪作投票数目欺人！于是愈闹愈凶。到了新9月3日，闹得实在太厉害了。国民公会以离开巴黎恐吓群众。各分区付之一笑。于是军队纷纷入城，群众当面反抗军官们。巴黎的王宫里的暴徒们辱骂军队，军队不得已，拔刀驱逐他们。

11日国民公会宣布解散，宣告说，国民公会已完成了它的任务，若不解散，诚恐国民以为他们有谋害国人主权的意图。制定选举新例的人居然开口说出这种样的话，简直是不怀好意、居心叵测的笑话。同时派去大街小巷宣传张贴选举新例的人，被群众大喊大喝，他们所宣传的话无人听见。当下选民们聚集大剧院议事，因为意见不一，议不成功。但是勒佩蒂埃分区因为受了极有危险的煽动，聚集的人数最多。国民公会里的各委员会晓得巴黎全城都激动了，各委员会的委员人数太多，组织不成有效力的反抗，于是选派了五个人的行政委员会。巴拉斯自从新7月那件事之后，常常挂刀，自命为英雄，也被派在内。这几个人就要选调可靠的军队。巴拉斯写道：“最妙莫如用暴徒们天然的仇敌，攻打暴徒；爱国而被新7月的反动收禁送监的，就是他们的天然仇敌。”于是果然一群最令人可怕的凶险之徒又都出现了。所有革命委员会的余党、9月的乱杀党、好舐杀人刀的人及新5月谋反起事的人，总共是一千五百个凶徒，都放了出来。巴拉斯说：“我们把这一千五百人称作神圣队。”

国民公会场景

这一个办法是最不妥的，因为诚实人都不以这种手段为然，很生气，但保皇党的首领们高兴极了。12日早上，勒佩蒂埃分区鸣鼓宣传，说已经给军械与“饮人血”的凶徒了，劝各人执械齐集各分区，以做自卫。粮食市场分区立刻将该区的恐怖党拘禁，其余各分区都纷纷执械，互相保卫。

所派的五委员决计先割断起事的萌芽，派默努将军办这件事。默努将军是个和平派，看见五委员派他去同假称爱国其实都是杀人犯的凶徒合作，是极不愿意的，只好派队去虚应了事。勒佩蒂埃分区的选民们，空口答应了一声解散群众，这队伍就退了。

五委员把默努将军革了，另派维迪尔将军领队再去该区镇压，不料此时已闹到难以收拾了。巴黎人看见默努将军的队伍退了，非常得意，于是大闹起来，如同燎原之火了。各分区原已组织了一军队，就占据了新桥。他们的统领是丹尼根将军，是一个号称“爱国者”的人。当时又成立了一个起事委员会，委员们自然都是保皇党。13日早上，国民公会所处的情形，是极其危急的。

现在巴拉斯得了无上的总司令大权，自此以后，他自称将军，其实他是毫无韬略的人。他于是请雅各宾党的军官们（久已无人过问的）帮助。在这一班军官中（当时有人称为罗伯斯庇尔军官团），最奇异的是他认得一个老朋友，这个老朋友从前是在杜戈米埃将军部下参与解土伦重围之役的一个小军官。他组织一个敢死的炮队，居然帮助弗雷隆及巴拉斯从英国兵及保皇党手里克复土伦，此役他算是首功。自从新7月以来，他变了一个罗伯斯庇尔党的嫌疑犯，在上一个新8月免了职，因为他自己向来带惯炮队的，那时候改派他带步队，他辞了，故此把他免了职。巴拉斯此时认得的这个短小军官，就是拿破仑。他又短小，脸上是死白色，满头的乱发，穿了一件破旧团长军服。他此时的模样，并不能动人。巴拉斯请他帮忙，他看见巴拉斯弄了许多不相干的杀人凶犯，有点迟疑。

巴拉斯这时候要个带炮队的人帮忙，却并未给拿破仑什么大官阶，不过放他在身边，将来组织成军的时候，请他带队。巴拉斯此时所缺的是大炮，有一个军械库，此时还有四十尊大炮，若是不先下手抢过来，恐怕就落在乱民手上。巴拉斯就同拿破仑商量，拿破仑就保举缪拉。这个人是最肯冒险的，但却是法国军官中一个最激烈的雅各宾党。于是就叫缪拉带了第21骑兵跑到军械库，看见分区已经有人到了，缪拉把他们轰走了，把四十尊大炮抢来，翌晨6点钟就布置在王宫前后左右。这个拿破仑同缪拉两个人此时不过是帮助巴拉斯抢大炮，绝不可能想到将来一个是称帝，一个是称王，就是从此次发迹的。

驻扎在巴黎城外的军队，陆续进城，听候巴拉斯调遣。但是最得力的还是这四十尊大炮，把王宫把守坚固了。若是早两个钟头的话，要围困王宫是一件极容易的事。这天早上却下大雨，这些暴徒死是不怕的，但是怕雨。

因为这个缘故，无政府主义者虽然占据了新桥，却一步也不动，等到雨停了，才来攻打王宫。无政府主义者在圣罗克教堂也驻了重兵，其意是要包围王宫。丹尼根派人拿了信旗，要同国民公会说话，要求把昨天给囚犯的军械收缴回来。

国民公会自然不答应。国民公会以为乱民就要攻打王宫，纷纷地分给枪支及子弹与代表。到了下午4点半钟，代表们忽然听一阵炮声。这是拿破仑宣告他要登上历史的舞台了。

官军同乱民就打起来了，大约最初是有人从窗口放枪打分区的人，分区的人就开一排枪答复，官兵于是异常踊跃预备进攻。

作者相信当时的记载所说，这一次是拿破仑放了一排大炮，把驻扎圣罗克教堂的无政府主义者队伍扫个清光。这一次的事原是有关系的，但是并不是像普通人所相信那样的大有关系。当时报告国民公会的军书，并无着重这一件事的话。按地理而论，拿破仑不能轻易开一排大炮，就把乱民扫荡了。从前的记载未免太过铺张扬厉，新近的历史学家，又未免故意看轻拿破仑这一次的举动。新旧的记述都欠公道。据事实而论，大约拿破仑开了一排大炮，虽不见扫荡了进攻王宫的无政府主义者，却能令他们心胆俱落，乱民立刻就退走，丹尼根只好弃了圣罗克这个要点，回到勒佩蒂埃分区商量再进攻。

此后只要打倒各分区，就可以了事。14日9点钟，贝律耶将军恐吓勒佩蒂埃分区乱民分散回家，巴拉斯就占据了这一分区。14日中午，官军完全占据了巴黎，乱事平了。

国民公会得胜了，却不夸张。他们很晓得他们的权利的根基是很薄弱的，虽然是把保皇党打平了，但是怕昨天帮他们忙的所谓爱国党，比怕保皇党还要厉害得多。他们决计不借打平分区为名，又着手做恐怖的反动。只开了三次军事法庭惩罚了几个为首的，其余的人都让他们离开了巴黎，就不追问。总共不过杀了两个人，一个是法兰西剧场分区的区长，一个是统领分区队伍的首领拉丰，这个人是一个秘密归国的流亡贵族，是从监狱里放出来的。1798年的爱国国民，都设法遣散了，只有一个人，忽然就在这个时候露出头角。17日，巴拉斯介绍14日帮他攻打无政府主义者的军官们到议会厅，请会议扬名申谢。弗雷隆这个时候正在迷恋拿破仑的同胞姊妹波莱特·拿破仑小姐，急于要拉拢他将来的妻舅。弗雷隆于是替拿破仑大吹特吹，说是他把保皇党打倒的。巴拉斯当这一位短小安详的将军是自己的亲信，只好不反对弗雷隆所说的吹牛大话。巴拉斯自己当了卫戍军的总司令，拿破仑就当了副司令。过了几天，因为这位副司令办了几件重要的事，保护这个快到末日的国民公会。巴拉斯辞职，总司令就是拿破仑。

当时有许多人不知他的来历，都互相问问：“这个拿破仑是谁？”

塔里安及其同党要趁这一次的胜仗，取消反动的选举，但是议会以为极端的反对党，受过此次惩创，是死灰不能复燃的了，不肯听塔里安的话。在这很短时期间，那几位略带袒护分区嫌疑的，如朗瑞内、布瓦西·唐格拉斯等，似乎丧失了一切权利。弑君派有军队做后盾，现在可以

圣罗克教堂前的枪声

压制新立的两院了。新政府的五大督政都是弑君党的人，他们以为权利足够了。

其实此时国民公会已筋疲力尽了。有一个山岳党人写道：“代表们这四年之内，天天都在暗杀党的刀下走过，什么心思精力都耗尽了。”梅兰说道：“我们也该走了。”因为梅兰向来是一个最强毅最有力的，也觉得疲乏了。如他这样的一个人也要告乏，其余远不如他的人更不用说了。莫里斯也觉得他们疲乏，8月23日写道：“我此时仍然深信这一班代表们，将来还是受一个大专制者压制。”最奇怪的一件事，是这国民公会是送路易十六、丹东、罗伯斯庇尔等上断头台的，最后所做的一件事，却是帮助拿破仑上马，其后就飞扬不可复制。这位拿破仑就是莫里斯所说的大专制者。

给拿破仑一个台阶，就是这个国民公会最后所办的一件事。这国民公会是无人不厌弃的。此时饥民、穷民的情形，真是可怜，于是有一位代表于新10月2日（在国民公会解散之前两日）提议再颁行规定最高物价条例。第3日讨论这个问题，有许多议员是昧于实情的，专事反对。有一位代表瓦利着急了喊道：“难道诸位是在这里酝酿反革命吗！”会议并无这个意思。4日末后一次会议颁行大赦，只除新9月起事的人及不肯宣誓的教士及流亡贵族外，只此三种人在不赦之列。当日有一条大街叫作革命大街，议决通过改称为“同心大街”。断头台是拆卸了，只剩一个自由神的塑像，有了裂缝，不久就要破坏了。

末后一次开会，是一个不甚知名的代表当主席，刚才所说改街名就是最后的议案，通过之后，主席站起来宣布解散。

这一个立法机构所办过的事不少，在三年之间，好像是过了一百年，所经过向来未有过的风险，也真不少。法国原是路易十四传下来的专制国，这个国民公会却改作共和国，以自由为名，实行最可怕的专制；杀了一个君主，组织新军队，把欧洲各国的军队攻走了；实行恐怖，不惜自相残害，随后又保障实行恐怖的人；平了几处内乱，又开拓疆土，为法国

国民公会召开前的拿破仑

立自然边界；通过两个宪法，又从卡尔姆监狱里把上帝驱逐出来，又把另外一个上帝请来，这个新上帝是无套裤党的上帝，不过改换了新名称；政教分离又是他们办的，这个立法机构各种问题都提议过，最后是打倒叛逆私党。作者持论要公允，不能不请读者注意，勿忘新10月通过颁行的条例，就是一种遗嘱，交与后人讨论；一个极重要问题就是普及教育，读者要谨记勿忘。议会中那一位最有特色的代表，又是最显著的牺牲品，曾经说道："第一要紧是民生；第二要紧就是教育。"国民公会很相信这句话，正在危险万分的时候，于共和三年新二月七日，为后来之国立学校及师范学校先立基础，是年新9月7日，为后来之艺术学校立基础；1793年10月30日，立师范大学基础，又重新组织博物院及法国大学，组织美术及实业学校，最后是创立最伟大的法国学会。这个立法机构，一面只管破坏，一面却能建设；一面制造恐怖，一面却能安抚。他们所做的事，有人以为罪恶滔天，另有人以为道德达到最高点。

但是到快要解散的时候，没有人说国民公会好的，因此解散的那一天，主席好像不敢放胆说这三年里头，国民公会做过什么事。

主席说道："我宣布闭会，法国人此时同心同德，彼此都以友谊相待，这才算是真正保全共和！"说完就坐下了。蒂伯多听见他说得太简单，很诧异，喊道："请主席说明国民公会已经尽其职责了！"那位主席站起来，又说道："国民公会尽了职责，宣布闭会。"于是众人欢呼"共和万岁"，就散了。

这是共和四年新十月四日午后2点半钟的事。有一位代表向来很喜琐碎的事，问道："是什么时候？"有一个人说道："是公平审判的时候！"这一句话未免说得太早。据作者看来，今日事已过一百多年了，到了现在好像公平审判的时候还未到呢！[①]

① 意谓对于这个立法机构之是非得失，尚无定论。——译者注

第四卷
督政府

第三十九章　督政府与全国之关系

大督政官就职——两院——五个督政官——巴拉斯——卡诺——勒贝尔——拉雷韦里埃——党派之争——奥什在旺代——督政府的政策——军队之危机——教士之危机——国库空虚——法国人道德堕落——人民之怠惰

共和四年新十月十三日（即1795年11月3日），是五大督政官就职日，组织了不伦不类的仪仗队，在巴黎大街上走过，总共是有两辆很平常的租来的大马车，一百名步队，一百五十名骑兵。这一堆骑兵不晓得是哪里找来的，不齐不整的，其中有好几个连靴子都没有。这一群奇怪仪仗队，是从王宫往卢森堡去的。两辆大马车里头，共坐了四个人，其中有三个是看热闹的群众都不认得的人，只有一个是颇闻名的，因为他挂了一把大刀夹在两膝间，有许多人认得他是巴拉斯。此时已经有人挖苦这五位大督政官，都称呼他们作“五位陛下”。但还少了一位西哀士，他是不肯加入督政府的。这个新政府让人觉得有点尴尬，这几个人就是法国的新政府。

卢森堡是宪法规定五位督政官用于办公的地方，督政们到了，除了一个看门的之外，并无他人迎接。这一座大离宫自从王弟普罗旺斯伯爵逃走之后，就变成一所极荒凉的地方，原来是很有许多华美家具的，不知被什么人搬空了；房子虽然很老，但所有的大厅却是铺金的，这时候都变了空房子。督政官们走来走去，看见有一间房子，虽然不大，却有一张桌子，一个墙炉。这一张桌子因为久受潮湿，丢了一只腿，歪歪斜斜地倒在一边，很像这个政府。看门的把自己的四张有草垫子的椅子借给督政官们，拿了几块木柴进来。有一位督政官从王宫里以前的公安委员会办事室内，带了一包信纸来，于是四位大督政官就坐下，伏在那张歪歪斜斜的三条腿桌子上，在一张粗信纸上，写他们的就职报告。

两院是5日就职的，五个督政官是在两院就职前一天由两院选举上来的。

新代表们即是新选的三分之一，大概都是胆怯的维新派。其中就有迪马将军，特朗森是个律师，杜邦·德·纳莫尔是个经济家，卢瓦叶-科拉尔是一个学者，巴贝-马布瓦是个外交家，波塔利斯及西米恩都是普罗旺斯的律师，帕斯托雷是从前立法议会的议员。这几个人都没1789年那样的热心，这时候都冷静下来了，绝不敢再冒险了，个个都变得很小心谨慎了。蒂伯多写道：“这一班人都算不了什么，不会惊吓共和的。”

因为他们都是小心谨慎的人，反犯了曾经当过国民公会成员的同事们的疑忌、厌恶，因为这一班新人物是很清洁的，未染过什么污秽。当过旧国民公会成员的人，向来是专权惯了的，当这班新人物是非我族类，当他们是闯进来分他们权利的人。倘若这班新人物是诚心要维持共和，他们自然是要一个很纯粹的共和，把什么私党、异党、贪腐的、犯过大罪的人，都要驱逐出院的。塔里安及其同类自然是要畏惧的。

两院中的弑君党居然在选举五位督政官时取得成功，五个都是他们同党的人，当了督政官。这五位就是巴拉斯、勒贝尔、西哀士、勒图尔纳、拉雷韦里埃，可见得此时仍然以弑君当作是维持共和的标志。当时的选举不过是一种政变的办法，暗中就藏了冲突的种子。有七十三省同选多努一个人，是表示国人主张和平政策。

西哀士看见不久就有冲突，故此辞职了，他是向来不肯打冲锋的。过了几天，两院就选了卡诺补他的督政官缺，也是一个弑君党。但是新选的三分之一的新议员们，当他是一个已经归于平淡的人。试看当时督政官们所做的卡诺的就职报告，就晓得其余的四个督政官当卡诺是一个非我族类。

除了卡诺一个人之外，其余的四个督政官，都是声名平平的，毫无威望，不见得令人见了这个新共和政府会起敬的，并无令人爱戴之处。有点名声的还算巴拉斯，不过他的名声是不好的。巴拉斯原是一个子爵，在君主时代是个好色之徒，曾经在君主手下挂过刀的，同贵族们有瓜葛。他

巴拉斯

是个很英俊的人，奢侈浪费，耽于酒色，又残忍，又卑劣。在他的日记中，他曾很自鸣得意地自认是一个凶淫之人。他虽是耽于酒色，做事却很有心计，不惜把自己所爱的妇女供他人享受，当他的侦探。读者将来就晓得他要侦察拿破仑，就故意把他所恋的约瑟芬推入拿破仑怀中。他要侦察乌佛拉尔，就慷慨地把特蕾西娅推入在乌佛拉尔怀中。巴拉斯这个人道德丧尽了，他生来是个丧德的人，无论与女人恋爱，或是办国家大事，都是丝毫不顾道德的。这个人又最贪，他贪权为的是贪钱，当时的著作家把他写得不值一文钱。但是不必看他人的著作，只要读他的日记，更觉得他是天良丧尽、毫无道德的人。

他无所谓政治宗旨，有一个外国驻使写道："假使共和国无法供给他狗马、妇女、酒食、赌博之好，他就可以立刻把共和从窗口摔在大街上。"他这个人虽无宗旨，却有一样特色，就是怕杀头。他最怕的是复辟，把他捉来杀头，故此他用尽许多方法，要求路易十六的贵弟给他一张免死券（大约是要到手了）。若是得不着这一张免死券，他是决计要同弑君党亲密携手。这一个声名狼藉的贵族，最自鸣得意的，就是模仿王族的召见排场（富歇说他好摆亲王的排场），招待无政府主义者及恐怖党。

命运不凑巧，偏偏要端正严肃的卡诺同这个酒色之徒共事。巴拉斯是身体轻巧、穿得极漂亮的一个人，卡诺是一个极魁梧的人，两个人恰恰相反。论到道德，两个人是尤其不同。卡诺是个有良心的人，是个顾家室的人，又是一个精于科学的军官。索雷尔论卡诺，说他不单是一个军事的建筑师，且是一个政治的建筑师。他这个人很庄重，有傲骨，有道德，微嫌过于严厉，极容易发怒。又是一个一丝不苟始终如一的一个人，他是个好揽权的人，不过好揽权专为化纷乱为整齐。拿破仑说他容易受欺。巴拉斯是看得很准的，不久就晓得卡诺容易上当，他晓得卡诺会同他过不去的，于是设了许多罗网，束缚卡诺。

因为有许多国人都晓得卡诺是组织法国常胜军的人，故此幸免于新7月之难，又不损失名声。最后这一次选举，有十四省都选他一个人，他从国民公会走入督政府，就走上了赴大马士革的路。他是真正的共和派，深晓得弑君是罪无可赦的；但是他为人正直，最恨的是扰乱，故此对于恐怖党及新政府的几位放荡同事，都是绝对不能表示同情的。

勒贝尔是个雅各宾党，是个怙恶不悛的人，原是阿尔萨斯的一个律师，一副团团的脸，满面红光，肩膀是很宽的，是个自信的人，当革命是一种官司，要打到底，一定要打赢为止。他在公安委员会一年，很看不起欧洲各国，自然而然地变了一个极骄横的人。拉雷韦里埃及巴拉斯都受到过他的冒犯，却很怕他。他向来好主张极端的，共和四年新五月间曾说道："凡是反革命的议员们，我们应该把他们一个一个地装在麻袋里，沉在河里！"而他向来又有贪赃的声名。西哀士挖苦他说道："勒贝尔因为身体起见，每天总要吃点好东西。"

勒图尔纳也是一个工程队的军官，但是个庸才，他崇拜卡诺，说卡诺办事是永不会错的，故此他只是跟着卡诺走。勒贝尔与巴拉斯同意，以为暂时非有雅各宾党人联手办事不可，故此拉雷韦里埃变作一个重要的人，他附哪一边哪一边就胜。他原是个吉伦特党，是个很不中用的人，因为他不中用，故此幸免于革命法庭之难，因为无人看得起他。当日原有人要杀他的，山岳党有几个议员说道："我们忙得很，为什么要糟蹋时间，讨论拉雷韦里埃这样一个极不相干的人？"因为这两句话，他才得了生命。因为从前他名列过罪魁，受过恐吓的，故此同事们盼望他一入督政府，就要公然反对他的仇敌。他们很不晓得政客的手段，看错了，哪里有什么成例可援的呢？

拉雷韦里埃只有一种特点，就是痛恨教士。他何尝不是个信教的人，但是他有一个牢不可破的反对教皇见解。从外表看来，他为人很端正的，他自命为清洁派，很不以巴拉斯那种淫乱行为为然，假使不是痴迷一种自然宗教思想，他一定要把巴拉斯当作仇敌的。因为他耽迷在这个问题上，就容易为人所愚。假使卡诺一连几个月受了流血的红色鬼的催眠术，勒贝尔受的是白色鬼的催眠术，拉雷韦里埃所受的就是黑色鬼的催眠术。卡诺及巴拉斯说到拉雷韦里埃，总不免带几分讽刺、挖苦，况且拉雷韦里埃的相貌是很丑恶的，他是个驼背，头又太大，满头乱发，两只短腿。有人形容他，说他像一个塞酒瓶的木塞子，插上两支小针作腿。他的判断同他的背一样，是弯曲不直的，故此总被同事们利用，当他是一个傀儡。共和五年新五月的那一件暧昧的事，就派他去办，他自鸣得意，以为是打倒了教皇庇护六世，而不是打倒路易十八。

五位大督政官第一次穿起礼服的时候，穿的是缎子大挂，带一种披肩，头上是红帽子，插鸟羽，有通花袖领，挂刀脚，穿的是丝袜，鞋子是钉花的。这种打扮群众见了禁不住大笑，因为有许多人只顾笑话这个政府，打趣这个政府，却忘了这个政府的罪恶。最早的时候，众人只称呼这个政府作“卢森堡的假面具舞会”。这时候的国事很难办，最要紧的是要有一个奇才异能的人，才对付得了。

拉雷韦里埃自己曾写过当时的情形（共和四年十月间），他说无论什么都是破坏完了，从道路起，破坏至家庭止；从破坏医院起，至破坏神经止；从破坏财政起，至破坏良心止。凡是外国人胆敢踏足入法国的，都说一样的话。这一个督政府，总共在位四年，不单一种破坏都未经他们修补过，他们还变本加厉破坏得更多。

各党派准备斗个头破血流。自从新9月之后，左党中的恐怖派又得意极了，抬起头来。这一派为新7月党所仇视，故此只好投入巴贝夫的党派，变作一种极端社会主义党，尽力地要社会主义者取得政权。他们在一个先贤祠俱乐部聚会，这是一个很有钱的雅各宾党人费利克斯·勒佩蒂埃花钱供给他们用的。巴贝夫常在俱乐部演讲社会革命，他们所主张的是一种大动荡的计划，使国人共享欢乐，附和的人很不少。新12月警察的报告说：“该党的势力很膨胀，踊跃入会的都是工匠。”卡诺是最看不过的，责骂这个党派的行为历时很久。勒贝尔及巴拉斯始终不肯打散这种很危险的无政府主义分子。

这两个雅各宾党督政官之所以不肯动手，是因为他们听说保皇党又猖獗起来了。但是并不见得当时真有什么保皇党起事的现象。此时法国的西边、南边及中部，原有许多盗贼之流滋事，都是借保皇党为名的，不过是借重保皇党三个字掩饰他们的不法行为罢了。

王弟阿图瓦伯爵忽然到了耶岛，原想有什么作为的，随后乘船又到英国，后来不敢再到西边来了，因为奥什正在西方安抚。这位将军是奉命去治共和国腹心的病，因为无人晓得治法，只好派他去。他到了，就用开刀割肉的法子。1795年3月，先后克复两处地方，随后军事告终，就同旺代立约，任由他们奉教自由，同时又治疗疮痍，有许多保皇党无论在巴黎或在外省的，暂时不见有什么举动了，有许多是发誓不再干的。又有大多数极盼望和平，并且说无论哪一方面同我们讲和，我们都是愿意的（这些人后来都投到拿破仑手下）。还有些人是习惯在督政府之下过活，并无别的盼望，只盼望重新选举。

但是这些余党聚拢起来，大大增加一个所谓反动党的势力，其实这一党应该称为恢复党。他们的意思是不打算牺牲1789年革命所得的利益，专注于重新恢复1789年以后全国之各种破坏，慢慢地取消革命法规，恢复从前宗教，减轻惩办流亡贵族的严酷法律，整理财政，扫除政府的雅各宾党。这一个新党，毅然宣布他们的宪法宗旨及自由宗旨。这个新党很为督政府的左党所痛恨，也为弑君党所痛恨，因为他们很清楚新党要驱逐他们。

督政府究竟有无自己的党派，一面可以支持自己，一面可以反抗左党、右党及中间党呢？他们始终结不成一个党。以政治而论，又无建设的能力。当时所谓督政派，不过是一种聚集。随后贡斯当说出一个宗旨，说休息是人人都该享有的，但是幸福只配是共和党享受。试听特雷拉问迪马的问题：“如何就可以称为好共和党？”他答道：“你走上演说台宣布，假使你当时也是国民公会的成员，你一定也投票赞成弑路易十六，你就是一个好共和党。”这两句话就露出这一党是怎么回事了。他们一发起就无领袖，又无办法，只管过活，只管解散，只管复合，时势及恐怖，逼他们走到哪里就是哪里。政府倚赖这一党维持，这一党却无实力维持本党，每日被几十家报馆攻击。

督政府同这一党是一样的，也毫无办法，向来想不到收买人心，向来不想法子把左党或右党的人招引来麾下。他们唯一的想法，是专用粗野手段恐吓人。由巴拉斯看来，全国分作两大支军队；这种思想也太过，不成话了。他们的办法，就是从这一个思想发生的。督政府自己当是被围的，其余都是围攻他们的，故此有时向此一方突出重围，有时向彼一方突出重围。督政府晓得他们的党在两院中居少数，以为最妙的方法莫如使全国骚动。到了选举的时候，他们就派员四处去指导选举，动用秘密费（巴拉斯的记载是直认不讳的）。读者将来就知道，倘若一个法庭对待他们的仇人太宽大，他们就把这个被告的仇人交到另一个法庭。都埃的梅兰从前是阁员，随后当了督政，就是督政府拿主意的人。他曾说过一句极可怕的话道："执法是要受政治的理由支配的。"

若是政府专用压力，又贪赃，又蛮横干预司法，而国人不甘受他们压制，就取消了选举。若是立法机关得罪了他们，他们就用武力来杀他们。西哀士承认若是讲和，我们就要消灭了，故此他们始终坚持主战。这时候可怜这个法国，已经是土崩瓦解了。督政府却不管，只是用刚才所说的种种政策。

最不幸的是立法机关，因为议员们的声名扫地了，既不能制止扰乱秩序，又不能抵抗政府横行。国人看见立法机关所做的事毫无用处，只好讥笑他们，不然则隐忍受着。在国民公会的末日，饥荒更甚，但代表们只要增加薪俸，从十八个里弗赫加到三十六个里弗赫，他们这一举动是要损失名誉的。不久，纸币更加跌落，议员们却想方设法保护自己不吃亏。当下又预备修缮铺陈波旁宫，做五百个议员的住处，还要铺陈得极其华美，过路的人看见了都啧有烦言。有一个警察报告说："有一个饥民看见了许多工艺石作，叹一口气说道：'可惜都是石头，不是面包！'"

所有一切这种举动，国人自然看不起他们，后来就发生很重要的后果。两院同政府同样无能力救国，无能力建设。

只有军队却为舆论所喜欢，日见其增加。凡是带兵的军长，各人有各人的计划，各有各党，各人衣袋里都有一个宪法，从庇什格律起至奥什，都是如此。庇什格律此时正得了路易十八的好处，设法帮助他。奥什是个忠诚为国的，发表许多重新组织共和的理想，写了许多奇奇怪怪的信给他一位好朋友。这时候军队里有好几个蒙克及恺撒，部下的兵卒们是很听他们军长的指令，士兵们所说的话是很可怕的。警察们听见他们说："议员们都应该被驱入一个树林里，然后放火，把树林连议员烧个精光！"

当时最可怕的原是潜伏在军队里的危机，督政府却不理会，他们所怕的是教士们的危机。

过了几个月，有人对拿破仑说："关于宗教，我们的革命全无效果，国人还是回过头来崇奉天主教，我们将来不得不要求教皇维持革命。借助于教士们，就是要借重乡间的人，因为他们已经把宗教行政权握在他们的手中了。"奥什记得当日在旺代所见的情形，也是这样的意思。

现在显然有天主教复活的情形。复活两个字用得不十分恰当，因为并未死过，不过是受了压制，此时是忽然暴发。乡下人向来未断过愿意好牧师回来，要求他们回来。所谓遵守宪法规定的宗教的教士是极少数，不过专靠政府用压力维持，始能存在，即使有格雷古瓦那种最高的道德，有他那种毅力，也是无力补救。共和三年新二月规定政教分离，就把这个宗教破坏了，及天主教复活，国人是偏重罗马式的天主教。大历史学家奥拉尔征引许多恢复宗教的证据。向来乡下人是不甚注意宗教的，上等人是不甚信教的，到了此时，上下人等都被宗教迷住了，自穷乡僻壤以至学校，都众口一词主张宗教复活。

五大督政官看见这种宗教复活的举动，很不放心，尤其不放心的是拉雷韦里埃。他把这当作是教皇得胜，他最痛恨的是教皇。他的同事们以为恢复宗教是复辟的先声，他们所最怕的就是复辟。故此督政府决计压制所谓宗教成见，要破坏教士们重露头角包揽教权。

督政官们决定的结果，就是忽起忽止压制迫害。有时用暴烈手段，有时用阴谋，有时用极无理的方法，有时在某处监禁一个教士，有时在某处把教堂的钟取下来。奥拉尔写道："督政府实在是想破坏天主教。"拉雷韦里埃却要另用一种宗教替代天主教。他不惜用秘密费用去提倡他所喜欢的一种理想宗教，叫作博爱教，不久各教堂就发现这个奇怪的新宗教的儿戏，随后谕令全国奉行一种旬日的教仪。最卖力提倡这种教仪的是纳夫沙托，他后来也做到督政官，到了必要的时候，他也肯主张在教堂里行民法式及共和式的结婚礼。

格雷古瓦称呼这些礼节是滑稽戏。这种把戏，虽能令信奉天主教的人心里极不安，却无人崇信。

五位督政官还着急一件事，就是国库空虚。国人都不纳税。只好多发纸币，共和四年发出的是六千零三百万里弗赫。这种纸币自然是毫无信用。督政官就职的那一天，一个金路易（原值二十四里弗赫）可以换三千四百纸里弗赫，新10月15日，可以换四千纸里弗赫，六个月之后，可以换一万二千纸里弗赫。乡下人不肯用纸币，若是有人强逼他收用，他就答道：“假使我的马肯吃纸币，我就收用。”政府反怪交易所操纵，派骑兵把交易所关闭了。有一个外国人问法国人说道：“你见过骑兵可以维持信用的吗？”这四年之间，我们很注意政府如何对付财政枯竭的问题。

此时众人都受其害，无论是谁都没钱。共和三年民穷财尽的情形达到极点了，再过一年更是不堪设想。我们现在翻开旧时的账本一看，面包是六十个里弗赫一磅，豆子是一千四百个里弗赫一升。以为是荒唐话，付之一笑。我们的乃祖乃父在当日只有发愁，没笑脸。作者可以引五十封当日极凄楚的信，证明此事。当日的报告说道：“满街上都是饿殍，鞋子是早已没穿的了，衣服是破烂的，几乎不能蔽体，在街上拾泥或污秽，或在垃圾堆里找东西充饥。”

饥民只管这样挨饿，富人们却毫无怜悯的心。共和四年新十月二十五日，有一张报纸说道：“时事把人心都烤干了。两院呀！督政府呀！饥民们赤脚在湿地上走，两眼都看着你们！请你们首先赈济我们，还要求你们把道德给我们！”

读者很快就可以读到（见下文第四十五章）督政府会给所谓以卢森

堡为中心的社会什么道德。

此时法国的道德丧尽了，并且无人能够振作精神的，个个都是颓唐的。这是一个可怜的大法国。最可怜的是此时无所谓舆论，只有一种坚实牢不可破的愤恨。恨的是督政官们，恨的是议员们，恨的是恐怖党，恨的是舒安党，恨的是富人，恨的是无政府主义者，恨的是革命，恨的是反对革命。

作者可以引无限若干的凭据，证明督政官及议员们为国人所咒骂、挖苦、怨恨。

国人恨那些新发财的，简直恨到要发狂了。他们喊道："毁灭君主、贵族等，有什么用处？既灭了君主、贵族，又生出议员、田主等出来，还不是同君主、贵族一样吗！"他们只管叫喊，只管咒骂，也还不过是空喊一会儿，空骂一会儿，是毫无效果的。但是一旦巴贝夫提倡社会革命，或是保皇党的人用巧言骗他们，说是复辟有多少好处，大喊大骂的饥民们都躲开了，人影都没了。

国人此时都疲倦了，即使军队打大胜仗，也不能振作他们的精神。军队里有许多逃兵，他们的说辞就是："我们为什么去拼命呢？拼了命，也不过抢劫我们的人得了好处，好处是轮不到我们的，仍然还是叫我们挨饿。"人人都盼望太平，拿破仑因为康波福米奥的议和，最能得全国人的人心，比在里沃利讲和较为得法。总而言之，国人此时悔祸到极点，什么都不要了，荣耀也不要，自由也不要了。

当时无论什么报纸，什么警察报告，什么来往的书函，都是众口一词说道："人人都变怠惰了，无论什么事都看得很平淡了。"现在国人无力反抗督政官们之横行霸道，更无实力打倒他们，国人只好袖手等候他们的解放者。当时有一个外国驻使写道："只要有一个雄才大略的人出现，国人都要全体一致叩头欢迎这个人。"

法国此时变作一片瓦砾场，什么都土崩瓦解了。什么党派，什么权利，什么国民代表，及宗教、财政、家庭、良心、道理，无一不土崩瓦解。最惨的是在这一片瓦砾场中，连最可宝贵的国性，也完全破坏无余了。

第四十章　巴拉斯、巴贝夫、拿破仑

（1795年9月—1796年5月）

共和四年发行国债——地据借款——关闭先贤祠俱乐部——拘捕巴贝夫——军事——攻打奥、英两国的计划——庇什格律卖国——拿破仑统领军队出征意大利——拿破仑结婚

督政府就职之后，就任用阁员。所任的阁员之中，最奇怪的，就是都埃的梅兰当司法部长，督政官们一安排各部部长，立刻就为难起来了，因为无钱供给各部办事。读者记得上文说过，宪法规定，督政府无管理财政之权。督政官们把无钱不能办公事的情形告诉了两院，两院经过几次正式手续，就议决通过，发给二千万里弗赫作为行政经费，却不交给督政官（可见得两院不甚相信督政官们），要直接交给各部。

既规定了行政经费，自然是先伸手去国库取钱，才晓得国库里不名一钱。然而此时要用六亿里弗赫，从哪里去找呢？只好向大财主贷款，就有纳税人全数中五分之一先受影响。因为多少要安慰一下受影响的人，故此稍示一些让步。从外面看来，好像是略为采用民主制的理想，其实是因为有许多群众演说家大发反对议论。韦尔涅要替他的计划辩护，无意中说出一句话，说他的政策是直接针对富人的。1789年的人，却曾经颁布过新制，最要紧的第一条就是公民纳税是一律平等的。韦尔涅这一句话是发表

在六年之后的。杜邦·德·纳莫尔就引这一条要例反驳韦尔涅，说他不是一个好共和党。有一位阁员向来是主张霸道的，称赞韦尔涅这个政策是公道办法。群众看见暴发户要掏腰包破财，自然是高兴的。贡斯当却反对，说是这个办法不过是制造一类享受特别利益的人。作者很想全引贡斯当信里的话，因为后来的事，能证明他有先见之明。

两院很明白议员们不为舆论所归，不敢取消韦尔涅的提议。这一个贷款的议案是新11月17日五百人院通过，元老院19日通过的。蒲佐当时说过一句很要紧的话，众人都忘记了。他说道："我们若是把富人杀死，同时也就把贫民杀死了！"

不到几个星期，就证明了蒲佐这句话。有许多做小买卖的人说道："借贷也可以，我们不能不交，但是我们只好什么要卖光了！"于是货物堆积都卖不出去，工厂都关了门。小手艺家才觉得富人们不买什么家具了，就大骂借贷的办法。乡下的小康人家，原是很维护革命的，现无人不发怒。有一个人写道："国人最痛恨的就是这个督政府，比恨罗伯斯庇尔的政府厉害得多。"

既已实行纸券，却筹不足数。政府的预算是六亿里弗赫，新3月1日国库收到的是一千二百万里弗赫，有现款，亦有重价之物，另外还有二亿九千三百万纸币，却值不了多少钱，到底只得了二千万里弗赫，却把全国都毁了，这是督政府第一步失策。

国用仍不足，不得不设法另辟财源。然而因为纸券已经把纸币弄到毫无价值了。政府于是异想天开，创造一种地据借款，拿土地作抵押品，定一种特别价值，作为担保品，是永远不能失信用的，把这种地据交给借主。但是纸币已经用土地作抵押品了，这种地据不过是一种特别纸币罢了，一发行就无信用，众人都问政府有什么方法，能免得地据不同纸币一样跌落呢？民间自然是不肯收受。这种特别纸币发行不过几天，就跌落到原价的二六。不久又发几百万里弗赫的纸币，民间更不胜其苦。

这两个财政计划，对将来有大害。

反对督政府的人看见他们处境这么困难，起初不敢反对，这时候开始大胆反对了。

卡诺暗中鼓励他们反对，于是反对党就公然宣战。新12月19日，庞斯、凡尔登送一个报告到五百人院，提倡仍旧采用严厉法律对付流亡贵族。有一位议员迪莫拉尔反对，说是太不公道。议员们说他太不顾名誉。塔里安等说他侮辱共和道德。但是布瓦西·唐格拉斯也出头反对的提议，故此通过这个议案时，赞成的不过是少数。到了元老院，反对的是一百零一票，赞成的有八十六票，这个议案不能成立。但是右党的胜利不过如此，他们要颁行宗教自由条例，却被人打倒，不能通过。新3月22日，禁止教堂不许打钟的条例是通过了，赞成的票数却并不见多。维新党暂时先不计较，过几个月，再把这一个特别议案交选民解决。

当下又要解决一个议案，最后的两院投票情形，略为能使政府放心，晓得反对革命的人势力有限，于是用他们自以为绝妙的“交叉吃张”政策，要给无政府主义分子一个大打击。

先贤祠俱乐部，原是恐怖党及巴贝夫的党徒组织成的，这个俱乐部常常大声疾呼提倡社会革命。现时当督政的以为这个俱乐部太过软弱，不会使手段。

卡诺是主张压倒无政府主义分子的，日怒一日，请同事们留意这种过激举动，又指明巴贝夫的党徒，已经沟通警察了。

1796年1月3日，督政府不敢公然直打左党，借口对付保皇党设立一个警察部。卡诺保举科雄当部长，新部长用全力对付无政府分子，他的报告能使督政府强硬起来。于是新2月8日，拿破仑奉督政官之命，关闭先贤祠俱乐部。这个时候，他们又要用“交叉吃张”政策，同时也把一个剧院（因为过于颂扬保皇党）关闭了。又因为一个教堂，居然敢唱晚祷歌，也被关闭了。

巴贝夫暗中却得了巴拉斯许多鼓励的话，看见俱乐部被关闭，并不十分着急。每天都有他的人来报告说，如何同军队都串通好了，军人们常对巴贝夫的干事们说道：“你们不必害怕，军人不会反对你们的。”

社会党有了保障，于是很放心地推广他们的宣传。他们所办的《国民报》及《平等报》，极力攻击督政官及议员，说他们都是伪君子，必要用9月间乱杀的手段把他们杀个清光。另外还有两个社会党的报，连日登了许多进行社会革命的方法，答应把全国土地分给人民。其中有一个分析文章是到处张贴的。凡是读这个报的人无不喝彩，喝得最热烈的大多数都是工人。

当下这一党的纯粹雅各宾党人，并不注意民众的欢乐问题，只注意恢复权位，自行另外准备一个起事。他们这个举动是要执械的人，他们就去同格里塞尔将军商量，晓得他是个纯粹共和党。格里塞尔将军反去见卡诺告密。卡诺当巴拉斯不在场时，（卡诺的同事们都疑心巴拉斯）议决拘捕巴贝夫的党徒及恐怖党。新4月21日，把他们都监禁了。

此时督政府似是倾向右党，是不是也要把雅各宾党的新巢穴扫平了呢？

拿破仑却不在巴黎替他们办这件事。督政府打破恐怖党阴谋的时候，是很放心的，因为是他们最喜欢的将军替督政府立了大功，替他们增加许多荣誉。因为新4月21日拿破仑乘胜准备入米兰城，昨天他还是一个不知名的人，今天却无人不知他的名字，起初不过是法国人知他的名，后来是整个欧洲都知名了。

1795年春夏两季，军事还算是得手的，到了冬天，就很不好，要有拿破仑这样的一个人出来振作一番。

共和三年新三月十六日，普、法两国立过和约，普鲁士承认莱茵河左岸为法国的。日耳曼诸邦同法国也定了办法。新4月21日，巴达维亚共和国放弃在荷兰的莱茵河左岸，放弃了弗拉辛，正式承认在法国管辖之下。夏天西班牙也不战而退，把属地圣多明各交与得胜者之手。

欧洲各国对待这几位忽然背信的王侯们很严厉，好在不过是空说严厉话。叶卡捷琳娜二世说普鲁士王无信，立刻强逼奥地利动兵。奥帝立刻派军队到莱茵河。英国仇视法国有加无减。法国政府（此时仍是委员会当权）用闭关手段对付英国，封锁欧洲海口，最要紧的是封锁地中海各海口，不纳英国商船。因为要行封锁政策，既已吸收荷兰，就欢迎瑞典大使，同西班牙及意大利携手。

因为打过胜仗，军威大振。儒尔当是共和三年新八月二十日渡莱茵河，驱逐奥军至美因河地方。庇什格律亦渡过莱茵河进兵，所向无敌。

共和四年九月九日，国民公会在它最终解散之前，很郑重地通过，无条件将比利时收入版图，正式宣布自然边界宗旨，称为立宪边界。这个宣告简直是永远宣战，至少也要有二十年的战争。

读者已晓得督政府有种种理由，不反对拖长战事，他们梦想要建开疆辟土的大功。法国向来当奥地利为最大的仇敌，二百年来，法国的君臣都喜欢用旁敲侧击的办法攻打属于奥地利的意大利。这时候，这个计划又露头了，共和四年就实行这个计划。他们以为出兵意大利，就可以强逼皮埃蒙特讲和，把热那亚收为藩属，使两个西西里岛守中立，就可以从奥地利手中把波河两岸收过来，封锁整个意大利各海口，不纳英国商船。拉雷韦里埃相信这样可以使教皇让步。又有一层，若是得了意大利北方富庶之地，就有了财源，不必向民间借贷了。

此外，还有别的计划，除了断绝意大利各海口不纳英国商务之外，尤妙者莫如犯爱尔兰这一件事，就交付奥什将军去办。

但是谁可以出征意大利呢？此时原有一位将官谢雷统领征意大利军，可是他逗留阿尔卑斯山不肯前进，但是此时非用旁击计策不可，不然正面的攻击，恐怕不能成功。

庇什格律将军自从攻克曼海姆之后，不晓得为什么不动了；儒尔当正在竭力设法同他联成一气，若两军会合之后，就可以举兵向多瑙河恐吓奥地利都城维也纳。但是庇什格律按兵不动，已经坐失良机，忽然莫名其妙任由敌军克勒腓在海德尔堡打退他两支兵，纵令敌人克勒腓和武尔姆泽尔两军会兵，声势复振。

于是有人弹劾他不胜任，其实是该弹劾他卖国的。庇什格律听了保皇党的话，要学杜穆里埃，他这次的举动，有好几位历史学家都详叙过。

他无故退兵，被敌军所乘，共和四年新十二月十日（即1796年12月31日），与敌军立停战之约。在督政府看来，这是毫无道理的。庇什格律一退，自然危及儒尔当，儒尔当也只好退兵。

政府以为庇什格律是偶然犯了什么糊涂病，并未办他，不过派莫罗去接统他的莱茵河军队而已。这就是将来不久重大军事行动的关键。法国前进至多瑙河边，与其他两军会师，直捣维也纳，同时入犯意大利的大军从波河左右而进。卡诺称这个办法为大计划，于是第二次替法国组织得胜。

当时原有一位将官谢雷统领南征意大利军队的，不过这一位将官不甚知兵，不会得手，其余立过功的诸将如奥什、儒尔当、莫罗等，都有了重大责任，督政官们要选派一个勇敢有为的将官，去统领阿尔卑斯山南边的军队。他们此时已经在那里打算盘，此役若是得胜，最少也可以捞得几百万的现款。他们要选派一个将官，这个将官既要靠得住，又要他肯昧着良心掳夺敲诈，以实国库，还要这个人是反对王侯、反对大教士们的，因此这个人，一定要在雅各宾党里挑选的。最后一点是这一个人若是打了胜仗，就会飞扬跋扈，不听政府调度，却又不好，因此一定要找一个站在政府一边的人。卡诺要的是一个火气最猛烈的骁将，勒贝尔要的是一个行动果敢的人，拉雷韦里埃要的是教士们的敌人，巴拉斯要的是听调度的人。这五个大督政官都想到拿破仑。不到一年，这五个大督政官个个都要居功，自夸有知人之明。这一位军官原是在巴黎帮助过他们的，是以他们都晓得他，却都同他不相熟，因为他同博阿尔内子爵夫人来往得很密，故此更同巴拉斯亲密。拿破仑很爱这位子爵夫人，却背地里被人笑话，因为许多人都晓得这位美貌夫人的行为。这位夫人性情是好的，没什么知识，不讲道德，可是面貌、态度却真能迷人。当时约瑟芬的大客厅中常来聚集的，都是一班打扮得极漂亮的轻佻浮荡的人，拿破仑却是个小矮子，脸色黑黄，满头乱发，穿得又极不漂亮，态度很粗鲁，但是心地行为却是干净的，混在这个社会中，真是很反常，很不配。巴拉斯并非是无知无识的，有时看人料事，却是很糊涂的，以为拿破仑是个彻底的真共和党，就当他是个傻子。有许多人说拿破仑因为要谋当南征意大利的总司令，志在必得，故此不惜同巴拉斯抛弃的爱人结婚。这是诬蔑拿破仑的话，其实是约瑟芬迷住了拿破仑，拿破仑爱约瑟芬如疯如狂，所以同她结婚的。只有巴拉斯造这种谣言，除此以外作者实在是找不着什么证据。更有一层，保举拿破仑统领南征大军的原是卡诺。拉雷韦里埃告诉我们，诸同事都以为然的。新2月8日，拿破仑被任命的翌日，杜邦·德·纳莫尔写信给勒贝尔说道："我几乎不能相信你们会做这样的错事……难道你们不晓得他是一个科西嘉岛人吗？……这个岛的人，个个都想要发财的。"

只有这一个科西嘉岛人，却被巴拉斯看错了。作者将于本书详论拿破仑如何费了许多心力，准备立功扬名，及其如何善用其才力以达目的的[①]。但是读者已略为窥见这满头的乱发，盖住一个有奇才异能的头脑，这个短小身材，却藏了极大的野心。巴拉斯自以为诡计多端，却错看了这个拿破仑。

拿破仑同约瑟芬结婚是在新2月17日，不过只享了两天新婚的欢乐。他一面为爱情所缠，一面却不忘他远大的前程。22日，他就起程赴前敌。拿破仑走的时候，巴拉斯有点看不起他。他这时候的容貌的确是不能动人，他这时候面有倦容，有许多人以为他是个快要死的人。他穿的衣服过于残旧，又闭口不言，目无光彩，实在是令人看不起。

督政府对于拿破仑并无什么奢望，虽然盼望胜仗，但只要得了不要紧的小胜利，也就满意了。

---

① 此指作者所著之第二本书接续此时代之历史。——原注

第四十一章　拿破仑登场

（1796年5月—1797年3月）

皮埃蒙特之战——征服伦巴第——督政府的金库充盈——督政府丧失名誉——阴谋及反抗的阴谋——意大利之大捷——1796年日耳曼战事——拿破仑在意大利之战功——拿破仑愿意讲和——议和——拿破仑与奥地利议和——拿破仑将威尼斯给奥地利

“军人们呀！你们在两个星期之内，打了六个胜仗，夺了二十一面大旗，五十五尊大炮，好几处有炮台守护的城市，把皮埃蒙特最富的地方都征服了，你们获了一万五千俘虏，敌军的死伤有一万人。……然而军人们呀！你们并不算办了什么事，你们还要办许多事呀！”这就是新4月6日（即4月26日）拿破仑犒军的演说。

他果然是到了，看见了，征服了[①]。读者不要盼望作者详述这一个很有名的战事的情形，作者只好略微说几句。这一位短小总司令，这一位藐视数学家[②]，只要略使些眼色，部下的军官就踊跃受命（他的部将马塞纳承认，一见拿破仑使眼色是会害怕的）。他统领三万六千人，对敌奥地利及皮埃蒙特军七万人，指意大利给他们看，告诉他们，这是极富裕

① 这三句话是古时罗马大将恺撒报捷最简单的话。——译者注
② 拿破仑在陆军学校时以善算冠其曹。——译者注

的地方！他领军越过意大利有名的亚平宁山，极其神速。4月12日，他的部将奥热罗攻奥军于蒙特诺脱。15日，又命马塞纳及拉哈尔普攻奥军于德戈。14日，是奥热罗攻奥军于米莱齐莫。于是把敌军冲开，使其不能相顾，追逐其中坚，于是奥军败退，皮埃蒙特军被围于切瓦。23日，大败敌军，法军乘胜，直捣皮埃蒙特都城都灵。不过十日，逼令皮埃蒙特王为城下之盟，交出多处炮台，拱手将其国交与拿破仑，伦巴第开城投降，及签订和约之后，法国得了两省地方。4月26日，拿破仑犒军演说，就是指这件事。

拿破仑此时真是一鸣惊人，一飞冲天，从此以后，不能不任他高飞了。他对军士们说道："你们并未做什么事，以后要做的事还多呢！"这两句话他并不是对部下说，实际是对自己说的。

他得胜之后，决计要渡过波河，当下他果然在皮亚琴察渡河，把奥地利大将博利厄逐至阿达河之后，曾在洛迪桥开战。这一战是法国历史及战史上最出名的，拿破仑在这一战中证明了他是谋勇兼优的大将。他过桥的时候，枪林弹雨中身先士卒。有一会儿，他的军队阵脚有点不固，他自己奋勇当先，鼓励士兵，直冲敌军，敌军溃败。这是1796年5月7日的事。

4日内，征服伦巴第，5月15日，入米兰城。当时军容之盛，真是如火如荼。读者要看索雷尔的大作，才能领略当时的情形。试听拿破仑此时说的话，这一次却不是对军队说的，而是对普天之下的民众说的。他说道："意大利人呀！法国的军队把拘锁你们的锁链打断了！你们可以自由了！法国人是天下各国人的朋友。你们出来欢迎我们呀！……"他的眼光已经看透未来了，他自命为解放民族的人，自命为恢复民族自由的人，看他5月15日的讲话，就晓得他确有这种意思。

欧洲各国看见忽然出了一颗大明星，不久就改换欧洲面目，非常诧异。

尤为惊异的，还是那五位大督政官。他们原以为不过放一饿鹰替他们擒几只小鸟、小兔，回来给他们吃，不料他一飞冲天，落在他们头上。

此时督政官们又高兴，又惊惧，同时拿破仑屡次告捷的军书都说要解送百万的现币回国。

此时督政府莫名一文，天天盼望有钱到手，有了还望来得更多。当下拿破仑在米兰颁布告条，给意大利人以自由及宗教自由。其时督政官们写信向拿破仑说道："洛雷托圣库堆积了一千五百年来信教人所捐的巨额现金，据说约值一千万里弗赫，贵将军能否掳来？这是个绝妙的筹款办法，除了几个老僧侣吃点亏之外，并无他人吃亏的，何妨把这一宗大款取来呢！"

其实拿破仑是陆续不停地解款到巴黎的，读此时拿破仑致督政府的书信，就好像读小说。所讲的大金矿，是取之不尽，用之不竭。督政官们得了许多钱，少不了要恭维拿破仑几句，回信总称他是法国的大英雄。

拿破仑诚然是法国的英雄，这不是看金钱面上说的，是指他替法国增加许多荣耀的话。因为他4月打的大胜仗，国人都很恭维他，谈起来津津有味的，洛迪桥之役尤为国人所乐道。警察们看见群众久已颓丧到不堪了，此时忽然都振奋起来，也觉得很诧异。国人原盼望他大捷之后，就主张和平，故此十分得意，人人都恭维约瑟芬，甚至称她为"胜利之圣母"。巴黎人此时看拿破仑如同天人，对于这位英雄，都存了很奇怪、很特别的真诚感情，异常爱戴，始终不衰。

过了不久，督政官们不得不跟随民意走，却又无法制止这位英雄，只好一味地恭维他，说道："督政府极信任你，你屡次立战功，是该享政府信任的，共和国很感谢你屡次携巨款来，晓得你不单注意国家的荣耀，且注意国库的情形。"这种恭维的信还有几十封，留传至今。共和四年新五月举行庆贺胜利的那一天，督政官们居然大胆敢在冠上插鹰羽。

这是一个要点，因为国人很厌恶督政府，督政官们不得不大出风头，炫耀自己来掩国人的耳目。选举的情形，此时大不利于督政府。

因为巴贝夫叛乱的事，惹起反动的旧病复发。新8月23日晚上，巴贝夫党煽动军队起事，攻打设在格勒内尔营房的政府。国人晓得了很激动。

原来当天晚上11点钟，巴贝夫党看见督政府禁卫森严，无从下手，只好带了六七百人直趋格勒内尔营房。有一位军官马洛开一排枪打他们，把起事的人围住了，捉了一百三十三个人。

1796年9月10日之夜

于是人民大吵说道："此后哪个还敢主张忘记旧恶、宽恕暴徒、咸令维新的话，这些暴徒不停地阴谋起事，他们如同毒蛇，只要活着，就能毒人，非把毒蛇打死不可。"政府只好开军事法庭，一连审讯了几天。自新8月27日至新9月6日，一共定了八十八个滋事的人的罪。其中有三十一人定的死罪。这三十一个定死罪者之中，有三个是原来国民公会的成员。当下在旺多姆狱里监禁，巴贝夫等受到比从前更加严酷的对待，等到共和五年新五月，审过之后，再定了死罪。

五位督政官被这件事吓倒了，内部就不和起来。勒贝尔因为这次的反动更害怕，同巴拉斯更亲近。拉雷韦里埃起初附这边，随后又附那边。因此督政府此时的政策，纷乱极了。1796年12月5日，马莱写道："政府今天免了一个雅各宾党的职，明天又任用一个更可怕的雅各宾党。"当下群众咒骂这个政府，日甚一日。

此时督政府已丧失了名誉，两院的胆子也慢慢地变大了。在两院里头，反动的感觉日见其盛。新4月17日，元老院有人提议恢复迫害天主教教士的条例，波塔利斯发表演说，反对坚持宗教自由，随后居然把宗教议案取消了。他当时大声疾呼道："此何时耶？整理教务还来不及，还能主张破坏？"这两句话原是无关系的，却能表明当时的民情的确如此。因为10日有一个报告说道："两院此时破除党见，很赞同波塔利斯所说的话。"

右党原有很大希望可以把督政府赢过来。迪马、帕斯托雷、迪莫拉尔等几个人同督政府来往甚密，督政府毫无服从让步之意。然而既是政府很怕有一个"不好的选举"，于是四面八方地打听，看有什么阴谋。凡是政府快遇着选举的时候，都很喜欢用这种手段的。那些冥顽不灵的保皇党，又给督政府一个把柄，使他们有了借口。

新1月11日，有三个路易十八的人，阴谋反对共和国，被捕了。这三个都是很不相干的人，但是在他们身上却搜出有路易十八授权的真实凭据。这三个人曾经劝过两个军官同谋起事，因为要引诱这两个军官，就把路易十八的授权凭据给他们看，又拿出一张单子，列了好几个两院议员的姓名，说是这些人都是已经说好的了，同谋起事。其实是并无其事的。有一位军官毫不迟疑，立刻拘住这三个人。

前有巴贝夫的阴谋，此时又有保皇党的阴谋，政府是高兴极了。巴拉斯所处的地位，本来是已经动摇，有了这个阴谋，他的地位又牢固了，于是到处宣扬，唯恐国人不知。有许多人以为是政府伪造出来的。又有人说："不过都是不相干的人，要出不相干的风头。"然而舆论的反应很激烈，凡是巴贝夫党及保皇党都很恐慌，就联合起来，共谋反对政府。到了1797年春天选举的时期，督政府极为舆情所反对，比意大利军务未起之前还厉害得多。

当下在意大利的法军屡战屡胜，真是所向无敌，拿破仑的势力布满意大利。5月25日，帕维亚起事，被拿破仑粉碎了，拿破仑的军队进攻奥军，追亡逐北，至提洛尔大山，攻克威尼斯的三处要塞，进而围曼图亚，意大利只余此一城，为奥帝坚守。

拿破仑此时是意大利全境唯一的主人，受全国的王侯朝见，一面责交赎款，自然能使督政府诸事满意。他想得很周到，还要赠五位督政官几匹骏马，替代他们驾车的下驷。此时他的威望大极了，他解款供给政府就同赈济饥荒一样，任意掳掠。意大利有帕尔马和皮亚琴察两处的公爵，花钱求和，一个是花二百万里弗赫，一个要花一千万里弗赫。他的部将缪拉的胆子大，派兵到海口抢了许多英国人的货物，共值一千二百万里弗赫，拿破仑又强逼那不勒斯改共和制，声威从此更大。随后他的军队到了罗马附近，强逼教皇纳款求和，此时的声威更了不得，整个意大利都匍匐在他脚下。

是时儒尔当重整师旅之后，带着克莱贝尔及马尔索两部将渡莱茵河。克莱贝尔两次获胜。马尔索进围美因兹。儒尔当由是到了美因河，驱逐敌军，乘胜而前，攻下城邑，离维也纳不过数日行程。

法国军队在克莱贝尔带领下渡过莱茵河

马尔索亦屡战屡胜，打散日耳曼诸邦同盟。日耳曼此时也快到屈服的时候，与意大利情况相同。

拿破仑在意大利所向无敌，并无一个敌手同他争名。法国大将在日耳曼用兵，却遇着一个敌手了。查尔斯大公时年才二十六岁，此时初露头角，只有这一位青年军官可以算作法国当时名将的敌手，他一出马，就显出他的韬略。8月16日，击败贝尔纳多特贯串法国两大军的军队。查尔斯大公此捷，截断法国两大军，使其彼此不能相顾，于是乘胜击退儒尔当。随后于9月3日，又与儒尔当相遇，法军以三万人与奥军六万人相持日久，法军不能支撑，退至莱茵河，又为查尔斯大公所击破。马尔索阵亡，此时不过二十七岁。法军败退，阿尔萨斯几乎不复能成军。当下莫罗在危急中，情见势竭，不能不退，而退师极整，为知兵者所称赞，又连战皆胜，退归法境。

马尔索将军的死亡

同拿破仑争名的法国诸将，虽遭挫折，拿破仑却威名日盛。1796年8月至11月，他一连几个月都是无战不胜的，奥地利大将乌尔姆塞尔统领七万人来解曼图亚之围，在路上就突然为拿破仑的部将战败。其后乌尔姆塞尔又为拿破仑所败，退守阿迪杰河，法军又击其部将，两次获胜，取其城邑。乌尔姆塞尔复来又败，9月7日则大败，入曼图亚死守，十战而奥军死伤殆尽，不复成军。当时法军在日耳曼境内，已被查尔斯大公击退，奥军得以乘胜赴援，于是阿尔文齐领五万人来攻，拿破仑在阿尔科拉低洼之地，法奥两军连战3日，拿破仑与洛迪血战一样，身先士卒，冲锋陷阵，奋不顾身，遂于第3日击退奥军，此时是11月17日。1797年1月，阿尔文齐又领七万人来攻，法军见了，这并不算。这个时候，从士兵角度看拿破仑是个不倒翁，绝不会败的，士兵们相信拿破仑百战百胜，又相信他的命好。1月12日，在里沃利地方决战，有一会儿，部将儒贝尔的阵势有点不稳，拿破仑驰往救援。14日再战，把敌军都扫荡了，敌军溃散。2月20日，曼图亚开城投降。不过几个月，拿破仑两次血战，又比在洛迪血战时候声名大多了。

法国军队有这样一位无与伦比的大将督政，变成最能战的军队。在里沃利苦战时，部将拉萨尔东冲西突的，一连四个钟头，未尝稍歇，后来实在是倦极了，脸无血色，站在夺来的敌人军旗旁。这时候拉萨尔不过二十岁。拿破仑指着旗堆对拉萨尔说道：“拉萨尔！请你躺在旗堆上。这一堆旗子，只有你一个人才配躺在上头！”过了一年之后，不单拉萨尔一个人可以躺在夺得的敌人的军旗堆上，连全军的人都配躺在旗上了！

督政府虽被国人攻击，因为法军在意大利屡获胜仗，把在日耳曼境内的败仗看得很轻，对于外交的态度异常强硬，因为法国于8月5日同普鲁士立了条约。19日同西班牙立了条约之后，更为强硬。因为同西班牙同盟，赠西班牙以法国海军上将。于是法国成为英国的劲敌。英国装作也要同法国立和约的样子，开始要同法国谈判，法国很骄傲地拒绝了。英国在三个月之内想方法，要开谈判，后来也不干了，英国的手段耍得很得法，

1797年1月奥什尝试在爱尔兰登岸，却不能成功。此时好机会已经错过了，好像是诸事都要拿破仑成功，别的人大约都是要失败的。

拿破仑也决意讲和，时机是最好的。俄女皇叶卡捷琳娜二世正在练好哥萨克的军队，已想在欧洲争雄，不料于1796年11月17日死了。继位俄帝是沙皇保罗一世，有点神经病，同普鲁士要好，写信给奥帝说道："同盟解散了！"外交大臣图古特从维也纳写道："我们的噩运到了极点！"因为此时他听说俄女皇快死了。自从里沃利一败之后，他们的运气的确很不佳。曼图亚开城投降的时候，英国也想退步的了，奥地利才明白过来，他们得意的日子过去了。拿破仑深知他们已精疲力竭，就决意同他们讲和，但要照他的意思办。

一年以来，拿破仑一面打仗，一面同敌人立约。这时候他碰着整个欧洲最善办外交的政府，就是教皇的政府，拿破仑同这一群大主教们办外交，很显露他能办事的才能，恐吓劝诱的各种手段都用到了，迷人的本事是有，狡谲手段也有。他本来的意思是不愿意推倒教皇的，但是嘴里却时时恐吓要牺牲教皇，教皇的外交官只好事事让步。庇护六世只好让出所管地方及阿维尼翁等处地方给法国，另外还要致送价值一千五百万里弗赫的贵重宝物，从梵蒂冈的石像到教堂里所用的金银器具都有。拿破仑同教皇的使者们议《托伦蒂诺和约》的时候，手段耍得极好，好像是在戏台演戏。他有时演的是惨剧，有时演的是喜剧，或是爱情剧，把教皇剥得精光，然而使者们还是很感激他的。他走过这条路，立了标记，将来有一日，他还要走这条路的。

但是2月3日，督政官有信给拿破仑，说得很婉转的（现在变了一封很出名的信），建议拿破仑前赴罗马，熄灭那一个"狂热的火炬"，信后又加一句说道："督政府有这样的希望。"

督政府的态度原来是这样的，他们看见拿破仑的声威一日比一日大，他们就一日比一日害怕，他们还在暗中用手段要分拿破仑的权。当他入米兰之后，就派凯莱尔曼去分统他的军队。去同教皇立《托伦蒂诺和约》之前，又派克拉尔克去分他的兵权。拿破仑极其镇静，不动声色，只是冷冷地提出辞去他的督政官职务。督政官们无可奈何，只好随他自由行动。

拿破仑此时要预备大动作，他以为是有必要的，法国舆论很希望同奥地利讲和，拿破仑要强逼奥地利讲和。但是奥地利此时虽然兵败分裂，却是绝不肯让出比利时、伦巴第及莱茵河左岸诸邦的；况且查尔斯大公新近屡次告捷，更不肯承认一个新造的共和国与他比肩，或者还不肯承认有共和国存在。况且这个共和国把他们的公主杀了，若是要奥地利就范，除非是给他一些来自第三方的好处，填饱他的欲壑，还要使他的骄横得以满意。

拿破仑是一个实干家，晓得奥地利的性情。他的意思是所有战胜得来的土地是一寸都不能让的，但是他也同欧洲的政治家一样，能掩住良心，什么都可做得出的，慷他人之慨，把别人的东西分给奥地利，奥地利也就满意，不说话了。这六个月里头，拿破仑两眼看紧了威尼斯，倘若他能够把威尼斯打败了，就把威尼斯交给奥地利，就可以安慰他了。现在未到这个地步，只管拖长时日同奥地利议和，哪怕议不成，也好先暂时敷衍奥地利。

他一面设法要取到这一件大礼物，一面且恐吓奥地利，他同教皇立过约之后，就向北方走。查尔斯大公已在北方等候多时了，他先玉帛而后干戈，先派人去同大公议和。

这时候奥地利腹背受敌，奥什接统儒尔当驻扎莱茵河的军队，1797年4月渡河，打几个胜仗，杀敌八千人，夺了七面军旗及六十尊大炮。当下莫罗也打一个胜仗，经过黑林山向多瑙河上游进发。

查尔斯大公奉命离开多瑙河南下，去抗住拿破仑。这时候哪里有人能够拦阻他呢？拿破仑自然是不肯让奥什及莫罗先入维也纳的，他带了五万三千人攻破几处地方。马塞纳及儒贝尔已经先占据几处险要，拿破仑就长驱直入奥地利，离维也纳四百余里时，暂停前进。这时候他才派人同奥地利讲和，奥地利也很愿意议和。4月13日，奥地利派钦使到拿破仑驻兵的地方开议，18日，拿破仑就提议拿威尼斯做议和的条件，奥地利使臣也接受。

督政府同欧洲各国政府一样，也是不问良心的，见把威尼斯交给奥地利，并无什么为难，只怕两院不以为然。此时两院的自由党（即维新党）很有势力，读到下文就明白了。他们反对拿破仑逼压卡诺，卡诺不肯把威尼斯交给奥地利做这种没良心的事。督政府不答应拿破仑这个办法，拿破仑只好还是用他唯一的妙法，请解兵权。他写道："我当文官也是很纯粹简单的，同我当武官一样！"督政官听了他这句当文官的话吓了一跳，毛骨悚然，只好让拿破仑喜欢怎么办就怎么办。威尼斯已经陷入危境了，却还不知死活，自速其亡。4月17日，留驻威尼斯维罗纳城的法国兵，被当地的群众出其不意地杀死了，法国自然是不肯干休的。拿破仑得了这个好机会，立刻进兵，3月12日，法军入威尼斯。此时是礼物已经到了手，就催促同奥地利议条款。他一面敷衍奥地利，一面又恐吓奥地利，已经有一个月了。5月31日他写信给巴黎说道："拿威尼斯当莱茵河的代价，和议似乎一定就可以成功的了。"

不料正在这个时候，忽然出了一件极重要的事，是督政时代最重要的一件事。作者只好撇开战地，回头到巴黎，细说督政府同两院预备开战的情形。

第四十二章　两院与督政府之争

（1797年3月—8月）

共和五年新三月之选举——新当选的大多数——巴特雷米被选作督政官——若尔当之报告——宗教饥渴——免反动派阁员之职——奥什及塔列朗被选为督政

新2月，差不多人人都看得出，新3月的选举政府是要失败的。审判巴贝夫党这一件事，尤其不能令反动党满意，且令该党证实有害怕的理由，更增加该党的势力。随后审判保皇党，也不能拦阻反动党增加势力。

督政府是用了许多方法（皆为两院所阻），要塞住所谓保皇党的选民的嘴，也无成效。

其实所谓保皇党选民，并不是保皇党，他们唯一的希望是自由，而以宗教自由最为重要。在乡间选举，乡下人先要问一句话，问将来能否敲钟？乡民居然拿这种小问题做选举的趋向，可见得他们是很注意这种小事的。听了这种话，不能不令人心动，所问的不过是敲钟，其意却是要信教自由，行教自由。共和五年的选举，选民们并不问准备应选的人是共和党，或是个保皇党，只要应选的人答应他们可以敲钟，答应他们牧师可以回来，他们就选这个人。当时有几个保皇党，因为选民当他是老实人，被选做议员，却实有其事。若是说全国所举的，或意中所想选的都是保皇党，却与事实不符。国人大概目的是驱逐原雅各宾党的同伙，这些人都是前国民公会的成员，总共有二百一十六人。这次选举有二百零五人要被撤换，他们几乎正好是应被换掉的那三分之一的人数。立宪党都要求驱逐这群坏种。

据事实而言，共和五年新五月的选举，很出乎意料。以巴黎而论，许多人以为被选的是保皇党，其实只有一个是路易十六时代当过大臣的。其余他们所认为是保皇党的人的，也只有里昂所选举的几个，内中有一个是路易十八的人。普罗旺斯所选举的维约将军，是与白色恐怖有关系的。但是作者上文已经说过，这些保皇党应该除外，又当别论的（庇什格律与路易十八之关系，有仇人及朋友皆不知，不算在内）。新选的二百零五个议员，大多数都是维新及守旧的平民。其中有一个名卡米尔·若尔当的，就是一个好榜样。当日波尔多地方选举他，原要在自有分离的基础上恢复宗教。所有新选举的议员，都是支持宪法的，这是众人所承认的。当时的警察报告说："新选的三分之一的议员，愿望都是纯粹的，与维持宪法的人的渴望相一致。"

况且在新选的大多数之中，另有一党，能够有势力可以使保皇党动不得。这一党里头，就有蒂伯多及布瓦西·唐格拉斯等，都是要确保有一个"较为有美德的政府"。不过这种要求说起来并不过分，其实是已经很过分了。

以事实而论，这个新的大多数之间，亦有各派之不同，方向亦各有不同，从主张君主立宪到主张共和立宪，逐层递变，有深浅浓淡之不同。这各派之中，既有激进派，但更多的是稳健派，因此常常发生冲突。右党的议员，始终不能成为一个观点一致的团体，专心实行一定的规划。因此虽占多数，却往往为敢于冒险之少数所侵犯。有一个议员说道："稳健派往往阻碍多数党进行。"但是迪马等所谓激进派不赞成他们的提议。庇什格律的日记说道："妒忌竞争多，而真诚合作少。"他们向来是不能完全一致的，一直等到后来政府把保皇党及共和党（即是稳健派及活泼派政客）关在铁笼里，送去当苦工，他们才能一致。

其实是政府很厌恶他们。督政官们只要晓得他们集中于自我毁灭上，哪里还关心他们究竟是要破坏共和，还是要维持共和？他们被选上来就是要与执行内阁作对的，而且他们确实要毁灭执行内阁。政府既无解散两院之权，只有拘捕他们，或把他们远贬于国外而已。新6月，有一个人写道："督政府不能同两院携手合作，只有阴谋害他们，或是服从他们，或是归于消灭。"议员们既为宪法所束缚，督政府却不受宪法束缚，明眼人却看得很清楚的。两院与督政府之决斗，既不能相等，又不是无胜负的。有一次斯塔尔夫人对迪马说笑道："你为什么搅起满天尘土？"夫人这时候是站在执行内阁一边了。迪马却答得很妙，说道："搅起尘土，总比弄得哪里都是烂泥好得多。"

两院是1797年5月21日开会，选了巴贝-马布瓦当元老院长，庇什格律当五百人院院长。勒图尔纳原是个督政官，此时落选（有人疑心是巴拉斯的手段）。两院选派巴特雷米侯爵补他的督政官缺，表示他们主张和平是无疑的了。这个人曾经参与拟定巴塞尔条约的。卡诺的意思，原望他的朋友科雄入督政府，帮他的忙。这个人虽是个弑君党，却是很悔祸的，又是一个有毅力的人。因为右党反对他，卡诺因此不肯出力。但是有人看见过巴特雷米办事的，晓得他并不能十分替新选的三分之一议员们出力。总而言之，新大多数其实在督政府里却居了少数，卡诺是个真共和党，不见得一定维护他们。巴特雷米是个无甚才能的人，又过于怯懦。

当下两院就要宣战。新5月7日，有一位新选的议员对吉贝尔·德斯莫里埃要求政府说明经费支出情况，人人都晓得拿破仑送了千百万的钱款给政府，议员们要晓得这千百万的钱款是怎么样用的。财政委员会就派吉贝尔·德斯莫里埃对此提交一个报告，他于是直接弹劾政府滥用公款。新5月30日，通过一个议案，很掣督政府的肘。元老院虽然加以修改，使其较为和缓，却定为条例，督政府觉得麻烦。勒贝尔及巴拉斯两督政不愿意两院限制他们动用公款，很发怒。

拉雷韦里埃则对于宗教举动亦发怒。新5月4日，迪莫拉尔要求派委员修改宗教礼拜条例，果然派了若干名委员，若尔当被选作主席。众院一面等候委员会的报告，一面要求督政官们立刻释放被监禁的教士。

29日，若尔当递报告，其中有四条提议，或许我们今日看来算不了什么。

这四条是：一、凡是信教的人，可以任意选择合己意的教士；二、凡是教士不必宣誓，得自由办公；三、教堂可以鸣钟；四、无论何教，皆应准其自设坟地。这四项原不过意味着实行分离政策，但是以当时的情形而论，无论维护天主教的，抑或反对的，都以为是恢复宗教。

雅各宾党的各报，于是齐声吵闹，所有旧时反对宗教的发酵物，又胀起来。国民之左报首先大喊，说从前的教祸又要发作了！所有这一报的文章，都是引及从前教祸的故事。当时读报的人，对报纸所引的旧事，却并不十分动心；只是报纸的议论，常常提及教产，读报的人就不能不关心。因为报纸很论及这些迷信宗教的狂人，一旦恢复原状，现时执有宗教产业的人，是要大受其害的。

然而舆论却是主张维持天主教的，颇有势力。共和四年，在巴黎一隅而论，发还教堂的数目，从十五处增至四十处。督政府派人制造麻烦，阻止这种举动，但是教士们不怕麻烦。共和五年新七月六日，有一张宗教报宣布，三万一千二百一十四间教堂已经恢复公众礼拜仪式，现在有四千五百一十一间，也要请准一律照样恢复举行。这是当时同时发生的普通举动，并且日见其推广。普鲁士驻使写信回国说道："此时法国的宗教饥渴，前所未有。"此时乡下的小教堂处处鸣钟了。

新6月20日，五百人院开始讨论若尔当的报告。这是一个正经实在问题，到了该解决的时候了。这就是千百年留传下来的宗教问题，宗教是否可以任其恢复权利呢？当时反对天主教的哲学家及政客都深信不疑，若是恢复这个宗教的自由，即是恢复宗教极重大的主权。

放第一枪的人，不是个哲学家，却是个军人。儒尔当将军演说一番，发表军人一方的意见；军人们最恨的是假信仰、假道德，比什么人都厉害。儒尔当大骂教士，因为他们在旺代极力反对共和国的军人。有一位极右端的议员很激烈地反对，他说道："无论你怎么样不停口地称赞我们祖先所崇奉的宗教，你永远不能把他们的无理信仰、愚呆的成见，及如疯如狂的迷信，叫我们照行，你是永远做不到的。"他这几句侮辱的话，激起大多数的愤怒。但是又有一个新选的议员默尔特的布莱，将来是左党的领袖之一，发了许多更激烈的议论反对教士。他说道："一旦免了教士们宣誓，他们立刻恢复旧时的大小教区，重新劝人入教，必要用尽他们的力量恢复教产，打倒变卖教产的共和制。"他所说最重要的理由是共和国现在正是要打倒教皇，教皇是我们的外国仇敌，恢复宗教即是把共和国献与教王手中。

卢瓦叶-科拉尔及布瓦西·唐格拉斯、帕斯托雷等用极动听的话演说一番，赞成若尔当的结论。卢瓦叶-科拉尔说道："我们要公道，再要的也是公道，最后及永远要的还是公道。"此时守旧派的平民们之中，有好几个哲学派政客，都发生一种保守的情感。一到投票表决时，维持宣誓的是二百一十票，反对的是二百零四票，但是惩罚的条例却取消了。这是五百人院的通过案，交到元老院时，新8月10日，元老院通过定为条例。

这个决定是一极重要的事。作者深信此案关于后来诸事都有极重要的关系，发生极重要的效果。拉雷韦里埃原是很想附和勒贝尔及巴拉斯，把所有新选的议员列在罪魁名单里，他是不以新8月18日的事为然的。他看见大多数议员决计要恢复天主教，他才肯做三大首领之一的。此时三大首领要出场决斗了。读者试比较日期，五百议员投票表决是在27日，到了28日就免了反动派阁员之职，做大政变的先声。拉雷韦里埃要因此打倒若尔当及教皇庇护六世。

巴拉斯早已有意打倒两院，两院也想打倒巴拉斯，但是手段来得不如他那样坚决，或者是因为巴拉斯晓得的办法，他的仇敌却看不到。巴拉斯的办法，就是利用军队。这两方面开始较量，关于阁员的问题，争斗得很厉害。阁员之中，有四个是雅各宾党，有两个是吸纳许多新精神的。两院是要督政府免了四个雅各宾党的阁员之职。卡诺在督政府是帮助反对派的。勒贝尔说立法机关这种举动违反宪法。三大首领意见不一致，于是变守为攻，强逼非雅各宾党的两个阁员辞职。随后他们牺牲了两个雅各宾党阁员，好在这两个是很不中用的，于是奥什及塔列朗同时入督政府。巴拉斯就利用奥什实行大政变。塔列朗一入督政府，就拉了一大群议员帮助巴拉斯。

这一群议员是以杰曼·斯塔尔男爵夫人及贡斯当为中心，决计要攻打反动党，设了一个立宪俱乐部，反抗一个克里希俱乐部。所有右党的议员都是这个克里希俱乐部的人，有许多人称其为贵族窟。

这个立宪俱乐部决计至少也要有一个督政官当他们的代表，他们就选中塔列朗当这个代表。

塔列朗韬晦了多时，新近才再出台的，他自然地转向1789年的老朋友，就是杰曼·斯塔尔。他要登高，不能不找一个台阶，他一眼就看准了这位性情很好的男爵夫人。这位夫人说塔列朗这个人既有旧时代的毛病，也有新时代的毛病。夫人虽看不起这样的人，却常常受这种人影响。塔列朗原是个跛脚的，巴拉斯迟疑了许久，才肯让这个跛脚人入督政府的。男爵夫人是强逼巴拉斯拉塔列朗入政府的。阴谋家是世界上最可怕的一种人，这一个面貌温和的外交好手塔列朗，最善于提出激烈的政策，使巴拉斯实行的。

巴拉斯在督政府，一面虽有和平派的代表助他的声威，一面却有失意的雅各宾党同事攻击他。常有人对他说："你还不晓得吗？你若是迟疑不决，就要有人把共和推翻了！"向来不露面的西哀士，催促他进行进攻。新6月末后数天，巴拉斯见得四面八方都有助力，他就预备一切，要恢复各权利派以同心办事，即使动用武力亦在所不惜。只要能达目的，大政变是万难幸免的了。

第四十三章　新8月之大政

（1796年8月—9月）

求助于军队——巴拉斯不承认奥什——拿破仑与五百人院——军队的宣言书——发现庇什格律之谋逆罪状——奥热罗在巴黎——督政官们不和——1796年新8月17日——卡诺之逃走——奥热罗在王宫——议员在卡尔姆监狱受监禁——颁布法令惩办罪魁——议员被贬至圭亚那充军——新8月政变之后效——宪法扫地

到了这个时候，是不能不用武力解决了。因为免了反动派阁臣之职，两院不由得不大怒，立刻决计弹劾督政官。迪马对莫罗说过侮辱的话，庇什格律也说过许多恐吓话。这时候两权的竞争到了极点，警察报告都说觉得诧异，因为他们竞争，娱乐场都变得很冷清了。

巴拉斯很细心地审评军官们一番：莫罗不全是个政客（这一句是很恭维军人的话）；拿破仑是个危险可怕的人，况且他又离巴黎太远；只有奥什可用，巴拉斯借口要派他当陆军部部长，请他来见（其实奥什尚不合年岁，照例还不能当部长）。巴拉斯对他说些话，使他相信两院的议员主张复辟。奥什就答应帮忙，做个恶人。巴拉斯写道："我们已经同奥什将军说妥了。"他的军队要宣布他们的意思，于是议定派四兵团人出发，借口调往布雷斯特。只要这四兵团人一到离巴黎若干里的科尔贝，他们就于新7月14日或15日越过宪法规定的地界，直入巴黎听候督政府调度。

不料漏了消息，新7月4日就有人警告五百议员，说是军队已经出发了。议员们责问卡诺，卡诺自然说不晓得军队里这种可疑的举动。卡诺转问巴拉斯，巴拉斯害怕，一切都不认账。卡诺此时是第一督政，要把这件事查考明白，请奥什来考问。奥什此时正在巴黎等候他的军队，奥什觉得很难为情，却做英雄做到底，不肯供出巴拉斯来。巴拉斯太不是个人了，一切都不承认，赖得干干净净。当天晚上，奥什就离开巴黎，又生气，又后悔，又难过。他本来已经为旧病所苦，不过几天就死了。卡诺此时放心了，不过在巴黎界外，四围竖了许多柱子，表示军队不得越过宪法所规定的界限。巴拉斯一定讥笑卡诺太过小心了。巴拉斯惊定之前，又四处找军官供他利用，这一次他却看准了拿破仑。

拿破仑却无时不留心观察巴黎政局的，他反对复辟，也晓得反动党有好多是他的敌人。新议员诚然是很反对他的，当他是一个雅各宾党军人，是新9月的英雄。此时又有巴特雷米及卡诺发起，新议员们就跟着反对意大利政策。反对党却恭维拿破仑日见其甚，雅各宾党的报纸非常吹捧他，称他为“共和国的柱石”。

两院另外还有一层道理，反对拿破仑，恨极了他，称他为“乱头发的小虾”。

有一个议员迪莫拉尔在克里希俱乐部攻击拿破仑破坏威尼斯的政策，于是反对他的情形全然显露出来，迪马等以为他这个同事的演说太欠分寸。拿破仑晓得了，很发怒，说议员们要杀他，他一定要自己保护自己，同时并保护共和。于是立宪俱乐部全体及斯塔尔夫人、塔列朗等，无不恭维拿破仑，鼓动他兴问罪之师，军队也都预备等这位大领袖一到，就要发表他们的意见。

军队恨极了这群新议员。有一位议员马布瓦说道：“我们的见解是人人都晓得的，致令我们为军人所痛恨。”军人们说新议员是保护保皇党及流亡贵族的，是反对自然边界宗旨的，简直是一堆污垢，一定要扫荡净尽的。儒贝尔是其中最和平的人，写信给他的父亲说道：“克里希俱乐部要遭殃！”自从新6月以后，所有法国的军队自莱茵河以至波河的军队，都是要把议员中那些君主的代表从窗口摔在街上!

7月14日是国庆日，是示威的好机会，拿破仑打发马尔蒙把口号告知诸位将官，吩咐各军队用宣言书方式发表意见。奥热罗所带的军队最出色，他们的宣言书说道："我们在维也纳立功，这一群恶贯满盈名誉扫地的人，却在巴黎城中阴谋起事，危害国家，他们还要国人流血，还要国人滴泪，要在国内倡乱，牺牲国人，借内乱践踏瓦砾及死尸，以破坏自由；军队们蓄怒已久，隐忍不发，我们原以为有国法在，谁知国法无灵，军队若再不言，更有何人敢言？……因此我们军人宣言……不能不使阴谋害国者有所恐怖，你们是罪恶滔天了，今以刺刀问罪！"其余的军队都照行。儒贝尔的军队宣言书说道："军队一定要涤荡法国！"拿破仑自然是唱同调，他的檄文说道："替法国获得胜利，打倒欧洲各国同盟的军队尚在，保皇党胆敢露面者，杀无赦！"拿破仑把各军的宣言书同他的檄文送去督政府，自己又加了几句话："你们必须当机立断，我晓得克里希俱乐部很想践踏我的尸首，以便破坏共和。难道法国此时没有维持共和的人了吗？你们若要助力，军队一呼即至！"

拿破仑的信送到巴黎时，正是巴拉斯抵赖一切、牺牲奥什的时候，拿破仑既然自告奋勇帮忙，只好就拉他。督政官们此时还不晓得拿破仑之为人，他们以为拿破仑入都驱逐议员。但拿破仑并不打算亲自插手干预他们家庭的口角，他的政策是推动事情的进行，自己却袖手旁观。他在军营里诚然是熟读普卢塔克所著的《希腊罗马名人传》的，但是他也熟读马基雅维利[①]的。当下他只愿意供给督政府极有价值的武器，因为在意大利维罗纳城搜着昂特雷格伯爵的秘密函信，这函信能证明庇什格律谋逆的罪状。

庇什格律却害死克里希俱乐部了，他们都被一个大罗网网住了，有许多人却还是莫名其妙的。这是一件喜出望外的好运气，原来这五百议员第一次选举的主席，就是这位卖身给君主危害共和的罪魁，搜去这种凭

① 即著《君主论》者。——译者注

据，反对党受了致命伤。大政变的那一天，就宣布这件事情，暂时可以当作大政变的充足理由。

当下军队的宣言书陆续到了，两院同政府都大为惊扰，卡诺在督政府攻击宣言书，维约在众议院也做同样的攻击。除此之外，两院并无特别举动，不过发一道严正的公文给督政府，要解说明白军队之发动及宣言书之由来。

但是此时三大首领的地位很坚固。新7月20日，奥热罗到了巴黎，拿破仑原当他是个“粗人”，却以为他有能力在大范围内贯彻所制定的计划，调动警察。这一位是将来的公爵，原是一个极激烈的雅各宾党，又是一个未受过教育的人。他到了巴黎竟不隐讳地坦白说道：“我是来杀保皇党的！”这种粗鲁军人办事很简单，他写信给拿破仑说道：“我们的心地洁白，我们的勇敢气概，将能援救共和，不为王室的党徒及宗教的党徒所害。”这一个军官身躯又大，说话又粗，督政官们吓了一跳。勒贝尔第一次见过他之后喊道：“他是一个好强盗！”但是他虽然粗鲁，却说几句安慰他们的话，有督政府答复五百议员的来文可以为证。这个答复是23日送给立法机关的，督政府的答复措辞很傲慢，说道：“因为有人用阴谋或武力尝试再陷法国于革命，使国人备受摧残，推翻现状，因此有许多国民很焦急，这就是答复。”

要吓倒右党是用不着多费力的，只有这句话就够了。此时不单是奥热罗到了巴黎，还有退伍的五六千名军官们也都到了巴黎，攻击教士，煽动军人们发生激烈举动。迪马很着急，很生气。军人们都谈到要把庇什格律捉来肢解，这种举动分明是反对他，他却随他们去，毫无行动。新近有一位历史学家科德里雷，证明庇什格律自己晓得他的大逆行为已经败露了。他又晓得他的大逆罪恶，一定株连同党，他想到这里，就提不起精神。

此时两院唯一自卫的方法，是重新组织国民自卫军，却办不成。三大首领事先播扬，说大动荡就在眼前。他们调动国民自卫军，不过是要复辟。巴黎的平民这时候变得很懦弱，不敢入伍。督政官们决计要动手，诸事都已经预备好了，首先散布谣言，说议员们要取消国产充公条例，凡是已经买入国产的，都要奉送出来。又说他们要乱杀一番，平反路易十六的罪案，将所有参与革命的人一个个地充军，发到极远地方当苦工。警察们不单听了这种种谣言不去禁止，反帮助造谣的人去传播。等到新8月以后，把议员装在铁囚笼送到罗什福尔监狱的时候，议员们听见群众喊道："这就是要恢复捐项及盐税的议员们。"

督政府里却是天天争吵。有几位督政宣布一件公文，阻止重新组织国民自卫军，卡诺不肯签字。勒贝尔喊卡诺是个罪犯，说他当罗伯斯庇尔的代表，原想把他们都送上斩头台。巴拉斯粗口谩骂卡诺喊道："你身上的虱子，无一个不是有权可以唾你的面的！"卡诺对巴拉斯挥拳，幸而有旁人劝开。这时候的天气，预示将有大风暴。

奥热罗已奉命统领巴黎军队。两院此时已受有警告，还是无闻无见，如在梦中，只是呻吟嗟叹，似乎令人难以相信。有一个议员写道："议员们只能分而不能合，全体都手足麻木，动弹不得。"新8月3日，议员答复督官的话是很和平的，显露出议员毫无能力。又有一个议员主张用严厉手段的，说道："议员既示弱，巴拉斯胆子更变大了！"新8月7日，元老取消惩办不宣誓教士的条例，拉雷韦里埃大怒，只好加入他的同事们当中，一致行动。

当日这一个哲学家就当了第一督政，卡诺辞了第一督政。10日，这一个吉伦特党用政府名义，演说一番极激烈的话。5月31日的事似乎难免发生了！

假使两院先发制人，或者还可以抵抗住危险。15日晚上，有某军官对迪马自告奋勇，去掳拉雷韦里埃及巴拉斯两督政官。这个理想家迪马很害怕，不敢叫他动手。后来有一天，迪马曾对拿破仑提及这件事，拿破仑那时候已经称帝了，说道："你是个傻子！你完全不晓得什么叫作革命！"读者应同意拿破仑。

新8月17日，五位大督政官照常召开会议谈论公事，所议的都是例行事件。午后4点钟拉雷韦里埃微笑着站起来散会。卡诺写道：“我一世忘不了他那腹里藏刀的一笑。”

当天早上，有一个卡朗西亲王，是向来在反对党的秘密会议及警察局的密室闯来闯去的，告诉巴拉斯，说两院要弹劾他。巴拉斯决计先发制人。

晚上8点钟，三大首领又聚议，议定办法，说是因为得到密报，有人谋害共和国，又有保皇党预备杀五督政官，推翻共和宪法，督政府的三个国民勒贝尔、拉雷韦里埃、巴拉斯定议，永久开会。他们的办法是宪法不可无这三个宝贝督政官，因为保全这三个督政官，就不惜破坏宪法。有著作家曾经刊行督政官们此次会议的完全报告。他们这一次开督政会议，一连议了四十八个钟头，刚才所引的，就是一开会所说的几句话。这一个报告中无一行不说到包围某府某宅，驱逐某人，监禁某人的话。那一天晚上所做的全是救护宪法的事，等到天亮的时候，宪法全毁了，只剩一片瓦砾。

卡诺是第一个得消息，说是同事们要拘拿他，送去当苦工。假使有人偶然误刺卡诺一刀，把这个最讨厌的卡诺刺死了，巴拉斯不见得懊悔的。巴拉斯曾写道：“假使卡诺被杀身亡，也是一件合乎法律的事；因为与其被这个魔鬼杀死，不如先杀魔鬼。”卡诺既得了警告，立刻做了一件很聪明的事，先从督政府的后门溜走了。拉雷韦里埃很发怒。巴特雷米却欠小心，未能事先预防，到了晚上3点钟，在睡梦中被捕。巴特雷米问道：“你们奉谁的命令来捕我？”捕役答道：“奉督政府的命令。”巴特雷米说道：“我就是督政官！”捕役说道：“你是个卖国贼！此时你是我手中的罪犯！”于是把他严密看管住，等到9点钟，就强逼他辞职。巴特雷米不肯辞职，于是把他先监禁在卡尔姆监狱，要送去罚做苦工。

卡诺想出法子，警告庇什格律。庇什格律睡在王宫，警告来的时候，已有军队包围王宫了，是奥热罗奉命包围两院的立法机关。若是议员来这儿，要么逮捕，要么送走；若是五百人院的议员，就送去奥迪恩；若是元老院的议员，就送去医学院，好议员就在医学院，不好的议员就送入卡尔姆监狱。当日早上已有命令调军队入城，于是城外的军队纷纷越过宪法规定的边界入城，同奥热罗的军队会合。

庇什格律和维约等当下派人去请两个院长。同时统带守护立法机关的军长拉梅尔，传令部下八百余人把守各园门。奥热罗包围王宫，总共有一万二千人，大炮四十尊，叫把守的人撤退，拉梅尔军长不允，去同庇什格律和维约商量。此时是早上3点钟，3点半钟的时候，新桥发了一炮，奥热罗的队伍闻号进攻，那守护队八百余人立刻投降，说道："我们不是瑞士卫军，我们不替路易十八打仗。"他们还任由包围的军队把守护队的大炮掉过来向着王宫。

奥热罗到这个时候才出现，跟他同来的是一群极可怕的人，大约都是暴杀党。其中有富尼埃，他是9月间乱杀党之一；有桑台尔，从前当过国民自卫军司令；还有巴什、罗西涅尔等，都是杀人的凶徒。我们到了

奥热罗在王宫前面的吊桥上

这个时候才明白过来，为什么拿破仑还逗留在意大利！奥热罗这个时候的行为完全是个强盗，不是个军人，他把带护队的军长拉梅尔抓住了，撕去他的肩章，打了他几个嘴巴。巴拉斯说道："奥热罗先喝了好些香槟酒，预备行凶的。"

此时议员们陆续到了，军队们任由他们进去，并不拦阻。过不了一个钟头，威尔第将军把他们送入卡尔姆监狱。有两个议长却仍然坐在主席位上不动，不肯让将军把他们送入卡尔姆监狱，他们还引这条那条宪法。军队只是挖苦他们，嘴里咒骂了几声，把议员抓走了。军士走到庇什格律面前，却迟迟不敢动手，因为他是个征服荷兰的将军。他的日记详载此时的情景，写道：有一个兵用刺刀恐吓他，他把这个兵推在一旁，于是有十几个兵上前攻他。作者承认庇什格律是个无趣味的人，也是一个违背职责的军人。但是我们却要分清，此时兵卒打的并不是违背职责的军官，打的是国民代表。

五百人院的院长西米恩被军人们拖下来，他却还有时间吩咐秘书写宣言书的末后一句话，说是五百人院的议员是被武力解散的。马布瓦说得不错，末了这句话，还是在共和三年宪法管辖之下说的。从此以后，这个宪法就不是管理法国的法律了。不过一个钟头之后，两院的院长都被监禁在卡尔姆监狱了。

早上8点钟，还有许多议员从四处来的，都被军队轰回去，也有被军队冲散了，也有被他们捉住的。有好几个还用法律同军人们争辩，有一个军官喊道："刀子下就是法律！"这六个字，就把当时的情景说尽了。

全天都有人把议员送到卡尔姆监狱里监禁起来。当天的下午4点钟，监狱装满了议员，最奇异的是，有一个真保皇党议员拉鲁同两个弑君党议员洛万和布东关在一起，因为这两个弑君党也被人当作保皇党。他们被禁的地方，就是从前路易十六的监房。

守护两院的护兵倒戈之后，就到了督政府，督政官大大称赞他们一番，还有好几个未入监的议员们也赞誉他们。到了新10月19日，又是这些护兵援例，把督政府及两院送与拿破仑。

现在剩下的若干未收禁的两院议员，一群在奥迪恩开会，一群在医学院开会。督政府饶了他们，原是有用意的，是要他们自相残害，要他们判定同事们的罪状，督政官们好宣布张贴阴谋派害国的罪状。他们的宣告造了许多谣言，说是保皇党攻打督政府的守卫兵，是以要替督政报仇。

翌日早上9点钟，五百议员院在奥迪恩开会，派委员们设法巩固宪法，其实是要写罪魁单子，正听候主人的命令如何开列。随后命令来了，是一个通告书，宣布有人阴谋害国，强逼一个保皇党杜凡纳·德·普累尔的供词作证。但是最有力的，还是拿破仑在维罗纳搜出来的昂特雷格的凭据。这些凭据的确证明庇什格律谋反。但是有证明庇什格律的凭据是一件事，不开法庭、不让庇什格律及被禁的五十二个议员辩护是另一件事。这个不开法庭的办法，是议员头一天晚上议决的，由一位议员名布莱陈请照办的。他们的理由是：非常的事变是不能用平常的法律办理的。当他们商议办法的时候，有一个有远见的人说道："舆论是很不好，不能让我们冒险，此时我们自己方面还有力量，我们是应该利用的。"布莱也是这个意思，登台说道："诸位一定也晓得，宽缓及纯粹法律的形式，此时是不能用的；诸位今天是得胜的人，若是不利用这个胜仗，明天又要开仗的，再开仗却是非同小可的，是要大流血的。"维勒原是从前国民公会的议员，是很熟悉雅各宾党的政策的，此时提议取消四十九个省的选举，又提议有若干议员，应定远处充军的罪；又应该将取缔教士的法律，定得严重些；有若干议员仿照马拉1793年6月7日的办法开列名单。于是众人争先恐后纷纷指控同事的罪状，一个比一个激烈，唯恐有人说他心肠软。议会此时虽不完全，也有许多迟疑不决的情状，也讨论辩论了许久，才通过开列罪状的条例。到了半夜（新8月18日、19日），才让他们散会的。有一个青年议员散会之后，看见剧院门外贴的节目单写道："今夜准演《强逼承认》（剧名）。"这叫作事有凑巧，剧院所演的同议院所演的是一样的剧。

元老院更不容易答应惩办议员，18日这一整天，他们迟疑不决，19日早上5点钟，元老院昨夜所指定的委员会，要求有较为充分的事实，较为确凿的证据。马尔波将军是一个激烈的雅各宾党，答道："反对保皇党，是不必有什么凭据的。”此是富基埃-丹维尔的宗旨，可惜他死得太早了。元老院议员足足讨论了一天。当下军人们很不耐烦，只催道：“来吧！发令定罪吧！”

督政官们又派人来催，说道：“群众就要同你们讲道理，找例案，请缓办……这是寻死的意思！”后来才按罪魁名单投票，大多数的议员坐着不动，不投票。这个议会名为有二百五十人，其实只有十五个人投票通过罪状的，七个人投反对票的。

这些议员们虽说是开了四个月的会，为全国定法律，这个新8月19日的条例，就把四十九个地区新3月的选举变作无效，因此就有一百五十四个议员要出院，同时这四十九个地区被选的官吏们，也要同时解职。又恐怕选民们要报复，于是定例：凡是流亡贵族的亲族，都丧失选举权。又要选民们宣誓仇恨王室。这次通过的条例第十三款，又定一百六十五个国民的罪。其中有两个是督政，不经法庭审问，都定为充军的罪。恢复严治流亡贵族中已经回国者之罪，定的是枪毙。不肯宣誓的教士罚做苦工。督政府又有权指名拘拿教士之扰乱治安者，凡教士之不肯宣誓者，俱在扰乱治安之列。这就是独裁专制了。当下又铲平各报馆，任由反对报馆的人处置，主笔记者充军。这时候巴拉斯是无怨不报了。

我们今日读当时的罪魁单子，就好像是读一张奖励功臣的单子，因为其中的若尔当、西米恩、马布瓦、马蒂厄、迪马等，是不肯违犯法律以保全自己性命的；亦有几位是在恐怖时代，舍身冒险，援救无辜被禁的人；亦有大学问家，曾经担任学会总秘书的；其中也有组织胜仗之卡诺。有道德，有才干，曾为法国立功、增加荣誉的，都名列罪魁，贬到远方充军，却留声名最恶劣的巴拉斯在法国横行。

十七位很有名望的人都做了囚犯，囚在铁笼里，派了一个杜泰特将军（这位将军从前犯过抢劫、偷盗、杀人的大案，曾经当过苦工），押解至罗什福尔监狱，然后解至圭亚那当苦工。这个地方天气极不好，有好几个就死在那里，这就是巴拉斯等的用意。他要杀他的仇人，不用湿的斩头机器，却善于取巧，用干的斩头机器杀仇人。

这就是巴拉斯阴险狠毒的手段，他要独行其意，就不惜杀同事。有一个不顾危险的议员登演说台说道："我们是日蹈危机，不是死于绞首架上，就是死于断头刀下！"

巴拉斯又派了许多军事委员，四处横行，以保护他自己。他们在外省定了一百六十人的死罪，充军到圭亚那三百二十九人，死在那里一百六十七人。然而拉雷韦里埃还写道："新8月的政变，并没流过一滴血！"

群众对于这件事却并不甚注意，拉雷韦里埃说他还听见有许多人喊："拉雷韦里埃万岁！"君士坦丁堡是每三个月不是杀一个皇帝，就是废一个皇帝，君士坦丁堡的人是见惯了的，不以为意。大约此时，法国人也就是这样。

督政府这样的政策是危害法国的，他们破坏宪法，破坏法律及民权，当作自然而然毫不要紧的事。这时候军人们常开会议干预政事，议过之后，就请军长们去实行应该如何关闭两院，如何奖赏守护两院的掷弹队，因为他们倒戈，反害两院。又请军长们要求不经法庭审问，就把议员充军。压制自由，破坏法律，凡此等事，政府还盼望国人欢迎。国人却并不欢迎，也不反对，而是毫不理会。后来有一次政变，拉雷韦里埃却被牺牲了。他才写道："国人如此漠视，不是好事情。"巴拉斯也写道："这样破坏一切，践踏了共和三年的宪法。"

即使剩下来的两院要复辟，他们仍然是神圣不可侵犯的。但其中不过有极少数的人有复辟行动的。我们当初研究这一事件的时候，原存了成见，当他们是复辟党，等我们研究过之后，才晓得并无其事，他们大多数都梦想成立一个自由的共和制。

破坏宪法的后果，是受了致命伤的后果。政府诚然是得胜了，却无立足之地了。此时无论如何反对政府，都不能算作害国的罪。若是把政府推倒了，也不算是一件僭越的事了（如新10月19的事）。两院已经赞成动用武力干涉了，督政府从此以后有例可循了，只管借两院的名义，任意横行。两院之对待督政府亦复如是。最后就是发起新10月大政变的人，就快要破坏全局了。宪法既然不存在了，还有谁能够妄加他人以破坏宪法的罪名呢？

从此以后，国人很看不起当权的人，视被牺牲的议员们是自取罪戾，下毒手的议员们是懦夫。这时候法国两院的情形，很像从前的英国，剩了尾闾议会，只候专制的克伦威尔出场。

督政府先关闭报馆压制舆论又践踏两院，叫国人先习惯独裁专制，其实他们自由任免官吏就是独裁专制的萌芽，这是新8月发生的。

不料这个新8月，就把恺撒请出来。当时这个法国的恺撒是权利极大的，只要点一点头，部下的军队就要实行他的意思。这位恺撒虽然是屡战屡胜，征服了许多地方，假使新8月的举动不替他做先路之导，也还可以禁止他。新8月政变打倒的党派是主张和平的，得胜的党派是主战的，但是有恺撒则胜，无恺撒则不胜。无论如何，拿破仑的机会到了，要登台了。

新8月18日的事，使法律变作刀枪，虽然能够阻止路易十八复辟，却不能不先产生一个拿破仑。

第四十四章　督政府时代之社会

寻乐时代——塔里安夫人——巴拉斯的社会——时髦的服装——寻乐之地——巴黎人之好食——剧场——离婚条例——性情之乖僻——道德与政治

当下人人都志在寻乐。我们很要注意这件事。因为政治上的举动，诚然是授拿破仑以大权。同时人人好寻乐，加以督政府的暴烈举动，亦是替拿破仑铺路。

当时人人都是如疯如狂地要寻乐，有贡斯当的函信可以证明。自从新7月9日以来，即是如此，一直等到新10月19日才变过来的。

那时候社会上对于政治、文学及高等美术，是毫不注意。据说共和四年新四月二十一日，无政府主义者阴谋起事，要大肆掳掠。揭露这个阴谋的报纸，说什么呢？报纸说道："新近有一件事，塔里安夫人及拿破仑夫人们改了梳髻的样式了，向来她们都是满头黑发的，现在改了，都要加上白色假发。"

到了共和五年新一月间，正是保皇党阴谋复辟的时候，又是拿破仑有意大利之捷及攻克曼图亚的时候，报纸说道："我们听说白假发快要不时髦了，快要看不见了，都要改作古希腊妆，带两三排的卷发。"

新3月是办选举的时候，与政局前途是有极重大关系的。有许多人以为就要复辟；有许多人以为是无政府主义者要起事；各国此时正在莱奥本讨论欧洲和局。当时的报纸说道:“索菲改穿了紧身短上衣。”

共和五年新六月，正是两院阴谋推翻督政府，或督政府阴谋推翻两院的时候，当时的报纸说道:“此时人人都注意戴帽子。有主张戴甲种帽子的，有主张戴乙种帽子的，闹个不休。”又说道:“此时最时髦的扇子，是一种金丝雀鸟尾式样带绣花，不晓得这种时髦扇子是否能够流行。向来时兴红色高靴鞋，现在却兴绿色皮鞋了;但是要露出绿色鞋子，必要把右手伸入外衣里，把外衣拉到膝下，才能露出鞋。”

新8月19日，是监禁犯罪议员的日子，又要在教堂里拖去了千百个牧师。国人不敢说话，闭口无言，但是巴黎却有三百处跳舞场，三十间剧院，都是大开其门的。

1796年，马莱·杜潘写道:“现在的人是什么都不管，只注意寻乐，学时髦，暴饮暴食，考究家具铺陈，追逐妇女。”什么巴贝夫或路易十八走过来，把巴拉斯轰走了，同他们都不相干。什么人执掌政权，都可以不管。这时候只有塔里安夫人才是君主。

塔里安夫人的宫廷，就是一个跳舞场。巴拉斯称夫人是“美女界的独裁者”。夫人不久就要同塔里安离婚，要做督政府的女主。塔里安夫人算是一个很放荡的女人，然而巴拉斯还要比夫人放荡得多。

塔里安夫人一定是一个最能迷人的女人，读者试看贡斯当(还是一个画师)1796年6月4日所画的像，就晓得了。当时有许多人都说塔里安夫人最迷人。

她的容貌并不算美，神色态度却很迷人，她的天性又好迷人，居然许多男人都被她迷住了。有四年时间是巴黎最饥荒的时候，只有夫人那一辆红色大马车敢在巴黎东闯西跑的，不被群众羞辱。她肯花钱赈济饥民，她并不深藏在督政府里的，常在大庭广众中出风头。她出现的时候，袒露半身，她的迷人肢体不只给一个人看的，众人都可以看的。当时如有一个美人，也是裸露了上体，在街上走来走去的，会被群众喝骂，群众却不喝骂塔里安夫人。她两只媚眼有绝大的能力，能把政府、社会、群众都迷倒了，都当她的奴隶。

这几年，都是她首倡社会风气，她要恭维土耳其的大使，巴黎的风气于是为之一变，人人都仿土耳其装。有一次，巴拉斯把一船的印度货物充了公。塔里安夫人立刻用绒毛巾，人人都改用绒毛巾；夫人是黑头发，故此最时髦的是黑头发。忽然有一天，她高兴戴上一个淡黄色的假发，于是全城都变了淡黄色的头发。

督政府是塔里安夫人当女主人，招待所有宾主。五位大督政官之中，只有巴拉斯讲应酬。他所请的客人混杂极了，最出风头的自然是塔里安夫人。特蕾西娅、朱丽叶·雷卡米埃也是时髦女人，常到督政府的。拿破仑也到的。斯塔尔夫人有时也来，她说话向来很过火。巴拉斯同塔里安夫人有时觉得很不便。其余来的都算不了什么人物，但是什么样的人都有，流亡贵族们、弑君党们的夫人，也有军官、议员、包办军需军械的，约瑟芬带来的半黑半白的女人，女演员、财政家等等都来的。督政府简直是一个鱼龙混杂、良莠不分的世界，但是巴拉斯自己的夫人却向来未在巴黎露过面。

来的最少的是军官，因为他们忙得实在没时间。青年们这时候有许多都当了包办军需的，或当了投机家。这时候是无人不做投机事业，连妇女们也不免，很好做地产、纸币、咖啡、白糖的投机事业，愈是大投机家，愈好在督政府出风头，其中就有好几位是包办军需的。有一个海盖洛是包办十四军的军需，不久就发了一千四百万的财，还有几个是银行家，专管政府的财政出入。

除了这些人之外，也有几个贵族，是专来寻乐的。最有特色的就是父亲上过断头台的，儿子们却同杀他父亲的人的女儿跳舞。当日新发财的人，是什么人都有，都混在一堆，如疯如狂地寻乐，闹成一个糊涂世界。他们所谓寻乐，并不见得是什么乐，不过是毫无道理地闹作一团罢了。读者就不得不怪这一个糊涂国里的女帝，就是塔里安夫人。她原是一个外国银行家的女儿。她的称号却是时常改变的，有时称为“德·丰特内侯爵夫人”，有时称为“国民塔里安夫人”，有时称为“希迈亲王夫人”。

当时的服装最令人诧异，每三个月一变，读者要看当时的画片，就晓得了。当时所谓有知识的女人的服装，已经是怪异的了；无知识的女人，简直是无所谓服装，因为她们身上并没有什么衣服，几乎是全裸的。当时称为“无裙派”，袒胸露臂，下体只挂点东西就完了。脚上及大腿都要戴钻石的镯子，自然不要什么东西遮掩才好出风头。美术家以露体的维纳斯石像为最美，当日时髦的妇女只要在身上除下一两样的东西，就变成维纳斯石像了。当时制女服的裁缝，很能把持一切，他们唯一的本事，是要用极少的材料，制成极漂亮的衣服。当初法国初革命的时候，是无套裤汉党的男人出风头，革命之后若干年，是无裙党的女人出风头。

时髦妇女从督政府下凡到人间的公园，整个巴黎城里的人，无不要寻乐，当时公共的娱乐场多极了，最有名的一处每星期放两次烟花，还有一处著名的是个马戏场。有一个是很著名的跳舞场，这个跳舞场总共有千百妇女跳舞，穿的都是能窥见肉体的衣服，头上戴满玫瑰花，把跳舞场变成一个香花世界。读者不要误会了，以为跳舞的都是妓女，并不是的，跳舞的都是议员们、部长们、督政官们的正式及非正式的夫人。又有一个地方是塔里安夫人常到的，她好披一件裂缝的长外衣，从这条大衣缝露出雪白的脚，戴了镶满珠宝的镯子。后来群众把所有这些新奇悦目的事看厌了，不以为奇了，要看新花样，于是有一个人异想天开，提倡活裸体画，笔墨既不便说，又不能说，只好不说。

城里的人所谓寻乐，就是这种事，而尤其喜欢的是跳舞，随处都是跳舞场，总共有三百处公共跳舞场。当时的人都犯了跳舞狂的病，竖立杀头机器的杀人场，也变了跳舞场。晚上是人人跳舞，白天就有许多游树林的。最喜欢的是跑马车，往往看见一串马车足有两千多辆，其中总有塔里安夫人及朱丽叶·雷卡米埃夫人的身影。

好吃的人很多，却是指有钱的人。当时一只羊腿要值一千二百四十八个里弗赫。有钱人都不在家里吃饭，都是要到大馆子的。大馆子有好几处，有几家是在巴黎的王宫里。有一个人写道：“巴黎有钱的人都没有心脏了，他们的心脏都变作脾胃了！”

巴黎的王宫里不单有大馆子，还有大赌馆，都是豪赌。有一个议员的夫人打错一张牌，输了二百万，读者可以想见这个议员，绝不能每月只领那有限的几个钱，就可以满意的。

巴黎有三十二间剧院，都是满座的，自是不必说了。警察报告说道："剧院里极其华丽，极其舒服的，是可以寻乐的。"当时的人又很好学演剧，除了公开的剧院外，还有二百多处是私开的，看演出的人所学的榜样，自是不必说的了。

从当时外国人的往来信函来看，他们最诧异的，是当时的浮薄风气。家庭制度完全破坏了。从前是家庭做社会的基础，自从废了长子承继律之后，及当时的各种横议，儿子、女儿都解放了。有一个著作家巴尔扎克写道："革命把路易十六的头杀了的时候，同时把法国家庭的父亲的头也都杀了。"但是巴尔扎克写这两句话的时候，已在拿破仑恢复家庭制度之后了。在督政府时代，父母与儿女同住，不过是一种朋友的关系；有许多回国的流亡贵族，看见这种情形，大为惊异。其实父母与儿女相见的时候很少，家庭关系完全破坏的了。1792年9月30日，颁布离婚条例；1794年，又经国民公会更事推广。这两次的离婚条例，四年之间，发生很重大的改变，都是立法机关所想不到的。无论男女，只要呈报性情不合，立刻就可以离婚，若是有一方不肯离婚，至多不过再迟一年，就可以强逼离婚。共和二年新四月二十八日，颁布的条例：两夫妇之中，无论或夫或妇，只要离家六个月，就可以离婚。为国效力的军人，也要执行这种条例，因此有许多军人在外立了战功，回国的时候，一入家门，就看见他的夫人有了新丈夫了。

呈请离婚的人也不知有多少，1793年的年底，在颁发之后十五个月，巴黎法庭所准的离婚案，是五千九百九十四起。在督政府时代，只要经一次法律手续，某甲的女人立刻就变成某乙的女人。这种接连不断的结婚所生的子女，怎么办呢？有许多人把子女抛弃不管了。共和五年，巴黎城的这种无人管的子女，有四千人，外省共计是四万四千人，父母若是留养这种子女，家庭中往往闹出凄惨的戏码，还常闹笑话，杂乱不堪，不可究诘。一个人可以把一家的几个姊妹先后娶来，有一个国民呈请五百议员的议会，准其娶他两个夫人的母亲。婚姻制度简直混乱不堪，道德是完全扫地了。五百个议员也觉得有点不对，不能不调查实际情形。共和五年新十二月，有一个议员登台读报告，听他读报告的人不晓得是应该哭，抑或应该笑，立法机关束手无策，无法补救，家庭是解散了。然而新4月10日，还举行婚姻的庆贺，新1月举行孝道庆节，他们简直是在演戏。

国人的性情既然变了，更轻视死丧的事了。法国向来是很重死者的，现在是毫无敬死尽哀的事了。丧事是非常潦草的。

道德是堕落了，我们试看看他们的道德堕落到什么程度！马莱·杜潘原是个反对革命的人，他的记载说过所多玛及蛾摩拉的话。我们或者疑心他说的话，不尽是事实。至于当时的警察长的话，是可信的，他有一个报告有十多页的，议论当时的情形，他说当时淫乱的情形，真是匪夷所思。新5月5日，他把情形告诉都埃的梅兰了。我们也只好说当时淫乱的情形，是到了极点了。当时的报纸常说当时的青年女子，最喜欢看淫书，奇怪、乖戾、宣淫的事，传染到外省。共和七年五月的一个报告，说这些乖戾宣淫的事，连野兽都不如，简直是笔墨写不出来的。总而言之，是道德堕落到了极点。

保皇党听见国人这样的淫乱，是很高兴的，觉得各个社会等级都显露瓦解的情形了，共和精神快要消灭了。奉天主教的人更是忧心，因为宗教已经受了许多窘辱，恐怕无力量挽回人心世道了，很替宗教可惜。我们由道德就可以想到政治了。

这时候的堕落社会，也晓得日趋日近，快要陷入深坑了。国人既是不管不顾的，只顾寻乐，偶然也有尽兴的时候，就觉得世界的情形很讨厌，也有想到恢复从前家庭制度的时候。上等人家中拥有一知半解哲学知识的，有时也曾发问，把上帝逐出社会，会不会太早了？于是有许多提倡严定法律的。警察长也曾发问，说道："如有人问'恢复家庭旧制，是否要请上帝？答道：'不必，只要有好好的共和制度就可以了。'"

但是此时无人相信什么好好的共和制度了，因为众人都看见巴拉斯还安然坐在宪法瓦砾堆上施威。

共和制度是绝不能补救的了，只好在共和之外想法子。

第四十五章　拿破仑与督政府

（1797年9月—1798年5月）

梅兰及弗朗索瓦当督政官——新8月以后的恐怖——教士充军——三分之二的破产——新八月党之分裂——督政府反对议和——康波福米奥之和约——国人非常爱戴拿破仑——拿破仑至巴黎——督政府欢迎拿破仑——拿破仑入学会——出征埃及——重敛意大利——拿破仑赴埃及

当时有人喊道："我们可以把荒谬的理想及援引的宪法，一切抛弃了！"这两句话就很像拉封丹的寓言说的话：一个人因为头上有一只小苍蝇麻烦他，旁边一个人就拿一块大石打在他头上，苍蝇是打死了，人也不得活了。可见又要暴动了。

当冲锋队的雅各宾党，是一步一步地揽权，第一步是要求酬劳。不久有一天，督政府觉得他们的要求无了期，也未免讨厌他们，就不肯满足他们，于是新8月大政变得胜利的人就争斗起来。这一本决斗的戏，只有两幕：第一幕是共和六年新四月，第二幕是共和七年新五月。

其中有一个在战争之列的约瑟夫·富歇写道："这一班爱国者日行荆棘之中，现在时候到了，这一棵自由树应该结些甜果子给人吃了。"我们不晓得约瑟夫·富歇是说的认真话，抑或是开玩笑的话。

甜果子是被梅兰及弗朗索瓦·德·纳夫沙托两个人摘了。塔列朗很想当督政官（巴拉斯说无论是男是女的各种阴谋手段他都用到了），却无人举他，他非常难过。梅兰及弗朗索瓦被选做督政官。

弗朗索瓦是个做学问的，著了一本书，居然入了学会。他却是毫无道德的，当着众人面是满口道德，在幕后就毫无道德。他是个浪荡子，却带点哲学的倾向，故此拉雷韦里埃很欢迎他。但是其他的同事，见他毫无道理，只想驱逐他。

梅兰却是个令人关注的人，过于奇异了。拉雷韦里埃及巴拉斯都说他很可怕。他的才能在中人以上，可是他的两眼同他的声音，很显出他的野蛮个性。他原是个律师，很熟悉法律，无论怎样公平的判决，他都可以引律反驳。新8月18日的大政变，督政府发现一种特别情形，用得着这一个恺撒派律师（拿破仑称帝，他当检察长）。他入了政府，就变作一个极有权利、极为人所恨的一个人。

督政官们一登台，第一件事是照应心腹，照应亲友。有一个得过督政官恩惠的人写道："有几位次长、部长、高级委员及驻外大使，都得沾他们所洒的甘露。"

巴黎看见惩罚议员，很冷淡的。在外的各个省却不然，有几处表示反对政府，惩办他们的代表。有个阿列省，就是如此。贝尔纳多特写信给拿破仑说道："这一个地区要遭殃！"已经从各处调兵共有八千人，都向阿列而来，各个省以为再演恐怖惨剧，都不敢动。巴黎的反对表示，只限于剧院同几间学校的示威游行。那时候各机关、各法庭换了新人，巴黎人很害怕新到任的裁判官。

报馆已经受到压制，不许开口，剧院管得很严，台上只许演道德剧，说哲学家的格言，要演时事的，只许演到奥热罗围攻两院为止，再过火的不准演。

最后是实行组织反对贵族及教士的办法，只要被政府捕着的流亡贵族，杀无赦，立刻枪毙。这时候往往听见排枪声，报纸上的半官半私的报告说道："自然只会呻吟，但是法律是要说话的。"这时候最奇异的是要定旧贵族的罪，布莱及雷尼尔（一个后来封公，一个后来封伯），这个时候很激烈地攻击有爵位的人，凡是有过爵位的人，一概剥夺公民权，不在国民之列。

最受残酷待遇的是天主教人，因为拉雷韦里埃（主张神道博爱教的）、格雷古瓦及杰曼·斯塔尔是深信唯有用耶稣教可以破坏天主教的，都附和一个不信教的巴拉斯，自然发生这种效果的。

他们无一个不大失所望，杰曼·斯塔尔及拉雷韦里埃最失望，因为不久就晓得现在的反动，是反对无论何派基督教，并非只反对一宗一派，他的党徒无处不受人反对。到了共和六年新十一月，拉雷韦里埃发起的不伦不类、半官半私的宗教（是政府拨教堂及经费）破产了，为众人所笑骂。当时有报告说道："从反对这个怪僻国教的舆论看来，并不十分注意天主教。"共和六年新九月一日，拉雷韦里埃当着群众在战神广场，祈祷他之所谓万物主宰的时候，群众看这一个高而驼背的教王，未免大笑，他的党徒也被人侮辱。无论怎样，从前的罗伯斯庇尔比他像样得多。

舆论不注意天主教吗？这件事是要禁止的。新8月所颁布的条例第二十四款授督政官以任意拘人的权利，那时捉拿教士的拘票上头，只写道："拘拿有恶行为的人。"共和六年最初的三个月内，充军的教士是四百六十四名；再过三个月，是四百三十一名；又过三个月，是一百八十五名；最后三个月，是三百八十六名。一年之内，充军的教士是一千四百四十八名。在比利时拘捕的八千二百三十五名，未算在内。当权的人，还说捕得少。在乡下的地方，乡下人有许多都窝藏教士。共和六年新六月，督政府说教士比强盗或杀人凶手为害国家更为厉害，极不以乡下人窝藏教士为然。

被拘的教士不是枪毙，就是罚做苦工，也是同归于死，一个也活不了。解到圭亚那当苦工的教士，一百九十三名之中，在二十一个月之后，只剩下三十九人，其他的都是得热病死了。

这种残暴举动，是公然反对基督教。弗朗索瓦强逼学校教员们教学生以真正道理，带着一种极大的满足，注视着所谓宪法规定的宗教失去影响力。雅各宾党的报纸极力攻击格雷古瓦。这时候凡是照宪法宣誓的教士，也被群众所侮辱，同从前侮辱不肯宣誓的教士一样。对待修女也是一样，向来小女孩子们都是由她们教育的，现在不让她们办教育的事了。

总而言之，新8月18日所办的事都有了结果，不出当日所料。议员被惩办了，贵族被剥夺了权利，教士变做奴隶，剧院不得自由，分省大受恐怖，教士们被充军了，流亡贵族们被枪毙，仍然是实行恐怖，不过假借道德为名，借弗朗索瓦几个口头话，做招牌罢了。

这次大政变，不单对于反对党收其效果，维持大政变的人，也收相当的效果。他们原先约好成功之后，如何分肥的，他们约好的合同，不过实行了两个月，督政府趁暂时群情冷淡的时候，通过新造的立法机关，使三分之二资产的破产。这是大政变之前，两院所反对的。

此时财政情形很可怕，无论军人或官员，都不发给薪饷，政府的债主也不过是偶然领到几个钱。政府既不能按期偿还本息，而且困难到不得了，但是此时是任意用革命办法的时候，也顾不了许多了。政府于是用很简单的法子，减轻国债，自此以后，政府的债主只能领债本三分之一的利息，其余三分之二的利息随后发给。这个办法也还算得是守规则的，但是这三分之二是用国库券归还，而国库券即是土地纸币的代表，此时这种纸币，简直变成废纸的了，一文也不值，这就是破产。共和五年，绝不敢有人在两院提议这种办法的，然而这个办法却是早已预备好了的，因为新8月19日，曾经请新造的两院恢复财政。

两院是无一事不表同意的，某月某日，五百议员的议会通过了，新9月9日，元老院通过，定为法律，当日就发现破产情况了，纸币跌落到原价值的百分之一。两院太不中用了。

这个时候，群众开始议论，说法国没有选民了，只有一个选民，就是政府。

当下整个左党都要反抗了。财政法律一经通过之后，督政府就不肯酬劳当日帮助政变的人了，于是左党斥责督政府食言，不肯分肥，把所有的优差优缺分给亲信，极力反对督政官们，说他们贪贿。受攻击最狠的是勒贝尔。

共和六年新十月的新的角力，是借道德为名，雅各宾反对党开始以道德说话。当时道德扫地的情形，作者已于上文说过，借道德为名的确很得法。这一年的冬天，各娱乐场虽然是热闹如故，但是穷民所住的地方，却是异常残酷。穷民要做工，无工可做，穷苦的情状日见其甚。本来有点小进款的，因为新例一颁行，也都变了穷人。从此以后，他们更恨那些新发财的人，喊他们作骗子，喊他们作腐败人。穷民们自然就会发问：究竟谁庇护这一群骗子？他们也自然晓得是督政府庇护他们。群众也晓得巴拉斯就是个腐败的人，勒贝尔是个强盗，梅兰是因为革命发了好几百万的财，自然而然，就有一班人出来暗中煽动群众。他们的意思是督政府需要再造了。

新10月14日，马尔波首先攻击，走上演说台，把道德如何堕落、政府如何腐败的情形，淋漓尽致演说一番，假使两院不能自拔于污泥之中，国人是要把两院当作政府相待的，说他们是一样的腐败。立宪俱乐部此时被极端派把持，就跟随马尔波一路走，首先攻击督政府。督政们以为当攻击萌芽初起的时候，先打倒立宪俱乐部，自然较为容易的（这是大错，观后文自明），于是封了俱乐部，从此两方面就闹翻了，政府把这件事看得很轻，因为这个时候正是拿破仑大捷，立康波福米奥条约，群众就不敢攻击他们了。

督政府的政策是反对议和的，拿破仑却不管。督政官们的意思是要永远战到底，他们有他们的意思。这个时候他们最怕的是军队，一旦都讲和了，叫回国的军队做什么呢？巴拉斯说道：“若是叫他们回来种菜，是无菜可种的。”是以督政官的眼光，认为各处所订的和约，不过是停战的约，不是永久和平，故此看得很轻。

大政变把主和的巴特雷米打倒了，以为主张自然边界的党派得了胜利。自然边界这四个字，在表面上是没有什么的，骨子里却含着帝国主义无限度的侵略政策。督政官们很得意，自大起来，以为奥热罗打倒两院，就好像是打倒了整个欧洲。

督政官于是把在里尔及柏林的和议取消了，还要把拿破仑同奥地利立的和约也要取消。

但是拿破仑此时是一定要讲和，因为他此时意不在战，而在揽权。他晓得能够让法国享受荣耀的和平的人，必定为舆论所爱戴。他此时并不想回国，要打大胜仗，带了有荣耀的和约才肯回来。他接到督政府训令，叫他取消和议，他装作督政府怀疑他的美德不足，就回复督政府，说他要回来，在多数国民之中滋养力量。[1]督政官们听了大惧，只好放任拿破仑随他自由。督政府回拿破仑的信是新9月8日发的，露出畏惧服从的意思，拿破仑一见就晓得他自己的权利足用了。

拿破仑进行议和，新9月5日（即9月27日），奥地利的大使科本泽尔到了，就正式开议，议了两个星期，证明拿破仑不单是个大将，并且是一个极好的外交家。这个历史上很著名的条约，是1797年10月17日（即共和六年新九月二十五日）半夜签的字，地点是康波福米奥，此后欧洲大陆得以暂享和平了。

这个条约表示法国此时是一个最强的国，法国向来未曾到过这样地步。奥地利愿割比利时给法国（比利时早已为法国所征服），此外还让出伦巴第及瓦尔特利纳，连同夺自教皇及夺自莫德纳公爵的土地及威尼斯共和邦，作为一个阿尔卑斯山南共和国，归法国严密保护。威尼斯有几处城邑，则割归奥地利。至于莱茵河问题，将来要在拉施塔特开大会议商定，发给若干赔款，将莱茵河左岸的地都归了法国。

末后这一款是极其重要的，最易激起战争，又藏了许多说谎抵赖的根子。神圣罗马帝国愿意把所管辖之地分裂吗？奥地利预料这个问题，必

---

① 所用“滋养”两字，有双关之意，既可以指滋养体气而言，亦可指招募新兵而言。——译者注

然发生许多竞争的，奥地利拟借这个有名无实的和议为名，暂时休养兵力。英国也借这个机会牺牲一切，预备作战。这一个和议不过是暂时的和平，大约督政府也明白这一层。故此就于10月26日批准签字。

国人得了签署和约的消息，是如醉如狂的欢喜。当时有许多警察报告，有一百余家的报纸，还有许多私人往来的信函，可以证明当日欢迎和约的情形。有几个政府授意的报馆，都赞美督政府，说是新8月的督政们的大功，却没有什么人相信。当时的记载都是赞扬拿破仑的话。

国人这样的情感，这样的爱戴，是自然流露的，从极远的穷乡僻壤起，一直到巴黎城里穷民所住的地方止，好像是一长长的火药线，同时燃着了，都是一片赞扬拿破仑的声音。法国人原是慷慨激昂，是富于感情的，可怜这七年以后，他们无从发表好感，只有恐怖怨恨；因为拿破仑有极可爱之处，故此国人都爱戴他，他们当拿破仑是个大英雄。拿破仑确有许多特性，是配受他们的爱戴，配居英雄之名的。在国人意想中，都以为拿破仑无一件美德不具备，智勇、大度样样都有。

拿破仑在蒙贝罗地方有三个月之久，接待四方来宾，接见许多法国人，当他们面前说过许多话。他所说的话众口相传，他所说的，有许多年在法国都听不见的。他说道："因为国人的良心起见，故此要讲和；各人信仰各人的宗教，不必压制；因为国人的利益，要讲和，让国人享受各人之所有，不要受惊扰，不要纳税，不要受麻烦；国人为公共利益起见，应该同心一致，要忘记从前的仇恨；政府要有力，但是对于法律自由及秩序要适中。"他又恐怕国人还不甚明了他的宗旨，于11月11日把他宗旨的要义精华，在他向意大利及山南等宣布的公告中发表，其实是要法国人晓得他的宗旨。

还有一点，拿破仑并不是一个主张武力者，他曾写道："一个大国，既有三千万人，在18世纪，一定要用干戈才能救国，这是一件大不幸的事。"这一位马基雅维利的大弟子，当新八月党发难的时候，原是他制造的干戈，国人却忘记了。国人为好感所惑，很高兴他说的话。

国人是很安心的，不安的只有几个督政官。他们要把这一个很讨厌的人支开，不要他回法国，就派他当拉施塔特地方大会议的大使。但是国人奉拿破仑如神明，巴黎人决意要见这位神人。督政官们只好没法请他来巴黎，他们还希望他到了巴黎之后，或者可以设法把他也拖入污泥里。巴拉斯以为拿破仑是共和四年新九月间曾经受过他庇护的人，也许他还是跟从前一样，并未改变。巴拉斯以为他不过是共和四年新九月的人，不晓得昨日今朝大不同，其实已经过了一百年了，今日的拿破仑不是从前的拿破仑了！

拿破仑果然来了。他从意大利起程的时候，一路上有多少人欢迎他，他有点舍不得离开。路经瑞士的时候，也是一路的欢迎。拉施塔特地方已经有好几位日耳曼的使臣等候他来，他叫他们等了好几个星期，他们心里很称赞他，又很害怕他。

有一天巴黎忽然得了消息，说是拿破仑到了，回家去见他的夫人。巴黎人好奇，有许多聚在他所住的那条得胜街，要瞻仰这位大英雄，但是他不愿意过于消磨国人的好感，不与他们见面。

试问拿破仑既到了巴黎，有什么计划呢？有许多人相信他希望入督政府，但是他还未到年岁（法定以四十岁起为合格，拿破仑此时不过二十八岁）。他一旦入了督政府，同事们只好仰他鼻息了。他曾同他的亲信左右谈过这件事。巴拉斯暗中设法拦阻他，拿破仑思索一番，以为果子还未成熟。他既明白这个情形，是难以久在巴黎逗留的，若是耽搁得太久，难免不被他们拖入混水里。拉雷韦里埃写道："拿破仑觉得地下太热，烧他的脚。"他这句话却很能够写出拿破仑此时的感觉。拿破仑要找一个脱身之计，现在他的声望位分如此之高，很不容易。他又说道："我若是不能做法国的主人，我一定要离开法国。"当下他既不能高飞，又决计不肯堕落，只好站在高处，做个旁观者。

他于是闭门不出，国人更想一睹他的容颜，此时真有望君如望岁的情形。群众所爱戴的人，无论他此时是什么态度，都是从好的方面看，以为他是谦让未遑。新11月10日，督政府正式接待他，巴黎有万千人聚在图尔农街等候他，瞻望他的容颜。凡是社会中有名的人物，都在大院等候他，高呼欢迎他。有一个外国人说："他们热诚欢迎他，到了发狂的程度了。"

他果然到了，穿的是很淡素的军服，1797年皮埃尔·盖林画师画他的像，就是这个时候的拿破仑：长黑头发，脸色淡白，两眼有锋芒，端正的鼻子，两唇紧合，却无后来那样阴沉之色，两颊刚硬，额高为乱发所掩，身上所穿的军服极少花绣。欢迎他的督政官们、部长们、议员们，都是金花辉煌，满帽的鸟羽，穿的都是绣花缎衣，却都比不上他淡素军装的尊严，好像是特为表示与他们不同的意思。他的态度颇板滞，欠雍容，但是一言一行都露出他是一个有极坚强意志的人。

他此时的态度引人思考，有一会儿工夫，都无人说话，众人好像糊涂了。过了一会，就有许多人大声欢呼喝彩。

巴拉斯吹捧他聪明，说话得体。在我们看来不过是几句很平常的话，内里藏着讥讽的意思。这个督政官说的是：也许将有一天，他们要请这位英雄出山，不容他有意深藏，闭门谢客。拿破仑的答话似乎无甚巧妙，只有一句话是使人注意的，他说道："等到国人有较好的法律，巩固他们欢乐的时候……"塔列朗沉思，回头对巴拉斯说道："这一句话是有下文的。"这一位前主教，已经在此时准备将来自己的位置了。因为他此时欢宴拿破仑，座中有二百多个都是法国的绝色妇女，穿得又极其华丽，他都不去招呼，只全副精神招呼拿破仑夫人一位。

他受塔列朗的欢宴，这一次算是一个例外，其余的欢宴他是不到的。但是他却到过弗朗索瓦的家里，同学会中周旋得很融洽，学会的会员个个都很心折他。那时候学会最有名望的就是拉格朗日、拉普拉斯、西哀士、安德烈·谢尼埃、多努、大卫这几位，他都恭维到了，他愿入学会。新12月10日，有一张报纸说道："拿破仑入学会，是学会的极大光荣。"他到学会，在科学系力学部，宣读一篇著作。新3月15日，学会开五系大会，拿破仑到场，主席很欢迎他，三次欢呼喝彩。他此时在巴黎，只与同学会的会员们接近，这是很有后效的一件事，读者将来便知。

除了学会的朋友们之外，其余的人都见不着他的面。有一天晚上，他在艺术剧院看剧，有许多人认得他，就同时欢呼喝彩，他立刻就走了。人人都说他这是谦退。当过制宪议会议员的拉博-波米埃的一封信里，称赞拿破仑是个“英雄”，后来才晓得是把他看错了。他说拿破仑好读普卢塔克的名人英雄传，却并不是个恺撒，只是个辛辛纳图斯[①]。说他向来不出门，只在家的小花园散步。有几个不喜欢拿破仑的人，说他是日见衰颓。有几个很害怕他的人，这才放了心。

这正中拿破仑的下怀，他晓得此时不能有什么举动，只好抚慰他的敌人，叫他们安枕熟睡，他决计走开。督政府叫他去打英国，他晓得政府也知这是一件会失败之事，他晓得督政府要他上当，他请政府派他去打埃及。政府只要让他离开巴黎，派他去打魔王，也是肯的，就答应他去打埃及。新3月，拿破仑得了政府承认他的计划，这是个大计划，是先攻英国的后路，把地中海先从英国夺过来，夺马耳他岛及亚历山大海口，占据科孚及安科纳，扼住英国往印度的咽喉，于是立刻就准备起来。

这个计划虽太大，但并不是办不到的。从一方面看来，是极重要的一件事，表示拿破仑的远见。他的意思是法国应该独有地中海的海权，当作是法国的属海，一百年间大势的关键，就在这里。英国是很明白的，故此一步一步地把马耳他、塞浦路斯、亚历山大海口先后都占据了，直布罗陀早已为英国所有了。但是拿破仑要国人追悔他走开，督政府是要他走开，这两种意思，一定都是很坚决的，不然政府是绝不能依他的计划的。因为共和六年春间，欧洲各国又要预备再攻法国是毫无疑义的，他们何尝不晓得。

好在拉施塔特的会议，奥地利有意延宕，一直等到3月9日，日耳曼诸邦最后承认割让莱茵河左岸，却附了一个条件，要奥帝允准。奥帝却要找一句当借口的话，结果激怒了欧洲。

---

① 古时罗马大英雄，国人举为独裁者，出师破敌，立即辞职，归耕不闻国政。——译者注

要做借口的话是很多的。法国此时要筹款征英国（这是遮掩攻打埃及的一句话），除了在意大利、瑞士、荷兰，是无处可筹的，在意大利群众杀死杜福将军之后，决计出征罗马，不过是为筹款起见。当贝尔蒂埃往罗马时，他的名义是征英军的军需监。他3月15日入罗马，是借自由为名，其实是要掳掠，既废了庇护六世，建设一个罗马共和国，又勒索了许多钱。

因为筹款就要侵瑞士，借保护沃州爱国者反对伯尔尼专制为名。3月4日，布律纳将军把伯尔尼政府推倒，掳了国库所存的好几百万现款，还要勒征到一千五百万，结果是建立一个被征服国紧紧束缚的民主制共和国。

当下摩尔哈森共和邦自愿归附法国，于是就收入版图。

儒贝尔将军4月12日同荷兰立约，把荷兰的船只及国帑，随便拨归法国应用。

2月22日，山南的意大利，受铁链子束缚紧了，法国强逼撒丁国王割让皮埃蒙特。加拉将军奉命入那不勒斯，是办同样的事，又派索汀将军到热那亚，也是勒索他们的钱。法国此时的所作所为，授欧洲以口实的实在是不少。

幸而奥地利尚未预备好，只是还在拉施塔特大会议支吾敷衍，但是人人都晓得俄罗斯是从睡梦中醒了，欧洲不久就有大战。

5月19日，拿破仑率师出征埃及，统水兵万人，陆兵三万五千人，部下诸将，如贝尔蒂埃、克莱贝尔、达武、拉纳、德塞、贝西埃尔、马尔蒙、布律埃斯、维伦纽夫等皆从，幕府中皆一时硕彦，文学家、科学家、美术家皆有，极似是远赴异域的科学研究团。

没过多久，巴黎就得了捷报，说是不战而下马耳他岛，6月30日全军在埃及海口亚历山大登岸。

巴拉斯在巴黎叹了一声说道：“他终于走了！”这一声透露出他的奇异心态，可见得他很害怕。

第四十六章　督政府与无政府主义分子

（1797年9月—1798年5月）

共和六年新三月之选举——无政府主义者当选——共和六年新四月之政变——雅各宾党之愤怒——崇尚美德派——共和七年的选举——联合反对督政府——第二次欲侵犯法国之欧洲同盟——拿破仑在埃及——法军在日耳曼及意大利之败——苏沃洛夫及哥萨克军队——法国失意大利

拿破仑未登舟之前，就听见雅各宾党同督政府竞争。这是新10月的事，到了次年新4月22日，又发生政变。

新11月7日，普鲁士驻使写道："大局是解决了，因为督政官们决计趁雅各宾党羽翼未成之先，就把他们打倒，不让他们高飞。"

此事非常急迫，因为与新3月的选举，是有重大关系的。新8月驱逐的议员们，还没有补人，此次有超过半数的议员（七百五十人中有四百三十七人）是要重新选举的。各党都很害怕，都想联合起来，共同抵抗督政府，即使选举了许多无政府主义者，也在所不惜。

督政府就用向来的手段，抵抗他们联合。第一步督政府先把他们自己的人选定了，把单子交给部长们，随即派人分赴各个省去游说，都是带了许多款项去的。随后于新3月1日，是举行人民主权庆祝，大事铺张。这是在新8月之后六个月，在新4月之前两个月的事。这一天的庆贺，所有铺排，都不伦不类达到极点。

督政府是什么手段都用到了，强逼、行贿，种种方法都用到了。还恐国人选举得不好，不合他们的意思，于是定了一种办法，说是新当选的议员，不归他们自己核验权证，改归将要退职及已退职的议员们核验。这就是叫落选的议员，核验当选的议员权证。这种提议自然为仍在位的议员所喝彩赞成，竟于新1月12日通过颁行。

最后一步，是在新3月12日有一张报，登了一段半官方的宣告，说是假使恐怖党被举做议员，是不能承认的；凡有个省份选举这种议员的，是不算数的。这个省，只好无代表的了。有两家反对党的报，当时称为无政府主义者的机关报，很攻击这种办法，于22日被政府封了。

这就是共和六年，即自由九年选举的准备。

督政府虽然用尽种种手段，然而选举结果对政府来说是灾难性的。

有许多诚实君子，看见新8月政变很灰心，都是闭门不出的，不敢出来任事，故此激进派很得意。当初选的时候，恐怖党成为议会中的多数。按照巴黎的指令，支持政府的少数派退出，单独开会选举。他们以沉着冷静的认真态度，选举了少数派的议员，以与多数派选举的议员进行对抗。

新3月30日揭晓，才知道四百三十七个名额之中，有三百个议员是多数派选举的，都是要反对督政府的。这个数目加上原有而尚未退职的议员数目，又变成大多数，都是反对政府的。此时又适值督政官中有一个（即弗朗索瓦）要退位，立法机构立刻要新选一个督政官，所选的督政官一定是政府的敌人，一个“无政府主义者”，督政官们很害怕。

于是又要用手段。从此时计算，要等到新5月1日两院才开会，当他们未开会之先，政府还有自由行动的时间。第一步他们叫弗朗索瓦提前一个月退位，就叫两院现在的议员选举一个新督政官（这是不合法律的办法）。督政官中那一个西哀士，同事们讨厌他好发议论，又因为他同雅各宾党有关系，于是设法把他派到柏林，又设法使议员们选举了一个督政官特雷拉。他是一个平民（是当时一位沙德奈夫人称他为平民的），又是一个恺撒派①律师，且痛恨“无政府主义者”。

于是又用手段，使反对派所选举的议员发生阻碍，落选的多数派议员如雷尼尔等，天天晚上入督政府，布置他所谓涤清议员的事。

事情是新4月8日在元老院引发的。雷尼尔（其后在帝制时代当司法部长）要求涤清新被选的议员，他说新被选的“无政府主义分子”是“变相的保皇党”。13日督政府提交一件紧急公文，维持赞成雷尼尔的提议。新8月打击保皇党的办法，是个绝妙计策，但是现在也要用新8月的手段打倒罗伯斯庇尔的余党，却不能照前次对待巴贝夫党的通融办法，对待此时的保皇党，绝不能稍示通融的了。巴拉斯自己说道：“把他们都杀了！”

新4月14日，派委员查验此届选举，经委员会主席提议，凡选举的是危害督政府的人，都要作废。有一个委员赞成这个提议，他的理由是：政府是竭力要国人选举共和党及保守党（当时保守两个字算是极新鲜的名词，可见此时人心之改变）。既经政府三令五申的谆谆告诫，而选民们还是目不能视、耳不能听的，这种无耳无目的选民的见解，是不能算数的。五百人院果然通过这一议案，元老院又承认了它，于是以新4月22日定为法律。这是督政府发起的第二次大攻击。

于是取消七个省的选举，有二十二个新选举的议员都作废了，督政府索性保留二十二个旧议员，不令七个省重新再举。另外还有三十处的选举，都不算数。政府说新被选的菲奥将军是一个巴贝夫党；新选的兰代，太过激进；督政府说勒奎尼奥议员，是恐怖党。我们却要诘问：巴拉斯是不是恐怖党？他凭什么就到了督政府呢？最后的手段是政府最注意的，是不取二十一个省大多数所选举的议员，反取少数所选举的议员。例如阿尔代什省选民团的数目总共是二百三十人，居少数的只有五十七人。这五十七人选举的议员，是算数的。总结果是五十二个新议员被取消了，不算数。由一百多人选出的议员政府不承认，只承认少数所选的。

这原是一件极不公道的事，但仍然不能稳固督政府的地位。当时还

① 专制派也。——译者注

有许多雅各宾党反对督政府的，政府以为把他们吓倒了，不敢开口了，不料不久他们又卷了大多数附和他们。督政府用这种阴谋，行他们的变政手段，又得不着所希望的效果。那时候无论哪一党，都晓得督政府受尽了破坏自由的种种恶名，却得不着好效果。变政而不成功，是一件最糟糕的事。

幸免取消的雅各宾党，到了两院的时候，异常愤怒。读者已经晓得他们进攻的方略，就是扫荡一切腐败，非要把“腐败肚子”党打倒不可。他们攻击说，梅兰养了许多情妇，巴拉斯是大腐败者，勒贝尔的左右都是骗子和无赖，特雷拉是个残暴的人，拉雷韦里埃是个执迷不悟的偏执狂。有二十张弹劾督政的文，都是说这样的话。至于说到其他人，他们认为部长拉梅尔是新发财党的代表，塔列朗是个极坏的人。当时所谓高等社会中人所聚集的地方，全是宣淫为恶的窟穴，督政府里的一反常态的种种不堪的行为，传染得哪里都是，巴拉斯的多年积秽的马栈，必要荡涤一番。

反对党攻击政府的方略，是很妙的。法国虽然算不得一个崇尚清洁道德的国家，但是一旦有许多人发起崇尚美德的举动，是往往能得胜利的。这一个大题目，又可以容纳许多反对政府的各党派，从崇奉天主教的党起，以至恐怖党，都可以组合起来，用于明年的选举。读者要晓得，将来就是用这个办法。

以道德为名的党派，此时却还不敢公然同政府开战。到了新7月，却要动手了。于是派了一个委员会，查考国内丧失道德的情形。委员查访后，作一个报告，措辞是很空泛的，却是很可怕的。报告上说道：“政府机关，无一处不是腐败的，无一处不是做丧德的事的……若是长此宽纵放任，不难把我们都放在秽垢堆里，被国人指为同谋，受国人斥责。政府的人无一个不是坐拥厚资的，试问他们是从何处得来的？用什么方法得来的？他们的不道德行为不问可知。他们为国人所不齿，将从最高地位被国人推入深坑的。”

当宣读这个报告的时候，在场的人，嘴里说的大约都是巴拉斯、勒贝尔两个名字。

巴拉斯并不表现什么诧异，心里大约说道："我是一把老雨伞，挡过多少大雨了。"勒贝尔却不然，听了是很害怕，害怕到犯病。巴拉斯曾说过："一个人的左右，虽然都是恶棍，但是本人是干净的。"他这句话，也许是说得不错。他自己要辞职，但是他的亲戚朋友不肯失去这个靠山，而不能升官发财，极力阻止他，不让他辞职。

督政府此时又自行决裂，更不能抵抗外间的反对。特雷拉认为勒贝尔拖累同事，说道："他不是病，是生气。"梅兰准备驱逐巴拉斯及勒贝尔。巴拉斯因为想同反对党讲和，也准备牺牲同事。反对党得了督政府内里不和的消息，攻击得更起劲。况且反对党这个时候又有一个新出场的人物，鼓励他们攻打政府。这个人很危险、很活跃，他的名字是吕西安·波拿巴。

共和七年的选举期快到了。当时反对督政府的情形，比共和六年厉害得多。

冬天是异常之冷，粮食是日见其贵，穷民们都饿病了。此时攻打政府，正中他们的要害。没有工作的工人们，无不痛骂政府的。此时左党的反对派，逐渐无声无响地同国内奉基督教的暗中团结起来。

此时的宗教的思想很兴盛，政府只管惩罚教士，贬逐他们远处充军当苦工，或是枪毙他们，也不管用，压不住国人的宗教思想。汪达尔说道："政府把教堂大钟的舌头拔了去，还是要说话的。"政府虽然从教堂里把宗教逐出了，宗教却都躲在人心里。共和六年新四月十四日，政府下令把所有的祈祷堂都封闭了，巴黎全城只剩了八间教堂，给信奉天主教的人去祈祷。城里的人争进这八间教堂，简直是争先恐后，同发狂一样。

但是拉雷韦里埃所发起的博爱教，却有十五处教堂，把这十五处教堂的名称都改了，用他所定的新名称，另外还定了教仪，强逼国人入新教堂行礼。民人讨厌新教仪过于繁重，都不肯去，只好强逼官吏的妻女亲族们，倘若不去，是要免职的。政府又勒令国人每逢旬日休息，以替代星期日，要众人星期日仍旧照常做事。国人哪里肯依，于是星期日关店的要罚，闹个不停。政府又定了许多烦苛的规则，例如星期五禁止卖鱼；出殡有十字架前行的，是不许走过；有好些学校还有挂十字架的，都拆下来。

天主教是准备受羞辱了，但是他们有一个报复的法子。他们不能选举同他们意见一致的真诚君子，他们想道："督政府苛虐到极点了！假使无政府主义者当权，也不能再比此时的督政府这样苛虐的了！我们既不能选举真诚君子，索性选举无政府主义分子吧！这一次是不比从前的选举那样好说话了。这一次一定要把政府打倒！"

于是无声无响的彼此都会意，联络起来，要打倒这个督政府。快到选举期前数星期的警察报告，就报明民间有大举动，此时两极端的反对党联合起来。当时的报告说道："在一处，葡月政变的右党人，选举一个极端的无政府主义分子；在另一处，无政府主义党选举一个极激烈的右党。"

结果不久就发现了，督政官们从前所免职的雅各宾党官吏，都被选了。巴拉斯写道："这才算是报新4月22日的仇。"因果分明，再没有比这一次更明显了。政府虽用了许多巧妙手段，结果不过是强逼各反对党结合得更坚固。

政府此时所处的境地，已是十分为难的了，不料又发生一件事，更令其为难。因为破坏了和议，法国的国势很不好。

拿破仑由巴黎出发的时候，巴拉斯喊道："他终于走了！"欧洲各国看见拿破仑走了，也同巴拉斯一样，同说一种话。奥地利一见拿破仑走了，就力劝俄帝保罗一世入决斗场。

侵犯法国的机会很多，好像是有意从法国新征服的地方入手。如瑞士共和国、荷兰共和国、山南共和国、罗马共和国受法国的钳制愤怒极了。那不勒斯求奥地利帮助。奥地利从前敷衍法国，塞尔兹会议于7月6日破裂的。

愿保持中立的普鲁士王腓特烈·威廉二世死了，继位的是腓特烈·威廉三世，是一个最痛恨革命的君王。他一登位，拉施塔特的诸邦会议就解散了。

这一次是一个大瓦解的局面，战事立刻要爆发，又与从前大不相同，奥、英、俄三国都加入了。法国的边界此时已经展拓了许多，比1792年困难多了，况且政府无钱，国人同仇敌忾之气又远不如从前。

从埃及传来的消息，却都是好消息。作者不能详叙法国军队在埃及所立的战功，总而言之，在法国历史中，埃及之役是一段最奇异的历史。当日拿破仑如何应对埃及人，讨论他们的宗教信仰；拉萨尔的骑兵如何令埃及向来著名的骑兵佩服；缪拉如何以少击众，直捣他们的中军帐，生擒他们的大将，及种种奇异的事，作者却不及详叙了。

拿破仑是6月30日登岸，连打两三次胜仗，就直入埃及都城开罗，把当地的主人赶走了，乘胜深入内地。英国的海军虽然打了胜仗，8月1日，纳尔逊又在阿布基尔打败法国舰队。在拿破仑眼中，这不过是作孤注一掷，出奇制胜。于是拿破仑平定了开罗反乱之后，征服上埃及。预备在1799年春间攻叙利亚，一连打了好几个胜仗。拿破仑梦想绕路从大马士革经君士坦丁堡及维也纳回巴黎。

但是法国在欧洲的军队，却并不得手。儒贝尔占据了皮埃蒙特，又有一位法国将官尚比奥内从罗马反攻那不勒斯。这几处虽然得手，却是靠不住的，挡不住欧洲的大军来攻。

1798年12月17日，欧洲联攻法国的政策成立，所有法国的要塞，南从那不勒斯起，北至阿姆斯特丹止，沿边所有的地方，处处都可以受敌。

政府派谢雷将军赴意大利，派布律纳及贝尔纳多特两将军赴荷兰；中间只有儒尔当将军的四万人在日耳曼，马塞纳将军的三万人在瑞士防守法国的旧边界，同他们相离很远。那不勒斯地方只有麦克唐纳将军的三万人。法国所有抵御欧洲各国四面入犯的军队，总共只有十七万人。

2月28日，儒尔当渡莱茵河，不过几个钟头之间，拉施塔特的大会就解散了（此时都除了假面具用不着戴了）。敌人做了一件最违背国际公法的事，纵容匈牙利的骑兵，殴辱法国三位大使德布里、罗伯若、伯尼埃，后两人被他们杀死。这种野蛮举动预示将来的战事，是非常残酷的。

儒尔当并未深入日耳曼，被查尔斯大公打退，守住施特拉斯堡。征意大利的军队，就很有点戒心。此时俄国的军队介入，使欧洲震惊于这支伟大的哥萨克部队；同时，这也是其后十六年间，法国的大军第一次受巨创。统带这支野蛮哥萨克军队的是一个俄国将官，名苏沃洛夫，他自己就是个野蛮人，又迷信宗教的，是个骁将，是个残暴的人，专好掳人，又好焚毁城邑，又专好杀敌，是个最可怕的敌人，与1792年的敌人大不相同。

法国大使在拉施塔特遭遇暗杀

假使奥地利任由这个野蛮人自由行动，只要一年时间，法国就会被他蹂躏了，要等拿破仑回来，才能制得住他。幸而奥地利掣肘制住他。欧洲的联军大多数都是奥地利军队，俄国军队只有三万人。奥地利要操纵全局的军事，初时是让俄军自由行动的，后来却慢慢掣他的肘。然而法国的情形很危急：格里松斯有奥军二万六千人，提洛尔大山有奥军四万六千人，在威尼斯境内有八万六千人，又有苏沃洛夫的俄国兵三万人在波河，同时又有英、俄联军四万人在荷兰登陆。总共是敌兵三十二万人，攻打法军十七万人，况且法国此时又是士气最不振的时候。

4月27日，苏沃洛夫初次与法国军相遇，乘法军不备，渡过阿达河，直捣莫罗中军，逼法军渡波河，退入皮埃蒙特。莫罗仍希望与麦克唐纳相合，麦克唐纳从那不勒斯挥师向北。苏沃洛夫即用拿破仑的军略，横亘冲至，使法国两军不能会师。他遂入米兰，驱逐雅各宾党政府，再进攻都灵，然后进攻麦克唐纳，血战三日（6月17日至6月19日）。麦克唐纳虽能统率余烬与莫罗相合，然而寡不敌众，为俄军所败。

法国遂失意大利，那不勒斯、罗马、米兰各处的雅各宾党政府，都被打倒了。法国的旧边界很危急，马塞纳在日耳曼不能保全秩序；瑞士各处都举兵反叛法国；普鲁士及巴伐利亚两国，有不守中立、反攻法国之势；英国到处花钱。法国此时国内不和，政治腐败，国库空虚，军费过少，寡不敌众，是否要屈服了呢？

4月20日，拿破仑自请班师。督政府怕他到极点了，此时法国里里外外，虽然是四面受敌，督政府还是不答应他班师，不愿他回法国来。督政府还要遭逢更大的不幸的事，然后才叫这个救国的英雄回来。

第四十七章　雅各宾党的最后奋斗

（1798年5月—1799年7月）

共和七年的两院——西哀士被选为督政官——免督政官特雷拉之职——1798年新5月的政变——山岳党之反叛——西哀士执督政府大权——雅各宾党的三大政策——共和七年之征兵——共和七年之纸券——人质条例——各省之反乱

当法国的灾祸尚未到最高点的时候，反对政府的人就拿来作武器，攻击政府。两院到了新5月，又要退职改选，国人绝不管督政府的意思，仍然是选定新3月所选举的人。督政府此时要对付极有力的反对党了。

反对党分作两派：一派是好嘈吵的极端左党，要求恢复公安委员会及恐怖法律；一派是最痛恨政府的政客，这一派的目的是要整顿督政府，由布莱等当领袖。

开始动手的时候，他们专攻巴拉斯，随后却又饶了他。巴拉斯到底是用什么手段同这些反对党讲和呢？且不论巴拉斯用什么手段，不过几个星期，就显露出反对党的策略，是专攻勒贝尔及特雷拉两督政官，却饶了这个不倒翁督政官巴拉斯。原来巴拉斯还是用他的老手段，很简单的，就是“卖友”两个字。巴拉斯的日记虽然说过，他当勒贝尔是督政府的灵魂，但是躯壳已经得了大病，于是决计牺牲灵魂。不晓得他们是用什么手段，勒贝尔居然辞职，督政府还要安慰他一番，从秘密费用拨出十万里弗赫给勒贝尔，还让他把车马等等带走。西哀士说（西哀士说的话恐怕靠不住）：“勒贝尔临出督政府的时候，还把家具都带走了，连他房间的蜡烛都卷走了，一根也不留。”

西哀士屡次不肯当督政官，说是不能与勒贝尔共事，现在勒贝尔出了督政府，他可以进督政府了。

我们不晓得西哀士这个人怎样得了那种大声望的。有一位外国驻使写道：“西哀士的党徒崇拜他如天神一样，反对党骂他，当他是个魔鬼。”西哀士兼有两种荣耀。

读者早已领教过这位先生的了，他是个自鸣得意、目空一切的哲学家，到了这个当口，他以为机会到了，挟着他那本法律可以下山救世了。若是有人问他，那本法律写着什么东西，他就露出极其骄傲的神气来，一语不答。其实他并不晓得那本书里说的是什么。若是他贸然就撒手办事，原是因为他糊涂，他白天的思想比人家晚上所做的梦还要糊涂得多。他的头脑并非时时都是清楚的。

他是个骄傲的人，故此就好像比别人骨头重些。他最看不起的就是这四年来当国的狐朋狗党。他把这群人分作两堆：一堆是恶棍，一堆是狂热的极端派。他的计划是先把鬼迷心窍追逐钱利的小掌柜们逐出卡尔姆监狱；第二步，就要逐出狂热的极端派刽子手们。把这两堆人都驱逐了之后，他就动手改宪法。

他被选做督政官的时候是在柏林，一得了消息，就答应下山救世。他的朋友们听见这个消息，都异常欢喜，说道：“这是法国之福，西哀士出山。从此可以天下太平了。”6月13日瑞典派驻巴黎的大使写道：“有许多国家生死存亡的时候，恰有明主登基，受国人欢迎，都没有此次西哀士出山那样能安慰人心的；但是他出山之后，并无什么丰功伟业，不过是证明理想家是不能治国的，西哀士就是一个极好的榜样……”后来果然证明一件事，请哲学家出山，就是请军阀出山的先声。哲学家见自己的力量实在不足，只好请军人来帮助。

督政官们是痛恨西哀士的，一旦西哀士被选，他们就觉得好像是凭空来了一个霹雳。拉雷韦里埃说："大祸快来了！"自从这一天起，巴拉斯就决计不管任何事了，他的唯一主意就是一味唯唯诺诺。巴拉斯说道："他说什么，我也说什么，绝不反对他，他自然以为我的聪明程度和他的差不多，我们就可以携手，不然就要发生冲突。"

当下反对党一面等候西哀士回来就职，一面就攻击督政府，就用军事失利作题目，责问督政府解说军事失利的原因。有一个议员贝特朗登台演说道："你们这几个当国的庸才，此时还不发抖吗！"

此时巴拉斯很畏缩，但是仍然不断地同两院谈判、交涉。他已经卖了勒贝尔，何妨再卖督政官特雷拉呢？督政官特雷拉与巴拉斯不同，巴拉斯肯敷衍两院，督政官特雷拉是看不起两院的，故此议员们无不恨督政官特雷拉的。有一天，议员们骂督政官特雷拉道："你这个粗鄙的人，我们总有同你算账的那一天！"他们专等西哀士来了，就要惩办督政官特雷拉及其党徒。

新5月17日晚，西哀士到了，却不立刻就到督政府，一直等到20日那一天，他才进府。就职之后，十天之内是很安静的。

五百议员们还等候督政府的答复，等了许久，不见有答复来，很不耐烦，于是动手发威，先从督政官特雷拉下手。

动督政官特雷拉原是一件容易的事。按法律来说，督政官特雷拉原不能算是政府的人，因为他是卸任的两院所举的，这是违背宪法的。议员们此时要维持宪法（近年以来，每三个月必违背宪法一次，只有此时议员们要维持宪法，说话最多）。于是勒令督政官特雷拉辞职。督政府开会，督政官特雷拉看见同事们的脸色很难看，晓得他们决计要牺牲他。他原是个很简单的人，不比勒贝尔，站起来抓起自己的那把雨伞，就出了督政府，回家睡觉去了。

五百议员选派戈叶补督政官特雷拉的缺。他当过司法部长，罗兰夫人用两个字评论他，说是"庸才"。这两个字说得很对。他原是两院的人，要联络西哀士及巴拉斯，驱逐梅兰及拉雷韦里埃。

到了这个时候，不得不用强硬手段了。布莱负责实施，这个负责实施的人将来是拿破仑的部臣之一，是一个敢作敢为的人，凡有激烈举动，他都一马当先。新8月的政变有他；新4月的政变有他；现在新5月的政变，他自告奋勇；随后新10月的政变，也有他。他跑上演说台，斥责一番。只说政府有几个不妥当的人，必定要打倒的，却并不引什么事实证明。于是派委员团调查，布莱是委员之一，责成他做报告。他的报告说拉雷韦里埃及梅兰（为什么巴拉斯独可以幸免，无人能说得出理由）都犯了任意横行、违背法律、擅自捕人的罪。两院就照他的报告施行。

11点钟，两院代表到督政府宣布拉雷韦里埃及梅兰若不好好地辞职，就要受拘捕。这两个督政官还要支吾，巴拉斯强逼这两位同事辞职，初时不过是讽示，后来却说激烈的话，于是责骂梅兰种种私德不好，说道："你赶快滚出督政府吧！"拉雷韦里埃一有所感，还要演说一番（他的日记详载他的演说，他自命为大罗马最末后的一位大英雄，可惜他话虽说了许多，却并未说清楚）。但是同事们都恐吓他，他满面泪痕，哭哭啼啼地同梅兰两个人出了督政府。这是新5月30日晚上的事。

于是选派两个新督政官：一个是杜戈，当过地方官；另一个是穆兰。两个都是向来不知名的。国人都是糊里糊涂的，不知是怎么一回事。有一个半官方的报告说道："两院善用其力拯救了政局，现在已经把督政府的两个大人物打倒了，国人可以相信能享受自由了！"可怜这两个大人物！

但是国人早已不相信自由了。什么自由或不自由，国人都看得很淡。兰代写道："国人怨声载道，但是诸事都看得不甚关切，只好忍受。"但是要晓得小民的感觉，不如看当时一个乡下人的日记。有一个杜州的葡萄种植园主，他于1799年6月初写道："国民公会（有误，原文如此）议决雅各宾党的选举是合法的。督政府里的几个大督政官，向来的唯一目的是要发大财，国人已经宣布，他们只存这样目的已经呈请免职了。他们退位的时候，都是满载而归。他们的金银珠宝一辆大车都装不完的……贝桑松的地方官都换了人，新来的都是一班好流血的人。”

新来的是好流血的人，是好食人的人。法国的国运实在是不好，去了一班恶人，又来了一班恶人。1799年夏天，无论城市、乡村，小民们的感觉就是这样。

真是好流血的人又来了吗？恐怕当真回来了。新山岳党已经来了，这就是从前的山岳党，现在打倒了贪财的督政府，新添了许多势力。这个新山岳党立意要赛过旧山岳党，从新6月1日起，一连提了不知多少非常议案。他们说：“因为外国敌人已经到了国门，一定要恢复公安委员会。”既有公安委员会，自然就要再把那部杀头机器竖起来。在雅各宾党常到的小咖啡馆，常常听见他们互相诘问道：“还不该杀几个人吗？还不按杀头机器吗？”

当下俱乐部重新开门，大张旗鼓，雅各宾党的报馆又开张了。两院有一个很有势力的党，在那里商议要定征兵新制，要向有钱的人家勒索钱款以充军饷，又要定人质法律，要立刻宣布法国危险，再行恐怖政策。

凡是体面的人家，听了这种议论很害怕。当时有一个外国驻使写道：“他们看见那一班太过不堪的督政官们倒台了，是很欢喜的，但是觉得新来的人比去位的人更危险，是要扰乱治安的。”这个外交家所说的话，同乡下那个种葡萄的所说的是一样意思。

当时得胜党如西哀士、布莱等的党徒，所发的议论尤其令人害怕。他们认为再竖立杀头机器是很危险的，不如敷衍议员们，采用他们征兵、勒借、人质的议案。重开俱乐部也可以答应，一旦这些党徒们觉得自己势力充足的时候，再把俱乐部关闭。

这就是新督政府的态度，新督政官大约都是庸才，故此西哀士就能利用他们当傀儡。有一个亲眼看见督政官们就职的，翌日写道：“可怜那个戈叶一披上紫色袍，就糊涂了，不知怎样是好，有人来同他贺喜，他就称呼人家国民督政，他所看见的人都是督政官。”这句话说得很不错，连戈叶这样的人也当了督政官，那人人都可以当督政官了。据西哀士的表示看来，西哀士的确当戈叶是个大傻子，穆兰将军是个大笑话。他是暴徒们的将军，有人说他是杜巴利的下人，从杜巴利宅里出来之后，靠卖蜡烛过活。巴黎刚起事的时候，他当过桑台尔将军的副手，随后自己独当一面，也做到将军。当时法国的军籍中刻名的都是当时的名将，如马塞纳、莫罗、儒尔当、儒贝尔、拿破仑等，却也有穆兰的名夹杂在内，岂不是个大笑话吗！当时有一位女著作家写道："我们看见这样不堪的一个人当了督政官，占据了国中最高的位置，不免令人想起古时的野蛮人，往往能做到皇帝。"西哀士一看见这位暴徒的将军，就晓得他是个毫无价值的人。但西哀士却看上了杜戈，因为杜戈肯听话。杜戈这个人也有特色，他从投票赞成杀路易十六那一天起，一直到1814年，他在元老院投票赞成复辟，请路易十八回国，登其宝座这一天止，在这段时间，法国所演的种种把戏，都有他一份，可惜1816年他自杀了，不然的话，等路易·菲利普登位，一定封他一个爵的。但1816年，他有一天从马车上跳下来死了。杜戈这个人无论遇着什么政变，都要从中渔利的，只有此次跳下马车，却得不着什么好处。共和七年新五月，人家都称呼他是西哀士的奴才，受西哀士支配的。又有人常听见拿破仑说道："残废的杜戈，卑劣的穆兰。"

巴拉斯不敢公然有什么表示，他的心肠早已腐败了，他的头脑也腐败了，但是他还有余力，要施行他最后的一个阴谋。他同路易十八的左右协商，要办复辟。有人证明他已为路易十八所收买，不过静候时机。也许他不过是愚弄收买他的人，据他自己说，不过是愚弄他们。但是他以后专事吃喝玩乐，不与同事们讨论公事了。督政府的垢秽，总算是洗刷了。他的运气真好，什么祸都惹不上身。

巴拉斯既韬晦不肯露面，自然是西哀士独揽督政府大权。他是从来不会想到路易十八的，只有一会儿，却想到路易·菲利普一世。但是他此时的政策，是要同一个好说话易商量的军人定个办法。读者快要读到他用些什么手段了。他一开始就把他的秘密计划告诉戈叶，戈叶听了大吃一惊。当时他一面等候这个军人，一面已经驱逐追逐钱利的掌柜们出了卡尔姆监狱，第二步就要驱逐好滋事的人。他看见新雅各宾党的举动，有点忧心，不久他就很讨厌他们了。

山岳党此时大发雷霆。读者要留心他们的举动，历史学家都是一致同意这种举动的最后结果，是要把国人推向专制家怀中。

雅各宾党起初是要求位置，这是向来的办法。他们果然得了位置，居然就把塔列朗也驱逐了。塔列朗付之一笑走了（国人此时还不晓得政府不用他，这个政府就容易破坏），却来了一个莱因哈特补他的缺。雅各宾党因为他过于平和，不甚喜欢他。新司法部长是康巴塞雷斯，他们也是嫌他太平和。他们要求要一个纯粹共和党如兰代来管财政，后来居然强逼反对党，非派他不可。他们犹以为未足，认为所得的好处太少。在他们眼中，西哀士是个反叛者。

新政府第一件令人失望的事，就是征兵。这原是可以料得着的，儒贝尔给他父亲的信上说当时的情形很困难。自从1795年以后，国人参军的热心都冷淡下来了，已经应征入伍的常想逃亡，故此共和七年征兵就发生许多困难。有一个旅行家经过法国南方好几省，到处说是被征募入伍的人，公开对抗政府委员。有一个委员说这是教士们在作怪。其实根本不必由教士们告诉国人说是政府无钱、送到前线不过是被敌人屠宰这样的话，政府的信用已经是完全丧失了，这就够了。当国人听见有拿破仑登岸的消息时，所有的反抗政府的被征募入伍的人，忽然作大让步，都愿意投到拿破仑麾下。但是共和七年，所有法国南部都反对征兵。

最令政府失望的是财政。作者不愿详论这件惨事。当时有若干社会党，从巴贝夫派各俱乐部出来，这群激进的社会主义党对于时局有许多误会，不主张纳税平等，要特别重收富人的税。

共和四年，曾经实行纸券，所用的是择肥而食的办法，却并未办到。这一群社会主义党全忘记了，还要再用纸券政策。他们不说是办法行不通，却说因为不是纯粹共和党人当权。现在是交给兰代去办，立刻就要筹一亿里弗赫，应该责成有钱的人去筹。新定税率，田产收入每年过三百里弗赫的，要纳十分之三，按级增加；凡所得在四千里弗赫或在四千里弗赫之上者，要纳四分之三。这就是雅各宾党强逼两院于新6月10日通过的新例，到了新7月19日，变本加厉地苛征。

税捐非常重，有些人要纳五万里弗赫，也有纳三十万的，纳五十万的也有。然而富人并不受苦，受苦的还是穷人。

共和七年新六月十日在五百议员会通过税则，从那一天起，就发生极大的变化。12日，有许多报纸说市场很不好，凡是奢华品都没买卖；稍有钱的人家，都纷纷辞退仆人；定制的家具及衣服都退了不要了。随后晓得元老院也有通过税则的趋势，民间更惊慌。有许多商人都纷纷请护照出国，到汉堡、瑞士、西班牙等处。有些取巧的，用缓兵之计，先宣布破产，奢侈的举动都停止了，工人无工可做。

估税的官吏受怨最深，他们都倚势报私仇，于是有许多告密的人出现。这一次他们之所以告密，并不是要害人性命，而是要夺人家的财产。

读者要注意的是富人并不吃亏，有许多富人是不置田产的，他们的财产都是各种证券，官吏不能动的。有一个外国人说："有一个富人，宁愿花十万里弗赫，请官吏们不去查他的所得。官吏们却不要。富人问道：'你们不要吗？我能叫你们一文的税也得不着！'"这种富人是不会吃亏的，吃亏的都是买国产的巴黎商人；间接吃亏的就是做工的人。所有工厂都先关了门，官吏强逼他们开工，也做不到。其实凡是有钱的人都离开巴黎了，他们躲避税官，如同从前躲避公安委员会一样。富人、商人都走了，穷人自然无工可做。有一个小木器作坊主写道："官吏们饶了我六个里弗赫的税，但是他们把我的主顾都吓跑了，我所吃的亏，何止六十个里弗赫！"政府愈想敛钱，愈无钱可敛，国库仍然是空空如也。有人说道："自从施行纸券的办法，注册局、印花局一文的进款也没。政府这种举动，是自塞其财源。"

于是用了许多苛暴手段，不知害了多少人家，才能搜刮四千万。他们当初以为可以搜刮到几亿的，不过是一场梦。不到三个月，两院也晓得这办法无好效果，就有一个议员演说，要恢复从前按比例纳税的办法。新10月16日通过，离拿破仑政变不到两日，却来不及了，太迟了，挡不住大富翁科洛和乌佛拉尔欢迎拿破仑来替他们报仇，挡不住有田产的人欢迎他，更挡不住无工可做的工人们欢迎他来解救。

人质条例更苛暴，是新6月24日通过的。恐怖时代残杀的是贵族，但是并不想残杀无辜的人，以惩罚有罪的人。这时候却想出这个无理的办法，此时法国雅各宾党的旧病复发，不止是恐怖，简直是放了一把大火，把全国都烧着了。全国有四分之三乱成一团糟，私斗的事几乎到处都有，到处都准备起事。强盗们同反叛的征募来的兵携手滋事，政府装聋作哑，把他们都当成是路易十八的兵。于是新6月24日，极端的山岳党强逼两院通过人质的恶例：凡各自治会（即是从前的革命委员会复活变相）都要立一个册子，把贵族的亲戚名姓登上，若有一个爱国的人被杀死，就要远贬四个贵族亲戚。每一次盗窃案，要责成贵族的亲戚照赔。

人人看见这条恶例都害怕。国人是决计不肯再受苛政。各省以前不过是有反乱之势而已，自从施行这条恶例，立刻公然造反。一天之内，之前一直忠于革命的西南部的六个省，同时都反了，声势很大。新7月18日、19日的晚上，反者有两万人，都是不期而合的，用不着号召，也无首领，都是被这条恶例激反的。新8月3日，政府却把他们击散了，散过之后，这班人就变了流寇。

法国的西部自然又乱起来，拿破仑以为西部起事都是为恶例所激起的。到了新8月底，西部反者有五万人，他们的首领虽然是庸才，不能当机立断，但是部下的群众都是很骁勇的，攻下好几处城邑。若是问他们要什么，他们却答不出来，只晓得是为苛政所逼，山穷水尽，不得不反。1799年的秋，八十三个省反了十四个省，尚有四十六个省是预备好了的，随时都可以反。恐怖的旧病复发，就产生这种效果。有一个外国人很留心法国时局的，写道：“纸券及人质这两条恶例的不良效果，是计算不出来的。”第一条恶例是破坏商业、工业，使国家受种种的祸害；第二条恶例，是破坏整个社会。

第四十八章　请军人干预

（1799年7月—9月）

新雅各宾党——1799年之和平派——西哀士要用专制手段——儒贝尔将军——西哀士攻击新雅各宾党——约瑟夫·富歇当警察部部长——儒贝尔阵亡——督政府打倒新雅各宾党——法军瑞士及荷兰之捷——假使拿破仑在国内——各党的唯一希望都在拿破仑一个人身上——拿破仑自埃及归来

再生的督政府不等到有不良的效果发现，就竭力禁止恐怖政策再施行。新5月得胜利的人，不久就互相争斗。雅各宾党终归失败了，但是当时两派相争极其激烈，显出西哀士及他的同党们力量太薄弱。等到他们竞争终止的时候，两派都不以现时的制度为然，两派都盼望一个人来：一派是盼望他来增长势力，另一派是盼望他来报仇。

自从最后一次政变后，所有的俱乐部都重新大开其门，许多人都发怒和害怕。新6月18日，雅各宾党重新组织。但是巴贝夫死后的影响很厉害，深入拥护自由之新朋友心里，他们存了许多更激烈的想法。他们的政策（在1793年宪法之外），主张平等公共教育，还要组织民立工厂，欢迎巴贝夫及其党徒，作为为国殉难的英雄。这一派不久就主张杀人，首先要杀前督政府的督政及满载而归的财政家。这一派的麾下，很快有了三千人，就用王宫里从前议员的会场，作为他们的俱乐部，公然自命为正式的国立的议场。外省也有好几处重新组织俱乐部的，有意恢复1793年的办法。在两个月之内，这些俱乐部屡次演说，争论日见激烈。

真正的督政派自称是保守党，就是此时所谓的和平派。他们都是弑君党，又是1793年6月残害同类的人，又是共和二年新七月、共和五年新八月、共和六年新四月、共和七年新五月杀人的人，现在自称为和平派，真是名不副实。他们还有脸说是要把国家置于不可摇动的基础上，他们自称和平党，却带了许多雅各宾党的性质。他们所谓的和平，却是很激进的。

他们不知不觉地都几乎全变了专制家。他们晓得共和三年的宪法是完全撕毁了的，一定要重新立一个宪法，使平民们及群众都可以各安其业，享受和平之福；要成立一个强有力的政府，保护他们由革命得来的种种好处。这班人虽自称为保守派，他们所要保守的就只是革命。但是他们在那里很顾虑，若是禁不住他们注视已久的那一个人走来，要他保守一切利益，他们一定要受这个人束缚住，动不得。

两院之中，就有一个议员名默尔特的布莱，就是新和平派的一个好标本，原是雅各宾党出身。他此时就是一个首领，有许多人都是跟他走的。这许多人之中什么样人都有：有议员，有学会的会员，有政治家，有作家。布莱所说的话，他们都赞成的，因为激进派又出现了，他们就不得不设法反对。

这个时候最竭力反对激进派的就是西哀士，他认为可以同两院商量出一个办法。在这个当口，西哀士曾说道："两院的议员可与为善，可与为恶，却要看操纵他们的手段。"他阅历过几时之后，见得当日的宪法从根到枝叶都是腐败的，全用不得，于是同几个议员提及修改宪法的话。因为有了这件事，故此吕西安·波拿巴开始结交西哀士。

但是西哀士此时并未注意拿破仑，他所要的是一个易受操纵的将军。他曾对约瑟夫·富歇说过："我要两样东西：一样是头，一样是手！"他自己认为就是头，就是他那个肩膀架起来的头，就是架在西哀士两肩膀上的头，他自认为是全欧洲的大政治家之一。但是他虽然有了头，还要找一只手，要选一只执刀的手。

当时的将军很多，西哀士认为只有儒贝尔合格。儒贝尔年纪虽轻（现在刚好是三十岁），但相貌出众，又有志气，也能小心谨慎。拿破仑说过："他有勇而能镇静。"他废过都灵国王，又涤荡过荷兰共和国，他是有阅历的。雅各宾党虽然恨他（他在议会说过反对他们的话），但是也有几个党人很讨好他，如约瑟夫·富歇。保守派及贵族们很欢迎他的。有一个是很会看相的，看中这位青年将军，一定要大发达的，就把继女许配他为妻。约瑟夫·富歇也常对西哀士提及他，西哀士只说一声很好，就不往下说了，但是指派儒贝尔统领巴黎军队，这原是当日拿破仑初出场时候当过的。儒贝尔一得了这个消息，就会意了，说道："无论你几时选定了时期，我只要带二十名兵，就把事情了结。"

西哀士既有了后盾，就开始攻击敌人。新7月7日，叫元老院正式通知雅各宾俱乐都，要他们搬走，不许在王宫。9日会友们很愤怒，先迁往圣托马斯·阿奎那教堂。当天他以第一督政的名义，庆贺当新7月9日佳节的主席，乘机演说，对于罗伯斯庇尔不甚用严厉的贬词，但对于将要采用罗伯斯庇尔手段的人，说了很重的话。

雅各宾俱乐部很激烈地攻击西哀士。西哀士决计封闭雅各宾俱乐部。但是谁人有这个胆子去施行他的计划呢？陆军部长贝尔纳多特是靠不住的，因为他同雅各宾俱乐部常有往来。警察部部长又是个废物。反动派中有什么人敢封闭一个有三百个议员当会友的俱乐部呢？塔列朗虽不露面，却常常暗中献策于同党，是一个精通心理学的人，他料事料得很准的，说道："以盗捕盗，若要攻打收服雅各宾党人，是要起用雅各宾党里的一个人去办的。"督政官摸不着他的意思，使眼色问他，他说道："约瑟夫·富歇。"巴拉斯赞成塔列朗的主张，他以为约瑟夫·富歇是自己这一边的人。

巴拉斯虽然是一个坏透了的人，却有时还是很老实的，他把富歇当作是自己的亲信，是大错特错了。富歇是向来绝不肯当一个什么人的亲信的，他向来是无论什么人的亲信，都不肯当定的。他此次与无论哪一次，都是要看风头的。这个时候，别人都以为风是从左边吹来，富歇独却得是从右边吹来，一开始是反动，反动过了就是专制。富歇是将来封公爵的人，此时料事料得很准，他最清楚，要打倒雅各宾党，就要用雅各宾党的手段。他的头脑极其灵活，他的良心早已丢了。他有头脑无良心，再添上辣手段，这才成其为约瑟夫·富歇。

新7月2日，果然派他当警察部部长，他当时原在海牙当大使，一得了消息，就立刻昼夜兼程地赶到巴黎，来得是非常快，几乎把他所骑的马跑死了。11日就到了巴黎。17日，据他所上的条陈，政府就请两院发令，封闭所有俱乐部。

雅各宾党曾经很有势力，居然有力量强迫五百议员通过恐怖法律，此时却开始失势，但是他们还自信势力仍然存在，很激烈地反对封闭俱乐部。他们听见富歇提议上所说的话，大喊道："全是一篇谎话，这个叛徒富歇，一定是做了保皇党的朋友了。"当天晚上，他们就在俱乐部很激烈地攻击富歇，制造谣言。富歇不顾这些，丝毫不为他们所动摇。

27日，勒佩蒂埃正在俱乐部说反对富歇的话，富歇一走入俱乐部，就宣布解散，把会友都驱逐了，关闭大门，加上锁，派骑兵把守，随后将钥匙交给督政官们。督政官们看他办得这样神速，都很诧异。政界见了，都变了化石，不敢动。议员布里奥在五百人院演说，反对这种举动，同事们都不理他。有一个报馆攻击富歇及维护富歇的人，新8月1日，发一个命令，把这个报馆封了。

被打败的一方无法，只好把最后一个希望放在国家战事的反转上。有一个帮助他们的儒尔当将军，主张宣布法国临危。宣布的结果，是再行恐怖政策，假使要实行，一定是失败的。

因为前敌来的消息很可怕，说苏沃洛夫已据意大利全境，进逼法国南部。督政官们要孤注一掷。儒贝尔本已奉命当出征意大利军的总司令。读者当猜得着这个任命的目的，与儒贝尔同时的人，有许多都猜着了。普鲁士驻使写道："儒贝尔的声望还不够。"督政府深信儒贝尔有天才，可以打败苏沃洛夫，阻止敌军，不使犯边，凯旋而归，就实行督政官们所定的做梦政策。这用的是一箭射双雕的手段。

苏沃洛夫很镇静地等候这个小孩子来。苏沃洛夫有七万人，儒贝尔不过有四万人。新7月27日，两军大战于诺维，交锋不到一个钟头，儒贝尔受伤坠马。莫罗原是甘在儒贝尔部下的，只好代主将当了总司令，血战十六个钟头，见支不住，才决计退兵。两军死伤相等，各失八千人。莫罗整师而退至热那亚，俄军高唱谢上帝的歌。

法军虽败退，却并未损失声誉，然而法国之不幸已达到极点了。意大利全境，此时只有热那亚一隅之地，为法军立足地方。马塞纳在瑞士与查尔斯大公相持两月，终恐寡不敌众，不久苏沃洛夫就来助大公成功。此外还有四万英俄联军在荷兰登岸，布律纳将军只有一万七千人，是难以抵御的。日耳曼境内，无法军踪迹。法国的边界，从北至南，随时都可以有敌军来犯的。法军整队的开拔，从边界上回来，衣服破烂到不堪，又吃得不饱。他们推究致败原因，都说是败于朗歇尔公司包办军需，并不是败于敌军。

督政府有一阵子很绝望，没有主意了。儒贝尔既阵亡，是无倚赖了。但是富歇壮他们的胆，说是只要国家大权在手，什么都不怕！莫罗在诺维打得很好，又是痛恨无政府主义分子的，虽然他胆子小些，也不要紧。他们要调他进京，壮他的胆，未到之先，就要攻击雅各宾党，果然是不停地攻打他们。督政府又根据一张警察部的报告，发布公文到两院，于新8月17日，要定封禁报馆的条例。议员布里奥激烈地攻击富歇，富歇在报上登了一张辩护，自称仍是爱国者。但是他觉得一旦雅各宾党稍得胜利，一定是要报大仇的，于是很催促动手，先要托一个可靠的人。他写信给巴拉斯说："一定要个人。"

当下西哀士专办毁灭恐怖党的事，以为带巴黎军队的统将及陆军部长贝尔纳多特都是附和无政府主义的人，故此首先免了马尔波的职，随即强逼贝尔纳多特辞职。无政府主义者此时完全屈服了，不敢动。但是有个人写道："无政府主义者的仇恨心，却并未死。"

他们仇恨政府是恨极了。因为这班爱国者得了两个消息，很高兴：一个是马塞纳在瑞士打了大胜仗，一个是布律纳在荷兰也得了大胜。

这一次又是因为联军自己内里不和，救了法国。俄罗斯同奥地利意见不合，苏沃洛夫的举动令奥地利政府大有戒心。因为这个俄国野蛮将军，答应了意大利人民，还他们的自由，或是替失位的王公恢复他们的地位。但是奥地利的政策不同，一到和平恢复的时候，就要波河两岸的地作为酬劳。于是俄奥两国互出怨言，奥地利政府一定要把俄军请出伦巴第境内，故此命查尔斯大公离开瑞士，前赴美因兹河，把苏沃洛夫调赴瑞士，去打马塞纳。

这种调动，却把苏沃洛夫毁了。因为他气愤奥地利把他的通盘计划都打翻了。又因年老积劳（他是七十岁了），整个人忽然都变了。

苏沃洛夫的军队，要过阿尔卑斯大山，这是极劳苦的事，军队已疲劳极了。遇见法军，先与勒克布的军队交锋。勒克布善于山战，此次的军略是很有名的。随后俄军又同马塞纳的军队激战（两战即在1799年8月、9月）。这两次战事，在战史中称为"苏黎世战役"。其实战事布满瑞士高原，不止在苏黎世一处地方。苏沃洛夫的前锋三万人，大败于苏黎世。8月26日，血战一场，俄军始退出。这一次俄军死八千人，被俘六千人，失了一百尊大炮，苏沃洛夫来救，已来不及了，只好向巴伐利亚而去。

另一方面，布律纳也打了胜仗，9月19日，他分击英、俄两国的分队，英军大败。英将约克公爵签约，限于9月19日起，至10月18日止，所有英俄军队都退出荷兰。两地的法国军队都打了大胜仗，似乎法国的人民听了这种好消息，一定是高兴的。谁知不然，此时不比从前了，就是打了大胜仗，也不能激起法国人民的兴致了。同时国内虽然打倒了雅各宾党，也解不了他们的愁困。因为这两种利益都是靠不住的，都不过是暂时的。雅各宾党还诬赖督政府捏造消息。实际情形是国人已怠倦极了。

国人向来相信自由有许多好处，打胜仗也有许多好处，不料都大失所望，并不能得着什么好处。国人到了这个时候，心都死了，只有盼望有一个强有力的人出来，才能够攻打雅各宾党，保护国人的自由。

此时只有一个人能够办得到这件事，但是这个人远在异国。

拿破仑也尝着失败的滋味。1799年4月，土耳其军阻止他不得前进。他的计划是要绕一个大圈子，从君士坦丁堡回法国，却完全失败，被敌军驱逐回来，回到埃及，出不来。他虽然把土耳其军追到海边，但是他仍然是出不来。他前次的败仗，国人不甚理会，这次的胜仗却替他增加了许多荣光。国人也晓得他管理征服的地方，能令被征服国人民爱法国、畏法国。拿破仑不单能打胜仗，还能维持地方的秩序。

此时法国人嘴里只有一句话，众人说的都是："假使拿破仑此时在国内！"但是他有什么机会能回来呢？

盼望拿破仑回来，这一句话是到处都听见的，上自督政府两院起，下至巴黎各等社会阶层及穷人所住的小街小巷，都听见许多人说这句话，连外省穷乡僻壤乡下人说的，也是这一句话。

作者已经说过，当时有种种原因，引出一个专制的恺撒来。这一个专制者的名字，许久无人说出来，现在是人人心里、嘴里都有这个人。有一位大历史学家汪达尔写了二百张纸，历数当时的种种情形，如何发生新10月的事。

无论哪一类人，无论哪一党派，无论哪一种社会阶层，无论哪一群哪一队的人，整个法国都盼望这个人出现，来恢复秩序，盼望他来做一个报仇的人，做一个保护人，做一个专制人，做一个独裁者。莫里斯曾于1793年写信给华盛顿说道："法国不久就一定要有一个专制者来管理这个国家，这是显而易见的，要一个由革命产生的独裁者，或是一个共和派将军。"但是比他更早，已有人料到这一层了。1790年，里瓦罗尔写道："不是国王要个军队，就是军队要个君主。……凡是革命，都是用刀子收拾残局的。"1791年，贝兰克说道："因为这个时候的当局，只能令国人起疑心，国人宁愿得一个有幸走好运的军人来管辖他们。"作者已经说过俄女皇叶卡捷琳娜二世1794年研究时局所说的话了，她说道："我很留心看一个出类拔萃的人，或是才气冠全欧的大能人出来，管理法国。"

自从1797年定了康波福米奥和约之后，就有许多人低声耳语，说的是拿破仑。他本人却以为果子未熟，溜走了，溜走还不算，还要走得远远的，远离本国。他的兄弟们常常同他通消息，除了他兄弟之外，还有许多人盼望他回来的。有人曾经对富歇提过他。1799年，巴拉斯提议调拿破仑回国，巴拉斯的同事们答道："拿破仑在埃及做得很好的，还是随他在那里吧。"雅各宾党仍当拿破仑是他们的同党，儒尔当请拿破仑当一个雅各宾党的专制者。无政府主义派首领布里奥登台演说，欢迎他回来。有许多保皇党以为拿破仑或者是个蒙克将军。他们抱着这种梦想，一直到了1802年才醒悟过来。学会里哲学家更赞扬他，也要请他出来。奉天主教的人，念念不忘拿破仑当日在米兰所说的话，又忘不了他对大主教行过军礼，更忘不了他优待红衣大主教基亚拉蒙蒂（将来的教皇庇护七世）。只有当时的杰出的军人，不见得十分欢迎他。但是军人们向来是互相妒忌的，譬如，贝尔纳多特是绝不愿意看见莫罗或儒尔当得胜利的，奥热罗是绝不能甘心受布律纳节制的。若是一定要一个军人当元首，只能选拿破仑的。

最重要的一层是国人并不在意政客们、学问家或军人的意见，只有对于拿破仑是很有好感的，叹惜他走得太远。西艾波特也是个军人，却不是拿破仑的好朋友，写道："自从他到了埃及之后，法国就发生许多祸事。国人以为，其他的将官所打的败仗，假使是拿破仑去打，是绝不会败的；法国军队所退让的地方，假使拿破仑驻守，是绝不肯退让的。国人之相信拿破仑可谓至矣尽矣。国人懊悔他走，盼望他来，绝非其他将官所能磨灭国人这种思想的。马塞纳虽然奋勇，打了大胜仗，法国的军威大震，但是国人的意思，认为只有拿破仑一个人可以担保一定打胜的。"

督政官们最后决定召拿破仑回国，但是心里却希望他回不来。他们心里想，即使拿破仑得着政府的公文，他怎么能够逃过敌人的海军，他一定回不来的，难道他能从天而降吗？富歇是个信命的，预料他一定能回来。其余政府的人却都不甚相信，以为法国看不见救国的人回来。

新9月19日，有几个装扮得很诡异的督政府打发来送信的人，到了两院，议员们见得很诧异，心里想道："难道又有什么不好的消息吗？难道是政府又要提议什么新财政的计划吗？大约又是横征暴敛，害国害民的政策。"原来都不是的，送信的人说道："国民！请听督政府通告诸位，已接着埃及的消息了。贝尔蒂埃将军本月17日在弗雷儒斯登岸，拿破仑将军同他一道来……"议员们听到这里，就不往下听了。不问是哪一党的人，立刻都站起来，大声欢呼，旁听的人也欢呼喊作一团。只听见喊道："共和国万岁！"这个消息是真的吗？不是一场好梦吗？不到一会儿工夫，巴黎全城都晓得了。新近这些日子，巴黎的人是毫无生气的，什么都不理会，打了胜仗，也提不起精神来。一得这个消息，人人都跳起来，欢喜欲狂。有笑的，有哭的，见了面彼此相搂抱，东奔西闯地去打听消息。无论在哪里，只听见一个人的名字，就是拿破仑！彼此相告拿破仑登岸了！

拿破仑果然是踏足入国门了！七个星期之前，他听见国内种种不好的消息，就立刻奔赴国难，离开埃及。他坐了一条船，从亚历山大港起程。在海上六个星期，才到了马赛。他在路上遇见敌船，费了许多事，才逃脱了。新9月17日，才到的。

第四十九章　拿破仑之降临

巴黎之狂喜——拿破仑路经法国——拿破仑到巴黎——新十月党人——拿破仑及西哀士——拿破仑与政界——大政变的计划——新10月18日——元老院之会议——拿破仑斥责督政府——督政府之倒台——新10月19日——巴黎人都到了圣克罗宫——拿破仑与五百人院——吕西安·拿破仑之援救——掷弹兵围橘园——选举首领——一路高唱进行曲

新9月21日，西艾波特偶然走入巴黎的王宫，看见极奇异的景象。有许多人围住一个过路的人，这个人一路走，一路喊，忽然围住他的人散了，各人如飞般地分向各方跑，好像是要去报告什么重要奇怪的新闻。有一个乱跑的人，碰到了西艾波特说道："拿破仑将军已经在弗雷儒斯登岸了！"再过一个钟头，巴黎全城好像是过佳节，满街都是军乐队，无论哪里，彼此见了面，就是搂抱贺喜。当天晚上，所有的剧院都有一个演员登场先报告喜信。满剧院的人无不拍掌欢呼，大小酒馆、饭馆无不举杯庆贺拿破仑回国。

督政官们看见群众如此欢迎这个将军，就可看出他们的地位，有点不妥了。立法机构中的山岳党，向来是公然反对政府的，这时候是欢喜极了，那个情景令人可怕。

有好几个钟头，政府是一片犹疑，不知怎么样是好。戈叶及穆兰很怀疑拿破仑这位从笼子里逃脱出来的将军，西哀士则是很怕他的。20日晚上，只有督政府得了消息，还未透露出去的时候，西哀士请莫罗及波丹来议事。波丹是向来主张用武力解决问题的。西哀士告诉他们“拿破仑回国了”！莫罗（莫罗是领兵的队长）喊道：“你心里所要的人到了，你不如把政变的事交给他办，他去办比我们办的好得多。”波丹听了这个消息，更是如醉如痴地欢喜。第二天波丹中风死了，巴黎人都说他是欢喜死的。波丹原是国民公会成员，又是个弑君党，这样欢喜死了，是应该注意的。督政府看见全国都是欢喜的，不能不跟着潮流走，不然的话，立刻要被消灭的，只好也装着欢喜，只用强力是打不过狮子的，若用网罗，或许有几分把握。

当下拿破仑向巴黎进发，一路都有人欢迎。过阿尔卑斯山的时候，乡民用火把照他晚上走路。里昂城自从1790以来受尽蹂躏，他到了这里的时候，很像是正在革命的城市。

他在路上的时候，很严肃、很多虑，有时不知不觉地微笑。他心里此时盘算许多冒险的大计划。他在埃及将要动身的时候，曾告诉官兵说道：“我回去驱逐律师们。”这种话贝尔纳多特也能说的，不过是贝尔纳多特只能做到这一步，就算完了。拿破仑却不然，这一句话不过是他重整法国的大计划的一个起点。他原想用和平手段重整法国，并不十分梦想联合一个党派，使用军队力量做激烈的一击。他所要办的是各党派都能承认的革命，授权与他解决法国各项争端，办成之后，建设国民政府。这个思想颇能包括当时的普通愿望。新9月24日，有一张报纸说道：“人人都盼望拿破仑赶快到巴黎，因为人人都要晓得他如何教导各党各派，同爱共和。”

国人都猜着拿破仑的意思，一定用慷慨手段及坚决手段解决时局的，故此人人都吹捧他如天人。此时国人受电击般，如同1789年一样。有一个地方的行政机关写道：“拿破仑回国的消息如同电击，过了共和党人的身上：有好几个因此得了病，有好些是哭的，没有一个不疑心是一场好梦的。”

但是拿破仑自己也为种种忧虑所侵，他已经听说他的夫人约瑟芬有不贞洁的行为，他从弗雷儒斯一路到巴黎，心里也是难过到流血。他决意乘他的夫人不备，忽然到家，同他的夫人离婚，洗涤家门之辱。故此他骤然就到了巴黎，好像是从天而降的。

24日晚上，拿破仑溜进家里，家里没有人。原来约瑟芬很恐慌地匆匆忙忙去迎接丈夫，要安慰他一番，谁知走错了路，碰不着他。故此当巴黎全城欢喜欲狂的时候，拿破仑却是一个人在这个寂寞无人的家里度过了二十四个钟头，为种种伤心的事所搅扰。国人的高兴同他一个人的忧闷，正是遥相反衬，可见得人世什么大功劳、大富贵都是空的。

26日，拿破仑进督政府。唯恐他们害怕，他穿的是文官衣服，戴一顶圆帽子，穿一件惨绿色的外衣。他这样打扮显得奇形怪状；况且在埃及时候，他把长头发剪短了。卫兵一见是他，立刻对他行军礼。他到了这个时候，还是要掩饰他是个军人。督政府今日是戈叶主席，以同胞资格欢迎他，行搂抱礼。拿破仑神经也有点不安，只能断断续续地说感谢他的话。他出督政府的时候，府外面已聚了许多人，都欢呼喝彩。

他从督政府回家，约瑟芬已回来了，满面流泪，跪在拿破仑面前哀求。约瑟芬原是个造作的好手，叫儿女们也跪下。拿破仑到了这个时候，已经想透了。他此次回来，原要重整乾坤，犯不着先破坏自己的家庭。他于是饶恕了约瑟芬，从此以后，专心办他的大事。

于是一群一群的政客，都来见拿破仑，最重要的，就是罗埃德累、塔列朗，雷亚尔、勒尼奥等四个人。拿破仑问道：“你们认为能办得到吗？”四个人同声答道：“已经办到四分之三了！”随后有一天，雷亚尔把富歇带来见他，以为诸事都办好了。但是这位警察部长向来办事都是极小心的，自己动手办的事很少，只在那里等瓜熟蒂落，水到渠成。他自己所做的，不过是抓几服麻醉药给督政官们吃，等到药性发作的时候，督政官们自然是动不得，就把督政官们交给外科医生动刀施手术。

当下西哀士很严肃很着急地盼望大将军降临；西哀士向来不十分欢

喜他，而拿破仑也极讨厌这位理想家。但是学会却使他们两个人相亲近，变作较为亲密的好朋友。在学会眼中看来，一个是戴主教帽的哲学家，一个是穿军靴的哲学家，两个人联手办国事是最合宜的。学会此时自以为督政一切举动，拿破仑是时刻都把会友记挂在心上的。他一入国门，写的第一封信就是给拉普拉斯的，谢他惠赠他的大作《天体力学》。他对于学会中之考古学家服尔内及大画师大卫都是称赞的。蒙日及贝尔托莱是随军赴埃及，又随拿破仑回国的，对会员们极力称赞拿破仑如何保护埃及学会。学会的朋友们，无不齐声一致地恭维拿破仑，说他是绝不会把拉瓦锡及孔多塞送上斩头台的，也绝不会把许多化学家轰出法国的。若是贝尔托莱所说的话是可以相信的，学会以为若有拿破仑帮忙，那几位化学家及学会的朋友们就可以治这个共和国！大将军此时却还未开始讥笑理想家。西哀士原是学会的会员，还是学会把西哀士同拿破仑拉到一处的。

拿破仑一旦决意同这个狡猾教士（这是拿破仑当戈叶面称呼西哀士的话）携手办事，就专心留意恭维西哀士，曾对西哀士说道："我们此时无政府，因为是无宪法，即使是有一个宪法，也不合用。我们盼望你这个天降之才，给我们一个宪法。"

这样的谈话效果可想而知，宪法是必改的了，元首不能太多，只好从五个人改作三个人，这却要两院帮忙。但是五百人院中的山岳党，是有令人可怕的理由。过了不久，山岳党以为来了一位替他报仇的人，到了新10月10日，儒尔当曾访拿破仑，自愿帮他推倒督政府。但是这样一来，是变作同山岳党一个鼻孔出气了。这个山岳党却是最为舆论所不喜的。拿破仑不愿意当一个在马上的罗伯斯庇尔，于是把这个他所不欢迎的提议撇开，但是说得很婉转周到的。他的意思是，到了打击的时候，要人人都晓得这次打击是各党各派都赞助的。这种计划是很要紧的，因为军队并非是完全与拿破仑一致的。新10月18日的大政变，有大多数的人都不晓得当时的实在情形，随后有大历史学家汪达尔研究明白，重新叙述当日的情形，人们才明白过来。二十年前，许多人都相信新10月18日的大政变是侍卫军的事[1]，其实不然，这次大政变是两个督政官及两个部长在他们的书房里准备的，在两院也有讨论的，在学会里也讨论过。总而言之，各处都曾商量过，只是在参谋室未讨论过。在军人中莫罗及麦克唐纳很怀疑，打不定主意；贝尔纳多特是一味狡猾，顾虑奥热罗及儒尔当两个将军，因为他们所献的计划不见采纳，简直是极端地反对。拿破仑及他的朋友们所忌者，只有陆军部长杜布瓦-克朗赛，他们又费了许多心血，把巴黎的地方长官勒费弗尔说通了。勒费弗尔虽然痛恨律师们，却也不甚欢迎拿破仑。在军人之中，吹捧拿破仑如天人的，只有他从埃及带回来的一班青年军官。因为当时报纸所载的是很出名的掷弹兵，故此把此次大政变作为是军人的大政变。其实这种掷弹兵与征意大利及征日耳曼的军队毫不相干。此次的掷弹兵是两院的卫兵，原是在两院门内供警察役务的，当日政变事起，掷弹兵曾在元老院出现故此沾了军队政变的彩色。其实他们的出现，原是议院之事，与军队无干。

当时政变无所谓政府，侍卫队只有雅各宾党的卫队。

军士们虽袖手旁观，政客们却不停地讨论。富歇写道："各党各派好像在静候拿破仑动手。"其实新10月党并不是静候，他们是很活跃的，常常聚议，有时在大将军家里，有时在馆子里，警察们装作毫无闻见的。有一次，戈叶听见有阴谋举动的许多报告，就请教富歇。富歇很大胆地答道："倘若有阴谋，自然有革命街作证（革命街是斩头机器所在地），或有格勒内尔（格勒内尔是枪毙囚犯之地）作证。"这一回答让戈叶莫名其妙。原来他是个色鬼，这个时候他正在用全副精神，用尽手段，去挑逗约瑟芬，常常到拿破仑家里去同约瑟芬调情，他以为这个蜂窝里只有甜蜜。

新10月15日，诸事都预备好了。政客们是把元老院的大多数议员都说通了。元老院的司卫官也说好了。在政府里头，富歇、康巴塞雷斯、西

---

① 指古时罗马帝制时代，侍卫军操废立之权，行篡弑之事。——译者注

哀士、杜戈也都说好了，以为巴拉斯必守中立。约瑟芬担任拉拢戈叶。巴黎的地方长官杜布瓦-克朗赛为富歇所愚。缪拉及勒克莱尔几乎劝到勒费弗尔入伙。罗埃德累有勒尼奥及马雷帮忙，到处替拿破仑当说客，终日东奔西走，什么地方都走遍了。他的儿子自己走入印字房躬亲印刷宣言书，以免泄漏。有一个富翁科洛借出几百万，资助举事。

他们的计划先从元老院发起。元老院忽然得了消息，说是有无政府主义者起事害国。元老院立刻迁往圣克罗宫，令拿破仑统领所有军队。西哀士及杜戈同时辞职，于是劝诱巴拉斯及戈叶也辞职。政府既瓦解了，两院立刻组织新政府，因为国家危急，不得不组织强有力的政府，要比上一个政府强得多。于是拉拿破仑入政府，最伟大的立法家西哀士也入政府。一面西哀士能畅言其一生的抱负，替法国立一个他意中以为必须如此的宪法，一面大将军扫除阴谋害国的人。五百议员是不反对的，因为要预防不测，调些军队驻守圣克罗宫。

17日晚上，就先把炮队部署好了，炮手都齐集了。缪拉将军及塞巴斯蒂亚尼将军得令，翌晨一个带骑兵，一个带轻骑兵齐集王宫。罗埃德累的儿子印刷宣言书，拿破仑去司法部长家里吃饭。因为要蒙蔽住巴拉斯，拿破仑自请明早到巴拉斯家吃早饭，同时约瑟芬请戈叶来家里吃早饭。总而言之，凡是不参与大计的，都被蒙骗过了。

18日早上，因为昨天晚间元老院的司卫官传请，议员们就齐集议场。有一个议员科尔内读一张不清不楚（因为不清楚更令闻者害怕）的报告，说道：“可怕的现象……很令人发愁的报告……不久就要变作燎原之火了！……共和国是不能存在的了！连共和国的骨头也要在饥鹰的爪中了！……”这个报告说的都是这样的话，却未说出一句事实。因为当时是难以说出什么事实，一说出事实来，就恐怕得罪人。这个报告说的都是含糊话，就同从前控告布里索、丹东、罗伯斯庇尔等的罪状一样的含糊，却把他们几个人送上斩头台上去了。议会听了，也不追问详细解说，唯一的办法是要先救护这个共和国，不要被饥鹰抓了去。此时若要救国，只好让拿破仑去，除了他之外，哪里还有胜任的呢？于是匆匆忙忙写了五条，全场一致通过。立法机关就赶到圣克罗宫派拿破仑统领一师，立刻请他到王宫宣誓。司卫官跑到拿破仑家里，请他出来救国。

司卫官一到了拿破仑家里，看见有许多人，原来昨晚拿破仑请了好几个将军于翌晨到他家里聚会，他们都到了，议论纷纷，人人都受了刺激。要紧的人也陆续到了。莫罗、麦克唐纳等走来的时候，看见已经有许多人聚在这里，很诧异。随后到的是勒费弗尔、贝尔纳多特，这两位以为是请来私谈的，谁知是一种军人俱乐部的会议。有许多人想走，被众人劝住。勒费弗尔是第一个要走的，被大众劝住了，只好不走。只有贝尔纳多特溜走了，他虽然走了，却并未与其他将军翻脸失和。西哀士描写巴拉斯说得很对，说他是满脸和气，一肚子的狡诈。巴拉斯并不发表意见，也走了，躲在他的妻舅约瑟夫·拿破仑（拿破仑之兄）家中等候消息。这是明确表示，他会部分地附和拿破仑。

元老院的司卫官到拿破仑家里的时候，看见有六十个将军聚议，司卫官把来意告诉拿破仑，拿破仑答应担任。忽然花园门打开，这六十个将军看见征服意大利的英雄脸无血色，戴了黑帽子，披了绣花军服，走进园来。将军们见了，如一阵狂风般喝彩。拿破仑同众将军演说几句话，说他们是骁勇的战将，问他们能否帮忙救国！诸位将军听了一齐用手抓住刀把，齐声说道："何必多此一问！都愿齐心合力救国。法律同荣耀携手，都愿同他到元老院宣誓。"于是有缪拉的骑兵做护卫。从得胜大街（拿破仑住处）同到同心大街（元老院所在地），街上群众见了无不欢声如雷。八年之间，这六十个将军创立不朽大功！他们的性情不一，也有镇静如莫罗的，也有猛烈如缪拉的，却无一个不是功在史册的。当时有一个证券交易大王乌佛拉尔，从楼窗望见这六十个将军走过，立刻写一个字交给他的证券经纪人。他写的只是一个"买"字，就是这一个"买"字，也值得历史学家谛听的。

他们到了王宫，此次是大开宫门欢迎他们进去，恭迎大宾，不是从前那几次都是要攻打宫门才能进去。当全议会高声喝彩的时候，这位贵客就走入元老院。当他入院时候，群众欢呼"救国的人万岁"！

元老院选派拿破仑的消息，是早上7点钟传到督政府的。这种举动，很出乎他们意料之外。巴拉斯听了不胜诧异，他自己说道："我猜错了暴动的时候，我猜迟了四十八个钟头。"但是他还相信是大将军的老朋友，他一想，不如用一个缓兵之计，取一个巧，临时规避他，就跑去洗澡，把所有的房门锁得很严，同事们就无法找得着他来议事。

他们找西哀士也找不着。原来新近这几天，他每天早上学骑马，因为这一个前主教要陪拿破仑骑马，并辔而行，显出一个军人模样，想出点风头。他得了消息，就不到督政府，向王宫而去，他是骑马去的，有两个军官陪他去的。

督政府主席戈叶请诸位督政官开会。杜戈也不见面了，照例若无三个督政官到会，是不能决定什么办法的。巴拉斯打发人来送信，说是梳洗未完，要等一个钟头才能到，他只派了一个自己的秘书到王宫。戈叶同穆兰同坐，说了许多感慨的话。富歇走来，露出愁闷诧异神气，两个督政官当他不是奸贼就是呆子，很无礼地对待他。他们这种看待，更催促这个警察部部长不再迟疑，先把这两个督政官驱逐了再说。但是他好像还有时候示意，此时只有驱逐巴拉斯或者还有补救的办法。戈叶及穆兰心里存着这一个最后的希望，就要到王宫看看两院在那里干什么。这个时候，人人都往王宫跑。

这一本大戏不久就演完了。作者要承认这个台柱演得并不出色。拿破仑一登演说台，总是心神不宁，说话迟滞，他断断续续地说了效忠于国的话，随即宣誓，元老院就散会。在河对岸的五百人院，为宪法所拘，只好无一讨论，也做同等的举动。11点钟的时候，拿破仑骑马出王宫，满肚子的不高兴，因为演说得不好，在那里想应该说什么话的。忽然间看见一个巴拉斯最亲信的人，拿破仑就把这个人当作督政府，要想痛责一番。于是骑向巴拉斯的亲信，大骂督政府种种不对，大声喊道："所有的军队都帮我！我帮立法机关！"群众听了欢呼。拿破仑又喊道："我把法国交给你们的时候，是何等有荣光的法国！你们到了现在，把法国弄成什么样了？我走的时候，法国是享和平幸福的；我现在回来了，法国是受战争的痛苦！我走的时候，法国是战无不胜的；我回来的时候，法国是无役不败的！我把意大利的千百万金钱交给督政府，现在所有的金钱都往哪里去了？所做的无非重征暴敛的事，国里无处不是穷苦愁困的！我的同胞，我的十万老朋友，法国的战士，现在都在哪里了？他们都死了！这种情形还能够再容忍下去吗！不到三年，我们都要饱受专制之害了！但是我们决意要建设共和，以平等、道德、公民自由，政见兼容做基础。在一个良好的政府之下，凡是个人，都可以忘记他是某党、某派的人，可以自由当一个法国人。凡是听见好作乱的人的议论，反以为我们费尽心力，巩固共和的人，不久就要变作共和的仇敌，我们现在不要这班爱国者了，我们只要为共和受过疮痍的人。”群众听他说一句，喝彩一句。拿破仑掉过头来，策马驰到军队前头回家，以为是得胜而归。

督政府此时是无影无形地消灭了，总算是得胜。西哀士、杜戈两个人自行辞职，还不能算数，还要巴拉斯辞职。塔列朗拿了巴拉斯辞职书来，措辞很大方，不过说辞职休养的话，只要巴拉斯签个字。巴拉斯看见群众对军队喝彩，知道无可挽回，就签了字。刚好塔里安夫人走来，劝他忍耐观变，不必辞职。但是巴拉斯已经决意归休，晓得抗拒是无用的了。巴拉斯于是同塔里安夫人分手。这两个人，原是最腐败的政界的代表。塔里安夫人回到自己的别墅，后来她还要出风头，做了希迈王妃，政界却无她的踪迹了。巴拉斯签字辞职之后，有一百多名骑兵护送他出督政府回家，从此以后，历史上见不着他的名字了。

戈叶及穆兰两督政官不肯辞职，但权利是没有了。当权的人认为不如派一个大人物，在督政府看管这两个人，派的就是莫罗。

督政府无权了，权利现时在谁人手中呢？就在拿破仑手中，因为他统领军队。这次政变算是成功了。公债立刻起价。大将军此时放心了。西哀士还想援例要拘捕四十个不听调度的议员，拿破仑不肯，派了一个人去安慰议员们。议员们有许多不受抚慰，如有必要，他们要安排贝尔纳多特反抗拿破仑。当日巴黎大雨，人心惶惶。

19日早上天晴，有许多人多往圣克罗宫去。他们都往这里跑，究竟要干些什么呢？最奇怪的是督政府倒了之后，应该再干些什么？这些却是并未商议好。法国的大革命是始终听天由命的，试看此次的政变。新10月19日这一天，拿破仑自己也不晓得应该干些什么。即如从前7月14日攻破巴士底狱之役，及8月10日推翻君主制之役，9月21日成立共和之役，不晓得应该再干些什么一样。

以当日的事势而论，似乎两院先该聚在一处开会，劝他们欢迎三位大首领，如同古罗马恺撒，把拿破仑、西哀士、杜戈举作三大首领。这样一来，群众心悦诚服，这件事就可以结束了。谁知不然，元老院先占据了极华丽的太阳殿，只把橘园让给五百议员，又要重新铺陈才能迁入，因此坐失时机。两院议员不能相聚，只好在园里混杂闲谈。这样的闲谈，彼此都不能解说明白，当时的事变情形及其宗旨，彼此又不能切实交换意见，都觉得昨天的举动，是一件诡秘莫测的事。等到午后1点钟，把橘园铺好了的时候，元老院就有点纷乱的情形，五百议员中，竟有一党要竭力反抗。

这时候巴黎人，凡是与政界有点关系的，都跑到圣克罗宫。拿破仑是骑马去的，同西哀士、杜戈在楼上会面。他此时饱受刺激，心神不宁，觉得浑身发冷，走到炉前烤火。

当下议员们开会。拿破仑的胞弟吕西安·拿破仑当五百人院的主席，已经有一个星期，此时仍是他作主席。高丹首先提议，选派委员，调查共和所受的危险情形。极端左党净说些讽刺的话，且有人大喊："打倒独裁者！"新十月派有点不安，因为两派都要用缓兵之计（不知他们是什么用意），一致同意通过一个最荒谬的办法：就是每个议员，都要上演说台宣誓忠于宪法。

元老院此时也变卦了，送了一个通告给督政府。督政府的秘书答道："现在没有督政府了！"于是拿破仑出现，在元老院演说了一番，说得很不好，措辞很不巧妙，说得又不连贯。他不外乎要辩护他不是专制的克伦威尔，说完就出院，神色还是很不宁的。

他很晓得元老院这班老头子，是不想再往下干什么了，他只好试用冒险手段，希望成功。他的手段并不是十分惊人的，不过把两院的警卫掷弹兵喊来，吩咐他们闯入橘园。

他一踏入五百人院会场，议员们看见他进来，风潮大作。拿破仑看见了，大惊失色。议员们群起大喊道："打倒这个独裁者！打倒这个专制家，治他的罪！"

忽然间，所有山岳党的人都走过来，群众殴他。拿破仑本来短小，不见得有多大气力的，被他们重重围住，他几乎喘不出气。有一个身躯壮大的议员挥拳殴他，他被众人围住，有推他的，有打他的，他几乎失了知觉。掷弹兵把他抢护出来。当下有许多议员喊道："他是个罪犯！"

吕西安·拿破仑此时也管辖不了，这班议员们也有人过来攻他，他离了主席位，走下了，占据住演说台要说几句话，替他胞兄护辩。有人拖他，打他，他据住不走。他虽说了些话，因为人声嘈杂，听不见他说些什么。议场中原有许多胆小的，恐怕激进派疑心，也要附和他党，于是叫喊"罪犯"的声音愈闹愈大了。从前新7月，原有过这种叫喊，最后送了罗伯斯庇尔的性命。

拿破仑起初很受惊扰，在客厅休息一会儿，觉得安静些。他左右的人，都主张用强硬手段。外面的军队好像晓得有事变，都自己部署好了。但是巴黎军队在第二线，两院的掷弹兵在第一线，他们的前面就是橘园，后面才是巴黎军队，解决现局还是靠掷弹兵。

大将军谕令备马，他这个时候的面貌是很可怕的，死白色的脸上流血。他已经一连有好几天发热病，这天早上他脸上发现红点，他因为受了许多刺激，很烦躁，把脸上的红点抓破流血，于是误传说议员们用刀子伤害他。军队怒极了，痛斥律师们胆敢伤害百战百胜的大将军。

拿破仑对军队喊道："军人们，我能依靠你们吗？"军士齐声答道："可靠！可靠！"于是齐声辱骂议员。大将军喊道："我要使这班议员们明白过来。"骑兵们跃跃欲动，把不住就要动手。但是掷弹兵有点犹疑，有人告诉他们，说是议员被一班杀人凶手所压制，望他们救护。但是有什么真实证据证明这是真的呢？

忽然间大声欢呼，五百议员的主席吕西安·拿破仑走出来。

这次全靠吕西安·拿破仑机警，能当机立断，居然设法靠几个兵士帮他，从议会跑出来，立了大功（当日只有吕西安·拿破仑是最重要的人）。

此时他当了议会的唯一代表，他骑了马，在他兄弟身边说话的时候，似乎全是替议会说话，叫两院的掷弹兵帮忙。吕西安·拿破仑说道："五百人院的主席告诉你们，此时会场里有大多数的议员，被不多的几个凶暴议员掏出小刀子来，强迫他们通过极残暴可怕的议案。我今告诉你们，这少数的暴徒，得了英国人的钱是无疑的了（吕西安·拿破仑这几句话是套罗伯斯庇尔的调）。他们反叛元老院，胆敢呼喝把奉元老院之命办事的大将军当作罪犯，我告诉你们，这几个凶暴议员敢破坏两院的自由，是国法所必诛的！我倚靠你们救护，大多数自由的代表、将军们、兵士们、国民们请听，你们只能承认，追随我的议员是法国的正式合法的议员，其余盘踞橘园的议员，是要用武力驱逐的！这群暴徒并非代表国人的，是代表杀人的刀子的！"吕西安·拿破仑说到这里，还要使出他的善于演戏的好手段来，当场做给军士们看，叫他们深信他的话。于是伸手把拿破仑的军刀拔出来，把刀尖正对着拿破仑的胸脯说道："若是这里头有一个专制家的心，我就绝不留情，一刀就要刺过去的！"

于是只听见一片声响，掷弹兵被他这一说说动了，打定主意了，一定要救护被威吓的大多数代表。军官们拔出刀来，随即在众人喊叫之声外，听见另外一种按拍而响的惨淡鼓声。鼓声一起，在后头的大队人马，立刻成列，插上刺刀前行。领队的就是以勇敢著名的缪拉，一直向橘园的台阶而来。群众欢呼如狂，喊道："打倒雅各宾党！打倒九三！"[1]这几句话是群众早已要说的了，却不敢放胆说，一直被压制六年，到了今时今

① 指1793年的残杀。——译者注

日，才敢尽情说出来，出一口气。群情是很想再打倒一个罗伯斯庇尔，却被拿破仑占了便宜。

橘园里，这时候是乱成一团，只见议员们冲过来，撞过去。鼓声起初是很远的，慢慢地愈走愈近了。起初是旁观人躲开走了，后来是议员们从窗口跳下来。院门一开，缪拉带了人占据演说台。掷弹兵进来走一遍，说道："诸位国民，你们是被解散了！"主席位上有一个军官，也喊他们被解散了。缪拉喊道："把他们都摔出去！"此时只见有许多刺刀闪动。于是就有许多议员打破玻璃窗，见有许多披红袍的议员们跳出场外，一会儿就不见人影了。翌日有人看见许多议员的红袍紫衣，都挂在树枝上。有许多议员一逃出会场，一直奔向城门，要逃出城外，不料富歇早已下令闭城。

若是富歇下令关城是恐怕暴动，未免过虑。两个月前的暴徒群众，已对德穆兰、丹东、桑台尔、昂里约等的旧部已经说过："无论他们干些什么，我们工人、穷民们是一句话都不说的了！"从前因为内克尔免职，群众就动了公愤，攻倒巴士底狱，不过相隔了十年零几个月，群众的心理都完全改变了，与从前绝对不同。共和八年新十月十九日，工匠们、穷人们听见把议员们从窗口摔出来，却拍掌喝彩，说道："这一群都是搅乱时局的人，一个一个都滚跑了，如同圣克罗宫的瀑布一样。"

19日天将黑的时候，重新建立一个政府。元老院派了一个五个人的委员会，于是委员会提议通过选定拿破仑、西哀士、杜戈为临时首领，两院闭会，至新12月1日再开，因为五百议员们退位（退位两个字未免令人发笑），先创立两个立法委员会。得胜的人正在很高兴吃饭的时候，就有人设法再建立两院，好在形式上通过他们议决的各种办法。于是四处找寻议员，也有从酒馆饭馆找回来的，也有从马车上找回来的，也有从圣克罗宫找回来的，有穿议员制服的，也有不穿的，都找了回来，请他们聚在一间无灯光的房子里。布莱等还演说几句话。布莱说了一句很妙的话，说道："我们要把共和变作国民的共和。"

半夜里2点钟，请三个首领宣誓。对谁宣誓，宣什么誓，却无人晓得。看热闹的人聚了许多。三个首领出现的时候，议会喝彩。三个首领宣个誓走了，群众欢呼“共和万岁！”

到了6点钟，所有的人都回家去了。掷弹兵也回营房去了。一路走，一路唱进行曲。他们深信救了共和，救了革命。

结论

掷弹兵以为他们救了革命，从近今三十年所刊行的法国大革命史看来，这句话是一句不言而自明的话。据前三十年的历史学家看来，法国革命是新10月19日晚告竣的。但是今日的历史学家，却并无一个承认这句话的。据今日的历史学家看来，新10月19日晚上，不过是革命的一种新面目。大历史学家如索雷尔、奥拉尔、汪达尔等都告诉读者，法国人的意思，新10月19日的傍晚及20日的早上，其间只有一件变动的事，就是革命宗旨，革命所征服的，向来并未定有分明的界限，到了这一天晚上，是变成永久的所得了，这就是所谓变动。在法国看来，这天晚上的事，既不退步，又不是停止，不进不退。国人所见，有若干观点是不错的。

此后共和似乎并未受恐吓，是受了整顿，其实是走了噩运。作者已经说过，凡是过大的举动，及措置错误，及做了许多罪孽，是要产生专制家的。这个专制家一出场，就要抓住国家，僭权越分，废弃共和的。但是读者是晓得的，所有提倡、鼓动及造成革命的人，无论上中下三等人，无论其为富人、贫人、贵人、下人，都并非愿意共和的。

1789年的革命，原是全国所办的事，是全国的意思。因为知识进步，开了上等人的眼，见了不平等之害，群众为苛政所逼，激到造反。乡民是决意要废封建制度，受了许多刺激，也要造反。当时的政府纷乱无主，于是国人都想制定一个宪法。但是当时所谓宪法，十个人中有九个都不过以为一道特许状，重新组织、整顿政治而已。1789年1月，法国人所要求的不过是法律平等，纳税平等，废除封建制度，有规则、有秩序的行政，如是而已。

是年8月间，国人当时所要求的几乎完全办到了，是以5日那一天，主张革命的人，都很表示满意，说是革命终止了。尤其是大多数的乡民，以为革命终止了。

但是革命一起，未有不激起许多混浊波澜的。无论哪一国的革命，无论古今的革命，都是如此的，都是免不了的。在上等人民中，有慕富贵的政客；在下等人民里，有许多亡命之徒，有许多在社会上、道德上立不住脚的人。在这两类之间，又有专好在混水里摸鱼的人。事变初起的时候，这些人就忙起来了。1789年7月14日，一个年轻的报馆记者煽动了一群穷民，其中当过盗贼的很多，攻打巴士底狱，打破了，把守监的兵也杀了，弗莱塞尔也被他们杀了。这种极大的罪恶，却为全国所赞成，从此以后，反叛的事是可以做的，不久就成为老毛病，动不动就要造反。

就有许多人从中得了利益。有许多其心不可问的人，有许多善于说话煽动群众的人；演说的无非是极高贵的理论，满口都是仁义道德，其实满肚子装满了极卑鄙恶劣的思想。因为1789年的政治及社会革命办得太快，他们来不及把持什么权利，于是专心致意于影响较为深远的革命，以便他们可以从容夺取权利。他们要造成一个普遍的新局面，将古风、古制，一切洗刷得干净无余，建设一种全新永存的共和国。有许多法国人对于所得的效果，已是满意，虽然不肯跟随政客们一路走，却忍受着。

这班人所以甘心忍受，只因为他们相信所得的效果不难得而复失，恐怕保守不住。政客们自命为国人保守所已得好处，凡是志在发财的人，专以激惹群众为事的人，及议会的领袖们，都得着宫廷里及享受特权的人的好处。随后享受特权的，自行分裂。他们当日原有两条大路可走的：一条就是组织公然抵抗的办法，一条就是挺身出来顺着潮流走，引导潮流。但是宫廷拿不定主意，有时要抵抗，有时又要顺着潮流，有时要表示对于新思想有同情。教士们、贵族们及政府，往往变本加厉主张维新破旧，比民主党还要过火得多。但是其中也有许多不明时势、不晓得牺牲的。时候是已经到了，是不能不忍痛牺牲的，故此教士、贵族等就分裂成两派，故此他们的反抗力时起时止。有时又太无手段，有时又过于阴险。

他们这样抵抗免令许多决意要保守新得利益者恐慌。当时有许多贵族煽动、蛊惑贵胄们，做出许多不顺舆情的事。怪不得起事的首领们，要办彻底的革命，他们说宫廷不过是等候机会，把所有退让的权利重新收回，不久仍旧要把封建制度、重征暴敛等等虐政，恢复回来。

此时法国要有一个伟大君主在位。当革命的时候，在位的那位国王，何尝不大度、不笃信宗教，何尝不是有意维新的君主（并非如群众所想象以为是个庸懦君主）。然而他的才力，的确不能对付此时的种种极大的困难。路易十六对待王后，对待他的兄弟、朝臣、左右及议会、人民，都是表示友好的，却永远拿不定主意，决定一个办法。他是一片真诚，要做一个立宪制君主，深信慈祥君主就是立宪君主。于是反对革命的，还希望他将来有忽然变脸之一日。

等到后来，这一位受过许多困窘的君主，果然是要反抗攻击君主的人，才觉得缺少一种武器。这个武器不单是君主制度所必需的，亦是共和制度所必需的。这个武器就是军队。这时候的军队，是全体瓦解了，这是当时最重要的一件事，军队一旦瓦解，君主还能够做什么呢？路易十六到了这个时候，好像一切只好听天由命了。

此时议员们大多数都是理想家，被他们自己的理想迷住了。于是革命的领袖们，乘势拖住议员们通过许多极可怕的大改革。那时候他们不知厉害，不顾轻重，什么旧制都推翻了，产生出一个奇形怪状、不伦不类的宪法来。这是一个绝妙的理想宪法，可以行于无论何地的，却毫无可以持久的性质。另外宣布一个极好听的宣言书，凡是宪法所不载的，都在宣言书里答应国人，于是发生不能停止的永远进行的革命。假使议员们不为已甚，国王原可以勉强承认这个怪宪法。不料议员们要彻底的改革，要动宗教的。法国的宗教最古老，在君主制度之先，民教相仇，由来已久。议员们一来是要报仇，二来是要弄钱，于是就要改革宗教，把所有宗教产业当作国产，公然变卖，将产业作为发行纸币的基金。教士反对，于是议会定了一种《教士公民组织法》。这是议会所铸成的一个大错。他们以为很容易通行的，教士们为自卫计，就发生许多宗教不和的事。这是一件最难对付的事，比平定内乱，为难十倍。

路易十六原是一个奉教极其诚笃的一个人，他对于革命的一切，都可以原谅，都可以宽恕，甚至于受屈辱也可以不计较，却永远不能宽恕议会强逼他批准《教士公民组织法》。这一强逼，把国王强逼到反对革命的人们的怀里，要他们设法帮助他。反对革命的人劝他出奔，他果然出奔，又被国人截住，送回巴黎，备受种种不堪的侮辱。国人是怒不可遏，从前并无侵犯君主之意，经这一次逃走，国人却攻击君主制了。

当下有一种双层的举动发现。革命伤害了许多人，因为这个革命并未计及许多厉害，许多情感。有许多人以为革命走得太快了，商业、工业及许多小本营生的都吃了大亏，小民日见其穷困。到了1791年，革命是已经革过火了，有许多人大不以为然，有一半从前赞成及发起革命的人，都很后悔。另外一方面，却有一班人是新加入革命的。这一班新加入的，就是卖了国产，得了许多利益的人。1790年至1791年，国内产生一种新业主。到了1792年，这些新业主是得了被承认的地位。到了这个时候，只要有人反对革命，新业主们就以为是反对他们。这班新业主并无什么革命思想的，但是他们深信宫廷合谋推翻革命，倘若得手，是要破坏新业主的，故此新业主都附革命党领袖，攻击宫廷。

此时宫廷不单要设法阻止革命，并且要把革命潮流扼住。又因贵族们不在国里组织团体，合力反抗，却纷纷出奔，逃到外国。宫廷见国内无助力，只好求救于外国。

外国最欢喜听求救的话，他们却并无好意，并非巩固君主制度，不过要乘法国内乱，兴兵入犯，瓜分法国。路易十六是绝对不肯让外国瓜分法国，出逃在外的亲王贵胄，也是不肯的，与其割地求援，毋宁一死殉国的。但是外国军队中颇有流亡贵族在内，国人就立刻看破外国的用意，是要破坏法国。流亡贵族们这样与外国军队通款，拖累了路易十六，国人以为国王私通外国，国王百口莫辩。日耳曼军队开到法国边界那一天，就是国王命运告终的一天。外国军队犯边的那一天，就是国王授首的那一天。

同时有极激烈的举动，扰乱全国。法国的独立有了危险，凡是攻击革命的，就是攻击法国。到了此时，爱国派就是救国派，救国派就是雅各宾党。凡是有极正当的理由反对革命的人，是敢怒而不敢言，只要一开口就被人疑心私通外国。当时是无处不受煽动，国人如疯如狂，结果发生一种极可怕的革命狂热病。

革命首领们乘势做一件事，是与革命性质相反的，因而以为己利。1789年革命，是大声叫喊“自由万岁”及“国王万岁”办成的。首领们却首先推翻君主，随后要斩断回头的路，把国王杀了。第二步是借国家危急及保全公共安全为名，建设雅各宾党的独裁专制。这三年以来，雅各宾党俱乐部布满全国。这时候全国都无可奈何，受制于一个公安委员会之下。公安委员会同国民公会一样，哪个自命为最爱国的，哪个就揽大权。最后一步，是革命政府早已宣布酷爱和平。到了此时，忽然举国如主战。法国军队既大败敌军，追逐出境，犹以未足，乘胜进攻，欲以共和主义强迫外国奉行。法国人向来是激昂的，既存了这种思想，由激昂变作疯狂了。战胜敌军之后，国人于是主张自然边界主义。既要实行这个主义，就不能不延长战事，此则正中恐怖党之下怀，因为从此有了借口把持政权。于是郑重宣布自然边界宗旨，作为革命应有的主义。

1793年，有少数的人把持政局，但是此时法国人民有四分之三盼望革命告终，免得有许多人因以为革命有厉害及全国。然而这班以为利的人，用种种方法把持一切，压制全国。反对他们的人，一动手就被把持的人打倒。这一群把持的人却是异常地勤劳，用全力对付，又有善战耐劳的军队听他们督政。他们专用恐怖政策，无论什么人反对，非杀之而后快，即使是最有功于革命的人，杀之亦在所不惜。是以1789年首倡改革的大人物，如巴纳夫、丹东等都被恐怖党杀了。先杀的是他们，后杀的就是1792年建设共和的人。

如此残杀破坏了革命的精神，强逼国人服从这种有名无实改头换面的革命。于是无论什么社会阶层，都有许多人痛恨专制残杀。他们所恨的，不过是这一群专制党，至于革命的宗旨，他们是决计要保存的，无论如何，是绝不肯抛弃的。此外还有实际利益更不能抛弃，仍然是深恶痛绝旧时制度。国人所要的是法律上的自由平等，以此做根基，重整政制。最痛恨的就是那一群演说家及政党俱乐部，与议会中那一群政客，因为他们所说的话，都是要国人流血的。国人要保存革命所发生的种种利益，但是一个过于横行、专事残杀、根基不牢固的政府，是绝不能保存此项利益的。最后，国人要法国独立，又要将征服的地方收入版图，却不愿拖长战事，劳民伤财。总而言之，自从1794年以后，所要的是法国有坚固基础，实行从前各处所递的陈情书的请愿，国人所要求的就是这件，不单此时如此，在其前之1789年，在其后之1799年所要求者，亦不过如此。

但是少数人已夺了政权，尝惯了滋味之后，如何肯放松抛离呢？这一群得了好处、把持政局的雅各宾党人，其意并非要实行无论哪一个新宗旨，其意只在保护他们的利益。他们唯一要保护的，就是权利及财产，尤其要保护的是他们自己的头颅。他们晓得自己多行不义，人人欲得而甘心，假使反对革命得手，他们就不能保存他们的头颅。因为这个缘故，他们首先杀了一个国王，随后杀了一个王后，其后又残杀无辜，杀了有几千人之多，却都是借口人民的主权杀的。后来摆脱了恐怖党的束缚，到了新7月9日，所谓人民主权真要说话的时候，他们又不承认。假使一个国王，当日肯批准业主新制，答应不念旧怨，以免内乱，国人原无不可容纳，请君主回来复辟的。但是贵胄们过于昏聩，绝不肯通融，复辟是绝不能容纳的了，只好建设自由之共和。尤其重要的，是要有一个政府，主张宗教自由的。

但是这种办法的效果，是要推倒少数专制的局面，他们自然是不甘消灭的。1795年，这个专制政府强逼国人承认，压制舆论，既做不到，遂于共和五年新八月封闭报馆。自此以往，完全都是个欺人的假局面。国人痛恨极了，很要推倒这群少数人的专制，只有盼望一个天纵英武的人出来，替国家解放束缚。国人对于他们所说的空话、谎话，政治的演说，贻误国事的，及许多专制家是深恶痛恨到了极点，这时候无人相信自由了。忧国的人看见法国屡蹈危机，又经过多次的动摇，国力消耗，很为法国担心，却并无补救良策，只盼望有一个人出来救护。

他们所盼望的人，果然出现了。他是个军人，这却是必然之事。

从前的军队有瓦解之势，是路易十六所不能用的，后来在敌人的枪林弹雨之中，却重新组织好了。这支军队大战三十次，打过一百次胜仗，也曾夺得数省，征服几个国家。演说家一面说许多空话骗军队，国人却是异常喜欢军队。军队既为国人所爱，是很危险的。最危险是年轻军官，他们很晓得有功于国，决意不奉那一群演说家的命令。

其中有一位年轻军官，好像是应运而生的，很像古时所演的悲剧，快到收场的时候，就有一个神人出现。但是这位军官也是时势造出来的，他能眩晕全国人的眼睛，把全国人都迷住了，把全国人都收服了，国人所盼望的，是要从他手上享受有光荣的和平。假使这位年轻军官给法国以和平之后，建设法律平等自由于坚固基础之上，收拾破坏封建制所余的残局，立一个永久巩固的根基；假使他能为国人组织合情理，有规则的政局，此是旧制所办不到的，亦是议会丝毫并不能办到的。苟能如是，则可以饱1789年的国人的奢望了；假使他能够劝谕原业主，以为事势既已如此，生米煮成饭，无可挽回，只好牺牲，不再计较，以安新业主之心（最要紧的是安抚买教产者之心，使其安居乐业），如是则能维护许多享受新利益的人，使他们放心；假使他能够不借重何党、何派以处理国事，不专用结党专制的革命党人，对于1789年以来专力使革命告成的人，一切处以宽大，不追既往，如是就可以免于再陷法国于意外危险，且能饱国人的第三条奢望；最后一层是：假使他能强逼欧洲低首下心，承认法国的新边界，苟能如是，则不单不破坏革命，且能办竣及保护国人所最重视的功业。他只要能够办到这几件重要的事，国人自然正眼都不肯看什么会议场，什么演说家的聚会，及一切俱乐部、政党报纸，连什么共和不共和，国人都可以不管的了。1789年，国人所盼望的并不是这些事，这不过是节外生枝的事，这些乱生的枝丫，乍见似乎是很新鲜很好看，其实是吸收了许多精华，却害了这一棵好树了。

但是事势所趋，这一方面既过火，那一方面也必定过火，这是在所难免的事。法政的自由原靠议院制度保护的，国人这个时候，又太轻视自由了。法国此时的议院制，并未有过正当的组织。说到“自由”这两个字，凡是政府的建筑，都有“自由”两个字雕在上头，但是法律及习惯中，并没有自由这个东西。

拿破仑出来，凡是国人所望于他的，他都照给的。是以新10月19日晚上，革命并未完成，因为还要定法律，同教皇立约，同各国立约，才算成功。

法国的大革命如同火山炸裂，喷出许多熔岩，其中有许多无价的宝石，也有许多极难看的渣滓灰烬，不分美丑，一齐都滚到山脚下，日久渐渐凝固了。未冷却之前，不知毁坏了多少东西。现在凝成一块大花岗石，石质是极好的，可以作为建筑新的共和国的原料。1789年冬天，米拉波所搅动喷出的熔岩，1799年秋天，拿破仑所降服的熔岩，就是法国帝制时代，及其后百年，即今日之法国所用以建筑的原料。

附　录

附　注

* 引言第三章第七段附注

此处所谓议会，是一种司法团体，除巴黎议会之外，尚有十二处省议会。凡当省议会会员的，都是花钱买来的，一任终身。巴黎议会设于14世纪，凡是君主诏令，须先经议员同意，然后能颁行，成为法律，若议会不肯同意，君主则特开一种御前会议，以逼议会同意。1770年，在位的君主废巴黎旧议会，另设新议会，1774年，路易十六登位，废巴黎新议会，恢复其旧议会。

* 引言第三章第八段附注

秘密会，欧洲各国皆有。法国革命将起时，以魏斯豪普特在日耳曼所发起的为最有势力。魏斯豪普特是英戈尔塔特大学的宗教法律教授，先入工会，用重赂买得此会的各种秘密，其后入耶稣军，又尽得此会的秘密。于是自行发起一个尽善会以社会革命作目的，先在法国试行。会中要人，另用一种新历，彼此称呼都用古希腊、罗马人名，所有欧洲地名，亦全改换，另绘新地图。其进行方法，是吸收当时所有的秘密会，故此徒党到处都有。其最要目的，先要打倒富室，以为贵族不足虑。

其次是打倒教士，步步防备。不令平民得革命的利益。又设立秘密学校，专教妇女如何迷惑男子。革命事起，所有的秘密会不知何往，只在黑幕里部署一切，魏斯豪普特死于1835年。

* 引言第四章第五段附注

米拉波生于1749年，祖上是做生意发财封侯的，他的祖父是立过战功的，他的父亲袭了爵。他原是长子，三岁出天花，满面都是瘢，父亲故此不喜欢他。米拉波是个极聪明、极有毅力的人，却过于好色。先入陆军学校，随后入骑兵队，同一个长官争一个女子闹得名声破裂，他的父亲大怒，请诏狱把他囚在某岛。其后得释，从法军攻科西嘉岛（即拿破仑出生之地）复为父子如初。无何，娶某侯爵之女，赠奁很厚，不久都被米拉波花干净，还欠了三十万里弗赫的债。因事与乡绅争，又被其父借诏狱囚于死囚牢。1775年，改囚于某堡，任其出入，至城市为止。遇某侯爵夫人索菲，索菲爱他的才干，同逃到瑞士，无何，又逃到荷兰。法庭厌恶他极了，定他一个死罪。1777年，米拉波被捕，又以诏狱囚于万塞讷，在狱中写信寄索菲，全是淫荡的话。1782年出狱，著诏狱论，文笔甚美，由是著名，英国尝译行其书。米拉波后厌索菲，索菲有外遇，其人病死，索菲以身殉。

米拉波控于法庭，竟得销去从前所定死罪。既而与其妻离婚。其父母不睦，讼于法庭，米拉波劝其父说话，颇侵政府，政府要害他，他又逃到荷兰，卖文度日，又与荷兰某大臣之女尼拉通信。未几游英吉利，与名公贵人游，欲归国自效，先遣尼拉归巴黎，结交朝贵。未几，米拉波亦归。1786年，奉命秘使普鲁士。明年归国，著书谤毁朝政，朝贵欲害之，米拉波避祸。1789年，路易第十六召集议会，米拉波往普罗旺斯，交其贵族，求当代表，贵族不理。米拉波在市上租一间房，挂个招牌，自称布商，艾克斯人竟举他为平民代表。米拉波善辞令，有干略，自开会以来，一直等到他死，所有民党的计划大抵都是米拉波做的，算是当时的民党魁首。

* 正文第一章第二段附注

奥尔良公爵，名路易·菲利普·约瑟夫，面貌可人，好技击，小有才，胆子极小。有一次，领海军打仗，一交锋就躲在船底，不敢出来（有人说此事不确），路易十六因此很挖苦他。本来要派他当海军上将的，因为这个缘故，改派他当陆军的队长，他因此恨极了君主。1787年袭爵，要讨好群众，于是种种作伪，重贿报馆恭维他，又常囤粮食，到了饥荒的时候，开自己的私仓赈饥。此外还召集饥民，施舍衣食，还有给钱的时候。议会初开，他就首先反对贵族，自居民党。7月3日，被选为议长，辞不就，忙于贿买军队，以备7月14日起事。拉法耶特恐吓他，他逃到英国躲避八个月。其后归国，大受雅各宾党欢迎。他与路易十六原是兄弟行辈，路易受审判的时候，奥尔良公爵居然投票，定路易十六的死罪，雅各宾党的人看见了，倒觉得他这个人太不近人情了，都纷纷议论他。行刑的那一天，他公然坐了大车，亲至法场，眼看他的兄弟，他的君主斩首，看过之后，同他的狐朋狗党到大酒店豪饮为乐。先是1792年9月，巴黎自治会准他改姓“平等”选他入国会。罗伯斯庇尔亦恶其为人，在雅各宾俱乐部除了他的名。1793年11月6日，奥尔良公爵亦上断头台就刑，死时四十六岁，其子后为法国君主。

* 第三章第三段附注

富隆此时已七十余岁，继内克尔为执政者，为人贪残暴戾，巴黎人最恨他。巴黎乱起，逃匿乡间，其仆出首，乡人擒之，盘荨麻围他的颈，逼他手执一把蓟叶，背后负一束干草，把他捆送巴黎市政厅，请正法。拉法耶特想法要救他，借开法庭审判以为缓兵之计。拉法耶特演说激劝众人，众人这时候很看得起拉法耶特，赞他说得好，有许多人拍掌，富隆也拍掌。众人中有一个人说道："他们两个人，已心照不宣了。"还有一个穿得很雅洁的人说道："这种人何必等法庭审判定罪，他做官三十年，已恶贯满盈的了！"群众大呼，牵富隆出，缢死于路旁灯柱。

* 第三章第八段附注

自1789年7月14日之变后，巴黎市政厅改组。巴黎共分六十个选举区，每区各举两人当董事。1790年5月21日，改六十区为四十八区，从董事会中选十六人当行政委员，三十二人当董事，以市长为行政长。

* 第七章第十一段附注

当初拉法耶特晓得内廷对待议员，显然故示平民、贵族的分别，屡上书谏路易十六："陛下应交欢民党，使民党亲附，只靠示意是不够的，最要紧的是实行，空言是无用的；若是有人来献中立或反对的政策，是绝不可相信的；对于贵族绝不可使他们有分外的希冀，执政大臣也应联络国会，切勿再与国会不睦"，路易十六很称赞他诚恳，王后却大不以为然，厌恶拉法耶特，而厚待米拉波。王后闻米拉波有才而资用常不给，打发某伯爵贿赂米拉波，要他帮助王室。刚好那些天，米拉波有钱花，不纳。有一个朋友告诉某伯爵说："米拉波这个人是不能用钱买的，倘若能照他的意思立约，他很愿意替王室出力，王后只想用钱买，不愿他执政事，遂不行。”奥地利驻使请米拉波的朋友拉马克居间，米拉波入见后，遂自居为无名执政，为内廷出谋划策，王后居然花了许多钱替米拉波还债。从此时起，一直到米拉波死，凡王后有询问，米拉波就有答复，都是拉马克传递的。但是米拉波坚抱民党宗旨，不屑作王室私从，其对于王后常存合则留不合则去的意思，王后却因此反看重他。米拉波很想结交拉法耶特，拉法耶特嫌米拉波过于刚猛，气味不相投，二人终不能相合。

拉法耶特有个亲戚，就是布伊莱侯爵，以战功显赫，坐镇梅斯要塞，威望甚著，最袒贵族，民党惮之。布伊莱却不以君主优柔寡断，及贵族之轻举妄动为然。拉法耶特尝致书与布伊莱约，戮力王室，布伊莱误听内廷之言，蔑视拉法耶特，答复多支吾语，毫无相亲的意思，由是布伊莱与拉法耶特亦不和睦。

梯也尔论曰：“米拉波能左右国会，拉法耶特统立宪党军队，布伊莱统君主党军队，当时这三个人的权利最大，假使能合力辅佐王室，或者还可以转危为安；不幸三人互相猜忌，积不和睦，王室不但不调和此三人，而反离间之，可谓谬矣！”

* 第十一章第十一段附注

卡莱尔《法国大革命史》论米拉波：“米拉波勤于国事，而好酒及色，体力不支。1791年春天病热，友人劝他节劳不听。其友杜蒙尝告人曰：‘米拉波聪敏过人，办事一日胜人三十日，每遇一事，运思、决策、施行，三者接踵而办，其间不延片刻。’米拉波又好为难人，欲办一事，有以不能相告者，米拉波说：‘请以后不要再提不能两字。’3月27日，带病赴国会演说数次，归家后遂卧病不起，曾对杜蒙说：‘我将死，不再与你相见！你应知道，我死之后，众人方知我之价值！我力挽狂澜，死之后，必冲决泛滥，不久祸至了！’弥留之际，犹筹划国事，伏枕作演说词以授塔列朗。深知英国阴谋，谓其友曰：‘英相皮特蓄虑深远，善以恫喝治人，我若在，此人不得安宁。’米拉波欲起，其友扶他，米拉波曰：‘扶危定乱，端赖此首，子宜善扶持之！’4月2日，太阳初出，米拉波自知不起，谓医士曰：‘我今日必死，请打开窗户，先为我熏沐簪花，娱我以音乐，使我怡然长睡。’没多久不能言，无何长逝（或谓罗伯斯庇尔等谋毒毙米拉波其事当不可信）。巴黎人闻之，不论认不认识，无不悲伤，国会为之停会。初四出殡，国会全体，雅各宾俱乐部，及其他俱乐部执政大臣，巴黎绅董，国民自卫军，布伊莱等皆为之执绋，送殡者十余万人，途为之塞，即日改圣日内维耶教堂为本国伟人墓地，以葬米拉波。米拉波高瞻远瞩，不为世俗成见所拘，见君权几剥削净尽，则争留否决权，首先发明军人以服从为天职，不应如平民仍有言论、行动自由之权。又深知革命为邻邦所忌，故于外交尤为审慎，不使外国借口干预。革命初起前两年，外交未尝出事者，米拉波之力，一死而险象环生！米拉波借国会之力以倾覆贵族，又能运用其一己之识力以制国会。米拉波既死，国会遇有疑难大计而不能决者，众目无不注视于米拉波昔日所坐之议席，若待其解决者，其为众人所信服可谓至矣。若天假之年，法国或可幸免于后之祸乱，也未可知。当时登法国革命剧场者，不外乎三种人物：一无思无虑之颠狂人，一好谈空理之人，一引颈受戮视死如归之人；凡此皆难与有为，如米拉波之不为流俗成见所拘，实事求是者，实属罕见。”

＊ 第十二章第十段附注

拿破仑论曰：“路易第十六出奔至瓦伦，再行百余里，即出法国边境，议会应该任其出境，即废君主建共和制，免受弑君恶名；乃不知出此，反执之归，终受弑君之害，而失其出奔之利，议会之失策，莫过于此。"

* 第十三章第十四段

梯也尔论君主否决权曰："当日议员所最在意必定要实行的，就是强逼教士宣誓的一条，路易第十六竟敢毅然犯众怒加以否决，而议员亦不甚置议，可见得路易并非无权，而是特别不善用其权。"

* 第十四章第一段附注

埃及是罗马的友邦，叙利亚王安条克要兴兵攻埃及，罗马派大使普皮拉去谕令安条克罢兵。安条克见了普皮拉，说了许多支吾不清的话，普皮拉用手杖在安条克所站的沙上画了一个圈，用罗马元老院及国民的名义对安条克说："你若不明白地说句决绝的话，不得过此圈。"安条克见他这样大胆，自己却被他吓倒了，于是下令把军队撤回，不实行进逼埃及的计划。

* 第十八章第六段附注

杜穆里埃勇敢多智计，善用兵，而躁进，善趋附，入阁时年已五十，与路易议政事故意让步，常杂以诙谐说话，因此得路易欢心。王后晓得了，有一日召见杜穆里埃，对他说道："今日权利之大，毋过于你，但是你要晓得国人能贵你，亦能毁你；我听见说你很有才干，但是我老实告诉你，我与君主都不能受宪法束缚，请你择所事。"杜穆里埃答道："王后告我的是秘密话，我听见了很忧心，但是我必不泄漏，我夹在国民同君主中间，我不能不委身于国；身处今日的事势，若是要保护王室平安，及恢复王室应享的权利，只有倚赖宪法。我所说虽是逆耳的话，却不敢不坦白地说明君主同王后都被仇人包围，他们只顾私利，不惜牺牲王室以求利，但是宪法一旦实行。不单无害于王，且有利焉，批准颁行，是不宜再缓的了。”王后听了面色大变，喊道：“宪法能够持久吗？你要替你自己打算！”杜穆里埃答道：“我是五十多岁的人，许多危险都尝过，我毅然入阁，难道不知责任重大么？不知前途有危险么？”王后流泪说道：“你以为我能使你死于非命么？”杜穆里埃亦色变答道：“我无此意，王后天性宽宏高贵，我向来钦仰向往。”王后色定，走近杜穆里埃。杜穆里埃说道：“我深恶变乱残杀，同王后一样，但是王后以为革命不过是一时的事，不能持久，却是想错了。此是极有力的国民，上下同心，反对数百年来牢不可破的弊政，又有极狂暴极奸恶的党人相助，其势不可挡。我的心中，只有君与国，君国分开，势必两败俱伤。我试以全力使君与国合而为一，唯有王后可以助我，若我之所为，有阻王后之政见进行，若王后必不能改其政见，必欲行之而后快，则请以告我，我则辞官归休，以吊吾国，以吊吾君与吾后。”于是后始深信杜穆里埃，杜穆里埃告以各党之谬妄举动，并证明王及后并为亲信者所欺。后大悟，杜穆里埃渐向用矣，而左右亲近阻之，竟不能听杜穆里埃之言。

梯也尔论曰：“杜穆里埃有文武才，有大志，而稍欠坚定，且无独断独行悍然不顾之力；假使其兼有米拉波之性情，或克伦威尔之刚断，或罗伯斯庇尔之执拗，或能使法国转危为安，未可知也。”

* 第十八章第八段附注

6月20日，乱民入议会会场者约有三万人，最先入的，抬了一个大方案上置民权宣告书，妇孺们一手执橄榄树枝，一手执长矛，环案跳舞、歌唱。橄榄树枝是代表“和”字，长矛是代表“战”字。跟着方案进来的是挑夫工人等，执废枪、旧刀及各种武器。为首的是桑台尔及某侯爵，其次为国民自卫军，其次又为妇女，其次为执械男子。旗帜上写道：“不批准宪法，则唯有一死！”又高举破裤子喊道：“请看无套裤公！”（贫民自称也）最后高举长矛、矛尖插一牛心，写道：“此是贵族的心！”其时拿破仑年二十三，落魄至巴黎，奔走于陆军部门求事，是日与友人随乱民至王宫，立在高处看热闹，望见路易戴自由帽，大怒，对其友说道：“诸人为何任乱民入宫，岂不是丧心病狂么？何不用大炮轰其四五百人，余人能不逃走吗？”

* 第二十章第十四段附注

当时拿破仑作壁上观，深赞瑞士兵骁勇，既而叹曰：“假使瑞士兵有统将为之督政，则王宫必可以战胜，法国后来的历史，正未可知。”

* 第二十章第十七段附注

时出席议员居全数三分之一，议长暂入密室有所议，不久走出来，宣告三条：一、暂废路易；二、定教育太子章程，三、召集特别国会，以揽政权。而路易十六神色自若，苦渴，食一个桃子解渴，久坐饥甚，食一烧鸡。

* 第二十一章第十六段附注一

8月27日，巴黎谣言甚盛，说有奸细在都中谋起事，劫王以去，而屠巴黎。又传保皇党终日展阅地图，预指奥、普联军某日可至某处，某日可至巴黎。狱内保皇党常饮美酒，举杯祝君主万岁，联军万岁。复谣传联军入都，必尽杀人民，人民畏报复之惨，至于极点。而吉伦特党拘滞如故，毫无办法。一日，六执政在外交部园中林下开会，丹东神色惨淡，倚树而立。某执政曰："我辈非离巴黎不可！"丹东问他往何处去。他答道："往博洛，挟王与库藏同行。"克拉维埃也是这样说。有某议员说新从色当回来，那里是万不能守的，十四天内，布伦瑞克公爵可至巴黎。丹东说道："我的老母年已八旬，我昨天已迎至巴黎，子女也都来了，倘若普军入城，吾愿与全城共为灰烬，切勿说弃都出奔。"

* 第二十一章第十六段附注二

朗巴勒王妃貌极美。少寡，与王后相亲相爱，被禁于狱中。初四，被拖至法庭，问其与闻宫闱秘密否。以向不与闻对。令宣誓爱国、爱自由、爱平等，又令宣誓恶王、恶后、恶王族。妃对称："第一条吾能宣誓，第二条吾不能违心宣誓。"堂上官曰："释之！"（此是杀人暗语，非真释。）有人扶妃出至门，乱民自后以刀刺其颈，血喷出，前行数步，有人以斧劈之，妃仆于丛尸中。众人裸之，露尸约两点钟，遍体血迹模糊，拭之肤白如雪，招众人观之，既而斩尸体为数块，以一腿实炮膛作炮弹，以长矛分插其首及心，游行街上，至路易十六及王后被禁之窗外大呼，王惊问何事，看管员阻止王及后不令观。后穷问不已，有人答曰："朗巴勒王妃之头也！"后晕倒。

* 第二十一章第十六段附注三

当时之残杀，亦有幸免者。有松勃勒依者尝掌陆军医院，年老矣，乱民将杀之，其女大呼并非贵族，抱持其父不放，哀求免父之死。乱民心动，问女："你能饮贵族血吗？"曰："能。"即授以鲜血，女立饮之，乱民竟释其老父不杀。

卡佐特侯爵，亦经乱民宣布死刑，其女亦抱持不放，请杀己以替父死。乱民感动，有下泪者，竟释之，欢声如雷；然涕泪未干，又大肆屠杀。

茹尔尼阿克，为乱民从狱中拽出，则大呼。乱民中有某甲者，知为同里，欲营救之，戒之曰："毋呼！你既非奸党，何以至此，以胆气夺之，或可得免；见法官当侃侃而谈，毋稍怯。"一执法官某诘问数语，茹尔尼阿克皆不认。又有一执法官声色俱厉："据汝自称既不是此，又不是彼，那你究是何物？"茹尔尼阿克答："我原是王党。"旁观者皆怒，将手刃之，茹尔尼阿克之同里某甲曰："我辈在此，非追究人心中所藏之意见，只应讯实其人之行事如何。"茹尔尼阿克说："我向来是王党，至8月之后，国既无王，何有党，我只是一法国人，只知尽忠于国，不知其他。昔日南锡兵变，部下敬我，深信不疑，举我为将，幸而今日堂上有人可以为证。"壮其不欺，免冠离座说道："此人无可疑者，是战士也，我当释之。"众皆称善，茹尔尼阿克竟得释，当时乱民喜怒无常，忽而残暴如猛兽，忽而慈爱如妇孺，忽而流涕，忽而噬人，皆此类也。

* 第二十三章第一段附注

英人潘恩倡自由民权之说，避祸至北美时，英、美不和睦，潘恩力倡革命，离英独立，美国人从风而靡，卒成独立之功。潘恩复至英，法国人慕其名，三省先后争举为议员新议员。卢维善著小说，以辞令闻，为书劝潘恩行。潘恩遂至巴黎。及处置路易十六问题时，潘恩不主张判死罪，为罗伯斯庇尔所疑，囚于孔西埃日监狱，狱卒见牢门无号数，未拽之赴法场，竟幸免于杀。

* 第二十三章第七段附注

右党即吉伦特党，倚富商为后援，墨守法律，以清高自矜，长于演说；其初与山岳派同志，推倒君主，及开国会颇主和平。其政策有三：一，禁制革命；二、联合外省以抵制巴黎；三、各省分治。山岳党倚平民为后盾，好实行而恶空言，专行横暴，以保其权利；以巴黎自治会为中坚，以中央集权利御外侮为政策。吉伦特党以道德胜山岳党，以才力胜山岳党；山岳党恶吉伦特党之拘迂，吉伦特党恶山岳党之凶横；互相猜忌，遂生杀机。

* 第二十四章第一段附注

当1792年9月21日宣布共和说，即有议员等议改正朔，议员罗穆精于算学，加以大科学家、大算学家如蒙日、拉格朗日等相助，制定共和新历。分每年为十二个月，每月皆三十日，（每季三个月）尚余五日，作为放假日，称为无套裤公节；一个称为才能节，一个称为劳工节，一个是事功节，一个是奖赏节，一个是见解节，每四年闰一日，亦作为无裤公节，称为革命节。定新历虽较为容易，但是从何时起首算，却是有点为难；恰好9月21日是秋分，即规定于旧历1792年9月21日夜半起算，作为共和元年新九月初一日。议员代格朗丁是个文学家，饶有诗意，规定这十二个月的名称。秋季三个月，称为葡萄月，雾月，霜月（即新9月，新10月，新11月）；冬季三个月，称为雪月，雨月，风月（即新12月，新正月，新2月）；春季三个月，称为萌芽月，开花月，茂草月（即新3月，新4月，新5月）；夏季三个月，称为收割月，酷热月，结果月（即新6月，新7月，新8月）；又用十进法，计旬不计星期，每逢初一，二十，三十作为休息日。至于从前每逢星期日做礼拜，只好不管了。于是费了了事，以1793年10月5日通过颁行。

贝洛克论共和说："路易及王后因出奔被阻，王后求援于奥地利，于是有奥普之联盟。6月20日，乱民攻王宫，于是有布伦瑞克公爵之讨乱檄。及8月10日，法人囚路易，而联军犯边，意欲直捣巴黎，而毁共和。合全欧洲之力，于二十二年后，乃能入据巴黎。至于破坏共和，则百余年来，欧洲固日日为之，尚未能毁其毫发也。"

* 第二十四章第二段附注

贝洛克论党争曰：政见过高的人，往往不能操纵其徒党，其最要之故有二：一因权利之得失，凡人有权利则合，无权利则散，原不在乎政见之同异；政见过高的人，往往不屑用卑污手段为结党之具，故始合而终散；二因意见各殊，凡坚持一种政见，其所同者不过大纲而已，而见解有深浅、广狭之不同，施行有疾徐、宽严之各异，由此可以生出无数个意见党派，因此而分党祸，因此而起世界最大的问题。如宗教革命、政治革命、社会革命，莫不如此。以革命事业，不能如猛将精兵攻老弱残兵，可以摧枯拉朽，一战成功。革命进步殆如潮水进而退，涨而缩渐进不已，卒至涨至极度，然后能告成功。

* 第二十八章第二段附注

科黛小姐1768年生于卡昂，貌美多才，好学，富于情感。求婚的人很多，科黛皆不注意，唯对于贝尔苏斯微怀爱慕。贝尔苏斯当时是一个小军官，驻扎卡昂，及革命初起，科黛小姐亦醉心于革命。马拉在报纸上常攻击贝尔苏斯。1789年，贝尔苏斯为乱民所戕，科黛小姐由是深恨马拉。及吉伦特党执政，小姐尤崇拜吉伦特党，及吉伦特党失败，科黛欲为报仇，以1793年，微服至巴黎，购利刃，坐车至马拉家，求见不纳，遂归旅舍，致书马拉曰："马拉国民，我从卡昂来报告彼处秘密举动，我深知你热心爱国，必愿见我，探问彼处情形，我可以告诉你如何能效忠于国的方法。"科黛还恐怕这封信不能收效，又写一封，说话更说得恳切，自己带去面交，走到马拉住所，刚好马拉洗浴，立刻穿衣出现，于是两人密谈。科黛逐一答复马拉所问，马拉执笔记载，科黛出利刃刺中马拉心脏，马拉只喊了一声救命，立刻死了。及受审就刑时，科黛视死如归，神色不变，以为并非报仇，实为一国除害。及就刑的时候，法场是人山人海，都要看看这一位大女侠，凡是看见她的人，无不个个称赞。当时法庭原已花钱买了许多人，专要咒骂科黛小姐的，到了这个时候，一声也不敢咒骂。却也没胆大的人公然称赞她的，只有一个议员名叫勒克斯却有胆子，当众称赞科黛小姐，大声喊道："这位小姐是个伟大的人物，比布鲁图斯伟大得多。"勒克斯归家，得了一种半狂的病，说是同这样一位大女侠同死，也是值得的。于是著了一本小书，恭维科黛小姐，请众人替她立石像。当道恨极了他，也把他送上斩头台。据说当日开堂审判科黛小姐时，堂上预备好了控词，还把卖刀子的人等都传到公堂作证。科黛小姐说道："用不着什么见证，是我刺杀马拉的。"堂上问道："是谁主使你行刺的？"小姐答道："无人主使。"堂上又问道："你为什么要刺杀马拉？”小姐答道：“因为他恶贯满盈。”堂上又往下问。小姐大声说道：“不必多问了，我杀一个人，保存十万人；我杀一个罪人，保存许多良民；我杀了一个野兽，保存全国安宁。你们未革命之先，我已经就是一个共和党，我一向就提倡共和，并不稍懈。”

被刺的马拉，可谓残至忍极。读者往往以为马拉是一个极粗暴无识的人，其实不然。其父本是地中海撒丁岛人。马拉以1743年生于瑞士，少学医，精于眼科，尝在巴黎、伦敦行医，好哲学，尽得英、法、德、意诸国名家要旨。尝著《论人》，行于世。1774年，著《奴隶制的锁链》。没多久，著眼科专书，以良医闻于时。其所著治白浊、眼疾两书，1891年尚有翻印行世。1777年，为王弟护卫军军医，最为贵族所重。马拉余暇研究热学、光学、电学，皆有时名。1786年辞军医职，译牛顿光学。1788年，著《光学新发明论》。自是弃科学，而研究政治。1789年，法国议会多主张采用英国宪法。马拉著《英国宪法流弊论》先后刊行数种报章。其最著名为《人民之友》，措辞率直，不畏强御，攻击党人、议员、执政、亲贵，不稍假借，因是被禁，约一个月。尝著论攻击路易第十六，自匿于阴沟窖室中，得恶癞疾，不恤也。1792年，保皇党及吉伦特党皆主战，马拉恶其借战营私，又匿阴沟中，著论痛击，措辞愈烈，鼓吹杀人，尤其主杀贵族，凡保皇党、吉伦特党等统称贵族。或问如何识别贵族？马拉答曰：“这不难，凡有车马仆从，及穿绸缎衣服，或从戏馆走出者，皆是贵族。”其后为科黛小姐所刺杀。

* 第三十章第五段附注

巴黎名医吉约丹为人最慈祥。1897年，被举当议员。尝息当时刑法残酷，提议修改刑律。又以缢杀太惨，提议改用一种杀头机器，以代缢杀。其后巴黎接连发生乱杀、残杀之事，皆用此杀头机器，即称杀头机器为“吉约丹”。其后因为杀人过多，且嫌机器杀得太慢，提议增加机器速率。吉约丹在议会是向来无主张的，是一个无声无息的议员，因为要减免酷刑，而反得恶名，终身引以为恨。

* 第三十章第十四段附注

塔里安的姘头夫人姓卡瓦鲁斯，生于西班牙，他的父亲是一个有名的银行家。卡瓦鲁斯小姐面貌极美，身材态度，尤其能动人，有才学、有知识，心地又极其善良。嫁与波尔多一位地方官，名丰特内，是个侯爵。不久离婚，住在波尔多，正要航海赴西班牙，被革命党关了监。塔里安一见夫人，极其爱恋，夫人急于救被囚的监犯，就用手段笼塔里安。从此塔里安迷恋夫人，不单不再捉无辜的人入监，且把波尔多地方的革命法庭裁撤了。与塔里安同归巴黎，以种种柔软手段感化塔里安诸同事，受夫人救护的人甚多。有许多人说她种种闲话，夫人也不管，最后自己也被囚在监狱里。夫人在监里常常设法送信给塔里安，叫他设法来救，又劝他说道：“你一面要救我的性命，又要救你自己的性命；你还不晓得你自己也有极大的危险吗？人家都说你是丹东的死党，这不是件好事。”塔里安很相信他夫人的话，于是严密防护。其后夫人出狱，于1794年嫁与塔里安。1802年，他们又离婚。1850年，嫁与一个比利时的亲王。

* 第三十章第十七段附注

约瑟夫·富歇及科洛两个人在里昂残杀无辜，最是残酷无人理。约瑟夫·富歇最反对宗教，凡是与宗教相干的器物，都要毁坏不留。因为里昂起事的时候，杀死一个共和党的地方长官，约瑟夫·富歇同科洛先替这位长官办一个大追悼会，抬他的像在街市游行，随行的都是一群杀人凶手，还有许多妓女，这一群妓女后面，就有一头驴子，背了一本福音，一个十字架，及几件圣餐器具。随后把驴所背的东西，举一把火烧了，一面强逼驴子用圣餐杯饮酒。起初每天杀十几个人，嫌杀得太少，随后愈杀愈多，又嫌杀得太慢，于是把犯人分作两排，从两头用大炮装满榴弹，把犯人轰死。有一次要杀一大批犯人，刽子手先数犯人数目，见与原单不符，多出好几个来，就把情形报告科洛。科洛说道："多杀几个也不要紧，好在今天死了，明天不必再死了。"有许多犯人，被大炮轰不死的，就同已经轰死的活埋在坟堆里。约瑟夫·富歇住在一间旅馆，有一次他发号令，就在旅馆前面杀人。他同三十几个雅各宾党人，还有二十多个妓女，在旅馆吃饭，一到杀人的时候，他们都出来看。据说这两个屠夫在里昂五个月里，杀了六千多个无辜的良民，远出充军的，还有一万多人。

* 第三十三章第五段附注

马勒谢尔伯是显宦之裔，1775年当过阁臣。其后归隐。及路易十六被审，挺身而出为君主辩护。今借端杀之，戮其全家约二十口，只有一人脱逃至美洲。

至于王妹伊丽莎白，素以慈祥谨慎闻名，亦被杀。此时王族之在法国者，被戳殆尽。路易第十六只有一子（即路易十七）一女在法国，法庭把太子交与一个打绳的抚养，用无裤公的教育教太子。打绳的就教他吃酒、骂人，无所不为。随后打绳的入了市政厅办事，就把太子藏在卡尔姆监狱里，任他自生自灭。六个月不洗浴、不换衣，于1795年6月病死，时年十岁。或云："太子是中毒而死。"

当时法国革命之乱杀无辜，真有出人意料之外的事今姑举一事。有一老将军里塞洛勒老夫妇及子皆被囚于某监狱，其子年二十二岁。新7月7日，先要拉其子过堂受罪，其子先跑去他的父亲牢里，同父亲诀别，看见狱卒们拖其老父上堂，赶快走来与父搂抱。狱卒把他推开，不令相见。老父至孔西埃日监狱读讼词，才晓得他们是弄错了，讼词上填的是他儿子的名字，老将军将讼词放在衣袋里，一言不发，等到上堂的时候，堂役唱名里塞洛勒，年二十二岁。满头白发的老将军挺身答道："我就是里塞洛勒"，堂上法官毫不注意，就说了一声"杀"，就把这个老将军同一批别的犯人拖去法场斩首。老将军未出堂之先，把狱卒拉错人的话告诉一个犯人普朗维尔说道："这一班糊涂人，把我当作我的儿子，定了我的死罪，万一将来你出狱，务必把实情告诉我的儿子。"过了新7月，果然因为政变封刀，老将军的儿子出了狱，四处打听他老父的下落，遇见普朗维尔，知道了实情，才晓得他的老父替他死了。

因为当时粮食太贵，故此人家有预备粮食多过每天所用的，或是偶然遗弃在地下的，法庭就可以借口定人死罪。有一次当道派差役挨家搜查，看见一家饭厅的食物架下层，放了几块面包皮，就拉去过堂，定了死罪。

又有一个八十多岁的老人，曾当过大臣，也被法庭定了死罪。因为他花园的一个喷水池，长了几根麦子，说是他有意糟蹋粮食，就定了一个死罪。

* 第三十八章第五段附注

波拿巴氏其先本是意大利佛罗伦萨小贵族，以16世纪迁居于地中海之科西嘉岛，其后该岛隶属于法国，遂为法国人。拿破仑查理有子女十三人，早夭者五人，长成者八人。长子名约瑟夫，次子名拿破仑，三子名吕西安，四子名路易，五子名热罗姆；长女名埃莉萨，次女名卡罗利娜，三女名波利娜。照史家通例，拿破仑未称帝之先，在记载上只应称为拿破仑，因中国人已熟习拿破仑之名，故前后一律皆称拿破仑，其余兄、弟、姊、妹皆称拿破仑，各附以名。